浙江省普通本科高校"十四五"重点教材

21世纪 经济管理新形态教材 工商管理系列

Green Management: Digital Perspective

绿色管理

数字化视野

王建明◎主编

清华大学出版社

北京

内 容 简 介

本书是一本从数字化视野洞察和重塑绿色管理体系的创新性教材，广泛吸收了数字时代下前沿绿色管理理论与最新实践案例，构建了以绿色管理职能（过程）和绿色管理领域（内容）为框架的绿色管理知识体系框架。

本书可以作为相关专业（工商管理、公共管理、农林经济管理、应用经济学、理论经济学、环境科学与工程等）研究生、本科生、高职生学习"绿色管理""环境管理""企业社会责任""可持续发展管理""绿色创新管理""商业伦理""环境、社会及公司治理（ESG）"等相关课程的教学参考书、实训实践指导书或课外阅读书，还可以为从事绿色管理相关工作的职场人士（如政府管理者、企业管理人员、非营利组织人士等）提供实践操作指导。

本书封面贴有清华大学出版社防伪标签，无标签者不得销售。

版权所有，侵权必究。举报：010-62782989，beiqinquan@tup.tsinghua.edu.cn

图书在版编目（CIP）数据

绿色管理：数字化视野 / 王建明主编. -- 北京：清华大学出版社，2025.1.
(21世纪经济管理新形态教材). -- ISBN 978-7-302-68119-9

Ⅰ. F272

中国国家版本馆 CIP 数据核字第 2025BR0018 号

责任编辑：张　伟
封面设计：李召霞
责任校对：宋玉莲
责任印制：丛怀宇

出版发行：清华大学出版社

　　　　网　　　址：https://www.tup.com.cn，https://www.wqxuetang.com
　　　　地　　　址：北京清华大学学研大厦A座　　　　邮　　编：100084
　　　　社 总 机：010-83470000　　　　　　　　　　邮　　购：010-62786544
　　　　投稿与读者服务：010-62776969，c-service@tup.tsinghua.edu.cn
　　　　质 量 反 馈：010-62772015，zhiliang@tup.tsinghua.edu.cn
　　　　课 件 下 载：https://www.tup.com.cn，010-83470332

印 装 者：涿州汇美亿浓印刷有限公司
经　　销：全国新华书店
开　　本：185mm×260mm　　　　印　张：22.5　　　　字　　数：504千字
版　　次：2025年2月第1版　　　　　　　　　　　　印　　次：2025年2月第1次印刷
定　　价：69.00元

产品编号：100766-01

　　本书是一本与数字化时代同频的绿色管理（green management）创新性教材，向读者呈现了以绿色战略规划、绿色组织设计、绿色领导协调、绿色组织文化、绿色实施评价为职能（过程），以绿色生产和运作管理、绿色物流和供应链管理、绿色创新和创业管理、绿色市场和营销管理为领域（内容）的绿色管理理论知识体系。

　　绿色管理是将资源节约和环境保护理念融入组织经营管理的各层次、各领域、各方面、各过程，以期实现组织的绿色、节约、环保和可持续发展。绿色管理代表了一种创新的管理理念和理论体系，它对现有的管理思想和理论进行了深刻的革新。它有效地弥补了传统管理应对资源与环境问题挑战的不足，为未来组织绿色高质量发展激发了新的活力和第二增长点。随着管理理论与实践的不断深入，绿色管理从狭义的企业内部扩展到企业外部（如政府机构、非营利组织、社会公众等主体）。从实践角度看，2020 年 9 月，党中央确立了 2030 年前碳达峰、2060 年前碳中和的重大战略决策目标，党的二十大也强调"推动绿色发展，促进人与自然和谐共生""加快发展方式绿色转型""积极稳妥推进碳达峰碳中和"。这些目标的实现离不开绿色管理实践的全面系统推进。

　　绿色管理理论和实践在取得显著成就的同时，也面临新的挑战，特别是当前数字化时代下绿色管理理论传播和实践应用中仍然存在一些"痛点"，其中最为明显的就是体现数字化时代最新理论和实践进展的绿色管理教材还相对缺乏。2022 年 4 月，教育部印发《加强碳达峰碳中和高等教育人才培养体系建设工作方案》（教高函〔2022〕3 号），特别提出"加大碳达峰碳中和领域课程、教材等教学资源建设力度"。本书正是在这一背景下应运而生，以有效地助力国内外读者，尤其是绿色发展领域的读者深入了解数字化时代绿色管理的前沿理论和最新实践，并将绿色管理的理论知识与实践经验融会贯通。同时本书从数字化视角解读新时代绿色管理的观念之变、思维之变和模式之变以及根本宗旨不变、本质特征不变和中心思想不变，充分展现了数字化时代绿色管理"变"与"不变"的有机融合。全书共四篇、十二章，遵循从理论到实践、从基础到重点、从现实到未来的框架设计思路。第一篇为绿色管理的内涵和原理、第二篇为绿色管理的职能和过程、第三篇为绿色管理的领域和内容、第四篇为绿色管理的实施和未来。每一章包含导语、引例、知识结构图、知识内容、延伸阅读、思维拓展、本章小结、核心概念、思考题、实训指南、综合案例等内容。

　　本书的特色主要体现在以下几个方面。

　　（1）框架特色。本书从绿色管理的内涵和原理（产生与内涵、理论与实践）入手，搭建了绿色管理的主要职能框架（包括绿色战略规划、绿色组织设计、绿色领导协调、绿色组织文化、绿色实施评价等）和主要内容框架（包括绿色生产和运作管理、绿色物流和供应链管理、绿色创新和创业管理、绿色市场和营销管理等），总结了绿色管理的拓展和未来（包括范畴拓展、理论展望、实践趋势和未来发展等）。

（2）**数字特色**。本书以数字化时代为背景，在绿色管理的理论阐述与案例分析中充分融入数字理念、数字技术、数字方法、数字渠道、数字传播等数字化时代元素，融合数字管理和绿色管理等前沿知识，把握绿色管理的重要领域和发展趋势，充分展现绿色＋互联网管理、绿色＋新媒体管理、绿色＋数字管理、绿色＋大数据管理、绿色＋人工智能管理、绿色＋5G（第五代移动通信技术）管理等最新特点。

（3）**理论特色**。本书系统梳理了国内外绿色管理的相关基础理论，吸收了绿色管理的最新理论研究成果，包括绿色生产和运作的全周期全要素管理、数字化驱动下的绿色物流和供应链管理创新、绿色创新和创业管理的数字化转型升级、绿色消费行为洞察及其内在机理等最新成果。本书也试图对绿色管理的未来进行延伸探讨，拓展理论研究方向，推动未来绿色管理进阶升级。

（4）**案例特色**。本书精心筛选了数字化时代背景下绿色管理领域前沿的典型案例80余个。如华为构建可持续发展管理体系、数字化技术助力腾讯绿色战略规划、百度发布"绿色伙伴计划"、顺丰打造可持续发展的供应链服务等。这些绿色管理实践案例兼具时代性、特色性、知识性与趣味性，同时契合各章节绿色管理的主题内容，适合读者结合理论知识阐述进行分析与思考。

（5）**形态特色**。本书在章节内容编排过程中力求做到形态新颖，充分体现线上和线下融合、理论和实践融合、基础知识和延伸阅读融合的"新形态"特征。本书既有绿色管理的人物小传、政策解读和理论前沿，也有绿色管理的市场动向、实践前沿和经验借鉴。为了方便读者进一步自主拓展学习，每个章节都附加了若干二维码，读者扫码后便可以查阅更多的绿色管理相关线上拓展知识。

本书是集体智慧的结晶。全书由浙江财经大学王建明教授担任主编，进行全书的整体设计、书稿统稿、修改润色。各章初稿的具体执笔者如下：第一章（王建明、李素云），第二章（王建明、解晓燕），第三章（黄相宜、周勤勤），第四章（许浩然、冯雨），第五章（杨静舒、许浩然），第六章（邓年奇、谢鹏琛），第七章（李永强、刘亚），第八章（喻贞、李炜），第九章（王硕硕、周勤勤），第十章（佘升翔、陈凯、盛光华），第十一章（王建明、贺爱忠），第十二章（王建明、解晓燕、冯雨）。此外，参与本书审读、修改的老师有：浙江理工大学程华教授，杭州师范大学何正霞教授，江西农业大学汪兴东教授，浙江农林大学赵婧博士，浙江财经大学李宗彦教授、杨雪锋教授、王珊珊教授、张雷教授、马祖军教授、沈渊教授、王跃梅教授、倪文斌教授、应瑛教授、包兴教授、陈颖教授、王建国副教授、赵昶副教授、高键副教授、诸立超副教授、刘竞博士、黎静仪博士等，参与本书资料整理、修改、校对的博士生、硕士生有胡小爱、秦广科、奚旖旎、武落冰、李阿勇、杨心成、杨澜、叶国涛、郝晨霖、刘艺璇、茹文萱、邱天、李欣、赖嘉楷等，在此一并向他们表示感谢。本书能够出版，感谢国家社科基金重大项目"协同推进绿色低碳消费的体制机制和政策创新研究"（23&ZD096）、浙江省高校高水平创新团队"转型升级和绿色管理创新团队"和浙江省普通本科高校"十四五"新文科重点教材建设项目的资助。

　　尽管编者已经做出最大的努力，但由于编者水平有限，书中难免存在不当或疏漏之处，敬请各位专家、学者、老师和同学批评指正。

王建明

2024 年 1 月 1 日于杭州

目 录

第一篇 绿色管理的内涵和原理

第二篇 绿色管理的职能和过程

第四篇　绿色管理的实施和未来

第一篇

绿色管理的内涵和原理

第一章

绿色管理的产生和内涵

◇ **本章导语**

绿色管理是将资源节约和环境保护理念融入组织经营管理的各层次、各领域、各方面、各过程，以期实现组织的绿色、节约、环保和可持续发展。

◇ **本章引例**

新时代格力为何坚定以绿色愿景为引领？

随着全球环保意识的不断增强，绿色发展已成为时代的潮流，企业的社会责任也日益凸显。作为中国家电行业的领军企业，珠海格力电器股份有限公司（以下简称"格力"）深知绿色使命的重要性，坚定地以绿色愿景为引领，为可持续发展贡献自己的力量。

一、绿色愿景，未来可期

"格力，造美好生活"，这一宣言不仅体现了格力努力成为家电领域的领导者的追求，而且传递了企业绿色使命的承诺。自成立以来，格力始终将环保理念融入企业发展战略之中，倡导"绿色、环保、节能"的核心价值观，立志为消费者创造更美好、更环保的生活。

二、绿色研发，创新驱动

格力深知创新是绿色使命的关键，持续加大研发投入，不断推陈出新。从智能家居到高效节能产品，从太阳能空调到智慧农业，格力始终以科技创新为动力，致力于研发更加环保、能效更高的产品。其独立研发的核心技术，不仅推动了企业的可持续发展，还为整个行业树立了标杆。

三、绿色制造，精益求精

在制造环节，格力积极推动绿色制造，不断强化生产流程的环保与节能措施；实施严格的环保管理，优化能源利用，减少废弃物排放，努力将生产过程的环境影响降到最低。格力还倡导供应链合作伙伴共同追求绿色制造，形成了一个全产业链共建、共享的绿色生态系统。

四、绿色创新，践行责任

作为绿色使命的践行者，格力积极响应全球应对气候变化的号召，通过技术创新不断减少碳排放；积极推广使用环保制冷剂，开发高效节能产品，推动全球能源消耗的减少。在智慧城市建设中，格力通过智能化技术的应用，实现了能源的合理分配，为城市可持续发展贡献力量。

五、绿色协作，构建共赢

格力深知完成绿色使命需要全球共同努力，因此积极参与国际环保合作，加入全球可持续发展倡议，积极分享经验，推动全球环保行动。在国内，格力通过开展环保公益活动、设立环保基金等方式，鼓励社会各界共同参与绿色行动，构建绿色家园。

六、展望未来，绿色前行

绿色使命既是格力的责任，也是其未来发展的方向。未来，格力将继续坚持绿色愿景，不断创新、协作，推动绿色技术与绿色生活的融合。秉承"绿水青山就是金山银山"的理念，格力将不懈努力，为美丽中国的建设贡献更多绿色力量。

七、结语

在绿色发展的大潮中，格力以其独特的绿色使命，引领着家电行业朝更加可持续的方向前行。从绿色研发到绿色制造，从绿色创新到绿色协作，格力始终不忘初心，以绿色愿景为引领，为保护地球家园贡献着自己的力量，成为绿色发展的引领者。在未来的征程中，格力将继续肩负起绿色使命，为创造更加美好的明天而努力奋斗。

资料来源：零碳生活，绿色世界[EB/OL]. (2023-08-22). https://www.gree.com/ltjkj.

引例思考：企业以绿色愿景为引领，对自身和社会的可持续发展有何重大意义？

◆ 本章知识结构图

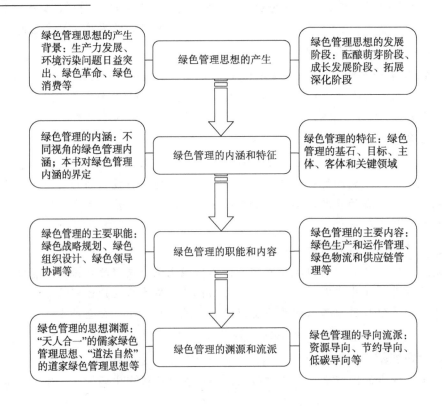

资源耗竭、环境污染和气候变化已成为当代社会面临的严重挑战和重要课题，走节能减排、低碳环保的绿色转型之路成为社会发展的必然选择，也是贯彻党的二十大"推动绿色发展，促进人与自然和谐共生"精神的必然要求。绿色管理是现代文明社会在组织管理层面嵌入资源节约和环境保护理念的积极探索，主要围绕生产和运作、物流和供应链、创新和创业、市场和营销等领域展开一系列的规划、组织、领导、协调和控制等活动。绿色管理思想经历了从萌芽、成长到拓展深化的发展过程，总结国内外绿色管理思想的发展对明晰绿色管理的内涵和特征具有积极的现实意义。本章作为基础性理论章节，主要介绍绿色管理思想的产生、绿色管理的内涵和特征、绿色管理的职能和内容、绿色管理的渊源和流派。

第一节　绿色管理思想的产生

一、绿色管理思想的产生背景

第二次世界大战之后，全球生产力空前发展的同时，环境污染问题也日益显露和突出。20 世纪 60 年代，美国作家蕾切尔·卡逊（Rachel Carson）首次对"征服自然"的口号提出了疑问，其 1962 年出版的著作《寂静的春天》中指出化学杀虫剂对环境污染的长期性和严重性。此书的出版吹响了全世界环境运动的号角，促使环境问题得到各国的广泛关注，引发了人们对地球生态问题的思考。这一时期，绿色生产和消费意识在西方国家不断传播，掀起了保护环境和保护地球的绿色革命浪潮。在"绿色革命"推动下，公众的环保呼声越来越高，大批绿色组织开始出现，美国、英国、意大利、新西兰等国家相继成立绿色政党，致力于制定环保法规。此后，绿色思潮开始由西方世界传向全球。绿色思潮关注生态与环境问题，旨在维护生态平衡、防治环境污染和实现人与自然和谐相处，逐渐成为环境保护的一种意识形态。

1972 年，罗马俱乐部（Club of Rome）发表《增长的极限》一书，提出人口和经济的快速增长将很快突破地球承载的极限。这很快在世界范围内引发了有关地球承载极限和人类发展选择的讨论，人们开始正视为满足自身需求过度消耗资源给人类生存和地球环境带来的风险。1972 年 6 月 5 日，联合国第一次人类环境会议在瑞典召开，标志着人类迈出了共同环保行动的第一步，具有里程碑意义。在此之后，环保问题和绿色发展开始受到国际社会的关注和重视。人们开始追求可持续的经济行为，这也推动着绿色产业的产生和发展，绿色产品相继问世，绿色消费开始备受青睐。伴随着绿色经济和绿色消费发展，绿色管理思想也逐渐进入人们的视野。同年，英国经济学家芭芭拉·沃德（Barbara Ward）和美国微生物学家勒内·杜博斯（René Jules Dubos）所著的《只有一个地球》，从社会、经济和政治等角度论述了经济发展与环境污染对不同国家的影响，呼吁各国重视关爱人类赖以生存的地球。1973 年，挪威哲学家阿伦·奈斯（Arne Naess）在其发表的《浅层生态运动与深层、长远的生态运动：一个摘要》一文中区分了"浅层生态运动"和"深层生态运动"的概念，其主张的深层生态运动更关心整个自然界，更强调整个生物圈的平等，生态危机的根源涉及社会、文化、人性等因素的思想观点进一步推动了绿色运动由"浅层"向"深层"发展。

在这些思想的启蒙和推动下，全球不断涌动着绿色思潮。同一时期，西方新古典经济学派提出通过干预和调控可以提高资源利用效率的管理思想，人类行为学派则提出从生态角度和社会角度衡量社会发展的观点，呼吁人们避免过度消费造成的资源浪费。这些学派的思想观点对绿色管理思想的形成提供了不少有益的启发。同一时期，中国也在国内外绿色思潮的影响下不断迸发新的绿色思想。1973年8月，中国召开了第一次全国环境保护会议，确立了"三十二字环保工作方针"，并通过了《关于保护和改善环境的若干规定（试行草案）》，向全国发出了消除污染、保护环境的动员令，为中国绿色管理思想的启蒙奠定基础。整体而言，20世纪60年代末70年代初，国际社会对环境问题的关注讨论以及一批专家学者有关环境保护的各种著作和理论引发了环境管理思想的第一次革命，从理论层面深刻推动了绿色管理思想的产生。

1987年，世界环境与发展委员会（WCED）通过《我们共同的未来》（*Our Common Future*）报告，首次明确提出可持续发展的概念。这意味着要想从根本上解决环境与发展问题，必须转变传统发展模式。这份报告包含地球是人类赖以生存的家园、资源环境管理关系到人类未来可持续发展等思想观点。该报告深刻揭示了环境与发展之间存在的问题根源，所提出的可持续发展战略、政策导向与行动方案为环境管理思想的革新提供了新的思路，再次引发了环境管理思想的革新。由此，各国对生态环境的关注逐渐转移到对环境、社会和经济的可持续发展上。1990年，德国学者瓦德马尔·霍普分贝克（Waldemar Hopfenbeck）在其著作《绿色管理革命》中首次提出"green management"，译为中文即为"绿色管理"。这些著作思想的陆续提出成为推动世界各国（地区）关注和反思环境问题与生态危机的重要影响力量，使人们尊重自然和保护自然的意识不断觉醒，推动着绿色管理思想的形成。

延伸阅读

人物小传：环保卫士蕾切尔·卡逊

卡逊（1907—1964）是美国海洋生物学家，其著作《寂静的春天》引发了美国和世界各地的环境保护事业。

卡逊出生于宾夕法尼亚州斯普林达尔的一个农民家庭，1929年在宾夕法尼亚女子学院毕业，并于1932年在霍普金斯大学获动物学硕士学位。卡逊毕业之后先后在霍普金斯大学和马里兰大学任教，并继续在马萨诸塞州的伍德豪海洋生物实验室攻读博士学位。卡逊白天从事科学研究，晚上从事环境问题研究，她在多家报纸杂志上发表文章，阐述加强生态环境保护的紧迫性。

20世纪40年代，许多国家对DDT（dichloro diphenyl trichloroethane，化学名为双对氯苯基三氯乙烷）的使用量不断增加，人们也把DDT作为减少或消除虫害的突破性成果。这种由德国人在1874年发明的价格便宜的农药非常有效，能够杀灭蚊子、科罗拉多甲虫等多种害虫。1955年读到有关DDT的最新研究成果后，卡逊确信DDT对整个生态网造成的危害被人们忽视得太久了。1958年，她与《纽约人》杂志签约，准备为这本杂志撰写一系列文章，并完成一本关于杀虫剂危害生态环境的书。在以后的4年中，她陆续发现了随意喷洒DDT及其他杀虫剂和除草剂危害各种生物以及人类的大量证据。卡逊还在研究中发现，一些证据表明人类的癌症与一些杀虫剂有关。1962年，《纽约人》杂志发表了她基于这项研究的首篇文章，这就是《寂静的春天》前言。同年，《寂静的春天》开始在书店出售。

卡逊的著作一经出版，就引起了巨大的反响，农药开始引起广泛的关注，公众对政府纵容一些农药公司危害生态环境感到义愤填膺。最重要的是这引起美国政府的关注，导致1972年美国全面禁止生产和使用DDT，美国制造商开始向国外转移，但世界其他国家和地区也纷纷效仿。现在世界上几乎没有DDT生产工厂。《寂静的春天》成为美国乃至全世界环境保护事业迅速发展的导火索。

卡逊被选为美国艺术与科学学院院士，并获得了许多奖项，包括奥杜本学会颁发的奥杜本奖章和美国地理学会颁发的库兰奖章。卡逊的研究成果和主要观点集中体现了她对人类生态环境保护的科学性、前瞻性、长远性思考。此后，由卡逊敲响的环保警钟在世界长鸣不息。例如，英国学者沃德和杜博斯撰写的《只有一个地球》、罗马俱乐部发表的研究报告《增长的极限》、联合国世界环境与发展委员会发表的报告《我们共同的未来》，都丰富和发展了卡逊的环保思想。1992年，在联合国环境与发展大会上，"保护生态环境，推进可持续发展"成为与会者的共识，也成为人类世界对未来发展道路和发展模式的重要选择。

我们用卡逊著名的一段话作为结尾："我们关注宇宙中自然奇观和客观事物的焦点越清晰，我们破坏它们的尝试就越少。"

资料来源：蕾切尔·卡逊[EB/OL]. (2023-07-18). https://baike.baidu.com/item/%E8%95%BE%E5%88%87%E5%B0%94%C2%B7%E5%8D%A1%E9%80%8A/1871714?fr=ge_ala.

二、绿色管理思想的发展阶段

第一阶段：绿色管理思想的酝酿萌芽阶段（20世纪50—70年代）

20世纪50年代起，西方工业化和城市化发展带来的环境问题不断引发公众的不满。但此时，包括企业管理者在内的人们普遍将环境问题视为局部性的污染问题，并相信通过运用科学的技术方法能够解决环境问题。在这一时期，企业的环保大多数是局部治理，也就是企业针对特定的环境污染问题或关键环境因素，进行局部的改进或治理，并未进行系统化和全面化的治理，也未涉及整个产品生产过程。随着时间的推移，局部污染治理技术并未达到理想效果，人们又将环境保护的希望转移到对企业生产活动的管理上。企业开始设法将环境保护的成本转化到产品成本中加以回应，形成了"外部性成本内在化"的环境管理理念。当然多数企业在对环境问题的被动反应下依然存在"环境问题是额外负担"的想法，只有少数企业开始意识到自然资源的重要价值。到20世纪70年代，《寂静的春天》《增长的极限》《只有一个地球》等一批有关环境问题的经典著作问世，科学家们形成的有关环境问题的思想观点对企业绿色管理思想的萌芽产生了重要影响，打开了企业管理者们对环境管理的新思路，发达国家的一些企业逐渐产生"预防为主"的观念。鉴于发达国家"先污染，后治理"的经验教训，中国在环境管理方面一直坚持"预防为主"的原则，引导企业初步形成重视环境保护的理念。

1972年6月5日，联合国第一次人类环境会议通过的《人类环境宣言》提出了人类对环境问题达成的共识和环境保护的共同原则，宣言涵盖了有关环境管理的内容。这次会议标志着全人类对环境问题的觉醒。自此，环保问题开始受到国际社会的关注和重视，人类的绿色运动迈入新时期。一些全球领先的企业也受到了环境保护的思想启发。例如，在这次会议上，较早提出环境保护理念的沃尔沃公司提出"汽车是造成环境问题的一分子，但同样是解决这一问题的一分子"的宣言。1974年，联合国环境规划署（UNEP）和联合国贸易与发展会议（UNCTAD）联合召开了资源利用、环境与发展战略方针专题讨论会。这次会议提出全人类的一切基本需要应得到满足，同时发展要满足需要，但又不能超过生物圈的承载极限，协调这两者的办法就是加强环境管理的思想。这次会议还首次提出了"环境管理"（environmental management）的概念等，进一步促进了企业界绿色管理思想的萌芽。在这些重要国际会议理念的影响下，越来越多的企业受到启发，开始有意识地关注环境问题，从思想上重视加强环境管理。这一时期的绿色管理思想孕育在群众性的绿色运动推动政府介入环境管理进而间接影响企业管理的过程中。早期的绿色管理思想虽然相对浅显和不成熟，但这些思想萌芽为企业绿色管理的成长打开了良好的开端。尤其是在一系列绿色管理思想与国际会议的推动下，企业绿色思想发展的步伐不断加快。

第二阶段：绿色管理思想的成长发展阶段（20世纪80年代）

扩展阅读1-1 人物小传：中国环保之父曲格平

随着生态环境的持续恶化，世界各国公众绿色环保意识普遍觉醒，绿色消费需求愈加强烈，越来越多的企业在探寻绿色道路的过程中不断加强对绿色管理思想的探索。同时，一批新的经典绿色思想著作和观点也在推动企业绿色管理思想发展中发挥着重要作用。1980年，中国的绿色思想家曲格平指出，以污染治理促进企业生产，而工业污染治理离不开企业的工艺革新、资源节约、综合利用和科学管理等。因此，需要做好计划管理。曲格平指出，对于工业污染危害，一些企业领导者把这项防治工作看作额外负担或者无足轻重的小事，没有当作工业和企业管理的一项重要内容去抓。这是长期以来工业污染问题未得到根本解决的一个重要原因。

1985年，生态作家亨利·大卫·梭罗（Henry David Thoreau）在其所著的《瓦尔登湖》中指出，自然万物都有其独立的价值并相互联系成为统一的整体，人只有在与自然的和谐相处中才能拥有完整、真实的生命，从人与自然关系的角度给绿色管理思想发展带来启发。1985年，荷兰率先提出企业环境管理体系（EMS）的概念，并在1988年进入试行。随着1987年《我们共同的未来》一书对可持续发展概念的提出，环境管理思想的焦点转向充分合理地利用自然资源。1988年，约翰·埃尔金顿（John Elkington）与朱莉娅·海尔斯（Julia Hailes）发表了《绿色消费者指南》一书，从消费者的角度提出对环境保护的需求和向往，进一步为企业的绿色管理指明了方向。在这一阶段，企业虽然普遍遵循以追求经济效益为主的管理思想，但同时也已经意识到要兼顾环境管理。至1989 年，中国完成了以"强化环境管理"为核心的中国特色环境管理思想体系的构建（耿世刚等，2018），企业绿色管理也有了更加完整的指导思想体系。整体而言，企业绿色管理的思想在这一时期有了较大的发展进步，一些企业从将环境问题作为经济问题的观念逐渐开始向将环境问题和社会发展相联系的观念转变，企业对环境保护的态度由被动反应逐渐转变为主动适应，企业不仅重视环境保护，还认识到环境保护能为企业创造更多的商业价值与机会。

第三阶段：绿色管理思想的拓展深化阶段（20 世纪 90 年代至今）

20 世纪 90 年代初期，大部分企业的绿色管理还主要依靠政府政策推动、采用强制性执行的方式进行，企业的绿色意识并未普遍觉醒。1990 年，德国学者霍普分贝克在《绿色管理革命》一书中正式提出"绿色管理"一词，同时也开启了企业环境标准化和许可证制度构建的关键一年。同年，欧盟在慕尼黑的环境圆桌会议上以环境审核为主题进行专门探讨，推动了环境标准化和许可证制度的建立健全。以质量体系标准（BS 5750）为基础，英国制定了 7750 环境管理体系，为 ISO 14000 系列标准的形成奠定了基础。为了避免不同国家或地区之间环境规章和标准的冲突，国际标准化组织（ISO）从 1991 年开始研究企业环境管理标准化问题。1995 年，ISO 14000 系列环境管理标准颁布实施，成为形式上比较系统、具有可靠性操作的企业绿色管理规范形成的一个标志，用以衡量和认定全世界范围内企业、政府、社会组织等的绿色管理行为。1991 年，美国帕屈克·卡尔森（Patrick Carson）与茱莉亚·莫尔顿（Julia Moulden）合著《绿就是金：企业家对企业家谈环境革命》一书，提出了"绿色管理必然成为更有优势的管理""绿色管理哲学"等理念，并论述了北美洲的世界知名大企业通过降低污染、推出绿色产品、创造绿色经营管理奇迹的典型事例和传奇故事。1992 年，英国威尔斯大学肯·毕提（Ken Peattie）教授在其所著的《绿色营销——化危机为商机的经营趋势》一书中提出"绿色营销"的概念，从满足社会需求、经济利润和企业永续经营的角度阐述绿色营销管理。

1992 年，联合国在巴西里约热内卢召开的环境与发展大会发表《里约环境与发展宣言》，提出了全球可持续发展的战略框架，并形成《21 世纪议程》等行动计划，其中强调了工业企业的责任。这次会议将人类对环境与发展的认识推向一个崭新高度。在会议筹备期间，一些具有前瞻性战略眼光的企业领导者就已开始较密切地关注和讨论环境问题。不少企业也在其影响下进一步明确了企业环境管理的观念。1993 年，欧共体专门制定了针对企业的《环境管理审核规则》。在这些制度、规范或规则的影响下，企业的绿色管理思想逐渐从隐含变得清晰。1995 年，哈特（Hart）提出"基于自然资源基础观"，认为未来企业和市场将不可避免地受到自然环境的硬性制约，而不仅仅是政策、法律法规的限制。换句话说，未来企业的战略和竞争优势来源于能促进环境可持续的经济活动能力。这一时期，中国的很多学者也开始从不同角度对绿色管理进行理论研究，包括绿色管理的概念、内涵、发展、流程、意义等，绿色管理理论逐渐丰富。例如，1995 年，中国学者刘思华指出，作为一种新结构的现代化的管理，绿色管理思想就是把生态建设融入企业的管理之中，使生产经营管理和生态环境保护紧紧地结合在一起，形成经济、社会和生态三位一体的现代化管理模式。

21 世纪初期，国内外对绿色管理的研究愈加系统丰富。2005 年，弗里德希·亨特布尔格（Friedrich Hinterberger）等在《生态经济政策：在生态专制和环境灾难之间》一书中提出了"非物质化"的解决方案，旨在避免生态环境危机，推动可持续发展。2012 年，乔尔·麦科沃（Joel Makower）在《绿色经济策略：新世纪企业的机遇和挑战》一书中提出"绿色"是衡量企业优秀与否的核心指标，绿色战略将在未来成为企业存活的关键工具。同时，未来的低碳经济发展虽面临诸多挑战，但这一潮流已经势不可挡。对于企业而言，绿色成为具有巨大发展前景的潜力领域。2013 年蔡舒恒和刘书博在《绿海商机——化社会责任为竞争力》一书中，从企业发展战略的角度阐述了企业社会责任的重要性及其存在的意义，认为企业可以将社会责任与企业战略完美融合，将社会责任转化为企业可持续发展的竞争力。2020 年，丹尼尔·C. 埃斯蒂（Daniel C. Esty）和艾格丽·C. 伯克（Ingrid C. Burke）在《一个更好的地球：可持续未来的 40 个大想法》一书中指出，可持续性已经成为全球范围内的首要任务，并解释绿色建筑主要是在建筑设计中采用环保理念，如使用可再生材料和能源效率高的技术；循环经济即在产品设计和生产中采用可回收和可再利用的资源，如使用生物降解塑料和金属。这些观点或思想的提出为绿色管理思想的深化发展指明了方向。在这个阶段，企业的绿色管理观念已经从经济效益与环境效益并行齐驱的理念转向重视环境保护，走可持续发展道路的管理观念。企业环境管理面临环境问题不断深化和经济全球化迅速发展，而绿色管理则是企业求生存谋发展的重要机遇。由此在全球范围内，绿色管理迎来了快速发展的时代。

> **思维拓展**：绿色管理思想的发展受到哪些现实实践因素驱动？

第二节　绿色管理的内涵和特征

一、绿色管理的内涵

对于绿色管理的内涵，有学者从整合的视角认为，绿色管理是组织将其环境战略目标同组织整体的战略目标充分结合起来，以实现可持续发展和节能减排的环境行为（Banerjee，2002）。另有学者从战略的层面认为，绿色管理是组织（企业）应用绿色创新技术，减少污染，增强其社会责任感和竞争优势，并通过制定环境友好型战略和目标，促进组织（企业）可持续发展（Dwyer et al.，2009）。班纳吉和苏哈布拉塔（Banerjee and Subhabrata，2013）认为绿色管理是企业基于环境的可持续发展，从被动战略发展为主动战略，推动技术创新，并为企业创造新的竞争优势。也有学者从绿色企业的角度认为，绿色管理是一个企业在运营中致力于环境可持续性原则，坚持使用可再生资源，并尽量减小其经营对环境的负面影响（Loknath and Azeen，2017）。

我国学者对绿色管理的界定，较多将企业作为绿色管理的实施主体，并将节约资源、减少和降低污染等环保理念与行为作为绿色管理的核心。一般认为，绿色管理就是将环境保护观念置于企业经营管理之中，主要涵盖企业环境决策、减少生产的有害废物排放、废物回收利用、绿色品牌商标和环境治理的社会责任。吴承建和胡军（2011）认为绿色管理的核心在于资源管理和环境控制。通过集约型的科学管理，企业在生产过程及其前后各个环节中实现资源和环境的最大化利用与最有效控制，以实现单位资源产出的最大化。绿色管理涵盖绿色经营思想、绿色产品开发、绿色生产过程以及绿色技术保证体系等多个方面。仝允桓和贾峰（2016）指出，狭义的绿色管理是企业作为管理的主体从企业自身内部出发进行有关自然环境资源和生态保护的管理活动，广义的绿色管理包括公共环境管理和企业环境管理。

虽然学者们对绿色管理的概念界定角度不一致，但是达成了几点共识：①绿色管理是企业始终将生产经营与环境保护相结合，把节约资源、降低污染作为企业经营管理的核心；②企业在绿色管理过程中同时注重经济效益与生态效益，将二者放在并重的位置上，最终目的是协调经济发展与生态保护之间的关系，以实现企业的可持续发展；③绿色管理需要平衡企业、政府与社会三大利益相关者之间的关系，以实现企业绿色生产、消费者绿色消费、社会可持续发展的协调统一。由此，本书将绿色管理定义为：将资源节约和环境保护理念融入组织经营管理的各层次、各领域、各方面、各过程，以期实现组织的绿色、节约、环保和可持续发展。

绿色管理是一种全新的管理思想和理论体系，是对现有管理思想和理论的深刻变革。企业绿色管理强调的不仅是减少污染和浪费，而且强调企业管理能力的持续性提高，管理者要更加重视分析决策的环保成效，不断对决策进行优化，提升企业的绿色管理能力。从本质上讲，绿色管理属于管理的一般范畴，其主要研究企业环境行为背后的一般规律。绿色管理与传统管理并不是相互独立的：从管理对象上看，二者都是对现代化企业进行管理；从管理流程来看，绿色管理与传统企业管理都要进行计划、组织、指挥、协调和控制；从管理思想来看，二者都是将基本的管理理论与人本管理思想有机结合，采取各种现代化管理办法对企业进行管理。

> **思维拓展**：为什么说绿色管理是一种全新的管理思想和理论体系？

二、绿色管理的特征

与传统管理相比，绿色管理作为一种全新的管理理念或模式，其内涵具有独有的特征，主要体现在以下方面。

（1）绿色管理的基石是树立绿色理念。在传统的企业管理中，企业以"经济人"的角色出现，追求最大限度地利用自然资源以实现利润最大化。在绿色管理中，企业以"生态人"的角色出现，追求的是以资源节约、环境保护、降碳减污为发展导向，达到与经济、社会和环境协调发展的目的，实现经济效益、社会效益与环境效益的统一。而要想实现自身与自然、社会的和谐统一，必须以树立绿色理念为基石，并将其作为指导思想贯穿组织经营管理的具体环节。只有树立绿色理念，才能推动企业变被动为主动，将解决环境问题作为企业发展的自觉行为。

（2）绿色管理的目标是实现组织绿色、节能、环保、低碳和可持续发展。从微观层面来看，绿色管理的目标是从整体上提升组织的经济效益、环境效益和社会效益，促进组织绿色长远发展。从宏观角度而言，绿色管理的目标是促进人与自然的和谐永续发展，这也是贯彻落实党的二十大"坚持可持续发展""站在人与自然和谐共生的高度谋划发展"精神的体现。无论是从微观角度还是从宏观角度，绿色管理都是通过发挥政府、企业与社会公众等主体合力保护环境，消除或者减小组织行为对环境的影响，最终实现生产生活绿色低碳化、环境保护常态化、社会发展可持续化的目标。

（3）绿色管理的主体不仅包含企业，还包含政府、非营利组织等非企业主体。由于企业尤其是工业企业是环境污染的主要源头，因此企业成为绿色管理的重要主体，扮演着绿色管理的决策者、组织者、实施者的角色，同时也是绿色管理的受益者。然而仅靠企业在推动环境保护方面发挥作用是不够的，政府和非营利组织在绿色管理中也发挥着不可替代的作用。政府通过行政、法律、经济等手段调整、监督和推动企业的绿色管理行为，非营利组织通过对绿色管理有关的社会力量整合、对绿色管理方面的政府失灵和市场失灵的弥补等，与企业相互配合，共同推进绿色管理。值得注意的是，数字化时代背景下，绿色管理正朝更加高效化、智慧化、便捷化、个性化的方向发展，这开启了全员参与推动绿色管理数字化转型的新时代。

（4）绿色管理的客体包括企业行为、政府行为以及非营利组织行为。以往的绿色管理客体主要是企业的生产营销、组织调控等行为，存在绿色管理力度较小的问题，因此企业要将绿色理念贯穿产品设计、生产、营销、售后等过程中，为社会提供绿色产品与服务。随着社会绿色意识的普遍觉醒与绿色观念的树立，绿色管理的客体已扩展至社会行为，对于地区，从企业环境治理拓展到城市甚至更广的地区层面展开污染综合防治和生态保护；对于公众，不只是绿色环保意识的提升，也包括践行绿色消费行为，将绿色环保思想贯彻到生活的各个方面。因此，绿色管理的客体不仅包括存在潜在环境污染风险的人类活动，还包括整个社会经济复合生态系统。

（5）绿色管理的关键领域涵盖绿色生产和运作管理、绿色物流和供应链管理、绿色创新和创业管理、绿色市场和营销管理等方面。绿色生产和运作管理是从生产运作角度展开的绿色设计管理、绿色采购管理、绿色生产管理、废物利用与再制造管理；绿色物流和供应链管理是从物流和供应链角度展开对绿色物流、逆向物流、绿色供应链、绿色价值链相关活动的管理。绿色管理包含企业运营的全方面、全过程，要求企业价值链实现绿色管理的全覆盖；绿色创新和创业管理是从创新创业角度对绿色价值创新、绿色技术创新、绿色产品和工艺创新、企业绿色创业等经营活动的管理；绿色市场和营销管理是从市场营销角度对绿色市场洞察、绿色目标市场、绿色产品和价格、绿色渠道和促销的相关经营活动的管理。

延伸阅读

政策解读：习近平总书记关于可持续发展的重要论述

当前，百年变局和世纪疫情交织叠加，世界进入动荡变革期，人类社会发展面临更多不稳定性、不确定性。习近平总书记关于可持续发展的重要论述，指引我国开辟了崭新的可持续发展之路，为全球深化对可持续发展的理解提供了中国智慧，为世界可持续发展实践提供了中国经验。

习近平总书记指出，开辟崭新的可持续发展之路，需要"坚持绿色发展，致力构建人与自然和谐共处的美丽家园""坚持以人为本，努力建设普惠包容的幸福社会""坚持共商共建共享，合力打造开放多元的世界经济"。这些重要论断，着眼于关乎人类社会发展前途和命运的三大关系——人与自然的关系、人与社会的关系、国家与国家的关系，科学阐释可持续发展的理论内涵，提出了彰显智慧和担当的中国方案，为推动可持续发展提供了科学理论遵循。

一、正确处理人与自然的关系

习近平总书记指出："人与自然是生命共同体。""生态环境没有替代品，用之不觉，失之难存。""当人类合理利用、友好保护自然时，自然的回报常常是慷慨的；当人类无序开发、粗暴掠夺自然时，自然的惩罚必然是无情的。"人是自然界的一部分，人在自然中生活，在通过实践有意识地改造自然的同时，也受到自然的约束。如果自然界遭到系统性破坏，人类生存发展就成了无源之水、无本之木。人类进入工业文明时代以来，传统工业化迅猛发展，在创造巨大物质财富的同时，也加速了对自然资源的攫取，打破了地球生态系统原有的循环和平衡，造成人与自然关系紧张。从 20 世纪 30 年代开始，一些西方国家相继发生多起环境公害事件，教训十分深刻。实现自然生态可持续发展，必须处理好人与自然的关系，坚持绿色发展，使人类的资源开发和污染排放保持在生态环境的生产能力与净化能力范围内，不超过生态环境的承载能力。

二、正确处理人与社会的关系

习近平总书记指出："发展的最终目的是为了人民。在消除贫困、保障民生的同时，要维护社会公平正义，保证人人享有发展机遇、享有发展成果。"人是社会的人，社会是人的社会。如果不能正确处理人与社会的关系，不能实现经济、社会、环境协调发展，甚至少数人的发展以多数人的利益受损为代价，就必然影响社会稳定，进而破坏发展的根基。过去几十年来，许多发达国家虽然一度生产力发展较快，但并未解决好人与社会的关系问题，不同社会群体收入分配差距巨大，发展机会不平等，贫富分化严重，民粹主义高涨，导致经济社会发展矛盾重重。一些发展中国家陷入"中等收入陷阱"，一个重要原因也是未能解决好人与社会的关系问题。只有坚持以人为本，努力建设普惠包容的幸福社会，才能实现社会可持续发展。这要求不断提高人类健康和生活水平，创造美好的生活环境，确保社会公平、正义、平等。关注代际、不同群体、各个地区之间的公平，当代人的发展既不能损害后代人的发展权益，也不能损害其他群体、地区的发展权益。

三、正确处理国家与国家的关系

习近平总书记指出："和平与发展仍然是当今时代主题，人类的命运从没有像今天这样紧密相连，各国的利益从没有像今天这样深度融合""国际社会面临的新课题、新挑战也与日俱增""人类只有一个地球，保护生态环境、推动可持续发展是各国的共同责任"。在经济全球化深入发展的背景下，任何一个国家都不是孤立存在的。各国利益休戚相关、命运紧密相连，既要共同应对全球性挑战，又要平衡好发展责任和发展权利。地球是人类赖以生存的唯一家园，人类面临的全球性问题，靠任何一国单打独斗都无法解决，必须牢固树立人类命运共同体意识，坚持同舟共济，开展全球行动、全球应对、全球合作。处理好国家与国家的关系，必须秉持人类命运共同体理念，坚持共商共建共享，合力打造开放多元的世界经济；尊重各国自主选择社会制度和发展道路的权利，消除疑虑和隔阂，把世界多样性和各国差异性转化为发展活力和动力；充分考虑各国发展阶段、发展水平和历史责任的差异，恪守共同但有区别的责任原则，充分尊重发展中国家发展权，照顾其特殊困难和关切。

在可持续发展理论的指导下，中国不断探索和深化可持续发展实践，展现中国特色的绿色管理智慧，为国家和社会的长远发展点亮道路之光。

资料来源：中国国际发展知识中心. 开辟崭新的可持续发展之路的科学指引（深入学习贯彻习近平新时代中国特色社会主义思想）——深入学习贯彻习近平总书记关于可持续发展的重要论述[N]. 人民日报，2021-11-16.

第三节　绿色管理的职能和内容

一、绿色管理的主要职能

对绿色管理的主要职能，许多学者从不同角度进行了研究，这些角度涵盖了多个方面。在绿色管理战略规划方面，1995 年，哈特基于资源理论，通过分析企业与自然环境之间的关系，提出了竞争优势理论。该理论包含三个相互关联的企业战略：污染预防、产品管理和可持续发展。在绿色管理体系方面，叶文虎和张勇（2006）指出，企业可以根据自身需求搭建适合自己的绿色管理体系。仝允桓和贾峰（2016）认为，企业内部建立绿色环境管理体系包含四个程序：规划、实施、检查和改进。其中，规划指的是与环境相关的法律法规和政策要求，以及环境管理目标和方案等。实施则包括组织结构设计和职责、组织培训与文化、组织运行控制和应急响应等方面。检查包括监管、预防、追踪和审核等方面。改进则是实施评估、改进计划和报告等。通过规范绿色管理体系，可以引导企业绿色管理的职能更加标准化、规范化和国际化。综上，本书认为绿色管理的主要职能包含绿色战略规划、绿色组织设计、绿色领导协调、绿色组织文化与绿色实施评价五个主要方面，这五个方面其实也是绿色管理的主要过程。

（一）绿色战略规划

绿色战略规划包括绿色战略分析、绿色战略类型、绿色战略定位与绿色战略要点等。首先，为了制定切实可行的绿色战略，企业需要对所处的外部环境和内部环境进行客观、全面的分析，并了解环境变化对绿色战略制定的关键影响。其次，根据企业内外部环境状况和企业自身的情况,在制定战略时需要进行总体战略类型选择和竞争战略类型选择。其中,总体战略是企业的战略总纲和发展方向,竞争战略旨在不断提升企业的核心竞争力,由被动型绿色管理积极向主动型绿色管理转换。再次,绿色战略定位是企业实现可持续发展的关键步骤,有助于提升企业的竞争优势和社会形象,同时也有利于保护环境和节约资源,满足消费者对绿色产品的需求。最后,绿色战略规划的要点应当与环境保护、可持续发展等因素相连接,并考虑以下五个方面的内容:明确企业绿色战略使命、确定企业绿色战略目标、设计绿色战略业务组合、制订企业绿色业务计划和评估企业绿色战略规划。在数字化时代,数字化技术可以辅助企业制订绿色战略规划,将环保理念融入企业发展中,更精准地管理资源、提高效能,实现绿色可持续发展。

(二)绿色组织设计

绿色组织设计涉及绿色组织结构、绿色职能设计、绿色角色定位和绿色人员配置四个方面的内容。在绿色战略的指导下,企业对组织结构、职务和角色等进行设计,并合理配置绿色管理人员。首先,绿色组织结构由绿色组织环境、绿色组织目标、绿色管理主体和绿色管理客体四个要素组成。在绿色目标的指引下,绿色组织结构设计主要涉及对原有组织结构进行重新规划和创造,以适应绿色市场的变化与发展。其次,绿色职能设计能够保障绿色组织生存和发展,是实现组织绿色战略目标的重要载体,也是推动组织绿色管理运营的重要条件。绿色职能设计是一个持续优化的过程,它使各个职能相互交叉、共融,同时成为推动绿色团队和项目工作发展的重要力量。再次,绿色管理者的角色是多元化的,绿色管理的执行需要妥善处理人际关系、决策和信息之间的相互关系。绿色管理的角色设计对绿色企业的管理层提出了更高的要求,包括明确企业绿色管理目标、提高企业绿色战略决策能力、提升绿色管理执行能力、增强数字化绿色管理能力等。其中绿色管理角色定位被细分为初级、中级和高级三个层次。最后,绿色人员配置有助于确保组织绿色事务的顺利开展,充分开发组织的绿色人力资源,并提高组织的绿色工作效率。在进行绿色人员配置时,需要坚持绿色效益原则、和谐共融原则、指标量化原则、集约发展原则和动态发展原则。根据市场要求、组织发展需要、绿色管理机制、工作考评制度以及数字化时代的需求,实现绿色人员配置优化。

(三)绿色领导协调

绿色领导协调包括绿色领导力、绿色领导风格、绿色管理协调和绿色管理整合等方面。首先,绿色领导力是一种以绿色环保为核心的领导力,能够推动组织实现绿色管理,提高组织的可持续发展能力。绿色领导力要求领导者具备绿色思维、绿色计划、绿色组织、绿色指挥、绿色激励、绿色协调、绿色整合、绿色沟通以及绿色控制等能力。同时,建设绿色领导力还需要树立绿色战略眼光,内化组织绿色目标,培养绿色魄力担当,重视绿色人文关怀。其次,绿色领导风格即领导者的管理模式,与传统的领导风格不同,绿色管理有三种典型领导风格:绿色变革型领导、绿色道德型领导、绿色责任型领导。这些领导风格在绿色管理中都具有重要作用,能够帮助领导者实现环保和可持续发展的目标。再次,绿色管理协调贯穿企业的各个职能活动中,是实现绿色领导的重要基础。内部绿色管理协调主要包括绿色组织各部门之间的协调、绿色组织各项职能之间的协调以及绿色组织中人际关系的协调。外部绿色管理协调包含绿色组织外部环境的协调、绿色组织外部关系的协调。最后，绿色管理整合具有绿色系统性、绿色动态性和效果最优性的特征，其内部整合涉及绿色产品整合、绿色人力资源整合、绿色信息资源整合和绿色财务资源整合，而外部整合主要包括绿色供应链整合和绿色渠道整合。这些整合措施能够优化资源配置、提高组织绩效、实现可持续发展目标。

（四）绿色组织文化

绿色组织文化涉及精神层、制度层、物质层和绿色化变革四个方面的内容。首先，绿色组织文化的精神层分为精神层内容和精神层建设两个部分。其中，绿色组织文化的精神层内容主要包括组织绿色价值观、组织绿色精神、组织绿色经营哲学、组织绿色道德、组织绿色行为准则和组织绿色风气。而绿色组织文化的精神层建设主要包括构建可持续发展的绿色价值观体系、培养可持续发展的企业绿色精神、遵循可持续发展的绿色经营哲学、形成可持续发展的绿色道德自觉、构建可持续发展的绿色行为准则、营造可持续发展的企业绿色风气。绿色组织文化的精神层构建，对于强化组织成员的环境意识、激发组织成员对环境保护的精神共鸣与思想认同以及鼓舞成员采取绿色行动，具有积极的推动作用。其次，绿色组织文化的制度层内容主要包括建立绿色文化正式制度和非正式制度。绿色文化的制度层建设主要是完善绿色文化的正式制度和非正式制度建设。这些制度可以有效地推动组织绿色精神文化的实施，确保组织在环保和可持续发展方面的目标和计划得以实现。再次，绿色组织文化的物质层内容包括绿色组织标志、绿色厂容厂貌、绿色产品形象、清洁工艺设备等方面，从而为企业塑造一个深入人心的绿色形象。绿色文化的物质层建设包括建立绿色品牌标志、营造绿色工作环境、塑造绿色产品形象、优化绿色生产流程。通过绿色组织文化的物质层建设，组织可以进一步巩固和提升其绿色品牌形象，增强在绿色市场上的竞争力。最后，通过把握绿色化变革的时机、建设绿色化变革的制度、形成绿色化变革的载体、完善绿色化变革的机制，对组织文化进行改革和更新，使其更加关注环境保护和可持续发展。

（五）绿色实施评价

绿色实施评价包括绿色管理的推行实施、绿色管理的审计核算、绿色管理的绩效评价和绿色管理的迭代优化等方面。首先，绿色管理的推行实施受到内部因素和外部因素的影响。内部影响因素主要包括企业内部绿色管理制度、资金实力、绿色组织能力、绿色技术能力和绿色资源配置能力。而外部影响因素则包括国家环保法律制度和政策、绿色环保的社会文化氛围、绿色经济环境、绿色技术环境、绿色市场需求以及政府、公众和利益相关者等因素。在推行实施绿色管理时，综合考虑内部因素和外部因素的影响，并根据实际情况制定相应的策略和措施，以确保绿色管理能够顺利推行实施。其次，绿色管理的审计核算与传统审计核算有所不同。企业绿色审计核算将环境、资源、可持续发展等因素纳入财务核算体系，注重环境、经济和社会的协调发展。其内容包括绿色审计核算的依据、目标、主体和范围。而绿色管理的审计核算方法包括资产价值法、机会成本法、恢复费用法和人力资本法。企业通过绿色管理的审计核算，为其可持续发展提供有力支持。再次，绿色管理的绩效评价应遵循以下基本原则：适应性原则、透明性原则、系统性原则、精确性原则。绿色管理的绩效评价采用计划—实施—检查—改进的管理模式，评价指标主要从企业经济绩效、生态环境绩效和社会环境绩效三个方面进行衡量。ESG（environmental, social and governance，即环境、社会和治理）评价体系是绿色管理评价的重要组成部分，可以帮助企业评估和管理环境、社会和治理方面的风险和机遇，提升企业的环保意识和品牌影响力。最后，绿色管理的迭代优化流程包括评价、分析、优化、再评价。绿色管理的迭代优化举措包括优化绿色战略规划，提高绿色管理站位；优化绿色管理组织，完善绿色管理保障；优化绿色管理协调，完善绿色管理路径以及优化绿色管理控制，提升绿色管理成效。

> **思维拓展：** 如何利用数字技术更好地发挥绿色管理职能？

绿色管理的职能和过程如图 1-1 所示。

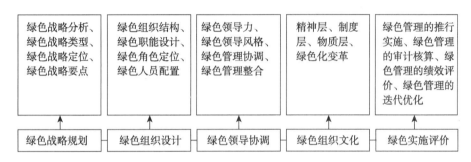

图 1-1　绿色管理的职能和过程

二、绿色管理的主要内容

不少学者从不同角度对绿色管理的内容进行研究。王家德等（2005）认为绿色管理涉及企业生产经营活动的各个环节，因此它的内容也应该包括企业生产、计划、经营、管理的各方面内容，概括来说有四个方面：建立绿色管理模式、实施绿色生产、实施绿色管理、进行绿色理财。陈建成（2013）从管理过程出发，将绿色管理过程分为四个阶段：绿色研发、绿色生产、绿色营销和绿色会计。绿色研发即在产品的设计、产品标准的建立与产品专利的设计中都贯穿绿色理念；绿色生产即从产品的材料采购到产品的生产，到产品的供应，整个流程实现绿色无污染；绿色营销即产品的价格、产品的管理渠道、产品的促销、产品的品牌战略等都要体现绿色，摒弃不利于环境保护的传统管理行为；绿色会计就是将会计学和自然环境相结合，用会计的方法来计量、反映和控制社会环境资源。全允桓和贾峰（2016）认为绿色管理涉及生态效率、投资决策、社会责任、信息披露、技术进步、环境管理体系等诸多内容，其概念由社会经济背景因素、绿色管理的驱动力、企业战略环境、企业绿色管理绩效评估、绿色管理能力建设等核心要素组成。综上，本书认为绿色管理的主要内容包括绿色生产和运作管理、绿色物流和供应链管理、绿色创新和创业管理、绿色市场和营销管理四个部分（图 1-2），这四个部分也是绿色管理的主要领域。

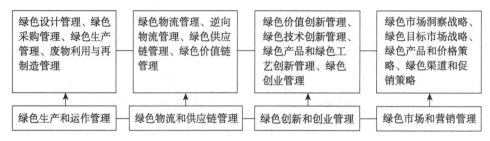

图 1-2 绿色管理的领域和内容

（一）绿色生产和运作管理

绿色生产和运作管理包括绿色设计管理、绿色采购管理、绿色生产管理、废物利用与再制造管理等方面。在企业的生产与运作管理中，首先考虑产品的设计要面向整个产品的生命周期开展，即在设计环节便要考虑到后期产品的加工制作、使用、废弃、回收再利用等各个环节涉及的环境问题。绿色生产设计要优先考虑产品的低能耗、可回收、可再生等环境功能，据此设计产品的环境目标。在此基础上，设计有关产品的基本功能、使用寿命等物理目标。原材料的选择和购买要综合考虑环境因素，优先购买对环境负面影响较小或无危害的产品或服务。这就要求企业在供应商的选择和材料与产品的选择等方面都要贯彻绿色理念。绿色生产管理是将制造领域、环境领域与资源领域三大领域的内容进行有机集成。从微观角度来看，绿色生产只涉及产品制造环节；从宏观角度来看，除了产品的使用阶段，产品的设计、清洁生产、绿色包装等均可被纳入产品的生产环节。与产品生产和使用等环节相比，废物的利用与再制造消耗的原材料更少，产生的污染也较少，有利于形成从产品生产到利用再到废弃回收再利用的闭环循环。废物利用与再制造管理就是利用各种经济、技术、政治、文化等手段，创建一种废物高效循环利用的环境条件，推进产品全生命周期的闭环循环绿色管理。

（二）绿色物流和供应链管理

绿色物流和供应链管理包括绿色物流管理、逆向物流管理、绿色供应链管理和绿色价值链管理四个方面内容。绿色物流管理旨在抑制物流对环境造成危害的同时，建造一个环形的循环物流系统。现代绿色物流管理更为强调企业的绿色形象、可持续经济的发展和环境保护，形成一种促进经济和消费健康发展的物流系统。而逆向物流可以让废弃物通过分销渠道回流，从而再转化为可以使用的原材料。通过逆向物流可以实现废弃物价值充分利用，降低废弃物对环境的危害，将价值链的线性流转变成渠道成员间的循环流动，实现价值链和价值环的流转。和正向物流管理不同，逆向物流管理起始于消费者以及各种不同类型的代理商和零售者。逆向物流的结束点也存在着不同，对于毫无维修价值的产品，逆向物流则结束于专业的报废公司，对于那些还有维修价值的产品，逆向物流则结束于其产品的再销售。绿色供应链管理是在传统供应链管理中融入环境保护意识，并对关键节点企业、上

扩展阅读 1-2 实践前沿：正泰新能科技的绿色供应链管理探索

下游企业和终端用户实施环境管理标准进行管理，以提升整个供应链的绿色化水平。以绿色供应链为支撑，企业可以将更多精力和能力投入绿色价值管理环节，即从绿色供应链管理转向绿色价值链管理。绿色价值链管理是将环境保护作为核心价值，聚焦于绿色产品全生命周期的绿色价值增值。通过绿色价值链管理，链上的各方参与者合作为客户提供绿色需求和绿色服务，当客户的绿色需求和欲望得到满足时，绿色价值链上的每个人都会赢得收益。

（三）绿色创新和创业管理

绿色创新和创业管理主要包括绿色价值创新管理、绿色技术创新管理、绿色产品和绿色工艺创新管理与绿色创业管理等方面。绿色价值创新管理就是企业对绿色自我的探索和发现的过程，是企业对"要为什么人提供什么样的绿色价值"的独特解答。该过程不仅要体现在产品的包装、品牌的策略等方面，还要体现在产品的设计、生产和使用过程中。在数字化时代，企业要借助数字技术等手段，创造出更多的绿色价值。绿色技术创新管理以绿色知识与绿色技术为基础，以市场为动向，将绿色工艺与技术的创新研发应用到企业管理中，同时，还将绿色技术应用与绿色观念传递、生产经营方式、管理服务模式等多方面创新性地结合。在促进绿色技术成果转化的同时，创造新的经济效益和环境效益。绿色技术创新管理还能提高企业经济效益与生态效益的协调性，提高企业的绿色竞争优势，推动企业可持续发展。绿色产品创新管理是绿色技术创新的重要方面，绿色产品创新管理要求企业开发或使用各种节能材料，并确保产品的使用对人体健康和生态环境的损害较低，且利于回收再利用。绿色工艺创新管理能够帮助企业在降低生产成本和提高生产效率的同时减小对环境的影响，能够采用环保的生产方式来满足消费者对环保产品的需求，从而在绿色市场竞争中获得更大的优势。绿色创业管理是以兼顾生态效益和经济效益的发展形式替代传统的以牺牲生态环境为代价的可持续创业管理模式。企业绿色创业既能使企业拥有技术革新带来的优势，还能保护好人类赖以生存的土地、森林等自然资源和环境。

（四）绿色市场和营销管理

绿色市场和营销管理涉及绿色市场洞察战略、绿色目标市场战略、绿色产品和价格策略、绿色渠道和促销策略四方面内容。首先，绿色市场洞察战略即发现绿色需求，这是绿色市场和营销管理的首要环节。如果无法精准洞察和把握市场的需求，便无法创造、传递和传播绿色管理的价值。此外，洞察并满足顾客、客户、合作伙伴和社会的绿色需求也是企业进行绿色管理的目标所在。因此，绿色市场洞察战略是绿色价值得以实现的重要前提，也是企业制定绿色目标市场战略、定位绿色产品目标市场以及制定绿色产品策略的重要决策依据。其次，绿色目标市场战略是企业进行绿色自我探索和发现的过程。企业通过绿色需求分析和绿色价值发现，更准确地选择目标市场，提高企业绿色产品和服务的精准性，即回答"要为什么人提供什么样的绿色价值"，并为消费者创造生产其所需的绿色价值。再次，绿色产品和价格策略就是将绿色产品所具有的环境友好、可持续性等价值向服务对象传递的过程。这一过程需要通过一系列途径进行，包括使用绿色价值相关的名称、商标、标语、产品、包装、价格等进行组合。产品的绿色价值需要通过制定绿色产品价格策略来向顾客、客户、合作伙伴和社会等服务对象进行传递。最后，绿色渠道和促销策略影响着企业创造的绿色价值最终能否实现，包括绿色分销渠道策略、绿色广告和传播策略、绿色促销和公共关系策略。绿色分销渠道策略的制定对绿色价值的沟通和交付起着关键性的作用。绿色产品的价值传递决定了绿色价值能否得以交付，也决定着企业创造的绿色价值能否最终实现。在数字化时代，各种数字技术、数字平台与数字场景为绿色市场和营销管理创造了良好的条件，也给企业带来更多时代红利，如企业利用大数据技术洞察消费者需求、建立专门的线上商城、利用抖音等社交媒体平台进行绿色市场营销等。

第四节　绿色管理的渊源和流派

一、绿色管理的思想渊源

绿色管理发端于可持续发展思想，继承和发展了马克思主义以及新中国历代领导人的生态思想，同时也吸收了国内外不同的管理实践经验。虽然它们在不同时代具有不同的思想侧重，但它们都传承了时代思想的精华，普遍强调尊重自然规律，注重人与自然的和谐相处，将绿色思想融入企业经营管理的各个环节，协调好经济效益、社会效益与生态效益的关系，实现组织的可持续发展。基于不同的思想渊源，产生不同侧重的绿色管理观念。

（1）"天人合一"的儒家绿色管理思想。"天人合一"思想强调人类应依循自然之法生活，主张自然是人类生存和发展的基本前提，人类生存和发展所必需的资源与条件来源于自然。人类应顺其自然、保护自然、反哺自然。人类活动对生态环境的有效保护体现了人类生活的自然秩序。基于"天人合一"的哲学思想发展起来的绿色管理观念认为，绿色管理取决于人类活动与自然的关系，只有组织的经营活动遵从自然的生成、发育、成熟的规律，始终与自然保持一种和谐融合的关系，才能在大自然中长久、持续地生存与发展。高排放、高能耗、高污染的粗放型、掠夺式经营管理方式注重经济利益，忽略了对环境和自然资源的保护问题，不仅威胁到了人类的健康和生存环境，而且对全球环境造成了不可逆转的损害。这种管理方式显然是不可持续的，并且与"天人合一"哲学思想的观念相悖。因此，组织经营活动的目的不应仅仅是追求经济利润，而应当从人与自然关系的角度重新审视组织的目标，组织活动应当从"征服自然"回归到"尊重自然"、从"万物之主"回归到"万物之灵"。

（2）"道法自然"的道家绿色管理思想。老子在《道德经》中提出："人法地，地法天，天法道，道法自然。"这一思想主张世界万物都是从"道"衍生出来的，"道""人""天""地"密不可分，人只是世界有机体的一部分，与自然万物平等。"道"作为世间万物共同的准则，不以人的主观意志为转移，人应当恪守天地万物之"道"，遵循自然而然的原则。其中蕴含了"物无贵贱"，人与自然万物的生存发展都要遵循自然规律的道理。老子在《道德经》中又提道："天之道，损有余而补不足；人之道则不然，损不足以奉有余。"老子强调"知足""知止"，认为人与自然关系不平衡的根源在于人类的"不知足"，应回归自然本性，克制欲望。从"道法自然"生态思想发展而来的绿色管理理念认为人与自然是和谐的整体，人类的一切活动都应遵从事物变化之道，开展人类活动应坚持适度原则，将人类活动控制在自然能够承受的范围内。企业在经营管理中要对开发和利用自然资源讲究限度，更好地处理人与自然的关系。

（3）古希腊哲学自然观的绿色管理思想。古希腊哲学家柏拉图、亚里士多德等认为自然是无限的力量源泉。个体和自然二者不可分割，人类是大自然的一部分，应当积极拥抱和融入自然，学习和探索自然，珍视和顺应自然。这样才能更好地认识人类自身和自然环境，保护生态环境。柏拉图提出"正义与环境相连"，认为环境保护和生态平衡是公正、和谐社会建立的基础。亚里士多德提出"功利主义"的思想，认为人类的目标是追求最大化的幸福感，但这种幸福感与自然界有着密切的联系。自然界中的所有事物都是相互联系、相互协作的。人与其他有机物共存于自然界，人类的活动不能破坏自然的平衡，需要与自然相互协调。人类的实践必须建立在保护自然环境的基础上，否则会导致生态破坏。从古希腊自然观思想发展而来的绿色管理理念认为管理活动必须考虑自然环境，遵循人与自然、与社会和谐共处的理念，深化对自然和人类活动关系的认识，才能更好地实现组织的高效管理和长远发展。

（4）马克思主义自然辩证法的绿色管理思想。马克思主义自然辩证法思想从人、自然和社会关系的角度阐述了人与自然在社会中统一，人与自然和谐发展的思想主张。马克思主义自然观将人类视作自然的一部分，认为人类是自然界的产物。由于生存和发展的需要，人类社会不断地认识自然和改造自然，在这个过程中，自然为人类的生存与发展提供环境和物质基础，并伴随人类实践不断变化，二者相互依存、相互作用、对立统一。传承马克思主义自然辩证法思想精髓并在其基础上发展起来的绿色管理观念认为，人类在组织经营管理活动中根据人类的意志和需要去认识与改造自然，并从自然中获取生产经营活动所需的劳动资料和劳动对象，从而得以持续地生存与发展。如果人类肆无忌惮地掠夺自然资源和破坏生态环境，将会受到大自然的惩罚和报复。

二、绿色管理的导向流派

在丰富的绿色管理思想和实践的推动下，绿色管理不断深化细分。在遵循绿色管理内涵、特征和本质的基础上，形成了不同的导向流派。一般而言，绿色管理的导向流派主要有资源导向的绿色管理观念、节约导向的绿色管理观念、低碳导向的绿色管理观念、可持续发展导向的绿色管理观念、生态导向的绿色管理观念、道德导向的绿色管理观念等。

（1）资源导向的绿色管理观念。这种观念通常以资源的合理开发和可持续利用为目标，主张促进不可再生资源集约使用、可再生资源恢复与再利用、替代资源开发利用。人类的组织活动对包括大气、水体、土地、矿产等在内的资源环境要素应当合理开发、高效使用。资源导向的绿色管理观念还认为绿色管理具有自然和社会的双重属性。自然属性体现在对资源的开发、利用、治理和保护等活动应遵循自然规律，否则必然受到自然的惩罚。社会属性主要体现在不同的社会生产关系背景下，绿色管理的原则、方式和内容会有差别。

（2）节约导向的绿色管理观念。这种观念认为在社会生产、流通、消费等各个环节中节约和高效利用各种资源，以尽可能少的资源消耗支撑可持续的发展模式。具体而言，一是在管理活动中杜绝资源浪费，减少对资源的无端消耗；二是在管理活动过程中用尽可能少的资源、能源，创造相同甚至更多的社会财富。当然，这种观念主张以满足人们的发展需要为前提，否则其资源节约是不利于人类社会长远持续发展的。组织可以借助现代数字化技术改造传统管理方式，提高节约的整体水平。

（3）低碳导向的绿色管理观念。这种观念认为，考虑到温室气体水平过高导致的全球变暖对人类产生的负面影响在不断加剧，组织管理活动应尽可能减少温室气体排放量，尤其是要有效控制二氧化碳这一主要温室气体排放量。这种观念的核心是提高能源利用效率，优化能源结构，以实现节能降耗，其本质是人类生产观念的根本性转变。低碳导向的绿色管理观念为节能减排、发展循环经济、构建绿色低碳社会提供了观念指引，是达到经济社会发展与生态环境保护双赢的一种管理观念。

（4）可持续发展导向的绿色管理观念。这种观念主张既满足当代人的需要，又不损害后代人满足需要的能力的发展。自然界不仅是人类赖以生存的家园，也是人类物质生产所必需的资源，这就形成了环境价值和消费价值二者的统一。人类所面临的环境危机正是消费价值与环境价值二者相互矛盾的表现，因此人类对自然界的消费和改造应当保持在自然的承载力和修复能力范围之内。不仅要关注自然、社会和经济系统相统一的自然属性，还要关注社会经济属性，从环境、社会和经济相互协调的角度去处理三者之间的复杂关系，寻找人类社会的可持续发展路径。

（5）生态导向的绿色管理观念。这种观念认为，绿色管理是以生态保护和环境治理为基础，以绿色管理运营方式为支撑，以区域综合开发为载体，创造生态环境保护和环境污染治理绿色价值的管理方式。这种观念主张以预防优先为原则，以免组织经营活动造成不可逆的生态损失。同时，其非常强调整体性和系统性，认为个体、组织和社会都是自然界的一部分，生态系统内各要素相互关联、互相影响，需要以系统论和整体论的思想为指导开展组织活动，也需要更多公众和利益相关者的更广泛参与。

扩展阅读1-3　经验借鉴：宜家全力打造更绿色可持续的未来

（6）道德导向的绿色管理观念。这种观念通常以道德规范来衡量或评价处理人们的管理活动与生态环境的关系。其主张组织的活动要遵从：首先，热爱大自然，与自然和谐共处。在管理活动中正确处理人与自然的关系，人与自然之间应互惠互利、共存共荣、友善相处。其次，珍视地球物种，维护生态平衡。组织活动的展开要以维持整个地球生态系统平衡为前提。最后，改善方式，防止环境污染。组织活动不应当以牺牲环境为代价，摒弃只顾追求眼前利益的不道德行为，改进生产方法，努力减少并避免环境污染。

思维拓展：在数字时代，你认为哪些绿色管理的观念流派可能会应运而生？

本章小结

　　绿色管理是现代文明社会在组织管理层嵌入资源节约和环境保护理念的有益探索，它以绿色可持续为导向，强调经济、社会和环境协调发展。本章是全书的统领章节。首先，阐述了国内外绿色管理思想的产生背景和发展演变历程，揭示了绿色管理思想产生的缘由、条件、发展阶段等内容。其次，对绿色管理的内涵进行了界定和阐释，从与传统管理比较的视角阐释了绿色管理的内涵和特征。再次，从绿色战略规划、绿色组织设计、绿色领导协调、绿色组织文化、绿色实施评价等方面介绍了绿色管理的主要职能，并从绿色生产和运作管理、绿色物流和供应链管理、绿色创新和创业管理、绿色市场和营销管理阐述了绿色管理的主要内容。最后，介绍了绿色管理的思想渊源以及绿色管理的导向流派，为后文其他章节内容的阐述奠定基础。在数字化时代下，企业如何将绿色管理与数字化技术有机结合，发挥出最大效益和创造出更多绿色价值，这是需要进一步深入探索的内容。

核心概念

1. 绿色管理（green management）
2. 绿色价值（green value）
3. 绿色需求（green demand）
4. 绿色管理观念（green management concept）
5. 绿色生产和运作管理（green production and operation management）
6. 绿色创新和创业管理（green innovation and entrepreneurial management）
7. 绿色市场和营销管理（green market and marketing management）
8. 绿色物流和供应链管理（green logistics and supply chain management）

本章思考题

1. 简述绿色管理的含义及其与传统管理的差异。
2. 简述绿色管理思想的产生历程。
3. 评述绿色管理的主体、客体、对象、目标和过程。
4. 评述绿色管理内涵对企业管理实践的指导意义。
5. 以特定行业为例，论述企业绿色管理的主要职能有哪些。
6. 论述绿色管理思想在管理思想演进中的地位。

本章实训指南

本章综合案例

联想通过数字化智能化打造绿色管理体系

联想集团高级副总裁、联想全球供应链负责人关伟表示："气候变化是人类社会需要共同面对的挑战之一，为此而采取的减碳行动需要我们大家携手同行。我们完全可以走出一条以'零碳'再造产业优势的道路，谋取企业经济效益和社会效益双丰收，推动实现高质量发展。联想将自身科学减碳的行动传导至整个价值链上，打造了一条绿色且科学的供应链，先行于全球ICT行业。"联想绿色发展，共筑美丽中国的具体举措如下。

一、绿色治理，赋能绿色制造

（1）强化环境管理。联想严格遵守运营所在地环保法律法规和相关规章制度，按照全球环境管理体系的规定对电脑产品、数据中心产品、移动设备、智能设备及配件在全球的产品设计、开发及生产制造环节进行环境管理，并获得环境管理体系标准（ISO 14001：2015）认证。联想每年开展重要环境因素评估流程，识别并评估其运营对环境实际产生或存在潜在重大影响的因素，为重要环境因素设立指标及监控措施，并强化环境政策、环境指标等绩效考核，全力减小生产运营各环节对环境的影响。

（2）践行清洁生产。联想积极推进水资源管理，加入联合国发起的"CEO（首席执行官）水之使命"倡议，制订年度水资源目标，实施弹性用水政策，减小水资源压力。强化废水排放管理，超99%的废水都委托给具备相关资质的第三方处理，并严格遵守当地法律、处理方和任何相关许可规定的排放限值。

（3）发展循环经济。联想积极探索和推进"循环经济"模式，将循环再生的理念充分融入产品设计及材料选择中，通过科学的评估和管理方法，在产品中使用再生塑料。2021年，联想将闭环再生塑料应用到248种产品中，100%的显示器产品含有闭环再生塑料。

二、绿色科技，撬动绿色升级

（1）温水水冷技术。联想持续强化绿色技术创新，独立研发的温水水冷技术，与普通的风冷系统PUE（电源使用效率）2.0相比，温水水冷技术可将数据中心PUE值降低到1.1以下，实现每年超过42%的电费节省和排放降低，是降低数据中心能耗的最可靠与可行的方案之一，成为我国推广高效节能技术的卓越实践与行业标杆。

（2）绿色智能算力基础设施。基于温水水冷技术以及多个领域内的技术积累，联想创新性地研发出了新一代绿色智能算力基础设施，帮助绿色智能算力基础设施实现成本与效益的完美平衡。联想在全球范围内部署超过5万个温液冷节点，显著降低能源消耗，大幅提高计算密度，延长数据中心生命周期，助力全球网络基础设施更环保、高效。

三、绿色园区，建造绿色明天

（1）创建国家级绿色工厂，打造零碳工厂标杆。联想采用"绿色工厂"的评估体系，引导、推动制造业向绿色工厂的方向发展，助力健全绿色循环发展体系。作为国内最早投身低碳实践的科技企业，联想位于惠州、合肥、成都、武汉地区的4家工厂先后成功申报工业和信息化部绿色工厂，成为"国家级绿色工厂"。

（2）科技赋能与生态建设并重，打造绿色制造标杆样板。2022年9月，联想（天津）

智慧创新服务产业园正式投产。这既是联想智能制造最高水平的代表，也是联想首个从零打造的"零碳工厂"。联想（天津）智慧创新服务产业园以"绿色零碳、数智引领、灯塔工厂"作为核心定位，将为业界打造科学可复制的"零碳智造"解决方案。

（3）锚定"双碳"，建设"零碳园区"。园区以"立体森林"为设计理念，打造三维立体式生态绿化系统；太阳能屋顶光伏板、太阳能路灯，余热回收系统、节能玻璃、楼宇一体化管理等绿能技术将在园区随处可见；产业园也将充分应用其在绿色制造领域多年实践的节能环保绿色工艺技术，有力推动现有生产制造端的碳中和。

四、节能降碳，应对气候变化

（1）碳减排管理。2023年2月，联想正式发布净零排放目标路线图，其中减少碳排放的主要策略包括：减小其产品对环境的影响，利用创新来提高其生产运营的可持续性，以及减少其整个运营和价值链中的排放量。凭借在供应链脱碳减排领域发挥的引领作用，联想荣获全球环境信息研究中心（CDP）2022"供应链脱碳先锋奖"，为中国唯一获奖企业。

（2）主动作为，发布碳中和行动报告。2023年2月，联想集团正式发布《联想集团2022碳中和行动报告》，响应党的二十大关于"积极稳妥推进碳达峰碳中和"的总要求。报告围绕"2050全价值链净零排放"1个总目标、"联想集团+供应商+客户+员工+经济社会"5大碳排放主体，从"全球化思考"和"本地化行动"2个主要维度形成8个章节内容，全面系统阐述联想集团的碳中和行动。

（3）清洁能源利用。联想加大使用可再生能源力度，推进风光电基地建设，大规模购买清洁能源，从源头减少碳排放量。联想在北京的太阳能热水系统、合肥及武汉的太阳能发电站均安装可再生能源设施。截至2021/22财年结束，所有项目总太阳能装机容量约为17兆瓦。

（4）提供绿色产品。联想不断通过技术创新改进产品能效，努力为客户提供更节省电力的产品，从而减小产品在生产与使用的过程中对环境造成的不良影响。2021年，联想27台显示器被评为能源之星"最高能效"。

五、绿色供应链，助力绿色转型

联想持续关注供应链的可持续发展，打造"五维一平台"，即"绿色生产""供应商管理""绿色物流""绿色回收""绿色包装"五个维度和一个"绿色信息披露（展示）平台"，引导和带动上下游产业链共同实现低碳发展，合力减少碳足迹。

（1）绿色生产。联想除遵守《电子行业公民联盟（EICC）行为准则》及所有适用规则外，也关注生产过程中的能源消耗问题，通过提升再生能源使用量和加强绿色工艺的开发、推广使用来降低碳排放；健全完善绿色制造体系，推动绿色产品、绿色工厂、绿色园区等的全面发展；自主研发智能排产系统，通过采纳新能源和开发再生能源信用额度等方式不断推动生产环节的碳中和。

（2）供应商管理。联想积极带动供应链上下游供应商科学减碳，成为首个在IPE（公众环境研究中心）绿色供应链地图上披露供应商的IT（信息技术）品牌。强化供应商环境管理，将重要供应商名单在官网公布，接受公众监督。

（3）绿色物流。联想物流作为全球供应链的重要组成部分，物流的排放核算及减排工作与全球物流排放委员会（GLEC）框架内容一致，并通过多式联运、优化运输方式、整合和利用、优化网络、技术和自动化、奖励以及认可合作伙伴的相关成绩来推动减排。

（4）绿色回收。联想致力于最大限度地控制产品生命周期的环境影响，加大对可再利用产品和配件的回收，开展产品生命周期末端管理（PELM）项目，针对已停止使用、生命周期结束或报废的产品、部件等进行再利用、拆除、回收、分解、废弃物处理及处置，实现资源再生，促进节能减排和绿色循环经济发展。

（5）绿色包装。联想致力于为产品提供绿色包装，通过增加包装中回收材料种类、可回收材料的比例、减小包装尺寸、推广工业（多合一）包装和可重复使用包装等多种举措，以最少的物料消耗，为产品提供足够的保护来打造绿色包装。

（6）绿色信息披露（展示）平台。联想建立完善绿色信息披露平台，集中展示和发布公司的环保方针、政策、措施和成果，向利益相关方展示产品的环保特性、对供应商的环保要求、体系维护情况等信息。

联想通过数字化、智能化打造绿色制造、绿色供应链体系，引导和带动整个产业链上下游低碳转型。以"新IT"为抓手，提供绿色综合解决方案，赋能千行百业碳减排，助力国家碳达峰、碳中和目标达成，为构建人类命运共同体做出更大贡献。

资料来源：联想. 联想集团 2022 社会价值报告[R]. 2023.

案例思考

1. 联想绿色管理的主要内容有哪些？

2. 企业绿色管理可以从哪些路径着手？

3. 不同企业的绿色管理路径是否一致？如果不一致，其背后的原因是什么？

第二章

绿色管理的理论和实践

◆ **本章导语**

对组织来说，绿色管理已经从"可选项"走向了"必选项"。

◆ **本章引例**

百度缘何宣布"绿色伙伴计划"？

2022 年 6 月 15 日，百度发布《2022 百度碳中和图鉴》，展现了百度从业务赋能到日常经营中 52 项低碳举措的最新进展。同时百度宣布"绿色伙伴计划"，希望带动更多伙伴一同承担绿色责任，助力社会向着高质量、可持续的发展目标不断前进。

2021 年，百度宣布了 2030 年实现集团运营层面的碳中和目标，并且明确了数据中心、办公楼宇、碳抵消、智能交通、智能云、供应链六大碳中和路径。根据最新发布的图鉴，百度沿着六大路径稳步推进，从公司经营中挖掘碳减排潜力、赋能牵引其他行业落实碳中和，以及全供应链促进社会节能减碳等，绿色理念已深入百度的业务经营与发展战略中。

一、智能交通智能云双管齐下，全供应链促进社会节能减碳

正式作出碳中和承诺的一年以来，百度从业务赋能到公司经营，全面推动 2030 年碳中和目标的科学实现路径。

在智能交通领域，百度开发智能交通信号控制器，研发百度第六代大倾角高位视频技术、智慧停车技术并推出萝卜快跑自动驾驶出行服务平台等，从出行工具到出行建议再到交通管理，落实了全链条的减碳实践。

百度自动驾驶出行服务平台萝卜快跑 2022 年一季度订单量近 20 万，百度地图也推出了主题行动，根据百度 ESG 报告，截至 2021 年 12 月 31 日，百度地图"低碳计划"全年累计访问量超过 4 000 万人次，累计可减少碳排放量超 3 800 吨。

2020—2021 年，百度为河北省保定市核心区 176 个路口建设智能信控系统，实现对车辆的自动化、精准化、智慧化的管控以及对交通信号灯的智能配时。2021 年，保定通勤高峰拥堵指数同比下降 7.6%。据百度和交通运输部交通科学院分析，百度智能交通保定项目助力保定实现年碳减排量达 2.44 万吨，相当于种植了超过 24 万棵树。

百度智能云方面，从数据中心建设、管理运维到合作伙伴，百度全链条推动低碳减排。

图鉴显示，百度自研的"零功耗"空调末端 OCU（顶置冷却装置）结合高温服务器技术及新型气流组织，全面免费冷却时间在 98% 以上。百度北京建设首个互联网数据中心直接并网光伏发电技术，充分利用机房楼顶闲置空间，即发即用，一年能发电 15 万度，相当于一个普通家庭 125 年的用电量。此外，百度与中国纺织行业联合会合作，深入调研纺织企业，并提供"度能"能源管理应用，实现蒸汽单耗下降了 0.75 t/万米，预计首年节约百万元的能源成本。

二、发布绿色伙伴计划，深度携手更多伙伴一起行动

在发布图鉴的同时，百度正式宣布"绿色伙伴计划"，意在与生态伙伴共同夯实碳中和行动。百度"绿色伙伴计划"包含三个行动和一个公益基金，其中三个行动分别为：①与城市交通的建设者、管理者共同研究智能交通给城市带来的益处，打造百个低碳城市；②让人工智能（AI）、云服务在传统行业的"双碳"转型中发挥更大的力量，提效降本，深入百个产业集群，打造更多零碳数字工厂；③推动绿色产品消费，创造更加美好的绿色生活。同时百度成立"碳抵消公益基金"，探索 AI 在碳抵消中的应用潜力。

百度副总裁张东晨表示，我们越来越注意到伙伴的重要性，高质量的低碳转型，必须是各方的深度融合，才有可能创造更大的绿色价值。

百度从 2010 年开始深耕 AI 技术能力。百度打造了中国第一个自主研发、开源开放的产业级深度学习平台飞桨，相当于人工智能时代的操作系统。基于飞桨，百度进一步攀登预训练大模型的技术高地，打造具备"知识增强"能力的文心大模型，其中多个模型达到世界领先水平。

得益于持续压强式、马拉松式的研发投入，百度在人工智能领域取得多项突破，并有领先的技术专利积累。公开数据显示，在研发投入方面，2021 年，百度核心研发费用 221 亿元，占百度核心收入比例达 23%，研发投入强度位列中国民营企业 500 强第一。在技术专利方面，截至 2022 年 4 月，百度全球人工智能专利申请超过 2.2 万件。其中，中国专利申请量超过 1.6 万件，AI 专利申请量、授予量均连续 4 年蝉联国内榜首。

资料来源：百度发布"绿色伙伴计划"，AI 助力打造百个低碳城市 [EB/OL]. (2022-06-15). https://baijiahao.baidu.com/s?id=1735689012447345813&wfr=spider&for=pc.

引例思考：企业带动绿色伙伴共同夯实碳中和行动有哪些理论与实践依据？

本章知识结构图

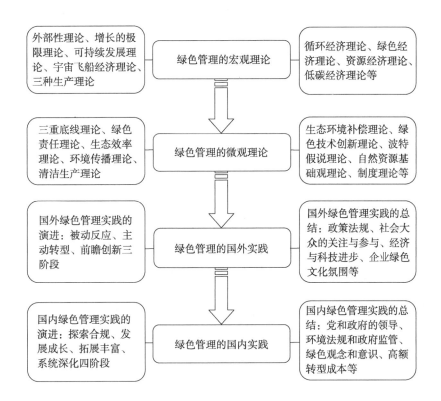

绿色管理理论是一套将环境因素充分考虑到管理过程中的科学思想体系，是在一系列基础性绿色发展理论基础上发展起来的。绿色管理的基础理论包含宏观理论和微观理论，梳理宏观理论可以深入探寻绿色管理的源起和发展逻辑，梳理微观理论可以深入了解绿色管理的发展规律和机制。对绿色管理基础理论的深入解读可以有效启迪绿色管理实践，也有利于更好地落实党的二十大强调的"推动经济社会发展绿色化、低碳化"精神。同时国内外不同文化背景和发展情境造就了绿色管理实践的不同演进与特征模式。本章将理论内容与实践内容结合，主要介绍绿色管理的宏观理论、绿色管理的微观理论、绿色管理的国外实践和绿色管理的国内实践。

第一节　绿色管理的宏观理论

绿色管理相关的宏观基础理论主要包括外部性（externalities）理论、增长的极限（limits to growth）理论、可持续发展（sustainable development）理论、宇宙飞船经济（spaceship economy）理论、三种生产（Marxist three productions）理论、循环经济（circular economy）理论、绿色经济（green economy）理论、资源经济（resource economy）理论、低碳经济（low-carbon economy）理论、碳排放脱钩（carbon emissions' decoupling）理论、

双重红利（double dividend）理论。作为企业开展绿色管理的核心理论，这些相关宏观基础理论经历了从萌芽到相对成熟的发展过程，形成了一个不断深化扩展的理论体系。例如，宇宙飞船经济理论是循环经济理论的重要源头，增长的极限理论是可持续发展理论的重要源头。

（1）外部性理论。外部性又称外部效应，最早由阿尔弗雷德·马歇尔（Alfred Marshall）和亚瑟·塞西尔·庇古（Arthur Cecil Pigou）于20世纪初提出。它是在生产和消费的过程中，一个生产单位/消费者的经济活动或行为使其他生产单位/他人受损或受益，但又不承担这些影响所带来的成本或收益。当企业或个人的行为存在外部性时，经济活动所依据的价格信号失真，在此基础上的市场经济活动决策会产生低效率的社会资源配置，加剧环境资源的竞争性使用。企业绿色管理具有外部收益，因为绿色产品的生产、流通和购买给社会整体生存环境和生活质量的改善带来了积极作用。具体而言，绿色产品的消费者拒绝购买对生态环境有破坏的产品，这有助于改善生态环境，一般消费者也能在其中受益，却无须为此付出代价。因此，外部性理论可以很好地帮助管理者洞见企业绿色管理的价值所在。

（2）增长的极限理论。德内拉·梅多斯（Donella Meadows）等在《增长的极限》一书中首次提出地球和人类社会发展极限的观点。增长的极限理论指出，地球上的不可再生资源是有限的，以往的发展模式导致的人口增长和资源需求增加最终会达到地球的极限。如果经济社会发展与自然生态的关系不发生本质上的变化，粮食短缺、资源耗竭、环境污染和人口增长等问题最终会导致人类社会突然性地、不可控性地崩溃，人类也就无法在地球上生存，因此改变以往的发展模式对于人类而言迫在眉睫。增长的极限理论激发了人类从思想意识层面反省过往的环境污染行为，为可持续发展理论的形成奠定了基础。该理论推动企业管理者将企业经济活动与自然资源、生态环境关联起来，对企业现有的利润增长模式和持续运行可能面临的环境影响后果给予了警示。

（3）可持续发展理论。可持续发展是21世纪重要的议题。在众多的定义中，布伦特兰（Brundtland）的报告和《地球宪章》对于可持续发展的定义得到广泛的认可："可持续发展是既满足当代人的需要，又不对后代满足其需要的能力构成危害的发展。"可持续发展强调以下三个方面内容：一是可持续发展是均衡的发展，不只是发达国家要发展，发展中国家、贫困地区和穷人都要发展；二是发展要与生态环境相协调，不能过度开发自然资源，不能危害生物圈的运转；三是发展是有边际的，发展既要满足现代人的合理生存需要，又不能危害后代人的利益，避免过度发展损害后代人的生存空间。可持续发展内涵的核心要点主要有五个：一是发展不能仅满足现实的需求，还要考虑和平衡其他各方面的因素；二是发展不能没有边界；三是发展要和生态环境相协调；四是发展不能没有原则；五是发展不能损害后代的需求。可持续发展理论在发展的理念和方式等方面为企业绿色管理提供了理论基础。企业要遵循可持续发展的理论思想，从长远发展的角度降低生产经营活动对环境资源的浪费和损耗，降低污染物的排放，平衡好经济、环境和社会三者的利益，提高企业可持续发展的能力。

（4）宇宙飞船经济理论。20世纪60年代，美国经济学家肯尼思·艾瓦特·博尔丁（Kenneth Ewart Boulding）创新性地提出"宇宙飞船经济理论"。这一理论提出，人类所生存的地球如同在茫茫宇宙中飞行的飞船，人类依靠不断消耗地球上有限的资源而生存。飞船内的资源是有限的，人口和经济的无限增长会耗尽资源，而生产和消费过程中排出的废料也会污染飞船内的环境，打破飞船内部的平衡，人类社会会随之崩溃。宇宙飞船经济理论要求人类将自身与自然环境视为有机联系的系统，改变传统的线性经济模式，建立资源利用的闭路循环模式，追求"生态型""封闭型"的经济增长方式。经济发展的目标应该以福利和实惠为主，而非单纯地追求产量，这一思想也成为循环经济思想的源头。对于企业而言，如果以肆意开发资源、破坏环境来换取最大的经济效益，将难以实现永续生存和发展。

延伸阅读

人物小传：宇宙飞船经济理论的提出者——肯尼思·艾瓦特·博尔丁

博尔丁 1910 年出生于英国利物浦，1928 年进入牛津大学，师从著名经济学家莱昂内尔·罗宾斯（Lionel Robbins）。1937 年起，其定居美国，先后在密执安大学、科罗拉多大学等校任教。他在 1949 年获得"约翰·贝茨·克拉克奖章"，1962 年被美国学术团体理事会评为美国十大教授之一，1968 年当选为美国经济学会会长，1979 年当选为美国文理研究院院长，先后获得 13 个大学的名誉学位。

在《地球就是一艘宇宙飞船》中，博尔丁认为，在"旧时代"人们的观念里，地球的资源可谓取之不尽、用之不竭，不仅能提供无限的原材料，而且能无条件接受和消化人类生产生活产生的污染和废弃物。然而，随着技术的进步、工业规模的扩大、人口的爆炸、人均资源消费的增长以及污染物的不断排放和越来越多废弃物的产生，"地球已成为一个狭窄的球体，封闭，有限，拥挤，正穿越太空奔向未知的目的地"，"牧童经济"的时代一去不返。1964 年，博尔丁博士在《即将到来的地球号宇宙飞船经济学》一文中进一步指出，地球资源与地球生产能力是有限的，人类必须在容量有限和相对封闭的地球上建立循环生产系统。他提出发展循环经济的设想，以储备型经济替代传统的增长型经济，以休养生息经济替代传统的消耗型经济，以福利为导向的经济替代传统的以生产为导向的经济。

资料来源：贾峰. 保护地球，刻不容缓[J]. 世界环境，2020(3): 1；肯尼思·艾瓦特·博尔丁[EB/OL]. (2022-03-23). https://wiki.mbalib.com/wiki/肯尼思·艾瓦特·博尔丁#google_vignette.

（5）三种生产理论。马克思和恩格斯在不同阶段的研究中提出了"三种生产"的理论思想。该理论认为世界系统的生产包含人的生产、物质资料生产和环境生产三种。人的生产即人类的生存繁衍过程；物质资料生产即人类利用自然资源满足其生存与发展需要的过程；环境生产指自然生态系统的物质循环和能量转化的过程。三种生产之间的相互协调和相互适应是社会可持续发展的重要基础。为了弥补之前提出的两种生产理论局限，应当重新审视环境生产在整个世界生产过程中的地位与作用。企业利用和改造自然以满足人们的物质需求，同时也会将生产的废弃物排放到环境中，而环境向包括企业在内的生产主体提供资源和消纳污染，企业作为这个关系结构的重要联结者，更加需要在绿色管理中平衡好三者之间的关系。

（6）循环经济理论。循环经济理论源于 20 世纪 60 年代环境保护的兴起和发展。西方经济学普遍认为博尔丁的"宇宙飞船经济理论"的提出标志着循环经济理论的正式产生。循环经济是"资源—产品—再生资源"的物质循环利用，强调物质的闭环流动；是对传统上"资源—产品—废物和污染排放"单向流动的线性经济的扬弃，能更好地解决线性经济带来的人与自然之间的矛盾。循环经济具有低开采、高利用、低排放的特征，核心在于实现减量化、再利用、资源化三大目标。在这一经济模式下，所有的物质和能源都能被纳入一个持续运转的经济循环体系，得以合理且持久地利用，从而将经济活动对自然环境的影响尽可能地降低到最小的程度。企业管理长远的方向是从生态系统中取得自然资源来支撑经济、社会和环境三大系统的均衡发展，这就需要遵守生态阈限法则和生态平衡的基本规律，形成良性的发展循环。

（7）绿色经济理论。绿色经济理论最初由英国经济学家大卫·皮尔斯（David Pearce）于 1989 年在《绿色经济蓝皮书》中提出。绿色经济是绿色运动对传统经济学提出的一项重要挑战，其核心理念在于维护人类生存环境，并实现资源的合理保护与利用。传统的产业经济模式严重依赖资源生产，不仅在产品生产过程中消耗大量的资源，而且往往以破坏环境和牺牲人类健康为代价。相比之下，绿色经济将保护环境、人类家园和自然资源作为出发点，本质是以生态、经济协调发展为核心的可持续发展经济模式。它注重维护人类生存环境，合理保护资源、能源，同时关注人体健康。这种经济发展方式强调平衡式经济，追求经济增长与环境保护的双赢。在绿色经济的背景下，企业绿色管理尤为重要，这要求企业积极采用环保技术、清洁生产工艺等众多有益于环境的技术，将这些技术转化为实际生产力，通过实施环境友好的经济行为，推动经济的可持续增长。

（8）资源经济理论。资源有偿使用源于对资源无偿使用的低效与浪费的反思。为了确保可耗竭资源的持续利用和接替，需要依靠技术的进步和资本的投入，因此，对现有资源的使用征收相应的税额，以进行必要"补偿"成为一种不可或缺的手段。这种补偿机制设计的原则在于，当某种资源耗尽时，所积累的投资能够顺利地转向新的替代技术。对于可再生资源的利用，其补偿的共同目标则是维持其适当的功能和存量。值得注意的是，资源利用的补偿问题本质上是人与资源的关系问题，而资源的配置效率及其利用主体间利益关系，则属于人与人之间的关系范畴。企业对资源的有偿使用有助于发挥市场在资源配置中的决定性作用、优化资源配置和增强资源消费管理弹性，是企业绿色管理的一个重要组成部分。

（9）低碳经济理论。2003 年的英国能源白皮书《我们能源的未来：创建低碳经济》最早提出"低碳经济"。低碳经济是一种以低能耗、低污染、低排放和高效能、高效率、高效益为基础的绿色经济发展模式。它以低碳发展为方向，强调以节能减排为发展方式，并采用碳中和技术作为发展方法。其主要原则：一是政府主导和企业参与相结合；二是自主创新与对外合作相结合；三是近期需求与长远目标相结合。以高效能和低排放为主要特征的低碳经济在一定程度上能够加快企业绿色管理的进程，企业绿色管理反过来也是推动低碳经济发展的重要力量。

（10）碳排放脱钩理论。经济增长与环境承载力很大程度上存在不同步现象，德国伍珀塔尔气候、环境和能源研究所（Wuppertal Institut Für Klima）的魏茨泽克（Weizsäcker）和施密特·布雷克（Schmidt Bleek）等学者最先关注到这一问题，并提出"四倍数革命"和"十倍数革命"目标，即到21世纪中期，全球资源利用效率提高4倍，发达国家资源利用效率提高10倍，从而实现脱钩目标。2002年，经济合作与发展组织（OECD）运用DSR（driving force-state-response，"驱动力—状态—响应"）分析方法定义和量化"脱钩"，脱钩指的是经济驱动力和环境压力之间是否存在同步变化的关联。OECD脱钩指数是用基期的环境压力与经济驱动力之比除以末期的环境压力与经济驱动力之比得出的数值。在DSR分析框架中，驱动力（driving force）指标为经济增长，以GDP（国内生产总值）来表征；状态（state）指标是环境污染的表现，目前工业污染排放量被广泛使用；响应（response）指标则指为了保持相对高的经济发展水平同时降低环境污染程度而采取的措施，包括环境规制和产业政策等。将碳排放权市场化是保持经济增加值增长且实现企业碳排放量和碳强度双重下降的有效方式。企业围绕降碳和发展实施碳排放管理，控制并优化碳减排成本，是提升其绿色管理水平的重要一步。

（11）双重红利理论。生产生活中的环境污染和碳排放是一种具有负外部性的行为，这种外部性行为会带来资源配置扭曲、社会成本上升以及收入分配差异等负面影响。为了解决这个问题，1991年，皮尔斯首次提出了双重红利理论。根据这个理论，通过征收碳税和降低扭曲税种收入，政府可以实现双重红利。第一重红利被称为"绿色红利"（green dividend）。政府将征收碳税作为一种激励手段，通过直接抑制污染物排放、引导企业使用创新环保技术等措施，达到节能减排的目的，有利于缓解全球温室效应。第二重红利被称为"蓝色红利"（blue dividend）。碳税征收可能会带来供需减少、产业资源配置不均等负面影响，成为碳税制度发挥作用的最大阻碍，但是以征收碳税为契机，对现有税制体系中的涉碳税种进行结构性调整，可以实现对产业结构的优化。这样就可以转变企业的生产方式，进一步发挥增加产出、促进就业、优化分配、调整结构、提高效率的作用。双重红利理论将社会性的环境成本内化到生产或消费行为之中，通过经济行为主体成本收益结构的变化，形成有效的减排激励，这对企业绿色管理不失为一种有益的推进方式。

思维拓展：绿色管理宏观理论对现代企业绿色管理实践产生了哪些推动作用？

绿色管理的相关宏观基础理论如表2-1所示。

表2-1 绿色管理的相关宏观基础理论

基础理论	基本概念、中心思想
外部性理论	生产或消费对其他团体强加了不可补偿的成本或给予了无须补偿的收益。外部性发生时，依靠市场不能自动解决市场失灵问题，需要政府适当管制
增长的极限理论	增长的极限来自地球的有限性。地球资源是有限的，不可避免地有一个自然的极限。由此引发的环境破坏等问题反过来会进一步限制人口和经济的发展

续表

基础理论	基本概念、中心思想
可持续发展理论	既满足当代人的需要，又不对后代人满足其需要的能力构成危害的发展。可持续发展的基本原则有公平性、持续性和共同性
宇宙飞船经济理论	地球只是茫茫太空中一艘小小的宇宙飞船，人口和经济的无序增长迟早会使船内有限的资源耗尽，为了避免这种悲剧的发生，必须改变经济增长方式
三种生产理论	世界系统的生产包含人的生产、物质资料生产和环境生产三种。三种生产之间的相互协调和相互适应是社会可持续发展的重要基础
循环经济理论	以资源的高效利用和循环利用为目标，以"减量化、再利用、资源化"为原则。实现以尽可能小的资源消耗和环境成本，获得尽可能大的经济效益和社会效益
绿色经济理论	以生态、经济协调发展为核心的可持续发展经济，是以维护人类生存环境，合理保护资源、能源以及有益于人体健康为特征的经济发展方式，是一种平衡式经济
资源经济理论	对资源有偿使用的现实出发点是资源无偿使用的低效和浪费。实现可耗竭资源的接替，需要技术的发展和资本的投入，所以对现有资源的使用征收相应的税额进行"补偿"是必需的
低碳经济理论	主张政府与企业共治，创新合作，兼顾近期与长远，促进企业绿色管理，推动低碳发展
碳排放脱钩理论	经济增长与环境承载力很大程度上存在不同步现象，经济驱动力与环境压力之间是否同步变化的关联，其数值由基期的环境压力与经济驱动力之比除以末期的环境压力与经济驱动力之比而得，被称为"OECD脱钩指数"
双重红利理论	征收碳税可实现节能减排与产业结构优化双重目标，内化环境成本，形成减排激励，推进企业绿色管理

扩展阅读 2-1　政策解读：习近平总书记引领生态文明建设的故事

第二节　绿色管理的微观理论

绿色管理相关的微观基础理论主要有三重底线（triple bottom line）理论、绿色责任（green responsibility）理论、生态效率（ecological efficiency）理论、环境传播（environmental communication）理论、清洁生产（cleaner production）理论、生态环境补偿（ecological environment compensation）理论、绿色技术创新（green technology innovation）理论、波特假说（Porter hypothesis）理论、自然资源基础观（natural-resource-based view of the firm）理论、制度理论（institutional theory）、合法性理论（legitimacy theory）、利益相关者理论（stakeholder theory）等。

（1）三重底线理论。三重底线的概念由英国学者埃尔金顿于1997年提出。企业社会责任可以划分为三个核心维度：经济责任、环境责任和社会责任。经济责任主要体现在提高利润、纳税责任；环境责任聚焦生态平衡；社会责任则强调企业考虑其他利益相关者的责任。企业在进行社会责任实践的时候必须履行上述三个领域的责任，这就是企业社会责任相关的"三重底线理论"。传统意义上的企业只注重经济责任（即只追求利益最大化），三重底线理论则认为企业的日常行为要满足经济、社会和环境三重底线的基本要求，追求经济、社会和环境三个价值的基本平衡，即经济责任不再是企业成功的唯一认证标准，企业开始关注环境责任和社会责任，而不是一味追求企业的经济责任，这为企业绿色管理提供了良好的思路。

（2）绿色责任理论。绿色责任理论源自企业社会责任理论，该理论认为企业在经营活动过程中应当充分考虑其对环境和资源的影响，把环境保护融入企业经营管理的全过程，使环境保护和企业发展相辅相成，在企业获得发展的同时，应承担环境保护和资源持续利用的责任。该理论倡导企业经营的指导思想和经营管理的每一个环节都以环境保护为基础，通过实现污染物零排放和资源循环再利用，企业能够从根本上应对其经营活动带来的环境损害问题。其核心是把环境保护作为企业经营的基础环节，把企业的营利活动建立在环境保护的基础之上，实现企业经济效益和环境效益的和谐统一，为企业绿色管理提出了更加明确的责任要求。

（3）生态效率理论。1992年，世界可持续发展工商理事会（World Business Council for Sustainable Development，WBCSD）首次提出"生态效率"概念，并将其定义为："生态效率必须提供有价格竞争优势的、满足人类需求和保证生活质量的产品或服务，同时能逐步降低产品或服务生命周期中的生态影响和资源的消耗强度，其降低程度要与估算的地球承载力相一致。"对于企业而言，生产效率的含义是以较少的能源与原材料投入，生产出数量更多、品质更优的产品，同时在整个生命周期中产生的废弃物与污染降至最低水平，从而显著提高资源生产力。其实质上代表了一种企业获得利润与环境保护的"双赢"状态。建立生态效率包括以下几个要素：减少资源和能源的消耗、减少有害物质的排放、提高物质的循环利用率、最大限度使用可更新资源、延长产品使用年限、提升与扩大产品的性能和服务范围。生态效率作为一种全新的绿色管理理念，引起了环境领域与经济学领域众多专家的关注，在1999年的世界经济论坛上，多位学者提出"生态效率：绿就是金"的观点。生态效率成为企业绿色管理的一个重要指标。

（4）环境传播理论。美国环境传播学学者罗伯特·考克斯（Robert Cox）于2013年明确指出环境传播理论的含义，即"我们就环境问题与另一个人的交流方式极大地影响我们如何认识环境和我们自己，因此也影响着我们如何界定自身与自然世界的关系"。环境传播不只是环境传达的过程，也包括通过大众传媒提高人们对环境事业的了解和认识水平，传递人们对环境理解的过程，并借助大众传媒引导人们关心环境问题，提高公众的参与度（赵月枝和范松楠，2020）。环境传播理论具有环境监督、社会公益性、环境文化传递的特征。以往企业主要以绿色产品为载体向消费者传播和分享环境保护信息，但环境传播可以发生在企业设计、采购、生产、运输和营销等各个环节中，可以全方位地帮助消费者提升环境认知，激发消费者的绿色共鸣，成为企业绿色管理中必不可少的环节。

（5）清洁生产理论。清洁生产是将综合预防的环境策略持续地应用于生产过程和产品中，以显著减少对人类和环境的潜在风险。该概念由联合国环境规划署工业与环境规划活动中心于1989年提出。目前已有多个同义词出现，如污染预防（pollution prevention）、废物最小量化（waste minimization）、清洁技术（clean technologies）、源头控制（source control）等，这些都在不同程度上反映了环保的理念。清洁生产作为一个综合概念包含生产过程清洁和生产产品清洁两层含义，即产品在生产过程中要不产生污染或最小化污染，产品在使用和最终报废、处理、回收、循环利用等过程中也要不产生污染或最小化污染。清洁生产既包含技术上的可行性，又包含经济上的可营利性，还具有经济效益、社会效益和环境效益有机统一的潜在要求，彰显了工业可持续发展的战略。推进企业清洁生产已成为世界各国工业界、环境界、经济界、科学界的共识，也为企业从生产环节优化绿色管理提供指导。

（6）生态环境补偿理论。生态环境补偿是生态系统的破坏者采用对生态环境系统有条件付费的手段，与生态系统提供者达成生态付费交易。同时，政府通过制定相关法律法规的方式来激励生态环境保护，运用政策措施对生态环境的保护者进行补偿（Wunder，2015；靳乐山和朱凯宁，2020）。生态环境补偿以预防生态环境破坏、强化生态系统健康发展为目的，以相关经营、开发者为对象，以生态环境的保护与复原为内容，以经济调整为主要方式，以相关法律法规为保障。其主要涉及四个方面：对生态环境的补偿、生态环境补偿费、对保护生态环境放弃发展机会给予补偿、对生态价值大的区域与对象有针对性地补偿。总之，生态环境补偿是环境保护的一种经济手段，是激励机制而不是惩罚机制，通过受益者为破坏环境的行为付费来实现外部经济内部化（柳荻、胡振通和靳乐山，2018）。生态环境补偿有利于推动环境保护工作的实施和资源能源的可持续使用。该理论强调防止生态环境破坏、增强和促进生态系统良性发展的理念，对企业实施绿色管理形成了积极导向。

（7）绿色技术创新理论。绿色技术创新理论是在创新理论的基础上发展而来的。1912 年，奥地利经济学家约瑟夫·熊彼特（Joseph Alois Schumpeter）在其《经济发展理论》一书中所提出的创新理论认为，企业通过引入新的生产要素整合自身资源，从而改变企业生产方式、提升企业利润。其中，技术创新能够帮助企业增强竞争优势。随着该理论的不断发展，技术创新理论吸纳了环境保护思想，逐渐形成绿色技术创新理论。该理论认为应当考虑技术对环境的影响，技术创新的过程不仅是商业价值的实现过程，也是生态价值的体现过程，技术创新应朝环境保护和经济社会相协调的方向发展（王克强，2007）。绿色技术创新理论有效弥补了传统技术创新理论中单纯依靠技术、工艺进行创新的内在缺陷，从企业可持续发展角度强调技术创新基础上的整体效益最大化。企业绿色技术创新有助于减轻企业生产对环境资源的污染和破坏。

（8）波特假说理论。新古典经济学主张，环境保护相关的政策制度将会增加企业生产运营的成本，并且会削弱企业的市场竞争力，从而可能抵消环境保护给社会带来的积极效应，并给经济增长带来负面影响。但美国经济学家迈克尔·波特（Michael Porter）认为环境保护和经济发展不是对立关系。波特在 20 世纪 90 年代提出"波特假说"。该理论指出适当的环境规制能够激励企业加大创新力度，虽然环保政策在短期内可能会增加企业的生产成本，但长期内这些创新性技术可以提高企业的生产效率，从而抵消环境保护带来的生产成本，增强企业的市场竞争力。波特假说特别强调了政府在协调经济增长与环保政策关系中发挥着关键作用。一方面，企业在获取环保创新技术相关信息方面往往面临种种困难，而政府在相关信息的获取与处理方面拥有天然优势，因此，政府应积极为企业提供环保相关技术创新和技术引进需要的信息，协助企业突破信息壁垒。另一方面，在解决环境问题时，政府需要设计合适的环境政策，借助市场力量引导企业在追求自身利益最大化的同时，自觉履行环保责任。整体而言，企业遵守环保政策既可以增强企业的市场优势，也有利于保护环境，实现经济和环境的协调发展。

（9）自然资源基础观理论。1995年，哈特在伯格·沃纳菲尔特（Birger Wernerfelt）的"资源基础论"基础上提出自然资源基础观，认为企业的竞争优势往往源自企业所拥有的自然资源。为了实现可持续发展，企业应当采取积极措施，包括合理开发利用自然资源、提高自然资源利用效率、降低自然资源消耗以及减少环境污染等。同时，政府也应当制定相关政策并加强监管，以鼓励企业积极投入环境保护事业，推动绿色管理。自然资源基础观强调了自然资源在企业发展中的重要地位，并进一步指出企业可以通过绿色创新战略构建持续竞争优势。这意味着，企业需要重视自然资源的保护和利用，积极探索绿色管理模式，通过技术创新和转型升级，提高自然资源利用效率，减小对环境的负面影响，从而实现可持续发展。

（10）制度理论。制度理论的核心是组织结构和流程往往更倾向于获得意义并实现自身稳定，而非单纯以预期的效果和效率为基础，如组织的使命和目标。制度理论对于绿色组织的影响主要表现在：①制度压力导致组织同质化（强制性同构）。制度理论认为组织在面临外部制度压力时，会采取与其他组织相似的行为和结构，以获得稳定性。②制度模仿（模拟性同构）。绿色组织在面临制度压力时，会采取模仿其他成功实施绿色管理组织的做法，以获得组织发展的机会。③制度学习（规范性同构）。绿色组织会不断学习适应外部制度环境的变化，从而在结构和实践活动上展现出相似性。制度理论从制度的角度揭示了组织同质化的原因。制度压力、制度模仿以及制度学习等因素都会导致绿色组织在结构和实践活动上展现出相似性。这种相似性对于提升绿色组织的绩效和竞争力具有积极作用，但同时也可能限制绿色组织的创新能力和适应性。因此，企业在遵循制度理论的同时，应积极探索创新性的绿色战略和绿色行动管理，以实现可持续发展。

（11）合法性理论。合法性理论即企业采取绿色管理策略和措施是因为它们符合绿色低碳的社会价值观和环保政策规范，从而可以提升企业的社会声誉和形象，并获得商业利益和绿色市场的竞争优势。合法性理论强调企业采取绿色管理策略的动机不是受到利益相关者的压力，而是因为它们是合法的，即符合绿色低碳发展的可持续理念。合法性理论的主要观点是，企业采取绿色管理相关战略可以获得社会的认可，从而降低企业的社会风险和绿色经营成本，提高企业的绿色市场竞争力。此外，采取绿色管理战略还有助于提升企业的社会形象和声誉，增强与提高消费者的认同感和忠诚度。在绿色管理领域，合法性理论具有重要的指导作用。它可以帮助企业了解绿色管理的意义和作用，同时指导企业采取适当的绿色管理战略和措施。

（12）利益相关者理论。利益相关者理论即企业的经营者和管理者为综合平衡各个利益相关者的利益要求而进行的管理活动。该理论主张，企业应该充分考虑并平衡所有利益相关者的利益和需求，而非仅仅聚焦于股东（企业）的利益。这些利益相关者包括员工、顾客、供应商、社区和政府等。任何一个绿色企业的发展均离不开各个利益相关者的参与，这些利益相关者的绿色需求可以影响企业的绿色经营行为，进一步会影响企业在绿色行业中的生存与发展。因此企业需要通过关注和满足这些利益相关者的绿色需求，实现更有效的风险管理、提高绿色经营能力，并与各利益相关者建立良好的关系，进而促进企业的绿色可持续发展。

思维拓展： 在数字化时代，你认为还可能产生哪些绿色管理的微观理论？

绿色管理相关的微观基础理论如表 2-2 所示。

表 2-2 绿色管理相关的微观基础理论

基础理论	基本概念或中心思想
三重底线理论	企业应承担经济、环境和社会三重责任，追求三者平衡，而非仅注重经济利益
绿色责任理论	企业不仅要追求利润，还要追求环境保护、资源集约与可持续发展等更多范畴的目标
生态效率理论	生态效率要求提供具有价格竞争优势、满足人类需求并保证生活质量的产品或服务，同时逐步降低产品或服务生命周期中的生态影响和资源的消耗强度，其降低程度要与估算的地球承载力相一致
环境传播理论	通过大众传媒让人们认识和了解环境存在的问题，促进环境信息的传播与共享，提升人们环境保护的参与度
清洁生产理论	对生产过程和产品实施预防策略，降低潜在环境风险，进而实现经济效益、社会效益与环境效益的和谐统一
生态环境补偿理论	通过经济手段实现保护环境的目标，激励受益者减少对生态系统的破坏
绿色技术创新理论	考虑技术对环境的影响，技术创新是环境保护和经济社会协调发展的创新，强调技术创新基础上企业的整体效益最大化
波特假说理论	环境保护和经济发展不是对立关系，适当的环境规制可以激励企业进行更多的创新活动
自然资源基础观理论	企业的竞争优势往往源自企业所拥有的自然资源，这些独特的资源和能力是企业获得持久竞争优势的重要来源
制度理论	从制度的角度揭示了组织同质化的原因，并认为这种同质性对于提升绿色组织的绩效和竞争力具有积极作用
合法性理论	企业采纳绿色管理策略并非仅仅为了应对利益相关者的压力，而在于这些策略本身具有合法性，它们与绿色低碳发展的可持续理念相契合
利益相关者理论	企业应平衡所有利益相关者利益，关注其绿色需求，以实现风险管理，促进绿色可持续发展

延伸阅读

实践前沿：天合光能打造"零碳样本"

2023 年 6 月 5 日是第 50 个世界环境日，中国主题是"建设人与自然和谐共生的现代化"，为"减塑捡塑"（beat plastic pollution）这一口号注入新的活力。作为一家受《京都议定书》启发而创建的企业，天合光能积极响应联合国的号召，二十五载如一日地为人类的可持续发展注入绿色动能。

自成立开始，天合光能秉承用太阳能造福全人类的使命，将可持续发展镌刻入企业基因，一直深耕于"零碳实践"，从零碳运营、零碳价值链、零碳产品三大路径打造"零碳样本"，力争于 2030 年全球组织运营层面实现碳中和，践行全球减碳倡议，助力《巴黎协定》气候雄心目标实现。

一、践行零碳运营，天合光能不忘初心坚守绿色承诺

为实现 2030 年全球组织运营 100%可再生能源的目标，天合光能在运营层面采取了多元化的碳中和行动，包括：节能降碳、提高能效，零碳产业园、零碳工厂，废弃物减量、再利用、再循环（3Rs），可再生能源利用，能碳数字化管理体系建立，减碳新技术开发和应用，积极践行可持续发展战略。

运营过程中，天合光能始终坚持最高标准的环保准则。天合光能全球所有工厂均建立了完善且有效的 ISO 14001 环境管理体系，从工厂、光伏电站选址开始，就考虑如何保护当地的生态环境和生物多样性，通过一系列环境管理制度和流程有效地管理公司产品、活动和服务相关的环境因素，将环境责任纳入公司整个业务流程。

一分耕耘，一分收获，天合光能义乌工厂于 2023 年 4 月荣获 2022 年零碳工厂（Ⅰ型）证书，成为光伏行业首家经权威机构认证的零碳工厂。这不仅展示了天合光能既往 25 年可持续发展的卓越成就，还体现天合光能支撑绿色发展理念的技术、产品、设备、流程管理全维度的零碳实践，引领行业绿色发展，加快全行业节能减排步伐。

同时，天合光能也通过天然资源的可持续利用、合规处理，达标排放废气、废水、废弃物循环利用等实施绿色运营，并取得了电力消耗、水资源消耗、温室气体排放等大幅度的降低。2022 年，天合光能的电池产品及组件产品单位产量温室气体排放强度分别较 2020 年基准下降 50.81%及 61.88%，均提前实现甚至超越公司的碳排放管理目标。

二、推动零碳价值链，天合光能与供应链共创绿色生态系统

天合光能不仅关注自身绿色发展，还积极向全球合作伙伴传达与沟通天合光能可持续发展的愿景与目标，将可持续发展全面融入采购、研发等各个环节，致力于与全球合作伙伴集思广益，推动零碳价值链发展，共创绿色生态系统。

零碳价值链是整个行业的大势所趋，也是行业发展壮大的必由之路。当下，国际社会强调光伏产业全生命周期的碳足迹核算，构建低碳、可追溯的光伏供应链体系势在必行。光伏行业在提供清洁能源的同时，自身的清洁能源发展与碳中和也非常重要。为助力碳中和，光伏企业及其供应链企业组织温室气体盘查、产品碳足迹计算的必要性毋庸置疑。

合作协同的成绩也可圈可点。天合光能对组件的碳足迹进行拆分，与合作伙伴开发低碳硅材料。同时天合光能通过技术手段，减小硅片厚度，降低碳足迹，与常规硅片相比，150 微米和 130 微米的硅片的碳足迹下降了 20%。2023 年 2 月，中华人民共和国工业和信息化部公示 2022 年度绿色制造名单，天合光能凭借在绿色供应链领域的卓越表现，成功入选"国家级绿色供应链管理企业"。

未来，天合光能将提高全球资源配置效率与效益、提高供应链效能与协同水平、提升供应链智能化与可视化水平、实现产业跨界融合发展、促进供应链绿色发展，带动上下游企业、产业链整体转型升级，成为国际化兼具竞争力、创造力、智慧型的供应链整体增值服务的领航者。

三、创新零碳产品，天合光能与客户共创绿色未来

绿色、科技创领零碳未来。在市场对清洁能源的巨大需求，以及全行业推动下，具备"四高一低"核心要素的产品已成为当前行业降本增效的首选，也成为光伏主流及未

来发展方向。天合光能正以卓越技术平台和兼具超高功率及全新美学的产品，与客户共创绿色零碳未来。

天合光能210至尊组件实现生命周期低碳管理。2022年，天合光能全系列210至尊组件获得德国莱茵 TÜV 授予的光伏组件 LCA（生命周期评估）认证，实现全生命周期低碳管理；同年，天合光能全系列210至尊组件再获德国莱茵 TÜV 授予的产品碳足迹认证，产品碳足迹表现领先行业。

此外，天合光能率先启动 N 型组件的 EPD（环境产品声明）及碳足迹认证工作。天合光能不仅为用户提供先进的 N 型产品，助力用户获得更高的发电量和投资收益，碳足迹追踪精准且具有竞争力的产品还将助力终端用户提升绿色竞争力，加速达成碳中和目标。

从零碳运营、零碳价值链到零碳产品，天合光能致力于在每个环节为社会降低碳排放，加速达成碳中和目标，共同呵护绿色家园。天合光能将与各方携手保护生命共同体，持续用绿色科技助力全球低碳，用太阳能造福全人类。

资料来源：田源. 6.5环境日｜天合光能的"零碳样本"[N]. 中国能源报，2023-06-05.

第三节　绿色管理的国外实践

一、国外绿色管理实践的演进

受绿色思潮的影响，在绿色管理理念正式形成之前，西方国家便较早地采取环境保护措施，但在这一时期，绝大多数企业的绿色举措是迫于民众和政府压力而采取的被动反应。随着环境恶化与经济可持续发展之间的矛盾日益加剧，很多企业意识到环境保护与经济发展不能割裂，探索自然资源与经济发展之间的协调发展迫在眉睫。加上政府对环境管制不断加强和公众对绿色产品诉求的日趋强烈，企业开始主动寻求绿色化转型的路径，在持续的转型中逐渐走上了绿色管理的探索创新之路。根据企业对绿色管理的反应过程，可以将国外企业绿色管理实践概括为以下三个阶段。

第一阶段：法规引导下的被动反应阶段（20世纪60年代末至80年代中后期）

虽然人与自然协调发展的思想古已有之，但是环境问题在20世纪60年代末才真正引起人们的重视。20世纪60年代，西方发达国家的民众纷纷走上街头，兴起有组织的绿色运动，抗议企业对环境污染的冷漠态度。受到绿色运动的影响和推动，各国政府开始加大环境管控力度，企业的绿色行动在西方国家出现。在这一阶段，环境保护的政策法规密集出台。例如，美国国会在1969年通过了《国家环境政策法》（*National Environmental Policy Act*，US EPA），在接下来的几年时间中又陆续通过了《清洁空气法案》（*Clean Air act*，CAA）、《水污染控制法案》（*Federal Water Pollution Control Act*，FWPCA）等基本环境法；英国在1974年制定并通过了《污染控制法》（*Control of Pollution Act*，CPA）；德国在1972年颁布《联邦废弃物处理法》（*Gesetz über die Beseitigung von Abfällen*）等。德国还在1978年开始执行"蓝色天使"计划，成为世界上第一个发起环境标志计划的国家，"蓝色天使"计划致力于引导生产者生产环保产品和消费者购买环保产品，从产品需求和产业结构角度推动企业绿色管理进一步发展。这些在历史上影响较为深远的环境保护法和环保标志计划为企业开展绿色管理奠定了深厚的制度基础。

企业绿色管理在这一阶段表现出政府主导、法规管制与企业被动执行的特点。由于法律条文的限制，企业在追求利益最大化时必须遵守政策和法律的要求，进行环境影响评价和环境审计。环境保护被视为政府强加给企业的额外负担。但不可否认的是，这些"额外的负担"（被动接受环保要求下的绿色管理行为）却给一些企业带来了切实的利益。比如，1975 年 3M 公司采取的 3Ps 计划（pollution prevention pays program），1986年 DOW 化学公司的废弃物减量计划（waste reduction always pays，WRAP），这些项目为企业节约了上亿美元，切实增强了企业实施绿色管理的信心和动力。但整体而言，法律方式推动下的企业只是简单遵守国家相关环保法律法规及规章制度，环境敏感度低。这一阶段被视为企业绿色管理探索的初级阶段。在该阶段，企业对绿色管理产生初步认识，将其视作被动适应国家环保政策要求，只有少数企业主动实施绿色管理行为，深入探索绿色管理的企业更是极少数。

第二阶段：经济刺激下的主动转型阶段（20 世纪 80 年代末至 21 世纪初）

20 世纪 80 年代末，越来越多的消费者主动地关注生态破坏、资源枯竭等环境问题，在关注产品价格和质量的同时，也会更多地考虑产品的环保性。以杜邦、宜家、沃尔玛等为代表的一些世界知名企业开始主动采取环境保护措施，对市场的绿色需求作出快速回应并在市场中崭露头角。其中，杜邦公司率先在化学行业中进行氟利昂回收，1987 年开始投入大量美元用于新型绿色产品的技术研发。绿色消费群体的不断扩大促使很多企业主动关注产品生产过程中的环境问题，加之末端治理技术并未取得预期的效果，"外部不经济性内部化"①的管理规则给众多企业带来空前的压力，迫使很多企业不得不主动寻求绿色化转型的道路。1991 年 4 月，国际商会（ICC）通过了《可持续发展商务宪章》，其中对企业规定了 16 条环境管理要求，为企业的绿色管理奠定了基础。从 20 世纪 90 年代开始，一些发达国家根据自身国情，加大力度推动企业开展绿色行动。美国在环境管理方面开始推行自愿合作计划，对推动企业采取环境保护举措从强制走向鼓励，以更加灵活的方式鼓励企业改进环境行为。德国也采取了多种经济手段，推动企业参与环境改善，还推行强制的担保责任约束和激励企业对使用有害设备的行为承担责任。

这一时期，一些行业领先企业加入环境保护的行列。例如，20 世纪 90 年代初，丰田就已计划将环保作为设计 21 世纪汽车的重大主题和汽车产品的一个重要卖点。也有 MUJI（无印良品）、Danone（达能集团）、Ecover（生态清洁用品及洗涤用品厂商）等不同行业的绿色品牌陆续诞生。在众多企业纷纷主动寻求绿色转型的同时，不乏"漂绿"产品乘虚而入。这些产品可能并不真正环保，只是利用绿色市场的热潮来吸引顾客或躲避审查。欧盟 2001 年的调查数据显示，仅在西欧查获的假冒伪劣产品就有 9 500 多万件，其中近一半是较容易躲避环保部门检查的日用产品。此外，"绿色壁垒"也在此时形成。

---

① 外部不经济性内部化是某种经济活动给社会带来外部不经济性或外部费用时，社会采取各种校正或补救措施，使得全部或部分外部费用由经济活动主体内部承担的过程。

例如，1999 年日本与欧盟就汽车废气排放标准谈判破裂后，实施具有"歧视性"的《节能法修正案》新法案，导致日本与其他国家在汽车市场上的贸易摩擦进一步升级。尽管"漂绿"产品与绿色壁垒的侵袭影响了绿色市场的稳定，但这也是企业谋求绿色转型过程中不可避免的挑战。整体而言，在市场方式的推动下，一些企业开始尝试向消费者提供环保产品。与前一阶段相比，该阶段相当一部分企业开始化被动为主动，对消费者的环境偏好作出回应。虽然只是针对消费者群体，但企业明显加大对环境问题的关注、加大环境投资力度，以满足市场中不同顾客的绿色需求，为绿色管理走向高阶奠定必要基础。

第三阶段：绿色观念驱使下的前瞻创新阶段（21 世纪初以来）

经过上一阶段的探索与实践，很多企业已经摸索出适合本企业发展的路径并逐渐走向正轨。在此阶段，一些发达国家实施了绿色管理的改革。例如，2001 年美国能源部对美国的环境管理计划及其管理体系展开了"自上而下"的评估，并根据评估结果确立了"加速清污"的理念，启动了环境管理计划的全面改革工作。此时，企业对环境问题的认识也上升到了一个新高度，即要以发展的眼光看待环境问题。很多企业开始将环境因素纳入企业的发展规划与日常决策，而且主动参与环境经济学和可持续发展相关问题的讨论。比如，生命周期评价、清洁生产审计、ISO 14000 环境管理系列标准、绿色供应链管理等，将产品生产全过程纳入管理、评价体系，环境治理的理念也从末端治理转向污染预防。其中，ISO 14000 认证是在全球多个发达国家环境管理探索经验的基础上建立的，将污染预防和持续改进作为核心，要求企业建立完善的环境管理系统，从管理的各个环节领域减小企业活动对环境的消极影响。除了国家层面的影响推动，绿色消费市场也成为影响企业绿色管理发展的不可忽视因素。例如，在国际环境管理标准和绿色消费浪潮的推动下，2003 年索尼公司制定了《绿色管理手册》（SS-00259），对产品的原材料、产品生产等多个方面的绿色标准作出严格的界定。

随着环境问题全球化的发展趋势越来越明显，积极应对气候变化，减少全球温室气体排放已成为全球大多数国家的共识和目标。2003 年，英国政府发布能源白皮书《我们能源的未来：创建一个低碳经济体》，进一步明确了英国到 2020 年的低碳行动路线图，欧盟、美国、韩国、日本、澳大利亚等国家和地区也都在低碳理念的驱动下采取了一系列战略举措降低碳排放量。整体而言，随着市场的推动，社会的环保响应范围逐渐由原来的消费者群体和部分企业扩大到包含政府雇员、供应商、经销商以及社区等更多利益相关者，绿色管理的实施程度进一步加深。企业环保的物力、财力和人力投入不断加大，绿色管理体制也在探索中愈加成熟。大部分企业不仅更加主动地寻求尊重地球及其自然资源的绿色管理途径，还不断加大绿色管理的创新实践力度。越来越多的企业管理者将社会利益和环保利益置于自身利益之上，以前瞻性眼光寻求绿色管理的目标，积极探索更加有利于保护环境和节约资源的高效管理方式。企业绿色管理走上高阶发展阶段。

综上所述，国外企业绿色管理实践历程可以划分为三个阶段：法规引导下的被动反应阶段（20 世纪 60 年代末至 80 年代中后期）、经济刺激下的主动转型阶段（20 世纪 80 年代末至 21 世纪初）与绿色观念驱使下的前瞻创新阶段（21 世纪初以来）。伴随着企业绿色意识的觉醒，绿色管理实践也从被动执行逐渐走向主动创新。国外企业绿色管理实践历程如图 2-1 所示。

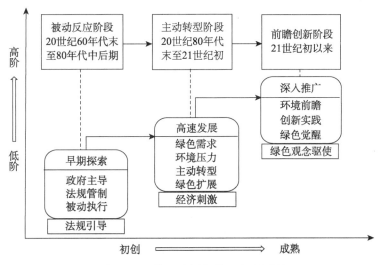

图 2-1 国外企业绿色管理实践历程

二、国外绿色管理实践的总结

通过对国外近几十年的绿色管理实践历程梳理发现，政策法规、社会大众的关注与参与、经济与科技进步、发达国家绿色壁垒是影响企业绿色管理实践的外部因素，企业绿色文化氛围和管理者环保意识提高是驱动企业绿色管理实践的内部因素。

（1）政策法规是企业绿色管理的重要基础。无论是最开始的被动反应阶段还是后期的主动执行阶段，政策法规都是推动企业减少污染、采取环境保护措施的有效力量。一方面，政府出台的政策法规对企业绿色管理起到规范和管控作用。政府通过制定相关政策法规划定生态保护红线，加大环境管控力度，尤其是在践行绿色管理的初始阶段，大多数企业的环境保护意识还不强，主要靠强制性的法规政策推动企业采取环保措施。另一方面，政策法规对企业绿色管理起到引导和保护作用。尽管前期的多数绿色行动是企业的被动反应，但法律法规也为这些企业指明了可持续发展的标准与方向，企业得以在法律法规的保护和引导下追寻利益最大化。

（2）社会大众的关注与参与是企业绿色管理的潜在推动力。随着环保意识的觉醒，公众对环境问题的关注度不断提高，越来越多的消费者开始由被动的环境保护意识唤醒到主动地关注、参与和推动环保。社会大众以其逐渐增强的环保需求影响国家和企业的环境决策和举措。绿色管理思想在社会大众的关注和传播下快速扩散，进一步提高了政府和企业等对环保议题的关注程度，加速企业绿色管理氛围的形成与传导。由此可见，企业只有在不断满足社会大众对绿色产品的需求和对美好环境追求的努力中，才能更好地赢得市场份额并获得长足的发展。社会大众的思想意识和行动的绿色转变成为企业主动进行绿色化转型的潜在推动力。

（3）经济与科技进步是企业绿色管理的基本保障。企业实行绿色管理，无论是绿色产品的研发、绿色包装的设计和回收再利用，还是生产过程中的节能减排，都离不开资金和技术的支持。不少发达国家每年花费大量的财政资金用于污染治理，投入大量资金用于激励企业超越现行的环境规定和标准。同时国外在绿色环保领域的科技进步不断渗透到各个行业领域，为企业探索绿色管理创造了有益的环境条件。在国家经济与科技进步的支持下，企业得以加速开展绿色化改造。发达国家具备资金和技术方面的实力，这也是绿色管理首先产生于发达国家的一个原因。

（4）企业绿色文化氛围是影响企业绿色管理行为的重要原因。如果企业信奉绿色可持续发展的文化，则会将绿色文化理念深植于日常运营的各个环节，包括研发、设计、采购、生产、销售、回收等全过程，并乐于投入资源进行绿色产品开发、绿色技术研究和绿色工艺应用等。例如，可口可乐公司一直致力于企业绿色文化的建设，通过推出新的绿色产品来推广绿色文化理念。可口可乐的"自然瓶"环保概念产品采用了生物基瓶身，可以100%回收再利用，并且使用甘蔗残渣作为瓶子的主要原料。在推出"自然瓶"的过程中，可口可乐将绿色文化理念渗透到企业生产运营的各个环节，并营造了绿色文化氛围。可见，企业如果建立绿色文化，那么主动实施绿色管理行为的主观愿望和动力就会显著增强。

（5）管理者环保意识提高是企业绿色管理的内在推动力。历史实践证明，一些企业之所以能够在行业市场中率先迈出新型绿色产品技术研发、绿色文化建设等绿色管理探索的步伐，都离不开具有高度环保意识管理者的带领和推动。当管理者具备较强的环保意识，企业便能够从更高站位和更大格局出发，将社会利益、环保利益与自身利益结合，前瞻性地寻求绿色管理目标，更积极地推动企业采取绿色管理措施，如促进绿色产品的研发、推广环保包装、实施节能减排等。以汽车制造商宝马（BMW）为例，管理者重视企业的绿色管理，并致力于推动实施绿色管理。宝马采取了一系列措施来减小其生产活动对环境的影响，采用环保材料和工艺，优化产品设计，实施清洁生产，建立绿色供应链，并加强环境信息披露。

需指出的是，发达国家的绿色壁垒对发展中国家企业也可能构成显性障碍或隐性壁垒。发达国家在绿色管理实践中筑造的"绿色贸易壁垒"对保护本国绿色产业和绿色市场具有积极的作用，却对发展中国家或地区的国际贸易造成很大阻碍。由于绿色壁垒在国际贸易中具有"合法性"和"隐蔽性"，且易被公众接受，因此发展中国家或地区不得不另辟蹊径。大部分发展中国家或地区遭遇绿色壁垒的主要原因有技术标准低、企业绿色意识淡薄、产品国际影响力不足等。为此，发展中国家或地区政府可以成立专门的绿色产品管理组织，加强对绿色产品的监督和管理；定期对绿色产业企业进行环境审计，强化企业绿色意识；积极引导企业注册绿色认证，鼓励生产者竞争国际绿色市场等。

扩展阅读2-2 经验借鉴：微软对绿色可持续发展的探索

思维拓展： 少数西方政治势力采用"双重标准"谴责他国"环保不力"，这出于什么动机？

第四节 绿色管理的国内实践

一、国内绿色管理实践的演进

从开展环境保护工作到将环境管理放在环境保护工作的首位，再到环境管理逐步深化，中国的绿色管理实践不断向前发展。党的十八大以来，特别是伴随着"绿水青山就是金山银山"理念和"双碳"目标的提出，我国绿色管理实践成效显著。总体而言，国内绿色管理发展大致经历了四个阶段。

第一阶段：绿色管理的探索合规阶段（20世纪70年代至80年代末）

1972年6月，瑞典首都斯德哥尔摩举办的联合国人类环境会议，我国政府也派了代表团参加。与各国政府一同探讨了当代环境问题，中国的环保观念开始萌发。1978年改革开放之后，伴随经济的快速发展，我国环境问题也日益显露。企业逐渐意识到，以牺牲环境为代价的管理模式已不再适应未来发展需求，若将经济、社会和环境割裂开来谋求发展，必将给地球和人类社会带来毁灭性的灾难。正是基于这种危机感，企业开始积极探索可持续发展的道路，并开始付诸实践。1982年3月，我国组建了城乡建设环境保护部，内设环境保护局，设立了专门的国家绿色管理组织机构。1984年5月和1987年9月，我国分别颁布了《中华人民共和国水污染防治法》和《中华人民共和国大气污染防治法》。1989年5月，我国召开第三次全国环境保护会议，提出要加强制度建设，促进经济与环境协调发展。1989年12月，我国颁布了第一部环境保护的基本法律《中华人民共和国环境保护法》，企业组织或个体实施绿色管理有了更加规范化和法治化的环境。一些企业从污染防治、资源节约、降耗减碳中受益。例如，在我国环保政策法规的影响推动下，20世纪80年代，杭钢集团就开始了以高新技术和先进适用技术改造传统产业的步伐，把计算机技术逐步应用于生产和管理领域，通过利用计算机辅助系统从源头上控制和减少污染。

整体而言，作为绿色管理探索的初始阶段，这个时期只有少数企业开启了绿色管理的实践步伐，而且这些企业的绿色管理行为主要以末端治理、清洁生产或者生产过程控污为主，主要是为了满足政府的环境监管要求，企业绿色管理方式整体较为简单。

第二阶段：绿色管理的发展成长阶段（20世纪90年代初至2004年）

1992年，党的十四大明确提出发展社会主义市场经济后，中国发展从计划经济体制向市场经济体制转型，市场经济的开放性、自主性、竞争性导致部分企业过度追求经济利益，使得环境问题与体制转变之间的矛盾日益突出。然而企业发展的环境问题与体制转变之间的矛盾也愈加突出。在市场经济的作用下，企业的环境行为逐渐从预防型向主动型和环境友好型转变，低消耗、低污染、低环境风险是这个时期企业绿色管理的主要特征。在具体的实践中仍然普遍存在很多企业观念上积极、行动上滞后，不合理、不自觉的环境行为现象。对此，国家开始制定各种战略规划与政策法规，引导企业开展绿色管理。20世纪90年代，我国政府制定出台《中华人民共和国固体废物污染环境防治法》

《中华人民共和国环境噪声污染防治法》等环保法律法规，生态环境保护的法律体系初步形成。同时我国历史上首个大规模污染治理行动"33211"重大污染治理工程启动。1993年，中国开始实行环境标志计划。

日益严峻的环境问题使得企业的生产和经营活动受到越来越多的制约。为了应对这一情况，环境因素在企业管理中的权重逐渐增加。例如，1997年巨化集团股份有限公司实施生态化循环经济改造，推进循环经济产业链厂区生态化建设。1997年5月，中国环境管理体系认证指导委员会在北京成立，旨在广泛开展 ISO 14000 认证工作，让国内企业拥有进入国际市场的"绿色通行证"，突破绿色贸易壁垒，以绿色企业的形象，提高企业竞争力，立足国际市场。例如，青岛海尔集团在率先获得 ISO 14000 认证后，进一步提升了其品牌影响力。1997年12月，上海大众也获得了 ISO 14001 认证。2002年党的十六大进一步提出发展低碳经济、循环经济，建立资源节约型、环境友好型社会。在这些国家政策的指引下，中国企业纷纷主动走上低碳发展、循环发展的道路。2003年，我国政府开始与世行合作在部分省市开展企业环境行为评价试点，逐渐将企业环境信用体系与社会信用体系融合，加强企业对环境诚信意识重要性的认识，推动企业逐步朝着绿色企业转型，中国企业绿色管理的范围逐步扩大。例如，2003年浙江移动提出"移动绿色精品网络"运营理念，秉持绿色生态理念，在浙西大峡谷的移动通信基站建造"风车"，将风力转换为"绿色电能"供这一基站使用，为节能减排和环境保护作出新的尝试。

整体而言，这一阶段在内外部因素的推动下，一些企业开启了绿色管理的逐步自我优化和蓄势待发的发展成长。部分企业顺应绿色发展的需求，逐步向绿色企业转型发展，开始主动探索适合自身发展的绿色管理模式，但多数企业依然采取被动反应型的绿色管理模式。

第三阶段：绿色管理的拓展丰富阶段（2005年至2012年）

2005年，时任浙江省委书记的习近平同志首次提出"绿水青山就是金山银山"的科学论断和发展理念，为企业协调经济发展与生态文明建设打开了新思路。自此，我国相继出台了与创建绿色企业、开展清洁生产等企业绿色管理相关的政策文件，规范和鼓励企业的绿色管理实践。以一批央企、国企为代表的国内企业带头坚持将企业生产经营与绿色发展、生态发展、可持续发展有机结合，在发展中保护、在保护中发展，不断提升绿水青山"颜值"，开掘金山银山"价值"。2007年，党的十七大首次明确了建设生态文明的总体要求和目标，为企业深入实施绿色管理创造了良好条件。在国家大力推进生态文明建设的大背景下，很多行业加快了绿色管理的步伐。例如，这一时期钢铁工业已经进入减量发展阶段，绿色管理成为钢铁发展的主要方向和行业转型升级的关键所在。2010年，首钢京唐遵循循环经济理念，坚持"减量化、资源化、再循环"的原则，致力于实现低消耗、低排放、高效率的生产模式，集成应用了"三干"技术、海水淡化、水电联产、烟气脱硫脱硝等一系列先进节能减排技术。2012年，党的十八大首次提出建设"美丽中国"，党和国家把建设美丽中国摆在前所未有的高度，把生态文明建设纳入中国特色社会主义"五位一体"总体布局。在党中央对生态文明顶层设计和制度体系建设影响下，企业管理的绿色化变革趋势也表现得越来越显著。

整体而言，经过前两个阶段的积累和调整，我国企业的绿色管理开始了从量变到质变的飞跃，这一阶段相当一部分企业加入绿色管理探索的行列，绿色管理内涵更加丰富，绿色管理更加自觉、专业、前瞻，开创出中国企业绿色管理的新局面。

第四阶段：绿色管理的系统深化阶段（2013 年至今）

党的十八大以来，我国生态文明建设步伐开始明显加快。我国政府深入推进产业结构调整，加快培育绿色发展新动能，企业深入实施绿色管理具备了良好的政策环境和社会环境。2015 年，习近平总书记提出了包含"绿色发展"在内的"五大发展理念"，明确要求坚持绿色发展和可持续发展。企业不断探索科技含量高、资源消耗低和环境污染少的生产经营管理方式，中国企业绿色管理不断全面深化。为践行国家"双碳"目标，一些央企积极带头响应国家战略部署，深入完善企业绿色管理。例如，中国节能环保集团积极将低碳发展理念融入企业生产经营全过程，构建"1 + 3 + 3""双碳"部署。国家能源集团依照绿色转型规律和市场规律，健全"双碳"组织体系。

2017 年，党的十九大报告全面阐述了加快生态文明体制改革、推进绿色发展、建设美丽中国的战略部署。报告明确指出，构建政府为主导、企业为主体、社会组织和公众共同参与的环境治理体系，提高污染排放标准，强化排污者责任，健全环保信用评价、信息强制性披露、严惩重罚等制度。2021 年 12 月，工业和信息化部等发布《"十四五"促进中小企业发展规划》，提出了一系列支持中小企业绿色发展的促进工程，推动我国中小企业绿色健康发展。2020 年以来，凌云集团、东北工业集团、江麓集团、武重集团等七家单位获批国家级"绿色工厂"或"绿色产品设计示范企业"。这一阶段的中国企业将新视角、新目标、新模式、新路径等纳入绿色管理的全方位和全过程，在更高层次、更广范围、更深程度和更长周期上推进绿色管理，向全面深化的绿色管理迈进，绿色管理呈现一体化和系统化的发展特征。2022 年，党的二十大指出，"必须牢固树立和践行绿水青山就是金山银山的理念，站在人与自然和谐共生的高度谋划发展"。在党的二十大精神指引下，众多企业进一步提高发展站位，企业绿色管理模式呈现出多样化的特征，企业绿色管理的体系逐渐规范化。2022 年 11 月，国家互联网信息办公室信息化发展局表示，将深入推进"数字化绿色化协同转型发展行动计划"，这意味着以数字化赋能绿色管理，以绿色管理牵引数字化转型，以绿色管理探索推动数字化与绿色化深度协同将逐渐由规划转化为现实。云计算、大数据、物联网、人工智能等新一代信息技术给企业绿色管理带来了良好的发展契机，企业绿色管理不断向智慧化、智能化转型。以海尔、美的等企业为代表的大型企业加大在绿色技术、智能技术领域的研发力度，通过构建智慧化创新平台、产学研联动、人才引进等方式，让企业绿色管理更加智慧。例如，进入物联网时代，海尔集团借助 5G、人工智能、大数据等技术积极打造智家转型的绿色场景生态，为用户提供一站式的定制智慧家，从整体协同空间利用，打造绿色场景，让用户的家庭和生活更低碳。2023 年 3 月，中华人民共和国工业和信息化部公布了 2022 年度我国绿色制造的名单，包括绿色工厂 874 家、绿色设计产品 643 个、绿色工业园区 47 家、绿色供应链管理企业 112 家。越来越多的企业跟随国家《"十四五"工业绿色发展规划》和《工业领域碳达峰实施方案》等政策引导，深入探索数字化绿色管理之道。

这一时期环境保护已经成为企业经济发展中不可分割的一部分，大部分企业未雨绸缪地探索绿色管理长远之路，部分领先企业在"数实融合"中深度参与环境问题的研究与预测，主动进行绿色管理的创新实践，也为企业绿色管理的数字赋能提供了宝贵的经验与启示。整体而言，这一阶段越来越多的中国企业紧随国家绿色发展战略步伐，加大绿色管理的创新性探索，很多企业已经能够在绿色管理赛道上有特色地突出自身的绿色管理特点、突出与数字化等时代元素的深度融合，走出绿色管理的第二增长曲线，绿色管理的成果愈加显著。

综上所述，国内企业绿色管理实践经历了探索合规、发展成长、拓展丰富、系统深化四个阶段，企业绿色管理从无意识到有意识，从被动绿色反应到主动绿色适应，最后走向绿色管理全面系统深化。国内企业绿色管理实践的阶段演进如图 2-2 所示。

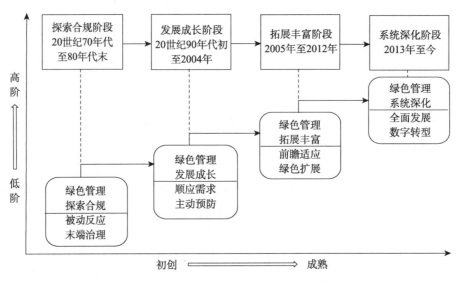

图 2-2　国内企业绿色管理实践的阶段演进

二、国内绿色管理实践的总结

从我国企业绿色管理的实践演进历程来看，我国企业在从传统绿色管理向现代绿色管理转变的道路上不断摸索前进，形成了具有中国特色的宝贵实践经验。当然，在这个曲折的探索过程中，也存在一些值得关注和反思的问题。整体而言，国内企业绿色管理的外在影响因素主要包括党和政府的领导、环境法规和政府监管等，内在影响因素主要包括绿色观念和意识、数字技术与绿色管理、高额转型成本等。

（1）党和政府的领导始终引领绿色管理的发展方向。梳理国内绿色管理实践的演进历程可以发现，党和政府对环境保护重视的不断加强直接带动了国内企业绿色意识的觉醒和深化，是企业绿色管理的重要引领者。党和政府对我国环境保护作出的一系列正确抉择和部署决策从战略全局的高度统领我国绿色管理建设事业的全面发展，尤其是在企业绿色生产建设方面的制度规范建设、理论引导启发、政策环境营造、环保体系构建、环境标准建设等，成为国内企业从被动觉醒、顺应需求走向主动适应、深入探索绿色管理的引擎。这个过程也激发了众多企业管理者主动探索绿色管理、推动企业逐渐形成自我驱动式的绿色管理模式。企业实施绿色管理也有了更加明确的方向和法治化的环境。在数字化时代，党和政府的领导在这一过程中同样起着关键的作用。党和政府科学判断与把握经济社会发展形势，落实"双碳"目标，倡导将数字化作为实现绿色转型升级的"助推器"，培育绿色管理新动能。通过制定政策、倡导数字化和绿色化协同发展、提供绿色资金支持、推动绿色技术创新等方式，引领着绿色管理的发展方向。

（2）环境法规和政府监管是推动绿色管理的主要保障。我国出台的一系列环境法规一方面为企业实施绿色管理营造了良好的法治环境，不仅对企业的生产经营行为进行规范、限制和引导，还逐步改造和优化传统行业企业高污染、高耗能、高排放的发展方式，推动企业不断向绿色管理迈进；另一方面通过增加企业的内部成本压力，推动企业加大环保投入，探索更加绿色环保和适应市场需求的管理方式。随着国家环保政策目标由污染治理为主向综合治理转变，企业的绿色管理探索也愈加全面深入，众多企业不仅纷纷主动加入绿色管理队伍，也持续向绿色、低碳、循环、可持续的道路延展。这个推动过程离不开政府监管的有效推动。政府通过监督企业环保法律法规执行、监测评价与考核企业绿色管理以及监管绿色市场运行等措施促进企业深入实施绿色管理。尤其是政府对企业采购、生产、营销、回收等多个环节的监管，让绿色管理持续贯穿在企业发展全过程中。在环境法规和政府监管的有力推动下，一些非绿色的企业生产和经营行为受到规制，绿色、节能、低碳的生产和经营行为得到大力的支持鼓励，环境因素在企业管理中的考量愈加凸显。

（3）绿色观念和意识是影响企业绿色管理转型的关键内在动因。国内企业绿色管理从起步到不断发展深化，企业管理者的环保意识和主观意愿也发挥关键作用。绿色管理应涵盖企业产品设计、研发、生产、管理、人力资源管理等方方面面的资源节约、降碳减污和环境保护。然而以往企业通常片面地认为，只要确保废弃物排放符合国家环保法律法规规定的标准，就足以证明自身已实现了绿色管理，并且大多数企业为了在竞争激烈的市场中生存和发展，往往更加关注短期利益。早期的企业对于绿色管理的本质认识和观念培育存在一定偏差，环保意识相对淡薄，这也是早期国内绿色管理相对粗放、发展程度有限的重要原因。伴随企业管理者经营理念、环保观念的转变和主观意愿的增强，中后期绿色管理呈现出逐渐将环境保护观念融入企业经营管理的各个层面、各个过程，从原材料采购、产品设计、生产加工制造，到产品包装运输、流通消费等各个环节都深入推进绿色管理。当前，部分企业以资源消耗的粗放式发展为主并且落后的生产观念依然存在，尚未从前瞻角度认识到环保行为是促进企业进一步发展的内在动因。这导致他们难以在主观上自觉接受绿色管理理念，缺乏进行绿色低碳升级改造的动力，也无法由上至下地贯彻落实绿色环保思想，形成绿色低碳的企业发展文化。

（4）数字技术与绿色管理双向奔赴、共同发展。与传统的技术应用相比，数字技术更加注重对企业经营管理产生的海量数据进行收集和分析，充分对接市场需求信息与供给信息，整合经营资源并优化资源要素配置。数字技术引发的绿色技术创新不仅能够大幅度提高生产效率，还能帮助企业在开展清洁生产、资源综合利用、碳捕捉封存利用、有害物质替代与减量化、工业固体废物减量化和资源化等方面的创新实践，减少企业运营活动对自然资源的损耗和对生态环境的污染，从而实现数字技术驱动企业绿色管理深化发展。从国内部分企业探索数字化和绿色化协同转型的实践来看，数字技术和绿色管理紧密相连、相互促进，形成二者协同发展的良性循环。绿色管理能够带动数字技术的发展，为数字技术提供更低碳、更可持续的解决方案；数字技术也能够赋能绿色管理，为绿色管理提供更精准、更智能的技术支持。具体而言，一方面，企业通过绿色生产、绿色运作、绿色物流等环节带动数字技术发展。另一方面，推动人工智能、物联网、云计算等数字技术赋能企业绿色管理转型升级。企业利用数字技术能够采集生产和管理流程中的关键数据，精准掌握生产环境的实时变化情况，适时改造高污染、高能耗的运营环节，最大限度减少资源使用损耗和环境污染破坏。当然，我国的数字基础设施建设还不够完善，关键核心技术"卡脖子"等问题依然存在，驱动企业绿色管理的动力和活力受限，这些方面还需要进一步突破。

> **思维拓展：** 数字化时代，数字技术可以从哪些方面有效赋能绿色管理？

站在时代发展的前沿来看，绿色化和数字化在不断交叉融合中合力推动企业管理升级。绿色化牵引着企业管理数字化进程中的转型升级，提高数字化管理的效率和降低算力能耗及碳排放。同时，数字化赋能企业绿色管理更新迭代，使企业绿色管理告别条块分割的传统状态，转变为能够充分满足客户美好需求和高效创新的管理方式。其本质是充分利用各领域、各环节的海量数据，优化企业生产经营过程的效率，提高能效和降低排放。首先，数字化赋能绿色产品的智慧化设计和原材料智慧选择。利用数字化手段进行产品设计和原材料选择的数据化、系统化，进行绿色产品仿真、试制和验证等，提高产品的能效和可回收性，大幅降低资源消耗和环境污染。其次，数字化赋能企业绿色生产过程的精准管理。企业通过数据分析掌握生产过程中的资源消耗情况，精准监测能源利用效率并及时优化调整，从源头上降低设备故障率和能源消耗，降低废品率和减少环境污染，实现资源的高效利用。再次，助力企业构建绿色智慧供应链，帮助企业实现对供应商进行全面评估与筛选，更快、更精准地找到符合环保要求的供应商，推动企业对绿色产品进行智能仓储、精准配送、远程运维并进行实时监控和数据分析来优化供应链，降低资源浪费和环境污染的风险。最后，支持企业智慧绿色营销管理。企业基于数字化营销手段向消费者精准传递产品的绿色、低碳、环保信息，能使企业在大数据分析的基础上，更精确地了解消费者的环保需求和绿色消费趋势，为企业提供更加符合市场需求的产品和服务提供支持。企业管理的绿色化与数字化的相互赋能如表 2-3 所示。

（5）高额转型成本成为很多中小型企业推行绿色管理的现实障碍。综观国内绿色管理实践历程不难发现，一大批国内大型企业在绿色管理探索上率先发力，在企业绿色管理体系构建上作出了重要贡献，但国内绿色管理体系结构中，中小企业的绿色管理发展占比仍相对不足，一些小企业迫于生存压力，较难顾及环境问题。虽然我国政府已在促进中小企业绿色管理方面作出重要规划和政策支持，发掘更多企业主体参与绿色管理建

表 2-3 企业管理的绿色化与数字化的相互赋能

关 系	环 节	表 现
绿色化牵引数字化	全流程管理	提高企业数字化管理的效率、降低算力能耗及碳排放
数字化赋能绿色化	设计管理	产品设计和原材料选择的数据化、系统化，绿色产品仿真、试制和验证
	生产管理	精准监测能源利用效率并及时优化调整
	供应管理	全面评估与筛选供应商，智能仓储、精准配送、远程运维和实时监控
	营销管理	精准传递企业产品信息和预测市场趋势

设，以形成"央企、国企引领，中小企业协同"的绿色管理建设格局，但目前国内中小企业绿色管理整体尚处于探索发展阶段。只有当越来越多的中小企业实施或加强绿色管理，方才意味着我国绿色管理格局体系的合理化，我国的绿色管理格局体系才能不断趋于完善化。从企业内部而言，高额的绿色投资转型成本是大部分中小型企业推行绿色管理面临的一大现实障碍。中小企业一般位于产业链中下游，企业竞争力弱，可抵押资产少，经营稳定性差。人才匮乏、技术难以突破、资金短缺、融资困难等关键资源问题仍然长期存在；从企业外部而言，针对中小企业的绿色管理政策体系还不健全，也缺乏配套的绿色审查标准和第三方论证，中小企业的绿色管理诉求往往会被忽视，这些困难和瓶颈还有待政府、企业和社会合力解决与突破。

扩展阅读 2-3 市场动向：AI 驱动绿色产业链闭环加速形成

此外，在国内外绿色管理的实践中常常存在一些对绿色管理操作的误区，可能导致绿色管理行为偏离正确的轨道。绿色管理操作的常见误区如表 2-4 所示。

表 2-4 绿色管理操作的常见误区

类 型	解决方案
只见树木，不见森林	了解自身问题（进行生命周期评估等） 完善数据和评估标准 参照绿色合作和外部看法
错误估计市场形势	锁定绿色目标进行评估
绿色价格期望过高	把环保属性作为产品的第三个卖点
误解消费者需求	深入了解消费者绿色消费的局限性和驱动因素
中层管理者承受压力	首席执行官投入绿色管理并加以引导 绿色管理激励 参与绿色管理 进行绿色管理教育培训
鼓励思维	培育绿色价值链思维 进行生命周期评估 环保设计
环保孤立	高层管理者广泛投入 培育运营层人员的主人翁意识和责任感 环保经理和运营经理交叉换位

续表

类　　型	解决方案
言过其实	进行数据验证 重新审视内部目标和外部目标
出乎意料：小问题与意外结果	培育绿色价值链思维 绿色计划预演 保守评估绿色效益 绿色幽默感培育
过分追求完美	预期并接受利弊权衡 眼光放远 先完成再完美
惰性	明确愿景 分段执行绿色计划
忽视利益相关方	罗列利益相关方 进行绿色合作 知道感觉就是事实
不告知实情	让内部与外部知道环境问题实情 进行绿色培训

资料来源：埃斯蒂, 温斯顿. 从绿到金——打造企业增长与生态发展的共生模式[M]. 张天鸽, 梁雪梅, 译. 北京：中信出版集团, 2020.

本章小结

　　绿色管理在其发展过程中不断吸纳经济学、社会学、心理学等不同学科的相关理论和实践经验，这对数字化时代下绿色管理知识体系构建有重要的支撑作用。本章是全书理论分析和实践分析的基础章节。首先，阐述了与绿色管理密切相关的国内外宏观基础理论和微观基础理论，并结合理论内容阐释了上述宏微观基础理论对绿色管理的指导作用。其次，从实践角度分别梳理了发达国家和中国的绿色管理实践演进历程，展示了国内外绿色管理探索的代表性实践举措，其中包括绿色管理相关的法律法规、政策文件规范与指导下的企业绿色管理实践。

核心概念

　　1. 外部性理论（externalities theory）

　　2. 增长的极限理论（limits to growth theory）

　　3. 可持续发展理论（sustainable development theory）

　　4. 宇宙飞船经济理论（spaceship economy theory）

　　5. 循环经济理论（circular economy theory）

　　6. 三重底线理论（triple bottom line theory）

　　7. 绿色责任理论（green responsibility theory）

8. 清洁生产理论（cleaner production theory）

本章思考题

1. 简述绿色管理的相关理论。
2. 简述国内绿色管理的现状。
3. 发达国家的绿色管理做法对我国绿色管理实施有哪些重要启示？
4. 以特定案例为例，论述企业绿色管理的策略。
5. 论述我国绿色管理在哪些方面仍有待加强。

本章实训指南

本章综合案例

数字化时代国家电网以"含绿量"提升"含金量"

"绿水青山就是金山银山"，既是民生福祉，也是社会财富。党的十八大以来，我国绿色发展的步伐坚定、步步深入。

在2023年8月15日首个全国生态日到来之际，习近平总书记作出重要指示强调，以"双碳"工作为引领，推动能耗双控逐步转向碳排放双控，持续推进生产方式和生活方式绿色低碳转型。

数年来，国家电网有限公司（以下简称"国家电网"）坚决贯彻落实习近平生态文明思想，深入贯彻落实"四个革命、一个合作"能源安全新战略，大力推进践行"双碳"目标，以生态"含绿量"提振发展"含金量"，取得了生态文明建设和高质量发展的双赢。

一、做能源革命推动者、先行者、引领者

2023年6月11日，国家电网宁夏—湖南±800千伏特高压直流输电工程正式开工建设，这是我国首条以输送"沙戈荒"风电光伏大基地新能源为主的电力外送大通道。清洁能源翻山越岭，随银线从三湘大地输送至锦绣潇湘，点亮了长江沿岸的万家灯火，装扮了华中地区的如绸夜色。8月6日，哇让抽蓄电站、玉树二回工程、果洛二回工程、丁字口工程开工建设，这是国家电网踔厉步稳打造国家清洁能源产业高地的一个缩影。8月8日，新疆第三条直流外送通道哈密—重庆±800千伏特高压直流输电工程正式开工。数据显示，该工程建成后每年可向重庆市输送电量360亿千瓦时以上，其中新能源电量占比将在50%以上。从此，新疆的"风光"等清洁能源将点亮重庆的山城夜景，这也延续了国家电网绿色发展的底蕴。

不谋全局者，不足谋一域。国家电网坚持以系统思维谋全局，不断创新生态环境保护管理体系和探索实践，做到电网工程建到哪里、绿色发展的理念和行动就扎根哪里，书写了一张优异的"绿色答卷"。

电网作为能源资源转换利用和优化配置的枢纽，在新型能源体系建设中处于核心地位，在推动能源转型、绿色发展上发挥着不可或缺的重要作用。

国家电网服务好能源清洁低碳转型，全力保障新能源项目"能并尽并"，畅通接网工程绿色通道，推动配套电网工程和新能源项目同步规划、同步建设、同步投产；建成全球规模最大的新能源云平台，2023年已累计接入新能源场站超440万座，为新能源规划建设、并网消纳、交易结算等提供全过程一站式服务，大幅提升新能源项目接网业务办理效率。

作为电力系统的"稳定器""调节器""平衡器"，抽水蓄能电站能够有效平抑新能源发电的随机性、波动性、间歇性。记者从国家电网获悉，2023年，湖北通山抽水蓄能电站、甘肃玉门抽水蓄能电站、湖南汨罗抽水蓄能电站、青海哇让抽水蓄能电站、重庆果子湾抽水蓄能电站相继开工。截至2022年底，国家电网经营区域内在运抽水蓄能装机总容量达2 806万千瓦，为电网构建起安全经济、运行灵活的"蓄电池"，有力促进了新能源消纳。

2023年7月20日，第十一届中华环境奖颁奖典礼在人民大会堂举行，国家电网荣获第十一届中华环境奖（企业环保类）。这也是该公司推进生态保护、建设绿色电网、走绿色可持续发展之路的有力见证。

二、谱写生态建设新篇章

习近平总书记2023年7月在全国生态环境保护大会上指出，必须以更高站位、更宽视野、更大力度来谋划和推进新征程生态环境保护工作，谱写新时代生态文明建设新篇章。

面临新的发展形势和多重挑战，能源电力行业肩负责任之大、使命之重前所未有——新能源发展乘势而上，能源电力技术革命催生各种新业态，数字经济与能源经济融合共进产生乘数效应，电力系统机理发生变化，很多技术领域进入"无人区"。

察势者明，趋势者智。国家电网持续加强基础研究，提升自主创新能力，从源头和底层解决关键核心技术问题，深入推进电力关键技术、共性技术、前沿技术攻关，努力实现更多原创技术突破，提升国家能源安全保障能力。

以服务党和国家工作大局为导向，践行"双碳"目标，国家电网设计建设了新能源云碳中和支撑服务平台，形成了"碳公信、碳价值、碳研究、碳生态"四大应用体系。平台打造的"碳监测""碳效码""碳普惠""碳账户"等应用场景为工业降碳、绿色贷款、零碳园区和全民减碳等提供了众多"一地一计"的特色化解决方案。

在浙江，基于新能源云的工业碳平台接入全省49 344家规上工业企业，累计为企业争取绿色贷款超650亿元；在天津，国家电网依托全品类碳排放源活动数据，支撑多家园区碳排放动态监测，助力园区管理由能耗"双控"向碳排放"双控"转变；在河北，国家电网开展建筑电力结构分析、新能源发电站运行监测，提供零碳建筑全生命周期服务。

不仅如此，国家电网协同推进内外部数据接入、治理与融合应用，利用电力及煤、油、气等能源大数据开展碳排放监测分析，加快针对碳足迹、碳排放监测、碳减排分析的数据产品开发。2023年6月8日，由该公司牵头承建的全国碳排放监测服务平台高质量通过验收。

该平台基于电力大数据和"电-碳计算模型"提出的碳排放数据测算方法，是对碳排放核算方法的有效创新，也是对当前核算机制的有益补充。这是我国碳排放统计核算体系的重要基础平台，为国家研判趋势、制定政策、推动工作提供数据支撑，助力能耗"双控"逐步转向碳排放"双控"。

2023年6月底，政企合作建设的天津电力双碳中心正式启用，这是国家电网为生态文明建设和高质量发展注入澎湃活力的又一举措。该中心建有电网建设指挥中心、电力备调中心、应急指挥中心，可支撑京津冀应急资源协调联动，提升天津电网应急保障能力；聚焦能源转型，中心内建有碳达峰碳中和运营服务中心、天津市能源大数据中心以及天津电力交易中心，通过服务政府宏观调控、服务企业减碳增效、服务社会公众低碳生活，助力经济社会绿色低碳转型。

绿色转型，启路未来。在不断提升生态"含绿量"、实现更高质量发展的过程中，国家电网围绕建设具有中国特色国际领先的能源互联网企业战略目标，服务能源转型，守护绿水青山，促进电网与自然和谐共生，为实现"双碳"目标、建设美丽中国贡献力量。

资料来源：周偶然. 国家电网以生态"含绿量"提升发展"含金量"[N]. 中国电力报，2023-08-21.

案例思考

1. 国家电网以生态"含绿量"提升发展"含金量"过程中采取了哪些绿色管理实践？
2. 国家电网实现低碳转型有什么重要意义？
3. 国家电网如何实现数字经济与能源经济融合共进产生乘数效应？

第二篇

绿色管理的职能和过程

第三章

绿色战略规划

◇ 本章导语

绿色战略规划是企业依据绿色目标在设计、采购、制造、物流、回收和服务等方面的全方位布局。

◇ 本章引例

数字化技术如何助力腾讯绿色战略规划？

技术可以缓解人类活动对地球的影响。腾讯作为中国最大的互联网公司之一，也是全球知名的科技巨头，利用自身在信息技术方面的独特优势，努力采取措施降低能源消耗、减少碳足迹、推动数字环境创新、支持环境保护项目，其主要的战略规划如下。

一、绿色云计算战略

数字化提升了实体产业的运行效率，但是数据中心能源消耗问题却日益显现。腾讯数据中心秉持"提升能源效率、降低自然依赖"的绿色运营策略，在全生命周期管理中融入绿色因素，覆盖了选址、设计、建设、运营、废物处理等各个阶段。国际环保机构绿色和平对中国互联网云服务企业的碳中和表现进行年度排名时，腾讯连续两年名列第一。

选址、设计及建设阶段。①优化选址。为了优化在运营过程中的能源及资源消耗，腾讯在数据中心选址时遵循绿色原则。②低碳数据中心基础建设。腾讯在数据中心建设前开展环境影响评估及节能评估，并制定完善的措施避免或者减缓对环境的影响。腾讯第四代数据中心（T-block）将数据中心建设模块化，有效缩短建设周期并减少了建设过程中的碳排放。

绿色运营阶段。持续降低 PUE 是数据中心绿色运营的重要举措之一，腾讯应用节能技术、使用绿色能源、数字化管理等手段持续优化 PUE，并通过使用可再生能源，进一步降低碳排放。

废弃物管理。腾讯遵循 3Rs 原则，在 2022 年建成了绿色循环再利用中心。绿色循环再利用中心处理数据中心产生的电子废弃物，通过维修、改造、升级等手段循环使用电子产品，延长电子产品生命周期、减少废弃物，同时减少了采购新设备的碳排放。

二、ESG 战略

ESG 战略的制定始于腾讯公司"用户为本、科技向善"的愿景使命，具有强大的文化驱动力和员工认同度。腾讯通过 ESG 工作组承上接下地推动可持续发展。数实融合及产业数字化转型带来的企业网络化和全球化发展，导致 ESG 战略的实施风险与机遇并存，基于此情境，腾讯的 ESG 战略实施可以归纳如下。

首先，在业务合作伙伴方面。助力产业数字化转型，加大对中小型企业的支持；公平合理对待业务伙伴，鼓励他们对腾讯的商业实践提供反馈建议。其次，在社区及产业方面。加大社区投资，利用腾讯的产品、平台及技术推动"科技向善"，创建并推动共融的数字环境，通过开源合作和开放平台协同，促进互联网行业发展。最后，在环境保护方面。腾讯在产品和服务开发以及运营过程中考虑对环境的影响，使用可再生能源，减少碳足迹，致力于 2030 年达到运营和供应链碳中和，通过向用户推广低碳生活方式，同时利用科技手段支持企业加强气候变化管理，助力社会低碳转型。

三、赋能产业低碳转型战略

数字技术的应用在促进产业效率提升、节能减碳中发挥关键作用，因此，腾讯将自身数字化技术应用到产业中，助力其低碳转型。其主要包含以下三种产业低碳转型。

绿色支付。随着移动支付的发展以及绿色支付理念的传播，绿色支付成为助力社会低碳转型的组成部分。腾讯依托移动支付平台不断拓展绿色支付应用场景，助力经济绿色转型，为消费者提供便捷的绿色支付渠道。

在线办公。腾讯的云产品能够为混合和线上办公模式的企业提供解决方案，有效减少碳排放。其主要手段是依靠云计算提高能源利用效率、减少不必要的差旅，以及减少办公用纸。

能源数字化。腾讯探索能源行业的数字化解决方案，助力提高能源行业效率以及提升智能决策水平，并降低碳排放量。其中，能源连接器（Tencent EnerLink）是融合云物联网、大数据等技术的数字平台，能够连接各业务场景的软硬件，构建能源和碳管理平台。

四、搭建低碳技术创新平台战略

腾讯探索低碳技术实现碳中和战略的意义不仅在于自身的节能减排，而且希望以碳中和为契机带动科技研发和应用创新。因此，腾讯不但促进自身的技术创新，还持续关注低碳技术的进一步创新迭代。

搭建创新社区平台。腾讯与合作方共同搭建"碳 LIVE"低碳创新连接平台，集合产业、投资机构、创业孵化机构等共创方，以"多点创新迸发、连接助力共创"促进低碳技术发展。

创建开放专利技术联盟平台。腾讯携手同行组成"碳中和专业委员会及开放技术联盟"，帮助打破应对气候危机的技术障碍，首轮承诺免费授权 189 项碳中和相关的专利和技术。

总之，腾讯借助数字技术力量，制定腾讯绿色战略规划，通过引领消费者绿色生活方式、数字化助力产业低碳转型以及推动可持续社会价值创新，助力国家和社会绿色低碳转型升级。

资料来源：腾讯. 2022 年环境、社会及管治报告[R]. 2023；腾讯可持续社会价值事业部. 腾讯可持续社会价值报告 2022[R]. 2023；腾讯. 以科技助力救地球[R]. 2022.

引例思考：数字化时代企业制定绿色战略规划需要重点关注哪些方面？

本章知识结构图

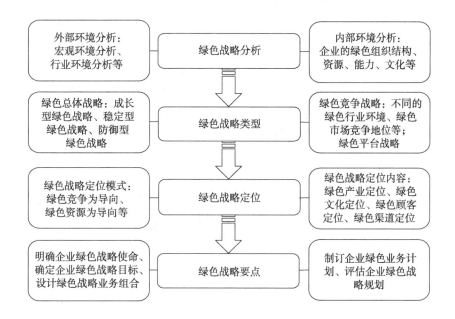

在数字化时代背景下，经济社会技术变革不断加速，对企业活动的环保要求也越来越高。为了应对日益复杂的环境变革和愈加激烈的绿色挑战，从战略层面突破传统企业的发展模式，布局绿色战略规划，成为企业生存和发展的迫切需要。绿色战略规划主要是企业根据内外部环境和条件，在绿色管理理念指导下对企业经营活动制定的一系列绿色总体规划。绿色战略规划主要关注企业的绿色管理使命、管理责任、战略目标和业务范围等。它是企业对未来发展方向的系统化重要指引，通过将绿色理念融入企业的战略决策中，实现经济、环境和社会效益的统一。本章从战略视角出发，主要介绍绿色战略分析、绿色战略类型、绿色战略定位和绿色战略要点。

第一节　绿色战略分析

一、外部环境分析

现代企业的外部环境时刻都在发生变化，绿色生产经营活动也受到外部环境日益变化带来的作用和影响。企业在制定绿色战略之前，必须对所处的外部环境进行客观、全面的分析。

（一）宏观环境分析

宏观环境指对特定空间范围内所有市场、行业和企业战略行为具有较大影响的各种宏观外部因素，通常包括政治与法律、经济、社会人文和技术等环境，这些因素从不同方面对企业绿色管理战略制定产生重要影响。

（1）政治与法律环境。政治环境引导着企业绿色战略制定的方向，法律环境则规定着企业战略制定的准则。伴随着我国"双碳"目标的提出，各地政府逐渐完善地方性法规，将保护生态环境、遵循可持续发展的基本理念、基本原则以法律法规的形式确定下来，这给部分传统企业带来了不小的冲击。如以煤炭为主要燃料的传统火力发电企业因排放量超标被关停。越来越多的企业也积极响应政策，开始使用天然气代替煤炭，这导致传统煤炭企业占据的市场份额迅速下降。同时，政府鼓励企业可持续发展，大力扶持绿色企业，这也为企业进行绿色管理创造了良好的政治环境。在这样的背景下，大批企业开始调整战略方向和规划，探索绿色转型，尝试开发绿色产品、研发绿色工艺，将绿色管理融入产品生命周期，尽可能做到在安全、节能、环保的前提下高效生产和经营管理，进一步实现企业经济效益以及社会效益的同步提升。

（2）经济环境。基本经济结构和特点、国民经济发展状况、政府的经济政策、国际经济形势、经济发展的全球化趋势等宏观经济环境，从各个方面通过影响绿色市场、行业和竞争环境，进而影响到企业的战略规划和行动。当前我国经济逐步迈向绿色转型升级阶段，企业要想谋求更好的发展，也需紧跟绿色发展潮流。数字化时代下，互联网、云计算等数字化技术的蓬勃发展，引发企业打破传统的生产和管理方式，为企业绿色管理夯实要素基础，助力企业从生产要素到生产力，再到生产关系的全面绿色变革。因此，企业必须将绿色战略与数字化紧密相连，推动传统要素深刻变革与优化重组，让数字化助力企业绿色管理。

（3）社会人文环境。社会人文环境在环保方面主要包括环境保护的思想文化和习俗、社会道德观念、社会公众的环保价值观念、社会成员的环保认知模式、社会成员的道德规范、受教育水平、人均文化设施面积、人均绿化面积、环境保护的科学素养等。健康向上的人文环境会对绿色管理起到先导、推动和监督的作用。企业在浓厚的环保文化氛围熏陶下，会不断加大对绿色管理的认知和重视，不但有助于从整体上构建可持续发展的企业战略，而且从微观上影响着绿色管理实施的方式、条件、路径和效果。例如，我国传统文化中的节俭思想影响着企业绿色战略规划朝着生产物料的节约使用、绿色资源的高效配置、绿色节能的技术研发、废弃物回收再利用等诸多绿色管理环节进行布局和定位。

（4）技术环境。技术环境深刻影响着企业绿色管理的方式、过程及效率等。与企业绿色战略相关的技术环境因素主要包括国家的绿色技术研发经费总额、企业所属产业的绿色技术研发支出、绿色技术开发焦点、绿色知识产权与专利保护、实验室绿色研发技术向市场转移的最新发展趋势、绿色技术以及数智化绿色技术发展可能带来的生产率提高等，这些技术环境因素都是绿色战略环境分析关注的重要方面。在技术环境支持下出现的新绿色技术和工艺有助于企业减少污染物排放，降低企业对于自然环境的危害，还能确保企业的生产过程更加安全、清洁。企业在制定战略的过程中考虑国家的绿色技术研发经费支持、产业技术研发情况、绿色技术转化趋势，以及研发与使用新的绿色工艺和环保材料等，可以最小化企业生产活动所带来的环境负面影响。数字化时代，物联网、大数据与分析、人工智能、云计算和区块链等数字化技术对绿色技术的加持，可以帮助企业更好地制定符合企业发展需要和市场需求的绿色战略。

（二）行业环境分析

行业环境是对企业绿色管理发展影响最直接的外部环境。行业环境分析的主要意义在于探究企业绿色管理的长期收益状况，发掘影响绿色行业的关键因素、选择范围和潜在风险。其通常包括绿色行业概况分析和行业绿色竞争结构分析。[①]

从绿色行业概况看，受益于绿色环保行业的政策支持和数字化赋能，中国绿色环保行业规模持续高速增长。"双碳"目标背景下，碳交易及其配套的奖补政策通过限制碳排放，推动产业结构绿色转型升级、促进清洁能源的发展和鼓励低碳技术的创新应用等，为绿色环保行业提供了有力支撑。数字化对绿色环保行业的影响尤为显著。一方面，数字技术的协同特性推动数字技术与传统生产要素相互赋能，促进企业进行要素重组，提升全要素生产率和资源利用率。另一方面，数字技术降低了企业运营成本。数字技术有效削减了企业的物流成本和营销成本，推动资源节约利用水平进一步提升。根据中国环境保护产业协会及生态环境部公布的数据，2016 年至 2021 年，我国环保产业营业收入年复合增速达 13.65%，预计 2025 年有望突破 3 万亿元。环保行业的市场空间巨大，而且呈现出持续较高速增长的态势，这对组织绿色管理是一个利好的外部环境因素。

从行业绿色竞争结构看，行业绿色竞争结构决定了行业的绿色竞争原则和企业应当采取的绿色管理战略，因此，行业绿色竞争结构分析是企业制定绿色战略的基础。根据波特五力模型，行业绿色竞争结构取决于五种力量及其相互作用，分别是：潜在绿色进入者的威胁、绿色供应商议价的能力、绿色消费者议价的能力、绿色替代品的威胁、行业内部绿色竞争程度。其具体如下。

（1）潜在绿色进入者的威胁。潜在绿色进入者的威胁指愿意进入该行业的绿色企业数量以及进入该行业的容易程度。该威胁的大小主要取决于行业绿色进入壁垒的高低，以及现有绿色企业的综合实力。在其他因素保持一致的情况下，行业绿色进入壁垒越高，潜在绿色进入者的威胁越小；反之，则威胁越大。另外，现有绿色企业的综合实力越高，一定程度上会阻碍潜在绿色进入者的进入，则潜在绿色进入者所产生的威胁越低；反之亦然。以新能源汽车行业为例，由于进入新能源汽车行业的技术壁垒相对较高，因此，潜在绿色进入者的威胁程度相对较低；若现有新能源企业综合实力相对较强，如拥有强大的规模效应或差异化产品优势，则潜在绿色进入者由于担心无法超越现有绿色企业而不愿意进入新能源行业，则潜在绿色进入者的威胁相对较低。

（2）绿色供应商议价的能力。绿色供应商议价的能力很大程度上影响该行业平均盈利水平。绿色供应商议价的能力高低受其是否拥有稳固的市场地位、产品是否有特色等影响。例如，绿色供应商的综合实力较强且拥有稳固的绿色市场地位或特色绿色产品，那么该绿色供应商议价的能力相对较高。另外，绿色企业的纵向一体化程度有利于其增强自身议价能力。如果绿色企业的纵向一体化程度较高且拥有自己的绿色供应商，那么绿色企业在议价过程中就会占据主导地位，相应地，绿色供应商的议价能

[①] 需说明的是，绿色行业概况分析主要是针对专门的绿色环保行业来说的，包括节能环保产业、清洁生产产业、清洁能源产业、生态环境产业、基础设施绿色升级、绿色服务等。行业绿色竞争结构分析则不仅仅局限于专门的绿色环保行业，而是针对一般意义上的所有行业。

力就相对较弱。

（3）绿色消费者议价的能力。一个行业的平均盈利水平的高低与该行业绿色消费者议价能力的大小有关。绿色消费者议价的能力主要与以下因素相关：绿色消费者的绿色产品购买量、绿色产品的购买转移成本、对绿色市场和绿色产品的信息掌握程度、绿色产品选择余地等。在其他因素保持一致的情况下，绿色消费者集中采购大量的绿色产品时，采购的绿色产品数量越多，绿色消费者的议价能力越高。另外，当绿色消费者购买绿色产品的转移成本较低，且充分了解绿色市场的供求情况和绿色产品信息时，绿色消费者就具有较强的议价能力；反之亦然。随着行业绿色发展越来越规模化、产业化与市场化，绿色品牌越多样化，绿色消费者议价的能力就会变强。

（4）绿色替代品的威胁。绿色替代品指的是与本行业的绿色产品具有相同或类似功能的产品。绿色替代品主要通过价格、质量与用户转换成本的方式影响行业中其他绿色企业的竞争战略。如果绿色替代品具有较低的价格，一旦进入市场就会拉低本行业产品的价格上限，影响本行业的经济收益。绿色替代品的价格越低，这种影响就越稳固，对本行业造成的压力就越大。因此，质量较好且价格较低的绿色替代品能够产生较强的竞争力，对本行业的威胁程度也会较大。

（5）行业内部绿色竞争程度。影响一个行业平均盈利水平的最重要因素来自本行业的绿色竞争力度。当前的绿色企业往往在成本、价格、质量、价值、宣传、服务等方面展开竞争，其竞争强度与许多因素有关。在有些行业中，绿色产品通常比一般产品的生产成本高，过高的竞争强度导致整个行业处于亏损状态。因此，在选择进入一个绿色行业时，企业管理者应当积极推进绿色技术创新，努力做到降本增效，从而获取较大的绿色竞争优势。

二、内部环境分析

企业战略制定不仅要准确把握外部环境的变化，还要正确认识企业自身的优势和劣势，准确评估企业内部的资源、管理、创新等能力，这样才能制定出最合适的战略，最大限度发挥企业的优势，为企业培育出核心竞争力。

（1）企业的绿色组织结构。企业的绿色组织结构是企业规划未来绿色管理战略的基础，对企业绿色管理战略的实施起着决定作用。数字化时代，企业管理决策离不开数据的支持。绿色管理数据的及时获取、安全存储、准确处理和高效传输依赖于企业组织结构能高效利用各种数据资源，为决策层提供正确、及时的信息参考。数字化时代的企业绿色组织结构应当是一种分散灵活、具有高度适应性的有机组织结构，趋于扁平化、柔性化、网络化。首先，绿色组织结构扁平化利于企业在精简的管理层级下快速、有效地传递信息，从而节约人力资源，提高组织运行效率，为企业的绿色管理战略服务。其次，绿色组织结构柔性化便于企业充分学习和利用知识来提升自身对外部环境变化的适应性，促使企业在稳定基础上实现灵活性和求变性。最后，绿色组织结构网络化便于企业充分有效地整合内外部资源，更好地与其他企业展开合作、互利共享，从而实现绿色资源利用最大化和多方企业共赢的局面。

（2）企业的绿色资源。企业的绿色资源是各种能为企业创造价值的有形和无形的绿色要素。企业绿色资源分析能为企业管理者的战略抉择提供依据。以现行绿色战略问题为导向，综合考虑企业内部的各种资源，分析整合资源的数量、质量，从而判断自身的资源优势和劣势。绿色资源分析不仅需要管理者了解企业现有的、可以整合的绿色资源，而且需要管理者清楚把握企业可得的潜在绿色资源，主要包含绿色人力资源、绿色有形资源和绿色无形资源三种。绿色人力资源是在人力资源管理领域融合绿色理念构成的新兴管理理念和模式，它有助于企业在可持续发展方面发挥独特的人力竞争优势。绿色有形资源是企业所拥有的、可见的、能够量化的绿色资产，是企业进行可持续生产经营活动的基础，包括企业所拥有的环保工艺、绿色技术、可以实现节能减排的设备等。绿色无形资源是一种不可见和较难量化的独特绿色资源。其优势在于不易被了解和模仿，比如绿色品牌、绿色声誉等。数据资源就是一种绿色无形资源。相比实物资源，数据资源更绿色环保。数据资源在一定程度上能够替代部分人力、资本等传统实物资源，降低资源消耗和环境污染。

（3）企业的绿色能力。企业的绿色能力是企业通过实践、学习、积累形成的在利用绿色资源、创造绿色价值等方面的知识和技能。企业绿色能力分析旨在以现行战略问题为导向，在企业外部环境分析所提供的可能选择范围内，衡量企业的绿色价值创造能力的稀缺程度、可获取程度和不可替代程度，以此来明确企业自身的能力优势和劣势，为企业战略管理者作出战略抉择提供依据。一般情况下，企业的绿色能力与所掌握的资源成正比。然而，企业能力和资源并不绝对匹配，二者的匹配关系受企业战略承诺大小、企业学习能力、企业知识管理能力、企业所嵌入的网络等因素的影响。企业的绿色能力不仅可以决定企业内部绿色资源的利用水平，还决定企业外部绿色资源的整合水平。

（4）企业的绿色文化。企业文化是企业共有的行事准则、行为规范及心理和习惯的综合。企业的绿色文化是将可持续发展理念作为企业的价值观、信念和行为准则等植入企业的日常经营和管理中。从企业整体层面而言，企业的绿色文化能促使企业在发展的同时兼顾生态平衡，推动人与自然和谐相处。从企业员工层面而言，绿色文化作为一种心理契约，有助于促进企业内部自发形成维护企业绿色管理的氛围，使保护环境、维护生态平衡的观念内化为企业成员自觉进行绿色管理的内在驱动力。一方面，企业的绿色文化通过塑造员工的绿色思维方式和行为习惯，使保护环境的观念内化为企业的一种核心思想。这种思想影响着企业的决策、生产和销售的各个环节，使企业在追求经济效益的同时，更加注重履行企业在环境保护和生态平衡方面的社会责任。另一方面，企业的绿色文化强调内部的合作与沟通，鼓励员工积极参与环保活动，共同维护企业的绿色形象。这种文化氛围有助于增强与提升员工的归属感和忠诚度，激发员工的工作积极性和创造力，为企业的发展注入新的绿色活力。

扩展阅读 3-1　实践前沿：招商蛇口深植绿色理念，构筑绿色智能人居

思维拓展： 企业绿色管理如何更好地适应数字化时代的战略环境？

第二节 绿色战略类型

一、绿色战略分类

将绿色管理放在企业战略的高度进行长远规划和布局，是企业可持续发展的关键。企业绿色战略的制定依据、战略层次、类型划分等不尽相同，绿色战略的主要类型如表 3-1 所示。

表 3-1 绿色战略的主要类型

分类依据	文 献	绿色战略类型
企业应对环境问题的态度	Roome（1992）	不遵守（non-compliance）、遵守（compliance）、遵守+（compliance plus）、商业与环境双卓越（commercial and environment excellence）、领导优势（leading edge）
	Sharma 和 Vredenburg（1998）	反应型（reactive）、前瞻型（proactive）
	Henriques 和 Sadorsky（1999）	反应型（reactive）、防御型（defensive）、适应型（accommodative）、前瞻型（proactive）
	Sharma（2000）	服从型（obedient）和自愿型（unbidden）
	Christmann（2002）	适应型（accommodative）、防御型（defensive）、能力构建型（ability construction）、反应型（reactive）
	陈佳丽（2023）	积极型（positive）、消极型（passive）
企业绿色战略层次	Hart（1997）	末端治理（end treatment）、污染预防（pollution prevention）、产品监控（product monitoring）、可持续发展（sustainable development）
	Buysse 和 Verbeke（2003）	污染治理（pollution control）、产品管理（product stewardship）、可持续发展（sustainable development）
	Sharma 和 Vredenburg（2005）	污染控制（pollution control）、生态效率（eco-efficiency）、再循环（recirculation）、生态设计（eco-design）、生态系统管理（ecosystem stewardship）、业务重新定义（business redefinition）
	Murille-Luna 等（2008）	被动反应型（passive response）、关注规制反应型（attention to legislation response）、关注利益相关者反应型（attention to stakeholders' response）、全面环境质量反应型（total environment quality response）
	张智光（2020）	绿色经营型/总体型（green business strategy/overall green strategy）、各管理领域型/职能层型（green strategy by management area/functional level green strategy）
企业绿色战略视角	张智光（2020）	绿色链条视角：资源链型（resource chain）、资源链-生态链-价值链型（resource chain-ecological chain-value chain） 绿色拓展视角：一元型（unary）、多元型（multicomponent）、社会拓展型（social development） 绿色产业视角：单产业型（single industry）、多产业一体化型（multi-industry integration）

资料来源：根据相关文献资料汇总整理。

数字化时代，企业在制定绿色战略的过程中要进行战略类型选择。本书依据企业绿色战略影响的范围和职能的不同，将绿色战略划分为绿色总体战略、绿色竞争战略和绿色平台战略（green platform strategy）。绿色总体战略决定了企业整体的绿色战略总纲和主要的业务范围及发展方向；而绿色竞争战略主要解决如何更好地处理绿色消费需求、竞争产品及企业绿色产品之间的关系，以提升企业绿色产品的特定市场地位；数字化时代的平台战略解决了如何将各种多元化的绿色利益相关者紧密联结在一起，以实现更大范围和更高效率的绿色资源优化配置。

二、绿色总体战略

绿色总体战略是企业为实现生存与发展质量不断提升和企业经营管理的绿色化水平，依据企业的经营条件和外部环境，对企业绿色发展目标及其实现途径和手段等的长远性和整体性谋划。绿色总体战略重点关注企业未来绿色管理的发展定位、战略选择以及如何从整个企业角度为绿色管理配置相应的资源和配套措施。绿色总体战略主要包括成长型绿色战略、稳定型绿色战略和防御型绿色战略。

（一）成长型绿色战略

成长型绿色战略是以可持续发展作为核心向导，引导企业不断开发新的绿色产品，开拓新的绿色市场，采用新的绿色管理方式、生产方式，扩大企业的产销规模，创造出新的绿色价值，推动管理升级，增强企业竞争实力的战略。

在实践中，成长型绿色战略主要有一体化战略和多元化战略两种。①一体化战略。一体化战略主要包含横向一体化战略和纵向一体化战略。横向一体化战略又称水平一体化战略，即企业对现有的绿色经营活动进行扩张，提升绿色产品市场份额，丰富同类绿色产品。绿色经营活动的扩张可以通过以下方式实现：扩大原有绿色产品的产量和销售量、提高原有绿色产品的功能和技术水平，以及拓展国际市场或挖掘新的绿色消费者群体。纵向一体化战略又称垂直一体化战略，即企业向原绿色经营范围的上下游进行扩张。企业为了实现绿色交易内部化，可以通过内部绿色组织和绿色交易方式将不同的绿色经营阶段连接起来，丰富绿色产品体系。②多元化战略。多元化战略即企业为了拓展业务范围、增加市场竞争力或者避免单一业务风险而采取的一种战略。该战略主要分为同心多元化战略和离心多元化战略。同心多元化战略也称为相关多元化战略，即企业可以通过扩展现有绿色产品或服务来增加市场占有率，而离心多元化战略称为不相关多元化战略，指企业进入新的业务领域，以扩大业务范围。

成长型绿色战略可以不断提升企业的绿色价值，创造更高的绿色效益，持续保持企业的绿色竞争优势，但成长型绿色战略也需要关注成长中的企业组织结构、绿色服务和绿色质量等问题。

（二）稳定型绿色战略

稳定型绿色战略不是不发展或不增长，而是稳定地、非快速地发展。该类型战略能够帮助企业连续地保持战略稳定，避免战略突然改变导致企业资源分配、组织架构、管理模式等变化，助力企业平稳发展。但当企业采用该类型战略时，也可能因此错失外部环境中一些快速发展的机会。若竞争对手借此机会发力，那么企业的竞争地位就会受到威胁。

从稳定型绿色战略的实施来看，可以分为以下四种战略。

（1）无增战略。无增战略是没有增长的战略，其主要目的不是追求绿色增长，而是维持现有的绿色经营规模和稳定的盈利能力。无增战略主要适用于企业已经到达了绿色市场饱和点或绿色行业增长放缓的情况。核心主要是提高绿色生产效率、优化绿色资源利用率、降低绿色生产成本，以保持企业的绿色核心竞争优势。

（2）暂停战略。企业在某段时间内停止或者减少一部分或者全部的绿色业务活动。企业实施暂停战略主要是为了应对市场环境的变化，需要重新调整和评估绿色管理的战略方向，更好地迎接未来绿色市场的挑战和发展机遇。暂停战略需要谨慎实行，以确保不会或减小对企业长期绿色管理产生不利影响。

（3）谨慎实施战略。当企业面临外部绿色环境中某些不可预测的重要因素时，为了降低风险，企业可以有意识地采取谨慎实施战略。这种谨慎的做法有助于企业在绿色风险控制和应对不确定性方面更具有绿色决策优势，获得更大的绿色发展机会，取得更好的绿色价值增长优势。

（4）维持利润战略。这种战略旨在通过牺牲企业的未来绿色发展来保持当前的利润，重点关注短期利益而忽视长期利益，其核心目的主要是帮助企业度过暂时性困境。因此，维持利润战略经常在绿色市场形势严峻时被采用。当然，如果使用不当，可能会对企业的核心能力造成伤害，进而影响企业在绿色市场中的竞争能力。

（三）防御型绿色战略

防御型绿色战略即企业保持发展现状或对不利于企业可持续发展和盈利的状况作出反应的战略。企业可能选择放弃现有的绿色业务，也可能选择在必要的领域用绿色技术替代原有非绿色技术来开发绿色新产品。但绿色新产品开发旨在维持或适当扩大市场占比，实现维持企业生存的需要。

防御型绿色战略一般包括紧缩战略、调整战略、放弃战略和清算战略等几种。

（1）紧缩战略。它是企业为了适应经济与行业衰退、绿色产品或服务需求减少而采取的一种战略。

（2）调整战略。企业对当前的绿色经营方式和战略进行调整，以适应绿色市场变化。企业可以通过改变绿色产品的组合、调整绿色产品定价策略、挖掘新的绿色市场领域和渠道、提高绿色营销和绿色品牌的影响力等，调整优化企业的绿色管理模式。

（3）放弃战略。企业选择放弃一些不符合可持续发展要求的绿色业务或产品线，集中资源发展更具市场潜力的绿色业务或产品。

（4）清算战略。企业在面临无法持续经营或财务困境时，采取清算战略。其包括出售绿色资产、清偿债务、关闭绿色业务等，以最大限度地回收资产并尽量减少损失。企业采取防御型绿色战略可以有效控制绿色管理成本，并保持资金流动性，从而提高抵御外部压力的能力。

企业制定出绿色总体战略，还需进一步评估判断其是否符合可持续发展的要求，具体可参照可持续发展战略模型，如图3-1所示。

	内部	外部
明天	**清洁技术** ①产品的环境绩效是否受到现在的竞争力基础的限制？ ②是否存在利用新技术实现巨大绿色改进的潜在可能性？	**可持续发展的前景** ①公司的长远规划是否朝着社会及环境问题的解决方法前进？ ②公司的长远规划是否能促进新技术、市场、产品和工艺的发展？
今天	**污染防治** ①现在的运营过程中，哪一部分造成了最严重的资源浪费和污染排放？ ②能否通过杜绝资源浪费或将其作为投入品来降低成本和风险？	**产品责任** ①如果承诺对产品的整个生命周期负责，那么对产品的设计和开发而言意味着什么？ ②能否在增加价值或降低成本的同时减少产品对环境的冲击？

图 3-1 可持续发展战略模型

资料来源：洛文斯ＡＢ，洛文斯ＬＨ，霍肯. 企业与环境[M]. 思铭，译. 北京：中国人民大学出版社，2004.

整体而言，企业为实现长期绿色目标而制定规划或路线，能够为企业在绿色市场和绿色产品中创造持续的竞争优势。企业可以选择一种类型的绿色总体战略，也可以根据国家、社会、企业等不同因素交替运用两种或三种战略，做到有进有退，陆续为企业打造新的绿色价值增长点。

扩展阅读3-2　实践前沿：携程推出"LESS碳中和计划"数字赋能环保出行

三、绿色竞争战略

数字化时代，绿色竞争愈演愈烈，企业需要向主动型的绿色管理进行转变，即采取竞争性绿色战略，对绿色竞争中的全局性、长期性和基本性等问题进行谋划。绿色竞争战略主要涉及行业环境、市场竞争地位和顾客群体三个方面，根据不同的绿色行业环境、绿色市场竞争地位和绿色顾客群体，企业需要选择不同的绿色竞争战略来提高竞争力。

（一）根据不同行业环境选择相应绿色竞争战略

企业在选择竞争战略时，可以从绿色行业环境的角度出发。绿色行业环境可以分为绿色分散型行业、绿色新兴行业、绿色成熟行业三大类。

在相对分散的绿色行业环境中，参与竞争的企业一般较多，但是行业的集中度低，企业通常难以拥有很大的市场份额，无法形成龙头企业。因此，在绿色分散型行业环境下，企业难以兼顾所有客户的需求，可以采用绿色连锁经营战略形成规模经济效益。

在绿色新兴行业环境中，绿色技术不断创新推动新的行业出现。新兴行业的发展水平相对较低但发展速度较快，进入该行业环境的企业，可以采用低成本竞争战略，从绿色新兴行业发展的目标群体和需求出发，制定相对于竞争者更有效的成本结构，加强企业内部成本控制，从而获取竞争优势。

在相对成熟的绿色行业环境中，如水资源、能源、大气治理、固废处理、环保设备等较为热门的绿色行业领域，在高速发展阶段后逐渐转向有节制地增长或者平稳增长阶段，企业会处于近似完全竞争状态，竞争十分激烈。企业为了赢得竞争通常会采取降低绿色产品价格的方式，从而导致行业利润下降和生产能力过剩。为提高在成熟行业中的市场竞争地位，企业可采用集中成本领先战略，将竞争重点放在节能降耗、成本控制和扩大绿色产品市场份额上，实施绿色市场渗透策略，优化绿色产品组合。

（二）根据企业竞争地位选择相应绿色竞争战略

依据企业的竞争地位，可将企业划分成绿色市场领导者、绿色市场挑战者、绿色市场追随者和绿色市场补缺者四种类型，由此选择相应的绿色竞争战略。

（1）绿色市场领导者通常拥有较大的绿色市场份额，主导着绿色市场的竞争。为了维持现有的竞争地位，该类企业往往采取一些新的绿色技术或措施避免其他绿色企业的强有力竞争。

（2）绿色市场挑战者一般会向绿色市场领导者或者其他竞争对手发起挑战，以扩大市场占有率。该类企业属于主动进攻型企业，如通过集中差异化战略，主动从绿色市场领导者忽略的细分市场切入，加大技术创新，以创新赶超绿色市场领导者；或选择集中成本领先战略，对一些价格过高、过时的绿色产品市场发起进攻，以价格优势抢夺市场。

（3）绿色市场追随者通常会维持发展现状，不愿冒险挑战。该类企业的竞争战略目标主要是在维护好现有绿色消费者的基础上争取一些新顾客，同时避开竞争者的报复行动。该类企业一般选择低成本竞争战略，并不注重创新，而是跟随绿色市场领导者的投资寻求生存；还可以选择集中差异化战略，在一些方面选择性地模仿绿色市场领导者，但在绿色包装、绿色广告、绿色价格等方面制造差异。

（4）绿色市场补缺者往往避开大企业感兴趣的绿色市场领域展开经营，一般选择集中差异化竞争战略，通过提升在绿色市场、绿色产品、绿色营销等方面的专业化程度，并以多种补缺战略来寻求更好的发展。

（三）根据企业集中化服务对象选择相应绿色竞争战略

企业的绿色集中化战略是主攻某个特定绿色消费群、某绿色产品线的一个细分区段或某一地区绿色市场的战略。集中化的企业绿色产品业务有助于针对某一特定战略服务对象提供更高效、优质的服务，从而在更大范围内的竞争对手中脱颖而出。也就是说，企业可以在面向某绿色产品线、某细分绿色市场或某个特殊绿色顾客群集中开展绿色业务时采取低成本战略或差异化战略，以赢得更大的竞争优势。由此，绿色集中化战略可分为两类：集中成本领先战略（降低绿色成本、提高效率）和集中差异化战略（提供与众不同的绿色产品或服务）。这两种绿色集中化战略的优势在于，其可以使企业集中于某一对绿色产品需求较大的市场或群体，将所有资源集中于该绿色产品领域，并扩大企业在绿色市场的核心竞争优势。例如，得物 App 汇聚了绿色服装、绿色包装、环保美妆、绿色鞋履等各类环保时尚潮品，引导年轻消费群体在 App 上分享环保穿搭和绿色生活。

延伸阅读

市场动向：新能源行业践行绿色战略，打造绿色标杆

新能源行业绿色战略发展，是绿色低碳转型的关键。党的十八大以来，我国加速构建清洁低碳、安全高效的现代能源体系，新能源发电装机规模、利用水平、产业竞争力都迈上新台阶。进入"十四五"时期，特别是在"双碳"目标指引下，我国新能源产业正加快步入高质量跃升发展的全新阶段。

一、晶科能源的 N 型技术产品

晶科能源股份有限公司（以下简称"晶科能源"）是一家全球知名、极具创新力的太阳能科技企业。秉承"改变能源结构，承担未来责任"的使命，公司战略性布局光伏产业链核心环节，聚焦光伏产品一体化研发制造和清洁能源整体解决方案提供，销量领跑全球主流光伏市场。

当前，光伏行业正处于从 P 型技术向 N 型转型的关键时期，晶科能源主导的 N 型 TOPCon 技术和产品创新，相较同时期其他技术具有效率上限高、降本空间大等优势。晶科能源当前拥有行业最大的 N 型产能，也是行业首家建成 10 GW（吉瓦）以上规模 N 型产品生产线的企业。该公司于 2022 年初首期投入的 16 GW 大尺寸 N 型 TOPCon 产能已经实现满产。此外，晶科能源继续大力投入效率更高、成本更优的二期 N 型 TOPCon 产能，包括尖山二期 11 GW 高效电池项目，以及青海西宁一期 20 GW 全球最大 N 型拉晶项目等。

晶科能源秉承"探索一代、研发一代、量产一代"的理念，倡导全产业链的一体化可持续创新，主导或参与制定了 IEC（国际电工委员会）标准等多项国际、国内行业标准，不断拓展光伏技术的多元化规模应用场景，积极布局光伏建筑一体化、光伏制氢、储能等领域，着力打造新能源生态圈。2022 年上半年，公司研发投入 21.11 亿元，占营收比重 6.6%。在电池片转换效率和组件功率方面已经累计 20 次打破世界纪录，并在过去两年里连续 6 次打破 N 型 TOPCon 电池世界纪录。

截至 2022 年第一季度，晶科能源光伏组件全球累计出货量突破 100 GW。这也是行业首家完成 100 GW 这一里程碑式出货体量的组件制造商。100 GW，这意味着全球已安装的太阳能组件中，每 10 块中至少有 1 块是由晶科能源生产的。100 GW 组件意味着，每年可以生产清洁能源电力约 1 300 亿度，减少二氧化碳排放量约 1.3 亿吨，节约标准煤约 5 252 万吨，相当于植树约 70.2 亿棵。

二、吉利：深耕甲醇产业生态，探索汽车低碳发展新路径

汽车绿色低碳发展路径是多样的，不仅包括电动化、氢燃料电池化，还包括传统能源的高效使用，以及可替代能源的开发。吉利控股集团（以下简称"吉利"）从能源安全、绿色低碳出发，深耕甲醇燃料汽车 17 年，形成核心技术专利 200 余件，开发包括乘用车、商用车在内的 20 余款甲醇燃料车型，带动了上下游产业链发展。截至 2022 年底，吉利甲醇乘用车已规模化运行超 2.7 万辆，总运行里程近 100 亿千米，最高单车运行里程超过 150 万千米。

2022 年，吉利战略投资的绿色低碳甲醇项目实现产业化，利用副产的焦炉气及年捕

集16万吨工业尾气中的二氧化碳作为原料，年产11万吨绿色低碳甲醇，废物利用、变废为宝。全球首款甲醇混合动力轿车搭载全新一代1.8 L醇电混动发动机和混动电驱，拥有40%的节能率，百千米醇耗低至9.2 L，每千米出行成本不到3毛钱，同时相比传统汽油车减少了42%的碳排放。全新甲醇重卡搭载新一代13 L甲醇发动机，能耗进一步降低，动力可达430/460/480马力，经济性优势突出，燃料成本相比柴油重卡可节省18%～32%，相当于每千米最多可节省1元钱。这一切，对煤炭清洁化利用，以及汽车绿色低碳发展进行了有意义的探索。

资料来源：践行低碳 | 新京报零碳研究院揭晓2022年度绿色发展十大案例[EB/OL]. (2022-12-20). https://baijiahao.baidu.com/s?id=1752725268113254580&wfr=spider&for=pc.

四、绿色平台战略

绿色平台战略关注平台的绿色参与者和消费者之间的相互依存和相互受益。绿色平台战略的制定需要企业使用全新的战略工具帮助其应对绿色价值创造和挑战。绿色平台战略通过创建一个核心的绿色平台，将多元化的绿色利益相关者紧密地联结在一起，以实现更大范围和更高效率的绿色资源优化配置。绿色平台可以是一个实体场所，如绿色购物中心、绿色物流中心等，也可以是一个虚拟网络空间，充当绿色资源管理和协同合作的中心。这个平台包括绿色数据集成、协作工具、资源共享和交流机制，使各利益相关者能够更轻松地互动、合作和分享绿色信息。典型的绿色平台如闲鱼（它是一个社区化的二手闲置交易市场）。在绿色平台战略的指导下，不同的绿色参与者可以相互协作、互通有无，共同创造更大的绿色价值。制造商可以通过绿色平台提供绿色产品信息和资源，平台也可以帮助制造商传递绿色产品供应信息，以降低供应的环保成本。政府可以在绿色平台上与企业和公众分享环境数据，并监督企业行为和公众行为的合规性。非政府组织可以使用绿色平台来提高社会公众的环保意识、落实可持续发展倡议，并与其他组织进行绿色合作。消费者可以通过绿色平台获取包含绿色产品在内的绿色信息、参与环保活动和支持可持续产品与服务。

（一）绿色平台战略的优势

绿色平台战略的诸多优势使其成为现代企业追求创新和价值提升的重要基础。绿色平台战略的优势在于构建"绿色生态"系统、提高工作效率和降低绿色生产成本、促进绿色创新和提升绿色价值、提升绿色消费者体验等方面，给企业和利益相关者带来更多的绿色市场机遇。

具体来说，绿色平台战略的优势包括：①构建"绿色生态"系统。绿色平台战略可以构建一个由多个利益相关者组成的生态系统，这些绿色利益相关者可以是绿色企业、绿色个人或者其他绿色组织。②提高工作效率和降低绿色生产成本。绿色平台战略能够将原本孤立的各个绿色相关者联系在一起，形成一种互惠互利的关系网络。这种关系网络能够使企业更好地利用绿色资源，避免绿色资源的浪费和重复投入，进而提高工作效率和降低绿色生产成本。③促进绿色创新和提升绿色价值。绿色平台战略可以促进绿色创新和绿色新技术应用，通过各个绿色利益相关者分享知识和资源，共同创造更大的绿色价值。④提升绿色消费者体验。通过绿色平台战略，企业可以吸引更多的绿色消费者，并为其提供更好的绿色服务和体验。这可以增强绿色消费者黏性，提高绿色消费者的满意度和忠诚度，从而给绿色平台带来更多的商业机会和收益。

（二）绿色平台战略的分类

（1）按照存在形态，绿色平台战略可以分为绿色实体平台战略和绿色虚拟平台战略。绿色实体平台战略是布局具有实际物理存在的平台即实际场所，如专业的绿色市场和百货店等，它们通常具有固定的营业场所和实际的绿色商品或服务展示。而绿色虚拟平台战略则是在互联网上构建的，没有实际物理存在的平台，最典型的是阿里巴巴和京东等电子商务平台的布局。这些虚拟平台通过互联网技术实现了一系列绿色商务活动，如绿色商品展示、绿色交易磋商、绿色支付结算等，从而实现绿色价值。以阿里巴巴国际站（Alibaba.com）为例，它是一个全球领先的 B2B（企业对企业）电子商务平台，为全球的绿色买家和卖家提供了一个在线交易、交流和合作的绿色平台。

（2）按照业务范围，绿色平台战略可以分为绿色专业性平台战略和绿色综合性平台战略。绿色专业性平台战略专注于某个特定的绿色领域，如绿色物流平台、绿色生产平台等，这些绿色平台通常只涉及某一特定的绿色行业，提供专业化的绿色服务。例如，顺丰、韵达、中通等物流平台。而绿色综合性平台战略则涉及多个绿色领域，为绿色消费者提供多元化的绿色服务，如绿色电商平台、绿色创新创业管理平台等，这些绿色平台可以满足绿色消费者多样化的需求，提供一站式的绿色服务体验，如京东、淘宝、天猫等电商平台。

（3）按照平台使用者，绿色平台战略可以分为绿色 C2C（消费者对消费者）平台战略和绿色 B2B 平台战略。绿色 C2C 平台战略是绿色消费者之间的模式，这种类型的平台允许绿色消费者之间直接进行交易，通常不需要通过中间商或其他机构进行干预。例如淘宝、闲鱼等就是典型的绿色 C2C 平台，绿色消费者可以在这些平台上购买或出售绿色物品或服务。而绿色 B2B 平台战略则是绿色企业之间的模式，这种类型的平台主要为绿色企业提供绿色商业交易和绿色服务的机会。

不同类型的绿色平台战略具有不同的特点和优势，适用于不同的绿色业务需求和绿色目标市场，企业根据自身情况和绿色市场需求选择适当的绿色平台战略可以更好地提升绿色市场占有率，增加品牌影响力。

（三）绿色平台战略选择需要考虑的因素

在选择平台类型时，需要综合考虑绿色消费者需求、绿色技术支持和运营能力、绿色竞争环境等因素，从而选择最适合自己的绿色平台战略。具体需要考虑的内外部因素包括：①绿色消费者需求。绿色平台战略的选择需要充分考虑绿色消费者的需求和特点。这包括但不限于绿色消费者的年龄、性别、地域、职业等特征，以及绿色消费者的绿色需求和偏好。②绿色技术支持和运营能力。综合考虑企业的绿色技术创新能力、绿色技术整合能力、绿色资源管理能力、绿色供应链管理能力和绿色营销能力等多个方面能力。③绿色竞争环境。在绿色竞争环境中企业需要关注绿色政策、绿色市场、绿色技术等多个方面的发展趋势，选择具有竞争优势的绿色平台战略。

通过绿色战略推动平台绿色化进而实现企业的绿色管理是绿色平台战略的重要现实目标，企业需要考虑一系列关键因素。首先，企业需要依据绿色平台战略明确平台绿色化的目标。这主要包括提高平台的绿色市场份额、促进平台绿色创新、改善客户的平台绿色体验、优化平台的资源利用或实现生态系统合作，以确保绿色平台及其参与者的行动与绿色平台战略目标相一致。其次，依据绿色平台战略确定平台绿色化的核心价值，即如何满足平台利益相关者的绿色需求。核心价值应该在绿色平台战略中得到突出，能够引导平台的绿色化设计和发展，吸引多元化的绿色利益相关者汇聚到平台，包括绿色供应商、绿色合作伙伴、绿色消费者、政府机构等。再次，企业应当加大投资推动平台绿色化的数字化基础设施，确保平台在落实绿色战略进行绿色化过程中的可伸缩性、安全性和可靠性。这包括云计算、大数据分析、人工智能和物联网等技术的应用，以支持平台绿色化的运行和创新。最后，企业要积极推动平台绿色化生态系统的建设。建立平台的绿色合作伙伴关系，同时适应不断创新变革的绿色市场和技术趋势，以保持竞争优势。

综上所述，在选择合适的绿色平台战略时，企业需要综合考虑多种内外部因素，以制定科学、合理的绿色平台战略规划并建立完善的平台运营机制和管理体系，从而在绿色市场竞争中获得优势。

> **思维拓展：** 政府如何从战略上推动平台绿色化？

第三节　绿色战略定位

绿色战略定位不仅可以展现本企业与其他绿色企业的特殊性和差异性，还能够指导企业进行资源的配置、销售和运转。对客户需求、市场环境和企业自身实际情况的分析，使企业明确自己的业务和产品，进一步选择细分市场和目标客户。绿色战略定位的核心内容就是为了实现绿色企业的可持续发展而进行的绿色产品定位以及发展路径选择。绿色战略定位还应当通过打造企业绿色品牌、引导绿色消费者购买绿色产品、打造企业的核心竞争力等，给企业带来绿色价值。

一、绿色战略定位模式

（一）以绿色竞争为导向的绿色战略定位

绿色企业在制定总战略的基础上，还需构建竞争战略，解决如何竞争以及如何取得竞争优势和改善竞争地位的问题。当前一些企业的绿色环保工艺和技术还不够成熟，生产成本较高，绿色产品价格也偏高。由此，单纯依靠价格优势抢占市场的方式已不可取，而需要以绿色产品或服务的换代升级来快速占领市场。因此，绿色企业在采用以竞争为导向的战略时，一定要扩大视野范围，关注自身的战略选择，关注企业的绿色产品创新、绿色产品质量提升、绿色产品技术进步，关注目标客户的绿色要求，创造出更多的绿色价值。

（二）以绿色资源为导向的绿色战略定位

企业资源理论告诉我们，企业的核心资源决定着一个企业的竞争优势、盈利能力和能否可持续发展。以绿色资源为导向的绿色战略定位理论认为，企业绿色战略管理主要是配置企业对自身所能获取的战略资源的独特运用能力。核心的绿色技术、绿色人力资源、绿色有形资源、绿色无形资源等都是重要的企业资源，都能为企业创造绿色价值，从而有助于企业在可持续发展方面形成独特表现和竞争优势，给绿色企业带来经济效益。对企业绿色资源进行管理不仅需要管理者了解企业现有可整合的绿色资源，更重要的是需要管理者清楚企业在绿色资源上具有的竞争优势与劣势，对企业绿色资源特性进行分析，及时抓住绿色机遇，优化配置绿色资源，提高企业竞争力。

（三）以绿色创新为导向的绿色战略定位

绿色创新导向可以细分为绿色产品创新导向和绿色技术创新导向。一方面，以绿色产品创新为导向的战略定位即向市场投放新的绿色产品或者利用技术进行现有绿色产品的创新，以扩大销量和绿色市场占有率。如果现有的大多数产品和服务还不能很好地满足潜在的绿色需求，企业应当研发新的绿色产品和服务满足消费者潜在的绿色需求。如果企业对原有绿色消费者有透彻的了解，那么可以将市场上原有的绿色产品，通过创新变为在价格、质量、性能等方面具有不同档次的、不同特色的绿色产品，以满足现有绿色需求和新的绿色需求。另一方面，以绿色技术创新为导向的战略定位需要深入推进数字技术和企业绿色战略深度融合，全面提升企业可持续发展的绿色技术创新能力（特别是数字化绿色技术创新能力），以数字化绿色技术创新化解复杂多变的竞争环境。企业在绿色战略定位中围绕数字技术在绿色管理各领域、各环节、各过程和各层次中的融合应用作出总体发展战略定位，提出数字化绿色技术应用的愿景、目标、业务生态蓝图等战略方向和定位。

（四）以绿色顾客为导向的绿色战略定位

以绿色顾客为导向的绿色战略定位是企业将绿色顾客的需求、价值观和偏好置于核心位置，以满足这一特定市场群体的需求，并为他们提供环保产品和服务的绿色战略定位。以绿色顾客为导向的绿色战略定位强调客户需求和价值观的重要性，以确保企业不断扩大和巩固绿色客户群体，并在可持续市场中取得竞争优势。企业在采取这种战略定位时，需要明确绿色顾客这一市场群体的特征和需求，以此为基础确定绿色产品和服务的战略方向，包括使用何种环保材料、如何减少碳足迹、如何提供可回收包装及推广再生能源等。企业还要围绕绿色顾客需求和偏好构建与强化绿色品牌形象，采用个性化的市场营销和沟通策略传达企业的环保承诺、价值观和可持续性努力，积极与绿色顾客互动，听取他们的反馈和建议，从而与绿色顾客建立深层次的联系。企业还应当深挖绿色顾客群体的潜在需求并不断创新产品和服务，开发新的环保解决方案，以满足绿色顾客不断变化的需求。企业还需建立度量和评估体系以进行更加精准的绿色战略定位。企业可以根据市场监测、度量和评估数据与分析结果，不断改进绿色战略定位，以满足绿色顾客的期望和需求。

二、绿色战略定位内容

绿色战略定位是企业在一定时期内对具有潜力的绿色市场进行准确定位，明确绿色业务范围和经营目标的过程。企业通过绿色战略定位回答应该开展哪些绿色业务、开发什么样的绿色产品或服务、锁定哪些竞争市场以及如何开展绿色竞争，最终达到什么样的绿色竞争地位等。当企业想在竞争市场中取得独特的绿色竞争优势时，就需要思考到底聚焦哪些领域进行有效的资源配置。通常而言，企业需要通过绿色产业定位规划企业所应聚焦的市场领域，通过绿色文化定位将企业绿色环保的价值理念传递给客户，通过绿色顾客定位明确具体的目标群体，通过绿色渠道定位选择最合适的交付途径。这四个方面通常决定了企业的竞争对手和自身的竞争优势，是决定企业在绿色市场中获得成功的关键性因素。

（一）绿色产业定位

绿色产业定位是某一区域根据自身具有的绿色发展优势和产业特点，对产业发展进行合理的规划和布局，确定绿色主导产业、绿色支柱产业和绿色基础产业。企业根据自身的资源禀赋、区位优势、产业基础和区域分工协作等因素确定进入哪个行业及其在行业的角色。绿色产业定位主要解决企业进入哪个绿色产业和绿色领域以及资源的配置方向等重要问题，回答了绿色企业应当向哪个（哪些）绿色产业进军。在绿色企业进行产业定位时，应当将绿色作为一个重要的参考指标。尤其是在产业中起到领袖作用的头部绿色企业，它们拥有核心技术、整合市场的能力、强大的供应链整合能力和内部管理制度，它们能够向着可持续发展迈进，这对于整个产业都会起到一种积极作用。例如 Vestas（维斯塔斯风力技术公司，是风力发电工业中全球技术发展的领导者，全球最大的风电系统供应商）通过绿色产业定位聚焦于绿色风力技术领域，以满足不断增长的绿色市场需求。

（二）绿色文化定位

绿色文化定位是企业基于当下的社会文化背景，在分析企业的发展历程、发展战略、人员结构、管理方面存在的环境问题等的基础上，重点设计和培植企业文化中的绿色要素，给消费者或竞争者留下深刻的印象，从而树立起独特鲜明绿色形象的战略活动。绿色文化定位回答了企业要树立什么样的绿色文化才能对组织的战略起推动作用。在碳达峰碳中和战略背景下，全社会都在关注"绿色""生态""可持续"等理念，越来越多的企业也开始重视绿色管理的新观念。如上海梅钢提出以"生态优先、绿色发展"为经营导向；上臣家居向消费者传播"全屋净醛、为爱升级"的家居理念；中国石油展现了"绿色发展、奉献能源"的价值追求；中国石化打造绿色油站、绿色油库。上海梅钢、上臣家居和中国石化等企业通过内部文化建设，将绿色环保的价值理念贯穿于企业的各个层面和绿色业务活动中，以营造一种注重环保、可持续发展的企业绿色文化氛围。

（三）绿色顾客定位

绿色消费者是绿色产品或服务的购买者。为谁提供绿色产品或服务是绿色顾客定位的重点，准确的定位能给企业带来更大的收益。绿色企业进行顾客定位时，可以从企业长远发展角度考虑，结合数字化工具，关注顾客对绿色产品、环保等关键词的敏感程度，以此将顾客分为浅绿色顾客、中绿色顾客、深绿色顾客等不同层级，对于不同绿色程度的消费者采取不同的管理策略。例如，深绿色顾客对于环保、可持续等话题关注度较高，会更倾向于购买绿色产品，对于绿色产品价格的敏感度没有那么高，企业的主要经济效益也是来自这些消费者。那么企业就应该牢牢把握住这一类顾客，着力满足他们的绿色需求，在制定企业战略时，将他们的绿色需求真正融入战略中。对于浅绿色顾客这种对于环保不那么关注的顾客，企业可以尝试多培养其绿色观念，引导其尝试购买绿色产品，进而找到潜在的客户群体，打开潜在的绿色市场。

（四）绿色渠道定位

绿色渠道定位是指对绿色产品由生产者转向消费者所经过的通道进行综合考虑，最终选定最环保、最适合企业绿色产品销售和运输渠道的过程。绿色渠道定位主要回答了企业确定选择何种绿色渠道占据有利位置以帮助自身塑造竞争性优势。企业在进行绿色渠道定位的过程中，一方面需要确定绿色渠道类型，选择一个有利的绿色渠道定位。企业的绿色渠道定位选择有绿色直接渠道、绿色间接渠道和绿色逆向渠道。首先，绿色直接渠道没有中间媒体介入，最大限度保证绿色产品到消费者手里的最终品质，主要有绿色产品专卖店、绿色产品展销会、绿色产品直销、绿色产品订购。当生产企业不期望通过中间商环节而是直接将绿色产品销售给消费者时，定位于绿色直接渠道是一种较好的选择。其次，绿色间接渠道下绿色产品通过流通环节流向消费者。绿色间接渠道定位更适用于保质期较长且可以仓储式批发售卖的绿色产品（如绿色加工类食品）。其主要包括绿色产品经销商、绿色产品代理商、绿色产品零售商、绿色产品电商平台等绿色渠道。最后，绿色逆向渠道是将绿色产品和服务从消费者手中逆向交付给厂商的过程，主要包括绿色回收站、绿色逆向物流、绿色再制造、绿色二手市场等绿色逆向渠道。以牛奶盒再利用为例，牛奶盒从消费者（提供者）手中转向垃圾回收站（接收者），垃圾回收站对牛奶盒进行分拣、回收与再利用。这种渠道定位能有效提升资源利用效率，减少资源浪费，促进循环经济发展。另一方面，需要确定绿色渠道合作伙伴，选择合适的绿色渠道合作伙伴，以确保渠道畅通、高效。在选择时需要综合考虑多个因素，包括绿色需求、目标、能力、策略等。另外，通过设定明确的评估指标、收集数据、分析评估结果、调整和优化策略以及持续改进绿色渠道定位策略。

扩展阅读 3-3 经验借鉴：宝洁绿色供应链管理的战略规划与定位

思维拓展： 绿色战略定位与传统战略定位有何区别？

第四节 绿色战略要点

企业的绿色战略是构建一个系统性框架的过程，这个过程从明确企业绿色战略使命开始，即确定企业在绿色领域的核心目标和愿景；随后确定企业绿色战略目标，具体化这一使命，为企业提供可衡量和可操作的目标，确保企业在实现使命时有清晰的方向；接着设计绿色战略业务组合，将目标转化为战术，它涉及选择适当的业务领域和项目，以确保企业能够实际行动并取得实际成果；接下来制订企业绿色业务计划，详细规划实施过程，合理配置资源；最后，评估企业绿色战略规划是周期性的反馈和监控过程，以确保企业在执行过程中实现其既定的目标和适应环境变化。

一、明确企业绿色战略使命

企业的绿色战略使命有时又被称作企业宗旨，阐释企业为什么而存在，即企业的基本定位是为社会贡献价值，为企业的决策和行动提供根本依据。探寻"我是谁"或"为什么要追寻绿色战略使命"。绿色战略使命决定了一个企业做什么和不做什么。

明确企业的绿色战略使命主要从以下几个方面着手：①明确企业的生存目的，即将经营定位为满足顾客需求和承担社会责任的过程，而非简单的产品生产，这将指导企业绿色战略的整体方向。②确立企业的可持续经营哲学，即将可持续发展理念融入企业的核心价值观、态度、信念和行为准则，以此为基础塑造企业的绿色文化。③明确企业绿色形象。企业绿色形象是企业以其绿色产品和服务、经济效益和社会效益给公众与企业员工所留下的印象。④承担企业社会责任。社会责任要求企业不仅要履行法律和经济意义上的义务，还要履行对社会长远目标实现有利的义务，如环境保护、节能减排、引导消费者绿色出行等。

二、确定企业绿色战略目标

在企业明确了绿色战略的使命与社会责任后，设定绿色战略目标成为至关重要的一步，它决定了企业如何实现可持续性目标并发挥其领导作用。企业在制定绿色战略目标时要考虑以下几个问题：①绿色盈利能力。企业既要注重可持续发展目标，也要注重经济利润目标。②绿色市场地位。市场地位通常包括市场占有率、营业收入、企业形象地位和产品质量排名等，这些是企业在制定绿色战略目标时要考虑的重要因素。③绿色研发水平。研发水平影响着企业在绿色市场中的竞争地位，进而影响到企业的绿色战略选择。④绿色人才开发。企业绿色管理目标要与绿色人力资源开发相结合。

为了保证企业绿色战略目标得以高效实施，企业需要确保这些绿色战略目标是具体和可操作的。具体性确保了绿色战略目标的清晰明了，不产生歧义。可操作性意味着这些绿色战略目标可以通过步骤化实现。其中，企业绿色战略目标的制定具体包括以下几个步骤：①调查研究。调查研究是企业制定绿色战略目标的必要前提。调查研究主要是厘清企业面临的机会与威胁、企业与环境、需求与资源等之间的关系，为确定绿色战略目标奠定基础。②拟定绿色战略目标。综合考虑既定的战略经营领域内企业外部环境、需求、资源和可持续性等因素，确定战略目标方向，形成可以供企业决策选择的目标方案。③评价论证。组织多方面专家和相关人员对提出的绿色战略目标方案进行评价和论证。④绿色目标决断。从各个目标方案的可实现程度、期望收益和可持续性三方面权衡，最终作出决断选定绿色战略目标。

三、设计绿色战略业务组合

一个具备竞争优势的绿色战略业务组合需要在整体上创造"1＋1＞2"的价值，这意味着其需要在以下四个维度中创造或者强化绿色战略业务组合的协同效应：一是管理监督协同效应。通过强化公司内部的绿色战略业务管理流程和技能，可以提高绿色管理的总体效益，这种效益体现在增加总收入和降低总成本两个方面。为了实现这一目标，企业需要在绿色资源和人才配备方面进行优化。在绿色资源方面，企业能够以数字化技术（大数据分析、物联网、区块链等）与数字化思维（数据变现、创新赋能等）进行资源的提前布局与调控，确保绿色资源的充足性、可供性、优质性；在人才配备方面，可以运用数字化工具更高效地完成绿色技术人才的招聘工作。二是横向协同效应。将组合中的一个绿色战略业务的宝贵资产和能力用于其他业务，或将不同业务中的绿色资源和能力合并起来创造新的绿色价值。例如，将业务部门运营中产生的有价值数据反馈给其他业务部门，促使数据的产生以及对数据的高质量运用成为一个良性的、有价值的循环。其具体包括联合绿色原材料采购、绿色技术研发与绿色品牌延伸等。三是向下的协同效应。这种组合的协同效应来自充分利用母公司绿色战略业务部门的资产。具体来说，向下的协同效应可以通过品牌推广、资源共享、关系网络、经验分享、资金支持等方式实现。如扩大母公司品牌到绿色战略业务单元，以及获得母公司的网络和关系资源，实现资源共享的目标，推动子公司绿色战略业务的发展。四是业务组合体系的协同效应。这是指一个业务组合作为一个体系时各部分彼此进行交互所创造的价值。例如，并购反周期的绿色战略业务以抑制企业收入波动，或垂直整合关键绿色战略业务以解决失效的绿色供给或需求市场。如腾讯的绿色战略业务组合体系均具有很好的协同作用，其互动娱乐、移动互联网、社交网络等绿色战略业务群可共享客户流量、进行联合研发；且腾讯内部的企业发展绿色事业群通过投资并购获取优质绿色管理资源，为各个绿色战略业务的战略布局提供专业支持，创造"管理-监督"和"绿色战略业务组合体系"的协同效应。

总体而言，企业想要明确绿色管理战略规划，必须识别自身所生产的不同业务单元绿色产品的发展前景与盈利效益，对当前企业所实施和开展的业务进行全面调查与评估，从而明确当前不同业务单元的可持续发展前景与效益水平。在此基础上进行业务单元或绿色产品线重组，创造出新的绿色价值。

四、制订企业绿色业务计划

企业制订未来的绿色业务计划需要先对现阶段的绿色业务进行价值链分析，找出企业的核心竞争优势，并且明确企业的经济效益主要来源于哪些企业活动。还要对各业务活动的环保贡献度、盈利能力和增长潜力进行考察。企业未来可以着重发展高环保贡献度、高盈利能力、高增长潜力的业务单元，对于低环保贡献、低综合获利、低增长潜力的业务单元，企业应当尽早淘汰；对于低环保贡献，而其他两者可能较高的业务单元，企业应当对产品的社会效益进行评估，考虑是否加大对绿色产品的研发力度以提高环保贡献度；对于高环保贡献，而其他两者可能较低的业务单元，企业应当评估其发展前景，确定是否值得进一步发展。企业在制订未来的绿色业务计划时还要树立起数字化思维。不能仅仅局限于目前发展较好的绿色产品和较为成熟的绿色技术，应该利用大数据对新兴绿色技术以及具有良好发展前景的绿色产品进行提前预判、部署和规划。同时，在制订绿色业务计划时，应设法提高自身绿色业务部门之间的数据流通能力和对数据资源的加工利用能力，提高利用效率，减少资源浪费，以发展的、创新的、数字化的经营方式来推动企业长久、健康、稳定、可持续地发展。

五、评估企业绿色战略规划

企业绿色战略规划评估是战略执行流程的最后一环，它在绿色战略规划的制定和执行中扮演着重要的补充和改进角色。这个过程中企业密切监测绿色战略规划中可能存在的遗漏和执行过程中的问题，并通过相应的调整和优化来应对这些情况。进行绿色战略规划评估的原因在于，任何战略执行计划都无法覆盖所有情况，也无法在制订计划时考虑到所有风险和变数，因此难免存在一些遗漏或不足之处。同时，在战略执行的过程中，事先制定的战略也可能会出现未预料到的情况，因此需要通过评估来促使必要的迭代和更新。

企业绿色战略规划评估可分为四个阶段：①绿色战略执行的目标达成评定。通过日常的监控指标或关键节点，再通过对应年度战略目标的经营数据来综合评定绿色战略目标是否达成，对全年的绿色战略执行过程进行总结，下达整体结论。②绿色战略执行的持续行动或流程化评定。对于在绿色战略执行过程中采取的一些行动或者改进举措进行评定，评定这些活动或者举措是否存在持续性，或者是否有转化为流程的可能，如果还能持续为公司创造价值，那么就需要将其转化为固化运营流程，纳入日常工作管理。③绿色战略执行的发展及改进评定。通过大数据收集与分析技术，对在一年执行过程中发现的一些新的方向、创新点或新的行动进行评定，评判是纳入后期日常改进活动进行跟进，还是纳入下期战略执行计划。④绿色战略执行的表彰及认可激励。结合全年的绿色战略执行评定结果以及在过程中发现的一些突出行为，对集体或个人进行认可激励，以营造良好的氛围，为后续的绿色战略执行奠定良好的组织基础。

在企业的每个发展阶段，都需要对绿色战略的执行情况进行评估。这种评估可以采用数字技术进行对比分析，可以进行年度评估，也可以在每个战略阶段结束时进行评估，通常不超过五年一次。这有助于及时发现绿色战略规划中的问题和优势，及时纠正问题或扩大优势，以及对绿色战略方向进行及时调整，避免不必要的资源浪费。

思维拓展：以特定平台企业为例，其绿色战略要点有哪些？

延伸阅读

实践前沿：美的智能化赋能，六方面布局绿色战略

美的集团（以下简称"美的"）是一家家电企业，人们印象中是大小家电、生活电器

的制造商。但实际上美的还有楼宇科技事业群、自动化与机器人事业群，有数字科技创新事业群，所有的部门都跟节能减排、碳达峰碳中和有密切的关系。美的一直秉承"智慧生活可以更美的"理念，希望通过科技来使生活更加美好。美的是一家制造科技的企业，同时也是一家数字科技的应用企业。2021年10月，美的发布了"美的绿色战略"，力争在2028年在企业内部做到碳达峰，比国家的目标提前两年实现，以实际行动支持国家"双碳"目标。美的绿色战略从六大方面布局：绿色设计、绿色采购、绿色物流、绿色制造、绿色回收和绿色服务。

一、绿色设计

首先是在产品设计时，研究利用相关技术，做到资源和能源的节约利用，提升环保水平，减少有害物质排放和生产排污等，绿色的品质也得到全面的提升；在公司内部，美的推出一系列智能化、绿色环保的标准，全面降低产品全生命周期碳排放量，引领绿色行业发展。家电产品围绕用户以及家庭环境设计更多既节能环保又能带来舒适体验的产品。比如基于机器学习的原理，根据每一个人不同的时间段对于水温的不同要求，及时调节水温，而在无人使用期间则将温度保持一个低的用电模式，达到既节能减排又给用户创造实惠的效果。这就是美的开发的智能云管家。

二、绿色采购

在做好自身绿色制造的同时，美的积极发挥行业领军示范价值，大力构建全球绿色低碳供应链体系，优先将绿色工厂纳入合格供应商，采购绿色产品，对上下游企业开展减碳赋能，促进产业链绿色协同发展。同时，美的正联合钢铁、有色、石化等行业全球领先的合作伙伴联合开展绿色战略的交流学习并深入战略合作，组建联合实验室进行节能减排降碳攻关，为实现绿色采购提供科研保障。

三、绿色物流

美的成立了物流企业，历经物流1.0、2.0、3.0的阶段，无纸化的推广、智慧的仓储管理以及绿色能源汽车的全面采用，通过智能的运营平台，实现低碳运营。物流板块通过智慧运输、智慧地图、绿色能源、绿色仓储来实现，到2030年实现全集团的智慧物流。

作为美的产业数字化板块核心成员之一，安得智联在此次展会上以"低碳供应链解决方案"为主题，集中展示了"灯塔工厂"碳减排实践和"运包一体"相关成果与解决方案。安得智联以物流包装单元标准化、循环化和数智化设计应用为切入点，将零部件运输和循环包装有机结合，输出服务制造业生产物流的运包一体模式。落地运包一体模式后，制造业可大幅提升零部件运输装载率、减少能源消耗、满足工厂自动化生产需求，实现绿色包装生态圈内循环。

四、绿色制造

美的致力于成为绿色工业发展的贡献者和领导者，通过能源低碳化、原料无害化、生产洁净化、废物资源化、用地集约化五个方向打造绿色工厂。截至2022年底，美的已拥有14家国家级绿色工厂，有35家工厂获得能源管理体系认证。

荆州工厂是美的楼宇科技在国内最大的研发和生产基地，主要用于美的多联机空调设备生产，运用数字孪生（digital twins）技术、智慧能源管理和碳管理产品，构建的智慧化现代绿色低碳工厂。该工厂的智慧运营管理中心（IOC）基于 iBUILDING 美的楼宇数字化平台，构建统一的大数据平台，可实现设备运维响应速度提升超 30%，物流管理效率提升超 15%，还可对能源进行数字化、精细化管理，从而助力园区制定并遵循精准的碳管理策略，打造绿色低碳园区。

五、绿色回收

美的坚持诚信、责任、健康、科学发展，将可持续发展理念融入企业生产经营的每一个环节，致力于携手利益相关方创造共享价值。针对家电的回收利用或者处理，美的的路线图是在未来几年快速地实现数据上传，促进销售，作为家电的拆解回收及跟政府合作家电下乡、置换等内容。

六、绿色服务

采用高效的设备技术、楼宇群控技术、数据价值化技术以及数据平台技术，通过能源集成服务、智慧楼宇服务以及相应的解决方案，从核心技术、方案集成到场景服务，美的打造全流程的绿色服务体系，真正实现绿色的场景服务。

美的楼宇科技的低碳园区综合能源解决方案，以可实现交直流柔性供电的磁悬浮冰蓄冷离心机、磁悬浮空压机、变频螺杆高温热泵等高效设备为技术基础，与大电网、分布式光伏及储能系统组网运行，向一定区域提供高温工艺热水、空调冷水、动力气体等能源服务系统。美的高效设备可实现终端节能 20%～50%。

美的将继续紧跟国家战略，坚持"科技领先、用户直达、数智驱动、全球突破"战略主轴，践行集团绿色战略，不断完善并优化全流程绿色产业链，推动智造产业升级，引领绿色发展新未来，助力国家经济高质量发展。

资料来源：美的 CTO 向江旭：智能化赋能，六方面布局绿色战略[EB/OL]. (2021-12-14). https://mp.weixin.qq.com/s/t94I00HXSb8Q_b1KrJ-pDw；美的亮相 2023 工业绿色发展成果展[EB/OL]. (2023-06-05). https://www.midea.com.cn/About-Us/news/news-20230605162016；美的集团入选 APEC "可持续中国产业发展行动" 2022 年度产业案例[EB/OL]. (2022-12-12). https://www.midea.com.cn/About-Us/news/news-2161.

本章小结

绿色战略规划能够为企业未来发展指明发展方向、追求目标、工作重点。本章主要围绕绿色战略规划展开，主要包括绿色战略分析、绿色战略类型、绿色战略定位、绿色战略要点等内容。其中，绿色战略分析包括外部环境分析和内部环境分析。绿色战略类型主要包括绿色总体战略、绿色竞争战略和绿色平台战略三种。本章分析了绿色总体战略、绿色竞争战略和绿色平台战略选择的依据、情境和类型等。绿色战略定位回答了企业战略应当以什么为导向、企业应当培育什么样的文化环境、企业应当向哪个（哪些）绿色产业进军以及企业应当怎么面对不同的绿色消费群体。绿色战略要点就是要明确企业绿色战略使命、确定企业绿色战略目标、设计绿色战略业务组合、制订企业绿色业务计划、评估企业绿色战略规划等。

核心概念

1. 绿色战略规划（green strategic planning）

2. 绿色战略环境（green strategic environment）

3. 绿色战略类型（type of green strategy）

4. 绿色战略选择（green strategic choice）

5. 绿色战略定位（green strategic positioning）

本章思考题

1. 简述绿色战略规划与传统战略规划的差异。

2. 简述绿色战略规划的原则及内容。

3. 绿色竞争战略类型主要包括哪些？

4. 以特定绿色企业为例，论述该企业进行战略制定的步骤及其绿色战略重点。

5. 以特定绿色企业为例，结合党的二十大"加快发展方式绿色转型"精神，论述该企业如何进行绿色战略定位。

本章实训指南

本章综合案例

海尔创建物联网时代的绿色战略体系

海尔从创建到现在，共经历了六个战略阶段，分别是：①名牌战略阶段。1984—1991年"砸冰箱"，创出中国第一个冰箱名牌。②多元化战略阶段。1991—1998年以海尔文化激活"休克鱼"的模式，创出中国家电第一品牌。③国际化战略阶段。1998—2005年成为中国品牌走向全球的代表，创出中国的世界名牌。④全球化品牌战略阶段。2005—2012年整合三洋家电、斐雪派克、通用电气家电、Candy，创出全球最大的家电品牌集群。⑤网络化战略阶段。2012—2019年变成网络上的一个节点，实现从"制造产品"到"孵化创客"的转型。⑥生态品牌战略阶段。2019年至今从传统时代的产品品牌到互联网时代的平台品牌再到物联网时代的生态品牌。

"没有成功的企业，只有时代的企业。"海尔智家迎接物联网时代浪潮，致力于成为物联网时代以用户为中心的数字化企业，实现全球首个物联网智慧家庭生态品牌的引领。自2019年起，海尔开启第六个战略阶段——生态品牌战略阶段，从全球大家电行业的领导者转型为物联网时代高端品牌、场景品牌、生态品牌的全球引领者。

在实施生态品牌战略的过程中，海尔创建了绿色战略体系，该体系包括"绿色设计、绿色制造、绿色回收、绿色营销"四大部分。从产品设计到回收全流程践行绿色低碳理念，并从内部将绿色环保的理念对全球近 7 万名员工进行全面的普及和教育，为全球消费者提供绿色环保的整套家电解决方案。海尔是业内率先通过国家"低碳认证"的家电企业，在国外，海尔也率先达到了欧盟、美国能源之星标准，并获得多个国家的环保节能补贴。从产品的设计、制造、运输、使用到回收再利用，海尔始终以低碳理念为指导，对所有家电产品进行了全生命周期中的绿色特性分析（LCA），重点开展产品的模块化、可拆卸、材料的可循环利用及节能、降噪等绿色设计中关键技术的研究，使得海尔产品在全生命周期内具备优异的环保性能。

一、绿色设计

海尔在产品设计的原材料选择上倾向于可回收、可再生的材料或对环境影响较小的环保型材料，并与供应商持续探讨节能减碳方案。以海尔最有代表性的冰箱为例，海尔冰箱在设计之初思考了绿色的种种可能性，能耗达到国内一级标准、欧洲 A++ 及 A+++ 标准的同时，在同样的规格内将容积做到了最大的 318 升，从而节省了用料。

二、绿色材料

在原材料采购方面，依据绿色采购基准实施，也会根据产品需求，创新研发新型材料。传统市面上的冰箱面板大多采用 VCM 钢板材料，VCM 材料中有一层 PVC 膜，在燃烧时挥发有毒的气体，不能达到销往欧盟的标准。海尔引进欧洲专利技术，融合传统辊涂 PCM 和覆膜 VCM 的优点，结合自身工艺特色，研制出第三代家电彩板——新型环保彩板 PEM。新型彩板不仅具备 VCM 靓丽的外观和优秀的装饰效果，而且完全不含 PVC，是真正意义上的绿色彩板，最终销往欧盟，并已经成为家电和装饰彩板行业发展的新导向。

三、绿色生产

在生产过程中，海尔以低能耗、低排放为目标全面打造符合环境要求的绿色产品。传统的冰箱等产品喷涂工艺比较多，注塑代替喷涂，已成为大趋势，在注塑里面加入一些珠光或金属粉的效果，代替原来喷涂珠光效果。海尔也在进行多方面的尝试，对珠光的大小和数量以及模具的浇注口设计等进行优化，减少"三废"排放，追求更少更清洁的生产消耗。在制造过程中，严格遵守法规，有效控制铅、汞、镉、六价铬、聚溴二苯醚等有毒有害原料的使用。

四、绿色运输

海尔还致力于减少上游供应商运输的频次来降低温室气体排放，做到运输减碳。通过供应商库存管理（vendor managed inventory，VMI）的供货方式，将供应商的供货频次由每天一次变成每周一次，优化运输路线，并加强与本地供应商的合作，尽可能减少运输过程中的温室气体排放。同时在运输中，海尔将包装箱做到最小，包装箱比普通包装大小减小 10%，做到单次运输最大装箱量，通过节省单次运输的能量消耗达到节能环保的目的。

五、绿色能源

相对于传统冷柜的使用需要消耗大量常规能源，间接对环境造成严重污染。海尔商用智能太阳能冷柜则使用了更清洁的能源，降低了能源消耗，从而减小了产品使用期的环境影响。太阳能是最清洁的能源之一，既是一次能源，又是可再生能源。它资源丰富，既可免费使用，又无须运输，对环境无任何污染。但是，现阶段也存在种种因素限制着太阳能制冷技术的广泛应用，由于受时效影响，四季变化昼夜更替，太阳高度角的不同，太阳能的利用率较低，而海尔商用智能太阳能冷柜所配置的太阳光自动追踪系统，将大大提高太阳能的利用率。采用太阳能光伏蓄电技术，几乎实现零耗电，节能减排效果显著。相配套的大容量电池自动续航能力可达 24 小时，在日照不足或者在夜间则由蓄电池在控制器的控制下给冷柜供电。如遇到连续阴雨天等不可抗拒天气因素，也可以用市电充电或直接连接市电使用。

六、绿色寿命

海尔商用智能太阳能冷柜的设计优化了产品初始寿命，整体设计了模块化的产品结构，售后维修方便快捷、有效降低人力成本。其制冷机组采用 Cassette 机组设计，该机组在系统故障时，能快速置换备用机组，有效减小对终端售卖的影响，实现高效、低成本维修服务；配置卡乐智能温控器，控温精准、智能管理，可有效降低能耗；采用全宽冷凝器和高换热效率翅片蒸发器设计，热交换效率高，快速制冷，使用寿命可长达 15 年之久，比传统制冷系统的寿命长 5 年以上。冷柜有着良好的可移动性以及良好的户外适应性，在使用中能够更方便地满足短途运输、更换场地等需求，产品局限性更小、利用率更高。冷柜有两种移动模式：人工模式和助力模式。使用助力模式，可以实现自主驱动冷柜车，移动省力更方便。而箱体按照室外 IP24 防水等级的严格条件设计，先进的防溅水结构，可以保证在大暴雨气象条件下，雨点不会溅落到电器部件内部，保证系统正常运行，满足户外任何气象条件使用。

七、绿色回收

废旧家电及电子产品既具有污染环境的潜在可能，也具有资源再生利用的潜在价值，充分回收利用可以有效保护环境，并实现资源的循环利用。当产品生命周期到达报废阶段时，海尔将对其进行绿色回收再利用，实现产品生命周期的闭环。目前，海尔积极通过各种渠道回收集团内部的废弃家电及电子产品，将新品开发和生产中产生的报废品和试验品，售后服务时从社会上回收的废旧家电，销售过程中"以旧换新"的废旧家电和企业内部使用的报废电器、电子设备统一交给青岛新天地生态循环科技有限公司进行处理。

八、绿色经营

首先是依法经营，严格按照国家法律法规的要求开展生产、经营活动；其次是始终坚持绿色和环保的经营理念，并将其融入产品的市场调研、设计、制造、销售、回收及资源化利用过程的每一个环节中。

海尔在绿色战略体系的指导下，全面提升了产品完整生命周期的节能低碳特性，逐步从实物层（以绿色产品为核心），到结构层（建立绿色企业），再到系统层（形成绿色文化），最终完善整个海尔绿色战略体系。海尔绿色产品的应用无疑是一个生动的节能广告，不仅有利于企业产品推广，也有利于绿色节能概念的全民普及。以智能太阳能冷柜为例，如果未来所有的商家都使用智能太阳能冷柜，可以在大大减少能源消耗的同时，还尽一份社会责任。绿色战略体系"绿色设计、绿色制造、绿色回收、绿色营销"的理念不仅是节能环保的时代需要，也是未来家电行业的一个很重要的产业升级方向，是家电行业必须走的路。

资料来源：李大为. 海尔：绿色家电战略体系[EB/OL]. (2019-08-28). https://mp.weixin.qq.com/s/2if2NdFs5A7QS-DmesIPqw；海尔智家股份有限公司. 2022环境、社会及管治报告[EB/OL]. (2023-03-31). https://imagegroup1.haier.com/csr/W020230331340873084461.pdf?spm=net.crs_pc.hg2020_sr_download_20240621.3.

案例思考

1. 海尔的绿色战略体系主要包括哪几个方面？

2. 海尔是基于怎样的内外部环境进行绿色战略调整的？

3. 海尔的绿色战略体系对社会可持续发展有什么重要意义？

第四章

绿色组织设计

绿色组织设计的关键在于如何有效地将绿色管理的理念嵌入组织结构中。

华为如何构建可持续发展管理体系？

华为创立于 1987 年，是全球领先的 ICT（信息与通信技术）基础设施和智能终端提供商。华为的 20.7 万员工遍及 170 多个国家和地区，为全球 30 多亿人口提供服务，致力于把数字世界带入每个人、每个家庭、每个组织，构建万物互联的智能世界。

基于公司所处的内外部环境，华为参照 ISO 26000 国际标准和责任商业联盟（RBA）行为准则等，按照策划、实施、检查、行动（PDCA）循环建立了企业可持续发展（CSD）管理体系，持续从领导力、策划、组织与能力支撑、流程运营、绩效评估以及管理体系改进六个方面实现可持续发展战略和目标的闭环管理，加强数字化运营，不断提升利益相关方满意度。

华为可持续发展管理体系框架如图 4-1 所示。

一、CSD 委员会的职责和运作

为构建华为可持续发展竞争力，降低经营风险，提升利益相关方满意度，华为在 10 多年前便成立了 CSD 委员会，指导公司各产业和区域 CSD 分委会及业务组织制定 CSD 战略和目标，并监督执行情况。

CSD 委员会成员包括来自人力资源、制造、后勤服务、采购、研发等部门的 10 余名公司高层（含 4 位董事会成员），主任由公司董事、质量与流程 IT 部总裁陶景文担任。

CSD 委员会的主要职责如下。

负责公司级 CSD 战略、总纲、目标、方针、政策及制度的制定，指引方向，并监督执行情况。

统筹 CSD 管理体系的建立、实施和持续改进，并就相关课题决策，确保公司 CSD

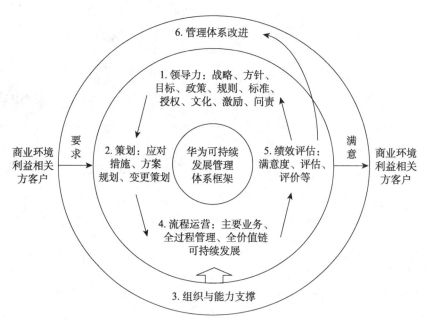

图 4-1 华为可持续发展管理体系框架

管理符合相关法律法规、国际标准及客户要求。

就 CSD 相关事项，指导并开展与客户、监管机构、行业组织等关键利益相关方的有效沟通。

推动跨领域/跨流程 CSD 业务协调和问题解决，促成 CSD 业务端到端运作协同。

指导公司环境、职业健康和安全（EHS）管理体系的建设、运作与改进，负责 EHS 重大问题的处理。

二、CSD 委员会运作

CSD 委员会季度运作，并根据需要召开专题会议，对可持续发展相关议题进行集体讨论和决策。为支撑 CSD 委员会高效运作，华为任命了 CSD 委员会工作组，负责 CSD 日常工作的执行、协调和战略目标的跟踪落实等。同时，华为还任命了 CSD 报告编委会，由 CSD 委员会主任担任赞助人，负责华为可持续发展报告的编写、审核和发布。

资料来源：可持续发展管理体系[EB/OL]. (2023-09-23). https://www.huawei.com/cn/sustainability/management.

引例思考：从组织设计角度分析，企业可持续发展管理体系框架包含哪些主要方面？

◆ 本章知识结构图

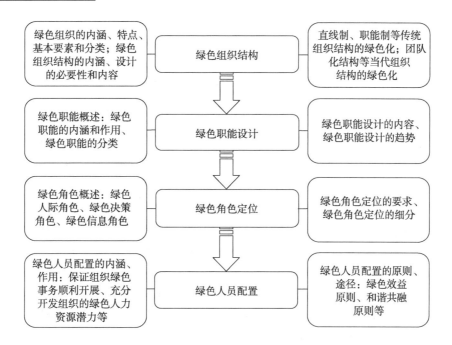

绿色组织是指以可持续发展为己任，将环境利益和环境管理纳入组织经营管理全过程，并取得成效的企业组织。绿色组织的有序运行建立在以绿色为起点的合理设计基础上。绿色组织设计是在绿色战略的方向性指引下，企业从可持续发展的角度出发，按照资源节约、降碳减污、环境保护的规则和程序设计绿色组织结构、设计绿色职能、明确角色定位、配置绿色人员。绿色组织设计是一个根据环境保护的现实需要，结合组织的发展环境、绿色战略、规模等因素进行动态调整的周期性过程。本章从组织运行的角度出发，主要介绍绿色组织结构、绿色职能设计、绿色角色定位和绿色人员配置四个方面。

第一节　绿色组织结构

一、绿色组织的内涵、特点、基本要素和分类

（一）绿色组织的内涵和特点

绿色组织概念既有名词属性又有动词属性。名词属性的绿色组织是由两个及两个以上个体所构成的，是为实现绿色目标而形成的自觉协调的社会单元。动词属性的绿色组织是对人员的工作任务进行合理的设计和分工以实现组织绿色目标的过程。这里主要讨论绿色组织的动词属性含义。

从动态过程而言，管理者需要按照绿色低碳的价值理念对过去仅强调获取经济效益的组织结构进行绿色化设计。绿色组织结构的设计主要涵盖：①将组织的绿色目标细分为具体的工作任务，确保能够传达到各个工作岗位和部门；②将绿色工作的任务和职责

分配给各个工作岗位；③统筹协调各种绿色工作任务以实现整体性的绿色目标；④将相近或相似的绿色工作岗位组合成部门或业务单元；⑤明确各个绿色工作的个体、群体和部门之间的关系；⑥建立正式的绿色职权链；⑦分配和调度组织的绿色资源。管理者能够通过绿色组织设计这七个方面创建或改变原有的组织结构。

绿色组织具有以下几个特点：①有明确的绿色目标。与传统组织不同，绿色组织在追求经济目标的同时，也追求绿色目标的实现。在绿色组织中，绿色目标是管理者和组织中所有成员的行动指南，是绿色组织决策、绿色效率评价、绿色管理协调和员工绩效考核的基本依据。②引导绿色需求而不仅是满足绿色需求。成功的绿色组织不仅限于满足消费者的绿色需求，为了更好地实现绿色目标，它们还会积极主动地预测消费者绿色需求的变化，甚至引导和激发消费者的绿色需求。③全方位的道德决策。绿色组织的社会责任不仅局限于绿色伦理，还必须打破道德困境，获得组织内部员工和外部客户的全方位认同和拥护。绿色组织领导者要积极建立组织的绿色伦理指南与流程，并配置相关人才和资源，以使组织更好地展开道德决策。④高度的开放性。绿色组织所面对的是日趋严峻的环境危机，组织的参与者不再局限于核心岗位承担者，而是形成了核心与外围、生产与服务、组织与用户混杂的参与者集群。这导致绿色组织和外界的信息、物质交换更加频繁。⑤去中心化的绿色组织结构。绿色组织结构不再是单纯的基于业务的岗位结构，而是表现为绿色内核与外部参与，在业务上呈现为绿色管理协调与合作，在关系上呈现为多元网络的结构形式。⑥高度的绿色创新性。在数字化时代，绿色信息传播是迅速且准确的，某类环境事件的产生能够快速引起消费者注意和社会广泛讨论。因此，绿色组织必须反应灵活且富有绿色创新精神，并顺应可持续发展和消费者的绿色需求。

思维拓展： 你认为数字时代下绿色组织还有哪些特点？

绿色组织和一般组织的区别如表 4-1 所示。

表 4-1　绿色组织和一般组织的区别

类　别	绿色组织	一般组织
组织目标	绿色目标	经济目标
市场价值	引导绿色需求	满足消费需求
决策过程	道德决策	科学决策
外部联系	高度开放	相对封闭
组织结构	去中心化	集权与分权结合
创新能力	绿色创新	多样创新

（二）绿色组织的基本要素

绿色组织的基本要素包括绿色组织环境、绿色组织目标、绿色管理主体和绿色管理客体。这四个要素协同形成了一个完整的绿色组织。

（1）绿色组织环境。绿色组织环境是组织所处的内外部绿色环境。按照环境的绿色程度，绿色组织的外部环境可以大致划分为：①非绿色环境，在这种环境下，政府和居民没有形成基本的绿色意识，或者绿色意识非常淡薄；②浅绿色环境，在这种环境下，组织试图通过绿色技术减少环境破坏，政府开始颁布基本的环境保护法，环保组织宣传可持续的生产生活方式；③中绿色环境，在这种环境下，生态得到一定改善，绿色理念在社会成员之间得到广泛传播，绿色技术日趋成熟并普遍应用在重污染领域，环保相关的法律日趋健全；④深绿色环境，在这种环境下，人与自然和谐相处，绿色理念根植于经济性组织当中，绿色技术应用于价值链各环节，且具备了成熟的环保法律法规。绿色组织的内部环境则主要包括组织的绿色文化、绿色技术和创新、绿色培训和教育等。在数字化时代，数字化技术可以赋能组织更加高效地管理和改善环境，进一步拓展深绿色环境的范围。

（2）绿色组织目标。绿色目标是绿色组织全体成员想要达到的共同愿景，提供了衡量组织绿色活动成功的标准和组织绿色活动的动力，是得到绿色组织所有成员认同的未来图景，激励着绿色组织不断发展。绿色目标是多元化的而不是单一的，既有宏观的总体目标，又有具体的阶段性目标；既包括长期绿色目标，也包括中、短期绿色目标。表面上看，绿色组织的目标就是向社会提供满意的绿色产品和服务。更深层次上，绿色组织的目标在于激发社会大众的绿色意识，宣传绿色的消费行为，实现社会和自然环境的平衡。在数字化时代，绿色组织目标的实现途径也随之发生了变化，数字化成为实现绿色组织可持续发展的重要手段，绿色组织的可持续发展目标将通过数字技术和工具来实现。

（3）绿色管理主体。狭义上绿色管理主体是在组织绿色管理活动中，承担和实施绿色管理职能的人员，包括各级各类领导者、管理者和各级管理机构。广义上绿色管理主体指在社会领域中具有绿色能动作用、执行绿色团体职能、从事绿色实践活动的人员和部门。绿色管理主体具有绿色主动性、绿色目的性和绿色创造性，在实现绿色目标中具有重要的引导作用，他们可以保证信息的集散畅通，确保决策的及时性与准确性，实现组织活动的顺利进行。同时绿色管理主体也需要监督和反馈机制，以保证管理系统形成完整的闭合回路。数字化时代，绿色管理主体需要充分利用数字技术和工具进行自动化与智能化管理，以提高绿色管理效果和可持续发展成果。

（4）绿色管理客体。绿色管理客体是绿色管理主体直接作用和影响的对象，也是绿色管理主体关注和工作的主要内容。传统上说，绿色管理客体包括绿色生产和运作管理、绿色物流和供应链管理、绿色创新和创业管理、绿色市场和营销管理等行为。在数字化时代，绿色管理客体的范围再次拓展，不仅限于绿色组织内部的员工和外部绿色消费者的行为活动。随着平台经济和网红经济的兴起，绿色管理主体需要加强对平台商家和带货网红等外部主体的监管，确保其经营的合法性，并提升其商业活动的绿色性。

（三）绿色组织的分类

（1）依据绿色组织社会职能的分类。按照绿色组织社会职能，绿色组织可以分为经济性绿色组织、文化性绿色组织和政治性绿色组织。经济性绿色组织是以实现绿色价值为目的的组织，主要指各类绿色企业；文化性绿色组织是传递绿色知识、举行绿色活动、沟通绿色思想的组织，包括绿色报刊出版单位、绿色展览馆等；政治性绿色组织是对社会整体绿色利益进行管理的组织，包括生态环境部、环境监察局、立法和司法机关等。如无特殊说明，本书所阐述的绿色组织主要是以绿色企业为代表的经济性绿色组织。

（2）依据绿色组织营利与否的分类。按照营利性，绿色组织可以分为营利性绿色组织和非营利性绿色组织两大类。营利性绿色组织指在实现绿色目标的同时追求经济利益的经济组织，主要为经营绿色产品的组织，典型的代表为绿色企业。这类组织包括生产企业、商业企业、交通运输企业、旅游服务性企业等。它们为了自己的经济利益，在市场竞争中争取顾客，一般会主动进行绿色转型，树立良好的组织形象。非营利性绿色组织主要为公共组织和社会组织等，如环保组织和政府部门。可以将非营利性绿色组织细分为三类，分别为公益性绿色组织、互利性绿色组织和服务性绿色组织。其中，公益性绿色组织是以服务国家和社会利益为宗旨，致力于为国家和社会公众谋利益的绿色社会组织。例如政府部门、公共安全机关、消防队等。这类组织的公众对象是社会各界，为改善社会环境，以宣传绿色知识为目标。相比之下，互利性绿色组织是以组织内部成员之间互获利益为目标，即组织目标（包括绿色组织目标）对所有成员都有益处。这类组织包括各种党派团体、职业团体、企业联盟、群众社团组织、宗教组织等，如绿色供应链组织或绿色商业联盟。它们重视内部成员对本组织的凝聚力和归属感，以及组织系统内部对绿色利益问题的沟通。服务性绿色组织是将服务对象的利益置于首位，即要为服务对象谋利益。这类组织包括学校、医院、慈善机构、社会公用事业机构等。它们的核心目标是提供绿色服务来满足顾客需要，从而实现自身利益的经济实体或事业单位。

扩展阅读 4-1 经验借鉴：世界自然基金会致力于保护地球

二、绿色组织结构的内涵和设计

（一）绿色组织结构的内涵

绿色组织结构是组织为实现绿色目标而进行分工协作，在职务、责任、权利等方面所形成的结构体系。绿色组织结构包含三个方面的关键因素。①绿色分工，即根据组织的目标尤其是绿色目标和任务，将整个绿色组织划分为能够执行任务和完成目标的不同组成部分，设置具体的单位、部门和岗位；②权责划分，通过划分绿色权利和责任的层级系统，明确每个单位、部门和岗位的具体责任和权利；③协调机制，通过制定制度规则和沟通程序，界定不同部门在发挥绿色作用时，彼此如何处理部门之间的协调、配合、补充和替代的关系。

绿色组织结构设计是在绿色目标指导下对原有的组织结构进行规划、构设、创新或再构造的过程。从狭义上讲，绿色组织结构设计是对组织架构进行绿色规划和安排。从广义上讲，绿色组织结构设计不仅包括组织架构的绿色设计，还包括组织运行方式的绿色设计，如绿色绩效评价制度、考核制度、激励机制、绿色管理规范的设计和组织人员的绿色培训等。

（二）绿色组织结构设计的必要性

（1）绿色组织结构设计有助于组织建立科学合理的可持续发展分工协作体系，提高组织的发展质量。在当前可持续发展背景下，绿色组织结构设计符合环境与市场的多重要求，可以有效应对外部环境的变化，形成相互协调、彼此促进的组织体系。绿色组织结构能促使组织的生产能力得到最大的发挥，并且使组织的发展更为长远，走向可持续的发展道路。

（2）绿色组织结构设计有助于完善组织间的联系，实现资源整合和优势互补。绿色组织是一种兼顾三重底线的要素体系，组织边界不仅局限于组织内部的管理体制和组织结构，还拓展到组织之间。这种组织联系的创新，既有助于组织集中资源、强化核心能力，又能够相互优势互补，在协作之中获得传统组织无法比拟的竞争优势。

（3）绿色组织结构设计有助于提升组织社会形象，发挥组织独特竞争优势。组织采取环境友好的绿色组织结构设计和实践，能够向公众传递积极的环保和社会责任价值观，获得公众和利益相关者的认可与支持。这不仅提高了组织的声誉和社会形象，也有助于组织与消费者建立良好的信任关系。

（三）绿色组织结构设计的内容

1. 绿色组织内部结构的设计

绿色组织内部结构的设计，包括职权划分、部门确立、管理层次的划分和设计。一方面，要设立专门的环境管理部门并明确其职能。环境管理部门负责整体的绿色战略和目标的制订、执行和监督。也可以建立跨职能的绿色团队，使得不同领域的专业知识能够协同工作，以更好地应对复杂的环境挑战。另一方面，要正确处理绿色职权责任划分和绿色管理层次等问题。设立明确的职权划分和透明的责任体系，使员工了解他们在绿色实践中的具体职责，以促使其更好地参与。在高层设立专门的绿色委员会或高级管理层，负责决策和推动绿色战略，确保绿色目标与整体业务战略一致。在中层设立绿色管理职位，协调不同部门的绿色实践，负责向高层报告并推动实施，确保基层对绿色目标的理解和支持，使得绿色实践贯穿到各个层次。

2. 绿色组织外部结构的设计

绿色组织外部结构是绿色组织与外部环境，如绿色供应商、绿色客户、绿色竞争者之间的关系所形成的结构。绿色组织间的关系可以划分为三种类型，即竞争、合作、竞合。当处于竞争关系时，绿色组织通常要在环保技术和可持续性方面不断推陈出新，致力于绿色创新，以满足市场需求；同时通过不断提高产品质量和绿色性能来吸引绿色消费者，在市场上与其他竞争者争夺绿色产品和服务的市场份额。当处于合作关系时，绿色组织要与绿色供应商等建立紧密的合作关系，参与绿色产业联盟，共同致力于推动整个行业的绿色化，实现资源共享和可持续发展。当处于竞合关系时，绿色组织与竞争者之间可能存在一些共同面临的环境挑战。在绿色研究、创新项目或环保倡议方面，组织之间可以选择建立竞合关系，通过共同努力实现更大范围的绿色目标。相对于传统的竞争导向，绿色组织外部结构更加强调合作和竞合，倡导跨界合作，形成共同体以应对共同的环境和社会挑战。这种更加综合、多元的关系结构有助于推动整个行业朝着更加可持续的方向发展。

3. 绿色组织结构运行的设计

传统的组织结构设计只注重静态组织架构的形成，忽视了组织架构有效运行的动态设计，绿色组织结构设计则弥补了动态设计的缺失。绿色组织结构运行的设计包括绿色绩效考核评价机制、绿色激励机制、绿色人员培育机制等机制安排。这些运行制度的设计是调动员工绿色积极性和绿色创造性、促进绿色组织不断发展的根本保证。

三、传统组织结构的绿色化

组织结构绿色化变革具有多方面的要求。首先，各职能部门、各管理层级都要在绿色管理思维和理念指导下形成统一的结构整体。其次，在绿色组织结构中设置负责推进组织绿色目标达成的绿色管理部门，作为一个职能部门来负责组织内外部有关绿色环保目标达成、绿色价值实现、绿色生产经营等与保护环境相关的事宜，如绿色标志的认证工作，向社会宣传组织的绿色战略、绿色愿景、绿色目标，铸造组织的绿色品牌形象，向员工灌输绿色理念、激发绿色意识，建立绿色的组织文化等。最后，作为一个绿色的组织，短时间内可能无法突破新技术，单靠一个绿色职能部门往往无法完成所有工作，这就要求组织在现有技术基础上加强责任管理。组织在建立绿色组织结构时就需要考虑责任管理，或者说以责任管理为手段或依托强化各部门的绿色环保责任。下面本书从传统组织结构角度，具体阐述不同组织结构的绿色化问题。

（一）直线制组织结构的绿色化

直线制组织结构是最古老的组织结构形式，是组织发展初期或小规模组织的结构类型。鉴于直线制组织结构的组织管理者具有绝对的权威，如果管理者能够将绿色环保的理念融入组织的文化当中，并依据绿色环保的理念规范生产运作流程，同样能够达成绿色目标。因此，直线制组织结构的绿色化可从以下方面着手：强化管理层的绿色理念，提升绿色管理的水平，设定绿色目标，并利用权责明确、命令统一的组织结构特点将绿色目标分解到具体的生产作业职能、生产流程、生产步骤当中，在组织发展的初始阶段就将绿色管理的理念植入组织成长的过程。

（二）职能制组织结构的绿色化

职能制组织结构也被称为 U 形组织结构或多线性组织结构，其特点在于根据不同的职能来划分部门和工作职责，即从高层到基层，均把承担相同职能的管理业务及其人员集中在一起，设置相应的管理部门和管理职务，对权责进行细致的分工。基于这一组织结构特性，职能制组织结构的绿色化主要体现如下：首先，需要设立专门化的绿色职能部门，分别负责组织绿色目标的设定、绿色文化的宣传、绿色规则的制定、绿色生产经营活动的监督等工作。其次，要针对不同职能部门的特点，明确各部门的绿色责任。例如，生产部门需采购环保原材料、降低生产过程对环境的影响，而研发部门则负责研发绿色环保产品和新型可降解制造材料。再次，当项目由多个职能部门共同承担时，需要明确提出各部门所需要完成的绿色目标，并将其作为最终绩效考评的重要部分。最后，组织领导者可以定期召开不同职能部门的绿色会议，协调不同部门的绿色目标、绿色权责、绿色贡献等。

（三）直线职能制组织结构的绿色化

作为直线制和职能制组织结构的结合体，直线职能制组织结构被称为"单元结构"或"单一职能型结构"，是现代大型组织最常见的一种结构形式。这种组织结构以职权直线为基础，在各级行政主管之下设置相应的职能部门（如计划、销售、供应、财务等部门）负责各自领域的管理工作，作为该级行政主管的智囊团或顾问，实行主管统一指挥与职能部门专业建议相结合。直线职能制组织结构的绿色化要求整合直线型和职能型组织结构绿色化两个方面。一方面，组织管理者要强化绿色管理的理念，设定绿色目标并将其分解到各直线职能部门，并促使职能部门制订相应的绿色可持续发展计划。另一方面，需要设立专门的绿色职能部门，负责组织结构绿色化的工作，明确不同直线和职能部门的绿色职责，协调不同部门的关系。

（四）事业部制组织结构的绿色化

事业部制组织结构是为应对大型组织规模不断扩大和多样化经营需求而产生的一种组织结构形式，它是在组织发展到相当规模的产物。事业部制组织结构的绿色化要对已有的组织结构进行改变。组织的高层管理者要利用事业部集中决策的优点将绿色管理纳入整体目标和愿景中，形成全面的战略规划。同时，需要在原有组织结构的框架下，搭建绿色环保事业部，赋予其一定的自主权力，发展组织的绿色产品、宣传组织的绿色管理目标、推动组织环保事业的发展。它要求组织高层管理者解决层级过多导致的沟通不畅问题，及时与绿色环保事业部进行纵向沟通。此外，也需要强化绿色环保事业部与其他产品事业部和区域事业部之间的横向沟通，将绿色环保的理念融入不同的事业部当中，并激发事业部员工的环保意识和环保责任感。

四、当代组织结构的绿色化

当代组织面临绿色市场快速变化的巨大挑战，为了提升经济效益、环境效益和社会效益，企业需要采用适应绿色市场发展需求的组织结构。当代组织结构在形式上更具灵活性和创新性，为组织结构的绿色化提供了更大的空间和自由度。当代组织结构的绿色化主要包括团队化结构的绿色化、矩阵和项目结构的绿色化、去中心化组织的绿色化、敏捷化组织的绿色化与无边界组织的绿色化。

（一）团队化结构的绿色化

在数字化时代，绿色技术创新迭代加速，客户需求变化难以预测，不确定的工作任务不断涌现，需要组织能迅速予以响应，汇聚专业的组织资源来完成任务，这样的组织资源可能是跨职能、跨业务甚至超出组织内部的。传统的固化组织架构形态不能形成快速应对技术和客户变化的机制。团队化结构主要是由企业的内部工作小组、工作团队或各个职能领域的工作人员临时组成，彼此之间相互配合、统筹规划完成过去由不同部门、不同主体分别去完成的任务。团队化结构的绿色化不仅要求团队在节能降耗和减少污染等绿色化发展方面设定清晰的团队目标，还要求绿色知识技能型成员与其他团队成员互补协作，对包括绿色目标在内的团队目标的实现负有共同的责任。这类组织结构绿色化应注意包括对绿色化工作在内的所有工作的明确分工和领导，以便更加高效地完成团队绿色目标。如 Google（谷歌）作为科技巨头，非常注重团队化结构的绿色化，通过绿色团队和绿色项目，积极推行节能减排、资源回收等绿色行动。

（二）矩阵和项目结构的绿色化

矩阵和项目结构将来自不同职能范围的专业员工抽调出来，分别安排到一个工作项目，并且在每个工作项目中安排一名项目经理领导，该项目完成之际抽调出的专业人员返回他们原来的职能范围。这种组织结构更加灵活多变，应对各种情形的能力较强，而且由于人员来自不同的职能范围，有利于组织内部之间的沟通，减少了职能范围沟通的壁垒和障碍。矩阵和项目结构的绿色化是在项目化的结构形式中融入环境保护和可持续发展的理念与实践，以减轻环境的负担，提升企业的绿色资源和能源利用率。这类组织结构的绿色化要求被抽调的专业员工和项目经理具备一定的绿色专业知识与能力，在组织中发挥绿色化工作的领导和协调职能。同时其要求专业员工和项目经理之间加强交流与沟通，共同协调员工的绿色化等工作。在矩阵和项目结构中，不同职能部门、项目团队或业务部门之间存在交叉合作，在项目规划阶段就考虑环境影响评估，然后共同商讨环境友好型产品的设计、生产流程、监控等绿色管理方案。例如，携程联合蜈支洲岛、青岛极地海洋公园、秦岭野生动物园等九家旅游企业联合发起"绿色引力"低碳旅行项目，设计推出景区场景下的低碳旅行产品。

（三）去中心化组织的绿色化

过去的金字塔形和科层式组织架构，决策权力全部集中在少数领导层手中。组织机构的规模越庞大，处理决策的流程就越长，而且领导层由于无法完全掌握实际业务情况容易导致决策失误。而在数字化时代，企业需要更快地响应市场和客户，决策也要更精准。去中心化组织旨在解决过去权力过于集中的问题，逐步将权力下放，建立流程化组织。公司级重大决策由领导层参与，业务线的决策按照业务内容由相应层级的一线人员自主决定，领导层通过数字技术可以全盘掌握企业运营数据，预警到警戒指标，做到分散中有集中。去中心化组织的绿色化强调通过数字化转型升级实现经济、环境与社会可持续发展的目标，有助于提高绿色资源的利用率，并降低危害环境的风险。例如，由国际绿色和平组织与多国公益生态组织联合成立的 ICC（艾希链），是全球首个去中心化生态建设服务平台，该平台利用区块链技术建立去中心化链上系统，管理生态监测站、生态检测设备、环境净化产品等数据，并通过数据分析进行污染溯源和预警处理，促进全球的生态环保事业发展。

（四）敏捷化组织的绿色化

在数字化时代，绿色市场在变，客户在变，企业绿色战略在变，组织形态也需要顺势而变。数字技术极大地提高了信息交互和沟通效率，企业的组织设计需要能根据企业发展需求进行敏捷灵活变革。企业领导者在推动组织的绿色化时要充分考虑内部的组织战略发展阶段、核心业务变化、外部的环境变化等，全面审视和洞察环境，准确确定和调整组织的绿色化目标。例如，阿里云不断探索数智化敏捷组织的转型，以"零碳云"为目标，由"数据+算力+算法"赋能绿色计算，柔性、动态、敏捷地响应内外部环境变化，推动数字减碳。又如，为了有效应对数字化与绿色化变革，可口可乐公司成立了专门的可持续发展团队，负责监测和评估环境和社会影响，并及时调整企业的绿色化目标。

（五）无边界组织的绿色化

无边界组织是不被限制的一种组织，它不被各种预先设定的横向、纵向或者外部定义所限制。内部边界是工作专业化和部门化所强化的横向边界，以及把员工划分为不同级别的纵向边界；外部边界是组织与外部的客户、供应商以及其他利益关联者相区分的边界。无边界组织的绿色化需要组织成员对低碳、节能、环保等工作保持较高的敏捷性和反应能力，管理者能够敏锐地发掘包括绿色专业人才在内的所有人才，以充分发挥组织的专业优势，并且注意在绿色化发展理念、模式、方向等方面加强沟通。在全球数字化转型的趋势下，IBM（International Business Machines Corporation）提出构建无边界企业——无边界的虚拟环境中的认知企业，通过"多链转型"重塑企业生态链条，并将可持续发展作为探索无边界企业道路的底色，在向无边界企业转型的过程中为供应链、采购、物流、财务以及消费者体验等提供全方位的绿色服务。

在数字化时代，传统组织结构并不完全适合当今社会对组织绿色化的需要。技术创新加速、环境不确定性凸显、客户需求千人千面等新时代特征要求企业必须作出系统性的升级重构。数字化时代组织结构的绿色化变革必须提升组织应对环境问题的信息化处理能力。随着数字化信息技术应用，组织结构正从垂直型向水平型、从层级式向网络式转变。为增强对外部环境尤其是消费者绿色偏好的应对能力，绿色组织的组织结构应具备更高的灵活性。在组织结构绿色化变革的过程中，数字化信息技术水平的提升有助于组织对绿色信息的吸收和理解。同时，提升组织的数字化信息技术水平，使绿色组织的结构能够与外部环境的变化快速匹配，并使组织能够挖掘并满足消费者的绿色需求。

扩展阅读 4-2 实践前沿：国贸控股集团推进组织结构绿色化行动

第二节 绿色职能设计

一、绿色职能概述

（一）绿色职能的内涵和作用

绿色职能（或绿色管理职能）是对绿色组织开展的一系列业务活动的总称，涵盖了组织对环境保护相关管理工作的计划、组织、协调和控制等多个方面。明确组织绿色职能，需要按目标和计划对组织的活动及其生产要素进行分工与整合。组织绿色职能的作用主要表现在以下三个方面。

（1）绿色职能是保障绿色组织生存和发展的重要基础。绿色职能是一个绿色组织必须发挥的作用和必须完成的绿色任务，对于发挥组织的集体力量、优化绿色资源配置和提高绿色效率具有重要作用。如果一个绿色质量管理部门没有明确所应承担的制订部门环保计划、环境风险管理、部门环保监管等绿色职能，只是履行了绿色产品质量检验和判断的职能，那么这个组织的绿色属性便无法得到很好的保证。

（2）绿色职能是实现组织绿色战略目标的重要载体。绿色职能将组织绿色战略目标进行分解和细化，落实到具体的部门和人员，并制定可以执行的绿色工作或任务。为了实现绿色目标，首先，要确定需要从事哪些绿色工作、完成哪些绿色任务。其次，组织管理者不能主观随意地对其所要开展的绿色职能进行增减和变动，而要以绿色组织战略为出发点。最后，当组织所处的内部条件和外部环境发生变化时，组织的绿色目标也需要随之进行相应的变化和调整，进而组织的绿色职能也应随之发生改变。

（3）绿色职能是推动组织绿色管理运营的重要条件。绿色职能是设置具体绿色岗位、划分责任的依据和基础。因为绿色职能包含组织内部分工与协作的具体责任和流程，所以组织绿色职能必须由多个绿色岗位来承载。如果组织的绿色职能管理出现混乱，那么将会导致绿色责任无法落实，而绿色责任的无法落实则可能是由于绿色责任的分配不到位所引起的。进一步而言，绿色责任分配不到位又可能是绿色职能设计不合理所致。所以，在绿色组织部门、绿色岗位职责设计之前必须正确进行绿色职能设计。

（二）绿色职能的分类

绿色职能并不是绿色管理中独立出来的一种特定职能，而是将绿色理念和绿色意识融合于传统职能中所实现的职能绿色化。绿色职能的类型可以从以下三个不同角度进行划分。

（1）按照管理范围，可以将绿色职能划分为绿色经营管理职能和绿色生产管理职能。①绿色经营管理职能是协调绿色组织内部生产技术经营活动与外部环境之间的关系，使之适应市场需要和外部环境的变化，提高组织绿色适应能力和绿色经营能力，保证绿色经济效益长期稳定增长的综合性职能。绿色经营管理职能是外向的，如绿色公共关系管理、绿色广告宣传、绿色市场营销、绿色客户关系管理等职能。②绿色生产管理职能是聚焦于组织内部，按照既定的绿色经营决策和计划，来组织绿色组织内部生产技术等活动的综合性职能。绿色生产管理职能以提高绿色生产效率、提高资源使用效率、实现降污减排等为目的，是内向的、执行性的职能。

（2）按照专业性质，可以将绿色职能划分为绿色人力资源管理职能、绿色市场营销职能、绿色研发职能、绿色财务管理职能、绿色生产职能等。①绿色人力资源管理中，绿色管理者需要在各个环节贯彻绿色理念，包括员工的招聘、配置、激励、开发、考核、处理劳工关系等。通过招聘绿色意识强、环保责任心强的人才，配置人力资源以支持绿色管理目标；激励员工参与环保行动，通过培训和发展计划提升员工的环保技能；制定考核标准考量绿色绩效，以及通过积极的员工关系管理促进组织内部的绿色文化传播。②绿色市场营销职能是在可持续发展的原则基础上选择和确定营销策略，对人类的消费需求和生态关注给予回应的经营职能，主要包括绿色市场洞察、绿色目标市场战略、绿色产品和渠道策略、绿色传播和促销策略等。③绿色研发职能是利用循环发展理念，对企业可获取的相关资源进行环保、低碳、节能和高效的开发，提升产品的减量化、再利用和资源化。④绿色财务管理职能是将资源的有限性（要充分利用有限的自然资源），社会的效益性（有利于人类的生存和发展），环境的保护性（使环境不受破坏，保持生态环境平衡）以及组织的营利性目标相结合。⑤绿色生产职能的核心目标是节能、降耗、减污，以管理和技术为手段，对工业生产全过程进行污染控制，使污染物的产生量最少化的绿色职能。

（3）按照管理程序，可以将绿色职能划分为绿色决策职能、绿色执行职能和绿色监督职能等。①绿色决策职能是制定绿色经营决策与经营计划，将其分解下达并进行考核的一系列管理工作，是绿色组织的首要职能和重要职能。②绿色执行职能是贯彻落实绿色经营决策和绿色计划的职能，具体负责绿色产品研发、绿色产品生产、销售甚至产品回收的全过程活动。③绿色监督职能主要起绿色监督作用，即对其他部门和人员的绿色行为进行监督和控制，防范绿色投机或"漂绿"。

二、绿色职能设计的内容和趋势

（一）绿色职能设计的内容

绿色职能设计是对完成绿色组织目标所需要的各项绿色业务活动进行总体设计的过程，确定各项绿色职能及其结构，并将其细化为各个绿色管理层次、绿色管理部门、绿色管理职务和岗位的具体业务职责。换句话说，绿色职能设计就是确定实现绿色组织战略目标所需要从事的职责和功能，尤其是关键的绿色管理职责和功能，并进一步分解落实到各项具体的绿色管理业务工作当中，从而为绿色组织战略和绿色目标执行提供可靠保证。

传统组织的管理职能设计绿色化，是在组织进行绿色升级和转型时在现有职能与结构基础上进行的职能修改、补充和完善，是对职能的局部调整。传统组织的管理职能设计绿色化主要包括：①对既有职能增加绿色任务和责任；②新增或强化必要的绿色职能；③判断无法绿色化或高污染的职能是否需要取消或弱化；④对重叠或脱节的绿色职能进行调整；⑤将特定绿色化职能进行外包。

> **思维拓展**：传统组织的管理职能设计还可以在哪些方面进行绿色化调整？

新绿色组织的管理职能设计包括：①明确所需绿色职能。根据组织绿色目标确定组织必须从事的绿色工作或绿色任务以及所需要开展的绿色经营活动。组织在明确其绿色职能时，应注重各绿色职能在逻辑上的严谨性、实施过程中的科学性以及权责的明确性。由于绿色管理一般具有较高的资源要求，因此要明确关键或重要的绿色职能部门，以保证其能优先获取绿色资金、绿色技术和绿色人才方面的资源支持。②明确各绿色职能之间的关系。绿色职能设计不仅要确定组织应开展的基本绿色职能，还要明确各绿色职能之间的关系。除了要正确处理主要绿色职能与辅助绿色职能之间的关系外，还要确保联系紧密的绿色职能置于同一个绿色管理的子系统内，并且将那些相互制约的绿色职能分开设立，便于绿色监督控制。③绿色职能分解。绿色职能分析和设计还要对不同绿色职能所应承担的职责作出详细规定并对其进行监督落实，以便指导绿色部门、单位及岗位等组织框架的设计。具体来说，绿色职能分解是一个逐步细化的过程，就是将基本和关键绿色职能逐步分解细化为具体的、可以操作的绿色管理业务活动。通过对绿色职能的分解，组织的全部绿色职能最终将会转化为具体绿色工作内容。

（二）绿色职能设计的趋势

1. 绿色职能不断优化创新

绿色职能将绿色理念与一般管理职能融合并在其基础上发展和创新，侧重于对组织的环境保护工作的科学规划、有序组织、平衡协调和合理控制。数字化时代背景下，管理职能不断从单向向多向、从重复向创新的方向转变，这是一个动态发展的过程，因此组织需要将即时、精准、连接、协调等纳入绿色职能的优化创新中，实现绿色职能的迭代升级。例如，菜鸟集团利用大数据、智能算法技术优化管理职能，通过大数据测算提高发货、仓储和配送的管理效率，实现了从管理计划、组织、协调到控制的全流程绿色优化。

2. 绿色职能不断交叉共融

传统的职位设计强调对职位职责的明确界定，通过厘清职位之间的职责权限来为组织与管理的规范化提供基础。随着数字化时代绿色管理本身从重复性向创新性的变化，不同职能之间的权责界限越来越模糊，不同职位之间的协作也不断加深，这种趋势旨在激发员工的创新能力与意识。例如，腾讯数据中心应用人工智能技术提升节能和电池健康的预测精度，不仅为组织制订节能降耗规划提供精确指导，也有利于优化自动控制设备及电池健康的管理控制，将绿色管理计划职能、组织职能和控制职能交叉共融、协同一体，提升了绿色管理的成效。在绿色职能不断交叉共融的趋势下，绿色职能设计中如何划分不同职位的权责、应该将怎样的工作内容安排到不同的职位当中、不同职位之间的协作沟通如何进行规范将成为关注的焦点。

3. 绿色职能不断拓展深化

在绿色职能框架下，管理对象从"局部"拓展至"全体"。最佳状态是，核心企业提出的绿色标准能够影响到供应链上的企业，并促使各级供应商都愿意配合改进环境绩效，从而推动整个供应链的绿色化水平持续提升。在碳达峰碳中和背景下，欧美等国对于碳排放的关注点已经发生了转变，从单个企业转向产品全生命周期。许多国家和地区实施或计划实施的碳税、碳关税、产品生态设计、碳标签等制度，都反映了全生命周期碳管理的要求。一些欧美跨国企业在供应链管理中，开始对供应商提出节能减碳的要求，并将这一要求从一级供应商向上游逐级延伸，最终实现对所有供应商的覆盖。目前，越来越多的欧美跨国企业已提出供应链碳中和目标。例如，苹果在 2020年实现自身运营的碳中和后，提出将在 2030 年实现供应链和产品碳中和的目标；施耐德电气计划在 2025 年前实现运营碳中和、2040 年实现供应链碳中和、2050 年实现供应链净零排放；西门子提出 2030 年实现全球供应链减排 20% 的目标，并计划在 2050 年实现供应链碳中和。

4. 绿色职能的智能化转型

随着现代信息技术的迅猛发展和人工智能的不断普及，企业管理的各个领域都在逐步实现智能化。在绿色职能中，智能化技术的应用同样具有重要意义。首先，通过智能化转型不断提高绿色职能的效率和准确性。例如，企业可以通过物联网技术对生产设备和能源消耗进行实时监测和分析，及时发现和解决浪费问题。其次，通过智能化转型促进绿色职能的精细化和个性化。以大数据分析为例，企业可以通过大数据技术对绿色消费者行为和偏好进行分析，为消费者提供个性化的绿色产品和服务。最后，通过智能化转型推动绿色职能的协同化和集成化。如企业可以通过云计算技术将各个部门和职能的绿色管理数据进行整合和分析，形成一个统一的绿色管理体系。

延伸阅读

实践前沿：新时代贵州茅台可持续发展的秘密"武器"

贵州茅台集团（以下简称贵州茅台）曾不止一次在公开场合强调了生态建设的重要性和必要性，还提到践行 ESG 理念与推动高质量发展之间的联系，表示："茅台酒是生态酿造产物，更是绿色生态食品。保护好赖以生存的生态环境就是保护我们的生产力。"不难看出，贵州茅台的 ESG 实践，就是一场围绕生态建设开展的长期行动。

一、充分发挥示范引领带动作用

贵州茅台提出"一基地一标杆"生态环保总体目标，以创建生态文明思想实践示范基地和打造行业生态环保标杆企业为抓手，全方位、多层次实施"增水、提气、保土、护微、生态系统平衡"五大工程及"节能降碳增效、绿色产品设计、产业链绿色转型、绿色科技创新、绿色低碳生活"五大行动，立体化推动茅台酒酿造生态环境"山、水、林、土、河、微"共同体保护取得新成效，提升企业生态环境治理能力和水平。

二、保护生态环境就是保护生产力

在不久前召开的 2022 年第三季度及近期生产经营情况业绩说明会上，贵州茅台宣布将投资约 155.16 亿元建设茅台酒"十四五"技改建设项目，建成后可增加茅台酒实际产能约 1.98 万吨/年，储酒能力约 8.47 万吨。扩产就意味着需要获取更多资源，如若没有长期的生态保护建设工作，这个行为无异于杀鸡取卵。但对于贵州茅台来说，扩产正是源自公司对生态保护、可持续发展能力建设的成果和自信。

在生态保护和建设方面，贵州茅台主动融入贵州"国家生态文明试验区"建设发展大局，扎实推进区域"山、水、林、土、河、微"生命共同体整体保护。从 2014 年起，公司计划 10 年累计出资 5 亿元，专项用于赤水河流域生态环境保护，并规划茅台酒中长期生态环境保护的缓冲区和禁建区。截至 2023 年 1 月，已连续 8 年每年捐资 5 000 万元，累计捐资 4 亿元，用于赤水河环境保护的实际投入。这可以看出贵州茅台积极践行 ESG

理念的决心和毅力。在此基础上，公司严格遵循水资源可持续利用原则，加大水资源管理力度，构建科学的"取水、用水、治水"体系，创建基于赤水河水生态健康的茅台水循环模式。

公司将节水减排视为环保工作的重点，从生产、办公、生活等方面积极降低取水量及排水量，提高水资源利用率。2021年，公司本部建设并投入使用23套冷却水循环利用系统，在和义兴酒业分公司全面推广风冷技术，有序推进供水管道暗改明、能源计量二期等项目，年降低用水量约500万立方米。

在责任采购上，贵州茅台坚持"公开、公平、公正"的采购原则，严格执行《采购管理办法》，对集中采购、自行采购、子公司采购等进行管理和监督，规范采购行为、防范采购风险；创建采购信息发布平台，公开发布公司采购信息，实现采购公开透明。

在供应商管理方面，公司严格按照《供应商管理办法》要求，推进供应商准入、分级管理、考核评价等工作，确保供应商供应能力和供应质量。制订原料供应商、包装材料供应商针对性管理方案，加强监管，督促整改，防范质量风险；组织开展茅台酒用小麦、高粱供应商培训，提升有机规范生产管理意识和质量观念；对8家包装材料供应商开展供货质量调查评估，对11家包装材料供应商开展"飞行检查"，稳步提高供货能力。

三、推动传统工业园区绿色转型

优化形成科学合理的空间布局。茅台围绕生产、生活、生态互融共生的"三生空间"规划，有序推进园区生态防护林、绿色交通廊道等重点生态项目，多维度、高质量推进全域增绿，促进园区空间"绿度"不断提升，生态系统稳定性、平衡性、协调性不断增强。

茅台晶琪公司采用无水洗干式色选清洗法对玻璃酒瓶进行回收再利用，日处理玻璃瓶量为120～160吨，生产线掺入碎玻璃瓶比例每增加10%，综合能耗则可降低约5%。茅台循环产投公司完成酿酒废水治理MVR（机械蒸汽再压缩）蒸发技术改造，利用发电厂余热对酿酒废水进行低温蒸发，浓缩液作为污水处理厂补充碳源，降低药剂使用量。茅台蒸馏余热回收利用试点项目实现了对蒸馏逸散的蒸汽热量进行回收，有效降低吨酒耗气量；锅炉低氮技术改造试点项目进一步降低氮氧化物排放，提升核心产区空气质量。

从自然生态到供应链生态，以生产、经营、环保为"一盘棋"的思路践行ESG，贵州茅台始终从全局的角度规划发展。这正是公司打造可持续发展能力的秘密武器，也是公司经久不衰的制胜法门。

资料来源：黄宗彦，文多.ESG案例 | 绿色生态、高回报和全链条：贵州茅台可持续发展三种"武器"[EB/OL].（2023-01-29）. https://news.sina.com.cn/zx/esg/2023-01-29-doc-imycwkpn7176215.shtml；贵州茅台. 贵州茅台 加快绿色低碳转型 推动高质量发展[N]. 人民日报，2023-04-11.

第三节　绿色角色定位

一、绿色角色概述

绿色管理者要实施绿色管理的计划、组织、领导、控制等职能，就必须扮演多重绿色角色。明茨伯格的管理者角色理论在人际关系、信息传播和决策制定三个方面提出了管理者的 10 种角色。绿色管理者角色同样是多维的，绿色管理的工作开展和实施建立在人际、决策和信息三个层面。

（1）绿色人际角色。绿色人际角色是绿色管理者必须引导、培育、激励下属的绿色意识和行为，以及处理绿色组织中的各种人际冲突。其承担如下职责：①在上级主管面前是绿色执行者，完成上级指令，在下属面前是绿色管理者和绿色领导者，下达指令并对结果负责；②在同级面前，扮演绿色协作者的角色，促使不同团队成员之间的合作，确保绿色目标得以实现，促使成员共同努力达成可持续发展目标；③在绿色组织的服务对象面前，担任组织绿色形象的代言人，代表组织履行以绿色职责为重点的各项职责。

（2）绿色决策角色。绿色决策角色是指在组织内部或外部，个体在制定与推动绿色管理相关的决策时所扮演的特定角色，涉及制定、执行和监督与环境友好、资源可持续利用等方面相关的战略和决策。绿色管理者与绿色操作者的本质区别在于是否拥有决策权，因此绿色管理者时刻面临与绿色决策有关的问题。绿色决策深受管理者本人的绿色价值观和绿色决策方法的影响。在组织层面负责推动和管理绿色发展策略。他们可能制订绿色目标、监督环保政策的执行，并确保组织的运营活动符合可持续标准。管理者作为绿色决策角色需要承担的职责有：①将上级分配的绿色任务转化为部门的绿色目标，并采取有效措施解决绿色目标实施中的问题；②协助解决下属在绿色目标执行中遇到的难题；③具备发现将来绿色问题的能力，并将绿色问题转化为机会，作为制订绿色规划的依据。

（3）绿色信息角色。绿色信息角色是指在组织内部或外部，个体在推动可持续目标时扮演的特定角色，涵盖了信息传递、共享和管理，以及利用信息技术促进绿色实践和环保行为。绿色管理者的决策建立在对信息的收集、处理和分析基础上。绿色管理者不仅要为自身的绿色决策扮演信息角色，还要为上级主管的绿色决策提供经过处理的信息。绿色管理者的信息角色应承担的职责有：①及时将上级绿色指令下达到下属，并转化为具体的绿色行动；②迅速将有关组织的内外部绿色信息反馈到上级，帮助其进行绿色决策；③横向部门之间保持及时沟通，共享信息和进展情况，以便更好地进行绿色协作；④负责与绿色组织外部利益相关人联络。

二、绿色角色定位的要求

绿色角色定位是在一定系统环境下，在一个组织中拥有相对不可代替性的绿色化定位。绿色角色可以是个体，也可以是群体。虽然并非所有员工都按照绿色角色定位进行规划和发展，但当今众多知名的绿色组织之所以成为卓越的绿色组织，至少在其高层人员的配置上符合绿色角色定位的原则。绿色角色定位的要求具体如下。

（一）明确企业绿色发展目标

绿色管理者是企业实现绿色目标的重要指引者，企业对每一位绿色管理者都有期望和要求。绿色管理者需要了解企业的最终绿色目标，对它有什么期望，又为什么有这样的期望，企业如何衡量其绿色绩效。只有每一位绿色管理者积极地思考企业绿色发展目标，积极参与有关绿色目标的讨论，才能清楚地理解企业对他们抱有怎样的期望和要求，才能成为一名合格的企业绿色管理者、领导者、协调者和服务者。

（二）提升绿色战略决策能力

绿色管理者是企业绿色战略决策的制定者。随着企业绿色生产技术的迅速发展、生产流程的复杂化和市场竞争的日趋激烈，企业需及时实施和落实绿色战略决策。绿色管理者不仅要严格贯彻企业高层制订的决策方案，而且要发挥其领导作用，通过有效的战略决策来提升方案实施的效率和效果。他们应立足于企业和负责部门的整体状况，以确保能够有效地实现企业目标。

（三）提高绿色管理执行能力

绿色管理者是企业绿色战略的执行者。企业绿色战略的成功依赖于正确的决策与有效的执行，两者相辅相成，缺一不可。作为企业战略规划的执行者，企业正逐渐开始重视和关注绿色管理者作为企业战略规划的执行者，如何有效发挥绿色管理者的作用并提高他们的执行能力，已成为决定企业成败的关键问题。在数字化时代下，绿色管理者还需以数字赋能绿色执行，让绿色执行有速度、有力度，不断提高企业战略的执行能力。

（四）增强数字化绿色管理能力

随着数字技术的发展，绿色管理者利用计算机、通信、网络等技术，通过统计技术量化管理对象与管理行为，实现绿色研发、绿色计划、绿色生产、绿色服务、绿色创新等职能的管理。传统管理角色以上传下达的流程化管理为主，企业的进一步发展受到信息采集与管理不规范、质量问题追溯困难、效率低下以及决策随意等问题的制约。随着绿色研发、绿色生产、绿色供应链的信息化水平不断提高，质量管理部门越发认识到应采用质量信息系统来辅助绿色管理者，并与其他部门实现信息化沟通。

三、绿色角色定位的细分

（一）初级绿色管理者的角色定位

初级绿色管理者处于绿色管理团队的最低层级（他们多数由员工晋升而来），直接监督员工的绿色工作。初级绿色管理者扮演着"绿色职务代理人"的角色，充当上级管理者的"绿色替身"或"绿色职务经理人"，其主要的角色功能包括：①绿色领导者。初级绿色管理者要清楚岗位绿色职责和目标，并有效组织下属，激励下属不断提升绿色工作效率，努力实现绿色目标。要发挥自身的影响力，把部门凝聚成一支有战斗力的绿色团队。②绿色教练。初级绿色管理者要在工作中对下属的绿色行为进行指导、训练和帮助，确保员工不出现偏离绿色的投机行为，并对部门的绿色利益负责。调查表明，员工70%的工作能力是通过直接上级的训练获得的，这同样适用于绿色工作能力。③绿色绩效伙伴。初级绿色管理者与下属的绿色绩效主要通过相互依赖得以实现。在绿色组织中，要以一种平等协商的态度与绿色下属进行沟通，帮助下属提升绿色绩效。

（二）中级绿色管理者的角色定位

中级绿色管理者处于复杂的上司、下属、同事和客户关系网络中，其所需要处理的问题比初级绿色管理者更为复杂。①作为上级的中级绿色管理者，同样需要扮演绿色领导者、绿色教练和绿色绩效伙伴的角色。此外，中级绿色管理者还扮演绿色规则制定者的角色。②作为绿色管理的责任人之一，中级绿色管理者必须对部门的"绿色绩效"负责。为达到绿色绩效标准，中级绿色管理者需要在维护现有管理制度和工作流程的基础上进行绿色创新，制定新的规则以保证绿色目标的实现。③作为部门绿色目标的制订者和负责人，制订相应的绿色措施并维护措施权威性，是其义不容辞的责任。

（三）高级绿色管理者的角色定位

高级绿色管理者是组织绿色管理的最高决策者，是达成组织绿色目标的首席执行官。高级绿色管理者的主要职责是确定组织的绿色发展方向，并依据这一方向制定组织的长远绿色战略。因此，高级绿色管理者必须扮演绿色决策者、绿色文化建设者、绿色规则制定者以及外部绿色关系创立者和维护者四种角色。①作为绿色决策者，高级绿色管理者的主要职责之一是确定组织的绿色发展方向，制定组织发展的绿色经营战略。②作为绿色文化建设者，高级绿色管理者需要在组织内建立绿色文化，这是绿色组织与一般组织的重要区别之一。③作为绿色规则制定者，高级绿色管理者需要在组织内制定绿色规则，并确保其严谨性。④作为外部绿色关系创立者和维护者，高级绿色管理者需要为组织创造良好的外部发展环境，尤其要和政府环境部门、绿色竞争者、绿色供应商和绿色顾客建立密切的关系，承担起创立和维护良好外部关系的职能。

> **思维拓展：** 在数字化时代，绿色管理者还应该扮演何种角色？

延伸阅读

市场动向："双碳"培训助推宝武钢铁绿色发展战略落地

中国宝武党校、管理学院积极响应国家"双碳"目标，推出线上线下培训，支撑减碳战略。2022年，中国宝武举办绿色低碳发展大会、劳动竞赛和"零碳公司日"等多场活动，深入学习碳达峰碳中和知识，推进绿色低碳转型，并发布绿色低碳发展报告和绿色指数。同时，发出绿色低碳转型倡议。

一、形式多样 数智学习碳减排知识

2022年7月18日，中国宝武以线上、线下相结合的方式，举行第十三期决策人研修读书班、碳中和推进委员会会议暨绿色低碳发展大会，深入学习关于碳达峰碳中和相关知识，以绿色制造、绿色产品、绿色产业为主线，全面推进绿色低碳转型发展，打造高科技领航地位，扛起大国重器的责任，不断推进世界一流企业建设。会上发布了中国宝武首份绿色低碳发展报告和绿色指数，碳中和办公室做2022年上半年碳中和工作报告，相关单位和部门围绕绿色低碳发展主题交流汇报全流程低碳冶金创新深度策划情况、HyCROF

示范攻关项目进展情况、高等级薄板零碳示范产线项目进展情况、清洁能源发展布局和供应体系建设情况、绿色金融服务支撑体系建设情况以及环境产品声明平台进展情况。

二、协同配合　深度开展多项专题培训

中国宝武党校、管理学院与集团人力资源部共同组织，来自各单位 2 000 多人参加了中国钢铁协会举办的"钢铁行业碳达峰、碳交易系列培训——政策、案例及思考专题培训班"网络直播培训。通过专家授课和研讨交流，了解国内外碳政策及交易市场的情况，推动完善自身碳排放管理。集团能源环保部面向全国钢铁业同行介绍了中国宝武碳减排工作实践，获得高度好评。

中国宝武党校、管理学院会同集团能源环保部共同组织开展的"我国碳达峰目标、碳中和愿景及'十四五'政策展望"直播讲座，邀请国家气候战略中心专家授课，进一步解析国家关于应对气候变化的新形势、新任务及相关政策要求。

三、节能低碳倡议

2022 年 6 月 10 日，在第 32 个全国节能宣传周来临之际，中国宝武发出关于钢铁工业绿色低碳转型发展的倡议，号召钢铁行业一起践行绿色低碳发展理念，共建美丽家园。并按照"共建清洁美丽世界"等宣传主题，录制节能低碳倡议及案例，组织六五环境日、节能宣传周和低碳日等形式多样、内容丰富的绿色低碳宣传活动。

四、劳动竞赛

2022 年度，中国宝武积极组织并深入实施了"极致低碳"综合性劳动竞赛活动，评选出年度杰出的组织单位；同时，举办了极致能效竞赛，从中评选出年度极致能效的焦炉、高炉、转炉和电炉；另外，通过清洁运输竞赛，评选出年度优秀基地及特别奖项，全面引导员工提升低碳意识，为碳达峰和碳中和目标的实现提供有力支持。

五、零碳公司日

2022 年 12 月 23 日，中国宝武迎来了其第二个"公司日"。在此活动期间，中国宝武致力于探索并实施"零碳公司日"的构想。为实现这一目标，公司借助第三方专业机构对活动全程的二氧化碳排放量进行了精确测算。参与者通过访问"宁碳惠"小程序，能够便捷地计算出自己参与"公司日"活动所产生的碳排放量及相应的碳排费用。基于自愿原则，参与者可选择捐赠并购买碳信用，以全额抵消"公司日"活动所产生的二氧化碳排放量，从而成功实现"零碳公司日"的预期目标。

资料来源：傅宇. "双碳"培训先行，助推绿色发展战略加快落地[Z]. 中国宝武微信公众号，2021-04-20；中国宝武钢铁集团有限公司. 2022 中国宝武钢铁集团有限公司绿色低碳发展报告[EB/OL]. (2023-08-11). https://res.baowugroup.com/attach/2023/08/11/859d8fcb17894a128df7c1a8e71d23e4.pdf.

第四节　绿色人员配置

一、绿色人员配置的内涵

绿色人员配置是将具有绿色理念的员工合理分配到相应的绿色工作岗位从事相关工作的新型管理理念和模式。绿色人员配置包括：规划绿色人员数量和需要类型；发起外部招聘活动；决定哪些应聘者可以获得绿色工作邀请；制定绿色工作要求以及有效完成工作所需的任职资格，包括所需的知识、技能、能力和其他特征（knowledge，skills，abilities and others，KSAO）；确定绿色工作的相应报酬；使用选拔工具来衡量应聘者应有的 KSAO 水平。

具体而言，绿色人员配置包含绿色人员的选聘、晋升、调动、留任等。第一，绿色人员的选聘。绿色人员的选聘有以下几个方面：首先，借助大数据数字技术的分析，筛选出具备相关绿色能力的人员；其次，要求候选人具备绿色意识并熟悉企业的绿色管理体系，能够在工作中贯彻执行绿色内容；最后，绿色人员需要具备自我学习和适应数字化时代的能力，以推动企业的数字化转型。第二，绿色人员的晋升。绿色管理和数字化时代的快速发展，给绿色人员的晋升带来了挑战和机遇。绿色人员的晋升更多与相关绿色管理体系和数字技术相关，需要企业为绿色人员制订晋升规划，根据绿色人员的考核结果和个人表现等综合因素给予相关绿色人员晋升的机会。第三，绿色人员的调动。绿色人员的调动有利于在公司内推广绿色管理体系，营造绿色氛围，培养员工的绿色意识等。绿色人员调动需要考虑调动职位空缺，以及确认调动人员的工作要求和报酬。第四，绿色人员的留任。留任的绿色人员通常是企业组织内部具有较高绿色管理能力和执行能力的员工。绿色企业要防止绿色人员的流失，需要制订相关配套措施辅助管理绿色人员，并结合绿色人员的选聘、考核、晋升、调动机制，为绿色人员提供最大的晋升空间，从而保证绿色人员的留任，在保障企业绿色管理能力和执行能力的同时，也节约了企业选聘、培养人员的成本。

二、绿色人员配置的作用

党的二十大提出"人才是第一资源"。组织绿色人员配置不仅响应了新时代国家人才强国战略的号召，也能为组织的可持续发展提供坚实的人才保障。

（一）保证组织绿色事务顺利开展

合理的绿色人员配置是组织顺利开展绿色活动的有效保证。在企业中配置绿色技术人员、绿色营销人才、环境咨询人才、环境工程师、节能项目经理、环境审计人才等绿色人员，可以为企业提供环境保护、节能减排、垃圾处理、环境保护咨询等专业知识与能力，帮助企业顺利实现组织的环保目标。

（二）充分开发组织的绿色人力资源潜力

在人力资源管理过程中，通过适当选拔、使用和配置绿色人员，最大限度实现人岗匹配、人尽其才，使绿色人力资源得到最大限度的使用。组织绿色人员配置的根本目的就是让绿色专业人才找到适合自身的工作岗位，并发挥自身最大的价值。同时，组织也可以通过建立绿色人才梯队的方式，为人才的储备和培养做好相应的准备。只有具备适应时代发展的绿色人才储备，组织才能以不变应万变，获得可持续发展的根本支撑。

（三）提高组织的绿色工作效率

通过优化绿色人员配置，实现组织对绿色人才的统一认识和调配，使员工与工作进行合理的匹配，最大限度地发挥绿色人力资源配置的优势，提高组织环保工作效率，实现"事得其人，人尽其才"的目标。数字化时代，组织可以借助数字化平台分析组织如何提升绿色工作效率，并通过人工智能优化绿色人员配置、设定绿色岗位、确定绿色工作量、实施绿色岗位竞争制度和优胜劣汰机制，既可以节省人力，又能提高环保效率。

三、绿色人员配置的原则

（一）绿色效益

组织人员配备计划的拟订要以组织绿色需要为依据，以提高经济效益、社会效益和环境效益为前提。在全面考虑公司整体情况的基础上，应当根据需求设立岗位，避免岗位重复设置，并力求做到人尽其才。在充分发挥绿色人员的特点和优势的基础上，形成一个完整的人力资源有机体系，在建立绿色管理体系的同时，最大限度地发挥组织的管理职能和人的主观能动性。

（二）和谐共融

和谐共融包括环境和谐与结构和谐两个方面。环境和谐指人力资源管理工作必须与社会的发展、企业的成长协同演进。结构和谐指绿色人力资源管理要在企业内部实现人才的多样性和人力资源结构的合理性，绿色人员的配置需要与企业内部组织相协调，符合绿色企业发展和社会发展的需求。因此，绿色人力资源配置的和谐是一种综合性和谐，要求遵循综合性、系统性、全面性和谐的原则。

（三）指标量化

绿色人员的选拔必须遵循一定的标准和程序。科学合理地确定绿色员工的选拔标准和聘任程序是组织聘任优秀人才的重要保证。绿色人员的选拔和聘任需要符合绿色企业的发展需求和数字化时代的要求，选拔和聘任一批专业性、管理能力和执行能力强的绿色人员。而只有严格按照规定的程序和标准进行选拔，才能选聘到真正愿意为组织的发展作出贡献的绿色人才。

（四）集约发展

集约发展原则强调通过科技进步，提高各经营要素的质量，对人员要素的投入进行集中、合理的配置，并不断调整要素的结构和组合，以实现经营效益的提高。组织必须遵循绿色管理理念，需要打破资源与人员的限制，将集中起来的财力、资源和富余人员进行合理分流、调配，以绿色效益为标准，向有发展前景、效益好的部分或业务倾斜。

（五）动态发展

公司的发展是动态的，因此人员的配置要随着公司战略和业务发展而进行相应的调整，以满足公司事业发展的需要。在数字化时代，绿色企业需要动态培养专业的绿色员工，提升相关员工的绿色专业能力和执行能力。与此同时，随着组织内外部条件的变化，员工的能力和知识也在不断地提高与发展，人力资源与工作需求的配合需要进行不断的协调平衡，最终实现人与职位、工作的动态平衡。

四、绿色人员配置的途径

（一）按市场要求科学合理配置绿色人员

根据绿色市场发展的变化和组织绿色化发展的要求，依据"总量控制、科学预测、有序竞争、优质高效"的原则，抓住绿色发展机遇，坚持以经济因素决定机构的取舍，按产品流向、资金流向、利润流向合理布局绿色人员结构，向部门绿色发展战略领域适当倾斜绿色人员。及时设置、调整机构绿色人员配置，遵循"精干、高效"的原则，避免盲目讲求上下对口、左右看齐。做到精简上层机构、充实基层人员、消除臃肿、提高效率，合理配置绿色人员。

（二）按组织发展需要科学合理配置绿色人员

绿色人员应按照绿色政治发展、经济发展、绿色企业文化建设、企业绿色战略制定与实施等需要进行科学配置。①绿色政治发展需要。绿色政治环境是决定企业配置绿色人员数量的基本因素，它是影响企业绿色人员配置的外在影响因素。政府的绿色政策环境对行业绿色人员数量的总量起着决定性作用，并且长期稳定地发挥作用。②经济发展需要。经济发展水平是决定一个企业能够雇用多少绿色人员的直接因素。从用人成本的角度来看，企业不能承担过多的绿色人员成本。经济规模越增长，经济实力越雄厚，绿色人员配置可能越多。③绿色企业文化建设需要。绿色企业文化是决定企业绿色发展规模的关键因素之一，并且在较长的历史时期里持续起作用。企业绿色文化不仅影响一个企业绿色生产力发展水平，也影响与之相适应的生产关系状况。④企业绿色战略制定与实施需要。企业绿色战略是企业在绿色经营理念的指导下，对企业绿色人员配置、培训和留任的全面规划。根据企业绿色战略制定与实施需要配置绿色人员是从总体上进行的大局性规划。

（三）根据绿色管理机制优化绿色人员结构组合

绿色人员配置总的要求是人员合理布局和科学流动，注重群体优化和整体效益，力求达到人员配置的结构合理、关系协调和精干高效。人事管理部门要建立并完善人才库的管理机制，及时分析、预测绿色人才的分布、组合和需求情况；制订有效的人才发展规划，坚持有计划、有指标、按标准进行人才接收和分配。最终逐步实现绿色人员由传统经验型向专家技术型转变，不断追求用人效益，并在人员分配时向绿色业务部门倾斜，持续促进绿色事业的发展。

（四）顺应数字化时代需求科学进行绿色人员分工

随着数字技术的发展，人员配置服务系统为绿色人员的配置提供了数字工具。利用数字开发平台和数据库，提供基于结构化查询语言的绿色人员配置服务，以知识化解企业业务问题。系统功能模块设计符合业务服务系统的一般功能和特点，尤其要具备业务人员配置相关的核心功能，主要包括绿色知识型人员模型构建模块、业务对绿色人员需求模型构建模块、知识型人员资源库管理模块等，可以协助企业科学地配置绿色人员，做到以最低的人员成本实现最高的工作效率。

（五）根据组织绿色目标实施绿色人员工作考评

建立绿色人员工作考评制度的目的就在于通过对组织内部人员的绿色能力和贡献进行考评，晋升优秀人才、发掘潜力人才，并为进一步优化绿色人员配置提供基础。绿色人员考评应包含资源、环境、生态方面的评估，并兼顾经济绩效和绿色绩效。在绿色目标的指导下，完善绿色人员的考评机制，对企业绿色管理建设成绩突出的人员给予表彰奖励，同时也能筛出能力不足的人员，提升组织人员配置质量。绿色人员考评流程包括确定考评内容、选择考评者、分析考评结果、汇报考评结果和建立绿色人才档案，科学地形成一套绿色人员配置的系统性制度。

> **思维拓展**：在数字化时代，你认为哪些绿色人才更受欢迎？

根据以上途径，可构建出绿色人员配置的工作清单，如表 4-2 所示。

表 4-2　绿色人员配置的工作清单

类　　别	工作清单内容
愿景、使命、价值观	企业的愿景、使命和价值观中是否有绿色理念
社会责任投资	企业的退休账户中是否有社会责任投资
日常行为	企业是否激励员工在家实施绿化行为
志愿服务	企业是否提供带薪绿色志愿服务机会
绿色标准	企业在雇用员工时有无绿色标准
发现问题	企业是否鼓励员工上报其发现的环境问题
成果评估	企业是否将绿化成果作为员工评估程序的一部分内容
教育培训	企业是否对员工进行持续的绿色教育培训
会议制度	企业是实施绿色会议制度
环境政策	企业是否实行无异味政策
绿色设备	企业是否对计算机设备实行绿色 IT 计划
奖励制度	企业是否对员工实行绿色奖励制度

资料来源：卡尔森. 绿色战略——超越红海竞争，实现持续经营[M]. 王华，译. 北京：电子工业出版社，2009.

本章小结

绿色组织设计有助于管理者将组织内各要素紧密围绕绿色活动进行合理组合和有效协调，切实提高绿色管理实效。本章主要围绕组织设计介绍了绿色组织结构、绿色职能设计、绿色角色定位和绿色人员配置。绿色组织结构主要包含绿色组织的内涵和基本要素，论述了绿色组织对人员工作任务进行合理的设计和分工以实现组织绿色目标的过程。绿色职能设计主要回答了绿色组织为了实现绿色目标应该

扩展阅读 4-3　理论前沿：绿色人力资源管理——企业和员工和谐发展的新途径

做什么任务和什么工作、应该开展什么业务活动等问题。绿色角色定位论述了绿色管理者角色的多维性以及绿色管理的人际、决策和信息三个重要角色。绿色人员配置主要围绕绿色人员配置的内涵、作用、原则和途径展开。

核心概念

1. 绿色组织（green organization）
2. 绿色职能（green functions）
3. 绿色管理角色（green management role）
4. 绿色人力资源管理（green human resource management）
5. 绿色人员配置（green staffing）

本章思考题

1. 绿色组织和一般性组织存在哪些差异？
2. 为什么要开展组织的绿色化变革？
3. 如何对直线职能制组织结构进行绿色化变革？
4. 绿色管理角色的定位有哪些具体内容？
5. 绿色人员配置的方法有哪些？

本章实训指南

本章综合案例

鲁泰绿色管理体系保障"双碳"目标

鲁泰纺织股份有限公司（以下简称"鲁泰"）创建于1987年，是目前全球高档色织面料生产商和国际一线品牌衬衫制造商，多年位居中国色织布行业主营业务收入第一。在30多年的发展历程中，鲁泰始终坚持走绿色可持续发展道路，通过多年的摸索，逐步走出了一条"基于纺织而又超越纺织"的可持续发展之路。

一、强化顶层设计，构建低碳发展管理体系

鲁泰成立了"可持续发展委员会"，确定了2028年碳达峰、2055年碳中和的目标，并依托能源管理体系和化学品管理体系，在公司生产经营活动中积极落实绿色低碳发展相关工作。

能源管理体系建设方面：于2016年建成了能源管控中心，通过网络信息化技术对能源运行情况进行集中调配和过程监管，较能源管控中心建设之前，有效实现节能3%以上。多年来，能源管控中心一直有效运行并不断完善。

化学品管理体系建设方面：鲁泰从1996年开始进行化学品管控，积极参与行业相关行动，是行业绿色制造联盟的发起单位、ZDHC（有害化学物质零排放）先锋试点企业，与行业内相关组织保持互动交流，不断完善化学品管理体系建设。经过多年的努力，已经建成了"以源头管控、过程管控为主，末端管控为辅"的全流程化学品管理体系，化学品入厂要接受检测，使用过程中要接受动态监测，通过对化学品的闭环管理，做到了有害化学物质零输入、零排放。

相对完善的管理体系，为鲁泰绿色低碳发展提供了重要的组织和机制保障，促进了各项工作的规范化、标准化。

二、积极进行能源结构调整和节水节能技术开发与推广

能源结构调整方面：根据绿色低碳发展目标，鲁泰积极进行能源结构调整，总体减少化石能源的使用。一方面，大量引入光伏绿电，规划建设装机总量近60 MW的光伏项目，年产绿电7 500万度，预计实现绿电占比在14.7%以上；另一方面，将厂区内部搬运用燃油车辆替换成电动搬运车，减少化石能源的使用。同时，积极推行节能节电技术，有效节省能源，如磁悬浮风机综合节能技术的推广使用率占到了80%以上；采用余热回收技术，将余热回收比例提高到80%，每年可节约1.2万吨左右的蒸汽，能减少碳排放约2 900吨。

水足迹管理方面：鲁泰自1995年开始对水足迹进行管理，从水源引入至用水各环节，再到废水排放处理进行全流程管控。一方面，高标准建设印染废水处理站和城市污水处理厂，确保排放水质高于标准要求；另一方面，综合利用冷凝水回用、冷却水回用、印染废水分流回用以及中水回用等技术，提升水重复利用率，尤其是依托自主开发的"印染废水大通量膜处理及回用技术"建成了日产量达2万吨的中水回用项目，将印染废水处理之后再返回到生产环节进行使用。通过以上诸多措施，实现了水重复利用率在65%，高于行业整体水平。

三、严控化学品使用，深挖化学品循环利用技术潜能

纺织品加工环节，化学品的使用量比较大，做好充分的回收利用，减少化学品的总消耗，对绿色低碳发展十分重要。在碱回收方面：鲁泰开发了具有自主知识产权的多效蒸发液碱回收技术，并在公司生产设备上推广使用，使液碱的回收利用率在85%以上，每年回收液碱5 200多吨，因此而减少污水排放约8.4万吨，节约中和处理所用的浓硫酸6 500多吨。

同时，鲁泰对纺织品加工过程中所使用的液氨和PVA（聚乙烯醇）也进行了充分的回收利用，通过油氨分离、油水分离技术的应用，液氨回用率在99%以上，推广使用盐析法PVA回收技术，使PVA的回用率在95%以上。

四、常态化推动绿色加工关键技术开发与推广

鲁泰始终高度重视绿色加工关键技术的开发和应用，在公司的400多项专利中，有46项绿色低碳技术；在公司参与发布的46项国家行业标准中，有6项绿色低碳类标准；获得节能类国家省部级科技进步奖有26项，其中国家科技进步一等奖1项、二等奖2项，

为鲁泰绿色低碳发展提供了有力的技术支撑。

筒子纱数字化自动染色成套技术与装备。该技术由鲁泰与中国机械科学研究总院等联合研发，主要通过解决筒子纱染色过程中全流程自动化技术问题，实现染色过程从手工机械化到全流程数字化、系统智能化的跨越，同时结合工艺上从满缸染色到半缸染色的技术创新，最终实现染色过程吨纱用水节约 27%，蒸汽节约 19.4%，节电 12.5%，减少污水排放 26.7%，该项技术获得了国家科技进步一等奖。当前鲁泰已推广相关设备 18 台套，并形成了行业带动效应。

纺织面料颜色数字化关键技术及产业化。该技术由鲁泰与香港理工大学、东华大学联合开发，通过将面料的颜色进行数字化识别和转化、建设颜色数据库、搭建面料颜色仿真系统，实现了面料颜色通过互联网进行传输的效果，代替通过寄送布样与客户进行颜色确认的工作模式，每年节省确认样 27 万米，折合减少能耗 192 吨标煤，减少碳排放 480 吨。

少盐、少水染色技术。该产品加工技术由鲁泰与武汉纺织大学联合开发，改变了传统纱线染色模式，可以实现纱线染色不使用盐，染色节省碱 94%，节水 60% 以上，节能 80%，染 1 吨纱，折合节能 0.792 吨标煤，减少碳排放 1.974 吨。鲁泰拥有该技术的自主知识产权，已申报专利 6 项，其中 3 项已获得授权，被中国纺织工业联合会专家组鉴定为具有国际领先水平，正在加大该技术的推广力度。

五、高度重视绿色材料应用和绿色产品开发

绿色原料使用方面：鲁泰选用低碳原料，如棉纤维的使用比例占 85% 以上，在供应链管理过程中关注棉花种植过程的绿色低碳技术应用，引导上游棉花供应商推广滴灌技术、非化学试剂杀虫技术、减少化肥使用量等，节水减碳效果明显。对于化学纤维的使用，采用生物基纤维和可再生、可降解纤维，如莱赛尔纤维、聚乳酸纤维、可降解涤纶、可降解尼龙等。

绿色产品开发方面：鲁泰高度重视在消费者使用过程中可以起到节能减碳作用的产品开发，总体绿色产品占比 90% 以上，如公司拳头产品纯棉免烫衬衫，可以实现衬衣洗后无须熨烫，在社会面起到了节约电能的作用。又如，鲁泰成功开发 Snow Cotton 产品，其良好的透气性使得消费者穿着衬衣感觉比普通衬衫更凉爽，一般温差为 2~3 摄氏度，因而室内空调可以设定在 28 摄氏度以上，降低电能的消耗。再如，鲁泰的自清洁面料可以实现用水冲洗或者在水中轻轻摆动即可去污的效果，节省了成品衣服洗涤过程中水、电、洗涤剂的使用，具有良好的节能减碳作用。

六、完善内部培训制度，加强专业技术人才队伍建设

为帮助员工改善工作业绩及提高员工绩效，有效传承企业相关技术和企业文化，鲁泰建立内部培训师制度，实现了内部培训师管理的正规化和科学化。各类专业技术人员是公司的科技骨干力量，采用内部培训、外部培训等不同方式使其知识不断更新，掌握同行业最新科技动态。

鲁泰本着"事业留人，感情留人，文化留人"的原则，营造"尊重劳动、尊重知识、尊重人才、尊重创造"的良好氛围，引进、培养一支结构合理、素质优良的人才队伍，支撑鲁泰健康、稳定、持续发展。鲁泰获得"国家友谊奖"1 人，"泰山学者特聘专家"

1 人，"山东省有突出贡献中青年专家" 2 人，"山东省首席技师" 1 人，"山东省行业首席技师" 5 人。鲁泰被认定为"博士后工作站""院士工作站"，国家企业技术中心、国家级实验室和高新技术企业，被授予国家级引进国外智力示范单位。

为进一步加强专业技术人才队伍建设，激发各类专业技术人才学业务、学技术的热情，鲁泰建立了专业技术工人、工程类及设计类专业技术职务评选、聘任及津贴制度。每年鲁泰都选聘优秀员工赴青岛大学、山东理工大学、山东科技职业学院等高等院校深造，为公司的长远发展奠定了人才基础。

绿色发展任重道远，绿色可持续探索永远在路上。鲁泰作为中国工业碳达峰"领跑者"企业，有义务承担起纺织行业绿色低碳发展模式探索的责任，鲁泰将在已有成绩的基础上，接续奋斗，不断探索绿色低碳发展新思路、新技术，为"双碳"目标的实现作出更大贡献。

资料来源：中国工业经济联合会. 争当纺织行业绿色低碳发展排头兵：鲁泰纺织股份有限公司——"工业碳达峰"优秀企业系列报道二十四[EB/OL]. (2023-04-18). https://mp.weixin.qq.com/s/f0d-hnunq-2Y0JB4Vu8adg；鲁泰纺织. 培训与发展[EB/OL]. (2015-10-20). http://www.lttc.com.cn/resources/train.aspx.

案例思考

1. 如何评价鲁泰的绿色管理组织结构？
2. 鲁泰完善人才培训制度对企业绿色人员配置有什么影响？
3. 数字化在鲁泰绿色管理角色设计中发挥了什么作用？

第五章

绿色领导协调

◆ **本章导语**

绿色可持续的能力代表了企业的未来领导力。

◆ **本章引例**

伊利的"绿色领导力"如何引领碳中和前行？

在 2020 年度的联合国日，中国乳业龙头伊利集团（以下简称"伊利"）积极响应"2060年前实现碳中和"的国家目标，率行业之先承诺实现碳中和。所谓"碳中和"，是测算组织或个人在一定时间内从事生产、经营过程中直接或间接产生的温室气体总量，通过植树造林、节能减排或购买碳信用的形式，抵消自身产生的二氧化碳排放量，实现零碳排放。

多年来，在企业发展过程中，伊利董事长潘刚始终坚持绿色发展理念，引领伊利不断前行。潘刚作为伊利这艘乳业巨舰的"掌舵手"，对于绿色发展理念一直都非常重视，树立了在行业内率先实现碳达峰、碳中和的企业目标，不断完善碳管理体系，用实际行动引领全产业链的减碳工作。此次作出碳中和的承诺，也开启了伊利在可持续发展之路上的新征程。根据承诺，伊利将进一步加强节能减排措施，通过减少牧场温室气体排放、建设绿色工厂、全面使用环保包材等方式，抵消生产中二氧化碳的排放量，从而实现碳中和的目标。

早在 2007 年，潘刚便在首届夏季达沃斯论坛上提出了"绿色领导力"理念，这也成为伊利人对可持续发展许下承诺的开端。潘刚认为："可持续的能力，代表了企业的未来领导力。"在这一理念的指引下，伊利始终将落实可持续发展视为己任，并形成了"深刻自觉"。2009 年，潘刚还将其进一步升级为伊利的"绿色产业链战略"，倡导"绿色生产、绿色消费、绿色发展"三位一体的发展理念。在潘刚的绿色理念指引下，自 2010 年起，伊利连续 12 年开展企业内的全面碳盘查，成为行业内第一家开展碳盘查的企业。2022 年 4 月，伊利还发布了《伊利集团零碳未来计划》《伊利集团零碳未来计划路线图》，表示伊利已在 2012 年实现碳达峰，将在 2050 年前实现全产业链碳中和，并制定了 2030 年、2040 年、2050 年三个阶段的具体任务。为此，在绿色环保领域，伊利不断加大节能减排力度，强化绿色管理，做好污染防控。伊利设立了"环境可持续发展三级目标体系"，从源头抓起，综合施治，严格控制能源消耗和污染物排放，连续10年编制《碳盘查报告》。据统计，2019年伊利能源消耗减少19 699.04吨标煤，温室气体排放量同比下降10.8%。伊利还把绿色发展理念贯穿于包装设计等各个生产环节，仅2019年，伊利旗下金典系列牛奶共使用FSC包材39.76亿包，相当于可持续森林经营15万亩。

与此同时，在"绿色领导力"理念的指导下，伊利还在生物多样性保护领域积极探索。2016年，伊利成为国内首家签署联合国《生物多样性公约》《企业与生物多样性承诺书》的企业。基于《企业与生物多样性承诺书》中的九大承诺，伊利在保护栖息地、应对气候变化、资源可持续利用等领域全面出击、多点开花，多元化保护生物的多样性。伊利还通过发布《生物多样性保护报告》，对企业的生物多样性保护工作及时披露。潘刚表示："对生物多样性的关注就是对未来的关注，只有守护多样自然才能实现可持续发展，才有企业的基业长青。"

按照《企业与生物多样性承诺书》要求，伊利还通过开展绿色产业链发展战略，带动产业链上下游绿色、可持续发展，将环保理念传递给整个产业链所有合作伙伴，并且优先选用注重环境保护的供应商。

从潘刚提出"绿色领导力"理念到开展节能减排、保护生物多样性，再到提出碳中和的明确目标，伊利展现出了龙头企业的担当和作为。未来，伊利将继续以行动践行承诺，进一步引领行业实现绿色可持续发展，共建充满生机的美丽世界。

资料来源：中碳绿林宝低碳科技有限公司. 从"绿色领导力"到碳中和 潘刚坚持绿色发展理念引领伊利前行[EB/OL]. (2020-12-11). https://mp.weixin.qq.com/s/9RAVqwkwhrWCPaQaPJj0vg；齐鲁壹点. 坚定潘刚可持续发展理念，引领伊利开启乳业零碳未来[EB/OL]. (2022-11-22). https://baijiahao.baidu.com/s?id=1750173642711272462&wfr=spider&for=pc.

引例思考："绿色领导力"对企业绿色可持续发展有什么重要意义？

◆ 本章知识结构图

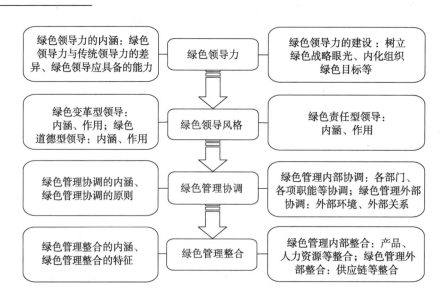

　　绿色领导协调是从保护生态环境、充分利用资源的角度出发，通过绿色领导和协调策略的制定和实施，满足企业可持续发展的需求，实现企业经济效益和社会效益相统一。绿色管理的领导者不仅应具备较强的综合素质，还应具备与资源节约、环境保护相关的突出能力和卓越品质，善于将绿色领导职务、职责、权力和利益统一在内外部绿色管理协调、内外部绿色管理整合方面，发挥导向、约束、凝聚、激励与调适的作用，以贯彻党的二十大提出的"加快发展方式绿色转型"要求。本章从绿色领导协调的角度出发，主要介绍绿色领导力、绿色领导风格、绿色管理协调与绿色管理整合四个主要方面。

第一节　绿色领导力

一、绿色领导力的内涵

　　企业的绿色可持续转型迫切需要一种新的以绿色为中心的领导方式。绿色领导力是以绿色为中心的领导力，通过环保计划鼓励员工以相同的环境目标为方向，共同努力实现环境目标的领导能力。绿色领导力需要在实现组织目标的同时兼顾自然、物质和人力资源的可持续利用，使得组织、环境、员工以及社会公众达到共赢（石建忠，2013）。

（一）绿色领导力与传统领导力的差异

　　（1）价值体系。传统领导价值观认为，自然环境是为人类服务的，提供能够满足人类需求的原材料和能源，以牺牲生态利益来换取领导力的提升。相反，绿色领导价值观认为，人与自然是相互依存的整体系统，包括物理领域、社会领域和精神领域的和谐共生，有效领导的实现依赖于自然与人类达成和谐关系，以此为基准才能形成绿色领导力。

　　（2）行动标准。传统领导力以效率为行动准则，有时可以牺牲环境和社会公共利益。同时其更注重维持现有业务模式和流程，以实现更传统的经济目标。然而，绿色领导力将绿色可持续作为制定组织任务和目标、确定问题以及选择备选行动方针的标准，更侧重于创新和适应性，鼓励采用新技术和方法以降低环境影响。

　　（3）决策过程。传统领导价值观认为，利益相关者和实体是组织的外部因素，以挑战竞争的方式影响组织运营。因此常在决策过程中产生排他性的利己决策，潜在地破坏与利益相关者、与自然的关系。然而，绿色领导决策过程则以相互依存的包容性为前提，绿色组织利益相关者被视为绿色可持续的共同奋斗者。

　　（4）影响力来源。相对于传统的制度权力差异，绿色领导力来源于集体动力，领导者和追随者之间的差异更多地基于社会影响力。绿色组织避免等级关系，致力于实现绿色中心价值体系中的平等主义并创造公共价值。

　　绿色领导力与传统领导力的差异见表 5-1。

表 5-1　绿色领导力与传统领导力的差异

类　　别	绿色领导力	传统领导力
价值体系	以绿色为中心	以效益为中心
行动标准	绿色可持续	经济和技术

续表

类　别	绿色领导力	传统领导力
决策过程	包容性	竞争性
影响力来源	社会影响力	制度权力差异

（二）绿色领导应具备的能力

1. 绿色思维能力

绿色思维能力主要是领导者能够运用绿色意识与绿色知识，从绿色的角度进行思考、统筹、决策和行动的能力。其新内涵主要体现为战略性、辩证性和创新性。这意味着领导者要将环境保护纳入企业战略，承认、分析并解决环境问题，同时创新管理思路和制度。领导者需要通过持续的学习、培训和实践提升绿色思维能力，并鼓励未来领导者将绿色意识和绿色知识融入自身的思维中。

2. 绿色计划能力

绿色计划能力指领导者通过对自然生态和社会生态中各种阈值的测算与判断，同时兼顾本国、本地区各类群体的个人生态阈值的前提下制订科学合理的发展计划的能力。其新内涵主要体现为有限优化性。进一步而言，其就是在不突破自然生态和社会生态极限的情况下优化企业的发展。领导者只有具备绿色计划能力才能实现绿色可持续管理。

3. 绿色组织能力

绿色组织能力是领导者将绿色管理的理念融入组织设计、组织运营的全流程中，使组织内部管理形成绿色可持续的生态化组织效力。领导者可以将组织内部的成员、团队、设备等组织要素贯以绿色环保的理念，实施有效管理，并通过调节组织形式使之以高效、可持续的运作形式不断进行绿色资源要素的输入与输出。

4. 绿色指挥能力

绿色指挥能力是绿色领导者可以有效地调配人力资源，在最大化节省资源和能耗的情况下让人力资源得到充分高效的配置和运作的能力。绿色指挥与传统指挥理念的不同在于绿色指挥可以兼顾自然与人力之间的平衡，以低碳的形式完成对员工工作效率的把控，以可持续的形式完成对人力资源的操作。

5. 绿色激励能力

绿色激励能力是指领导者能够通过激励促使人们实施环保行为并不断促进可持续发展的能力。其新内涵主要体现为有效鼓动性。通过适度的奖酬和工作环境设计，以一定的规范或激励措施引导、鼓励组织成员的绿色行为。

6. 绿色协调能力

绿色协调能力是领导者使绿色组织系统各环节要素之间相互配合的能力。绿色协调能力的新内涵主要体现为有效协调性。绿色目标可能在组织系统内部、领导系统与其他系统之间产生摩擦和矛盾，此时领导者需要进行协商、调节和调整，使领导系统各要素、各环节之间达到和谐一致，进而高效地实现组织的绿色目标。

7. 绿色整合能力

绿色整合能力是领导者在追求可持续发展和环保目标时，能够有效整合各种资源、知识和实践，以协调不同部门、合作伙伴和利益相关者之间的关系，从而达到更高的绿色效益和综合性能的能力。绿色整合能力的新内涵主要体现为系统生态性。绿色整合包括资源整合、知识整合、协同合作、战略规划、技术应用、风险管理和持续改进。

8. 绿色沟通能力

绿色沟通能力是领导者在信息论和心理学理论方法的指导下提高信息交流的有效度，以有效传播和提升人们保护环境的价值观与思想理念，引导人们改善观念的能力。其新内涵主要体现为有效引导性，能够有效向管理层和利益相关者介绍并推荐可持续发展计划。这种沟通能力强调在传递信息、观点或决策时，特别关注与环境保护、可持续发展等绿色议题相关的内容。

9. 绿色控制能力

绿色控制能力是领导者不仅针对传统的组织内部要素如生产绩效、人员流动率等重要指标和组织内如员工等各种活动要素进行控制，还包含对所用生产资源的绿色程度、对环境负效应的考虑的能力。高效绿色控制更多的是事前控制，即前馈控制，只有将对环境的损害在发生前消除，才是绿色控制能力的有效体现。

延伸阅读

人物小传：董明珠倡导和领导格力绿色管理

在当今全球范围内，环保和可持续发展已经成为各行各业的热门话题，企业在追求经济增长的同时也应该承担起对社会和环境的责任。在这一背景下，格力电器作为中国制造业的佼佼者，以其董事长兼总裁董明珠的倡导，正积极投身于绿色管理的浪潮，努力将环保理念融入企业的发展战略和日常经营中。

在2023年上半年，格力电器在环保领域取得了显著的进展，这与董明珠的倡导和领导密不可分。作为企业的领导者，董明珠深刻认识到环保不仅是一种义务，而且是一种责任。她强调企业的成功不仅体现在经济利益上，而且应该体现在对社会和自然环境的积极贡献上。因此，在她的引领下，格力电器在环保方面进行了一系列有力的举措。

首先，格力电器在能源利用方面进行了优化和提升。公司推动了更高效的能源利用，减少了生产过程中的能源消耗，从而降低了对环境的不良影响。这不仅有助于节约资源，还有助于减少碳排放，为环境减负。在这方面，董明珠的坚定决策和领导起到了关键作用，她推动了公司在能源利用方面的革新，以实现更加绿色和可持续的生产方式。

其次，格力电器在产品设计和生产过程中注重环保要求。董明珠强调，产品的环保性不仅体现在使用阶段，还应该从设计和制造阶段就注重环保理念。在2023年上半年，公司通过不断地技术创新，推出了一系列高效节能的新产品，这些产品不仅满足了消费者的需求，还具备更低的能源消耗优势，为环境保护贡献了力量。

最后，格力电器在降低生产过程中的环境影响方面也取得了显著成效。公司采取了多种措施，减少了废弃物的产生和排放，降低了对生态系统的压力。这些措施不仅是企业的内在要求，而且是董明珠领导下的格力电器对环保责任的充分体现。

综上所述，作为格力电器的领导者，董明珠在环保领域的倡导和引领使得公司在2023年上半年取得了显著的进展。通过优化能源利用、推出环保产品以及降低生产过程的环境影响，格力电器正积极践行可持续发展的理念，为环境保护贡献自己的力量。在未来，相信在董明珠的领导下，格力电器将继续以绿色管理为核心，为中国制造业树立环保典范，为社会和自然环境的和谐共存贡献更多力量。

资料来源：环保先行：董明珠倡导格力绿色发展[EB/OL]. (2023-09-22). https://m.sohu.com/a/722659228_260151.

二、绿色领导力的建设

（一）树立绿色战略眼光

树立绿色长远发展的战略眼光是发挥绿色领导力的先决条件。各类组织的领导者应具备绿色战略思维，将眼光放在人与自然和谐相处的可持续发展上。领导者应当将组织看作社会生态系统中的一个子系统，在推进组织绿色管理的同时也要关注社会及环境的发展。树立绿色战略眼光，要着眼于绿色领导的原则性、预见性和创造性，用全面、辩证、长远的眼光看待企业发展与保护环境之间的关系，把握绿色发展机遇，发挥绿色战略优势，推进绿色战略实施。

（二）内化组织绿色目标

内化绿色可持续的组织目标是绿色领导力建设的关键一步。这一绿色目标应当切实落实到领导者及其下属的日常工作中。领导者以身作则带领下属努力实现组织的绿色目标。当然，绿色目标的实现建立在领导者个人目标与组织绿色目标一致的前提下，也就是说，绿色目标包含领导者和组织的双赢预期，以求得共赢的结果。因此，领导力的方向涵盖了领导者的个人目标和组织绿色目标。

（三）培养绿色魄力担当

领导者要有绿色管理的魄力并勇于承担责任。一些企业为了高额的利润，不惜引进高耗能、高污染项目，不仅会影响环境质量，还损害周边群众的身体健康。为了避免组织采取这些短期行为，需要领导者发挥生态环境保护的魄力。作为绿色管理领导者，面对绿色管理中的瓶颈或阻碍要勇于探索，面对矛盾要敢抓敢干，面对风险要敢于担责。

（四）重视绿色人文关怀

人文关怀就是要在绿色管理中注重人的价值。绿色领导者对下属实施绿色工作激励应当基于下属的工作能力和需求，并且做到以人为本，既能使其高效地实现组织目标，又能确保其健康、快乐的工作状态，提升员工的获得感和幸福感。绿色领导者应当为员工提供有益的培训和职业发展机会，让员工在职业生涯中不断成长，增强其在组织中的归属感。激励员工提出绿色创新和改进的建议，为其提供实施创新点子的机会，增强员工在环保方面的参与感和成就感。

> **思维拓展**：数字化时代，你认为绿色领导力建设中最重要的是什么？

第二节 绿色领导风格

领导者常常以不同的行为模式习惯化地影响员工，形成了一定的领导作风。传统的领导风格主要有四种类型：①支持型领导（supportive leadership）：会非常关心员工的福利和个人需求；②指导型领导（directive leadership）：会非常精确详细地指导下属的工作；③参与型领导（participative leadership）：能够与下属一起进行工作决策；④成就导向型领导（achievement-oriented leadership）：能帮助下属确立明确清晰和具有挑战性的目标。

本节详细探讨绿色管理的三种典型领导风格：①绿色变革型领导（green transformational leadership）；②绿色道德型领导（green ethical leadership）；③绿色责任型领导（green responsible leadership）。

一、绿色变革型领导

（一）绿色变革型领导的内涵

绿色变革型领导是能够激励员工展现超出预期水平的绿色行为，并取得超出预期环保绩效从而实现组织的绿色环保目标的领导者。绿色变革型领导是变革型领导在环保领域的延伸，主要体现在四个方面：①绿色影响力；②绿色激励力；③绿色智力开发；④绿色人文关怀。其中，绿色影响力是领导者坚守绿色承诺，以身作则地带领和影响下属共同开展对组织绿色发展有利的工作。绿色激励力是领导者激励下属超越个人利益，将环境福祉作为追求。绿色智力开发是领导者鼓励下属勇于质疑和改变陈旧的绿色行为方式，以新的方法提升环境管理成效。绿色人文关怀是领导者重视下属作出的环保贡献，并帮助其提升环保技能。变革型领导者的一个明显特征就是领导者倾向于通过改变情绪唤起具有绿色象征性的形象和期望，激发下属的绿色欲望和目标，而不是指导具体的活动。他们对长期存在的环境问题提出新的解决办法并提出新的选择。在高风险的绿色岗位上工作，他们会寻找风险，尤其是在绿色机会和回报看起来很多的地方，这样的领导者以同理心和直觉的方式与他人相处。

影响绿色变革型领导形成的因素包括：①感知的组织绿色价值观。绿色变革型领导在组织的利己和利他、传统和开放等价值取向影响下对人与环境关系有了新的理解与认识，加深了对生态破坏后果的认识，增强了环保责任意识，从而采取更加绿色的行动。②对新生态范式的认同。新生态范式观点认为应与世界和谐相处，并保护自然。对新生态范式的认同激发领导者进行绿色变革。③组织内部的绿色行为规范。管理者在引导员工转变污染预防态度、遵循环境管理标准、污染行为控制等方面制定的绿色行为规范可以为组织降碳减污的行为倾向提供指引。

（二）绿色变革型领导的作用

绿色变革型领导的作用主要集中在两个层面：组织层面与个体层面。对于组织而言，

①绿色变革型领导能够提升绿色产品开发绩效。绿色变革型领导支持鼓励员工从不同角度思考和解决产品开发过程中产生的环境问题，并充分为其提供个性化支持，从而形成相应的产品开发成果，为企业创造收益来源。②绿色变革型领导能够有效地提升企业绿色行为。尤其是高层管理者会将环保作为组织目标之一，通过提升高级管理者的环保价值观、理念和准则，推动环保理念贯彻和环保措施践行的常态化，从而促进企业绿色管理。对于个体而言，①绿色变革型领导促进了员工的绿色行为。通过多种方法潜移默化地影响员工的想法和激发员工的环保行为，这些方法包括激励员工创新性地解决环保问题、对员工进行环保教育培训、树立环保典范并对其贡献予以奖励。②绿色变革型领导鼓励并支持员工的绿色创造力。绿色变革型领导支持鼓励员工提出个人对环保理念或方法的不同见解，挑战环保方面的陈规。这种情况下，员工就环保议题提出的有用且新颖的想法就不会被扼杀，员工的环保积极性不断提高。

二、绿色道德型领导

（一）绿色道德型领导的内涵

绿色道德型领导指的是着重将环境安全、绿色宜人的领导风格嫁接于道德要求之上的一种领导类型。绿色道德型领导是"以高尚品德统辖必要能力"的领导模式，领导者本身拥有道德品质，并且在其领导工作中展现出正直、诚实、守信的作风。领导者的高尚品德以对群体的责任心为核心，主要包括谦让、廉洁、尊重与关爱他人、坚守正义等。绿色道德型领导者不仅注重自身的品德提升，还通过在工作中彰显对环境和社会的责任感，成为积极的榜样。

一般来说，绿色道德型领导对自身是否遵从绿色理念并将其发展为道德要求的意识较为强烈，同时也衍生出在其领导决策、领导行为方面对员工绿色道德的同等要求，通过奖励和纪律来促进与鼓励员工的道德行为。绿色道德型领导之所以能够影响组织的绿色可持续行为，需要坚持两个基本的价值判断：①绿色人生观。绿色人生观主要体现为适度索取和积极进取。适度索取是节制性地获取组织利益的一种态度，当组织利益和环境利益之间有冲突时优先考虑环境利益。②绿色价值观。绿色价值观认为组织是社会生态系统中的一个子系统。与社会生态系统中的社会系统、经济系统和自然系统相互作用、相互影响。在社会生态系统中，人、组织和自然应当和谐相处。

（二）绿色道德型领导的作用

扩展阅读 5-1　经验借鉴：创始人伊冯成就巴塔哥尼亚

绿色道德型领导的作用主要体现在组织和员工两个层面。在组织层面，绿色道德型领导能够提升企业的社会责任绩效（corporate social responsibility performance）。其有利于形成以下几种行为：①组织的亲环境行为（比如表现出更强的环境维护以及抵制破坏环境的行为）；②绿色创新行为（比如在研发中倾向于保护环境的研究专利等行为）；③亲社会行为（比如更高的企业捐赠行为、救助行为等）；④组织的公民行为（比如企业的守法经营、合规经营等行为）。在员工层面，绿色道德型领导的优势体现在：①激发员工的绿色创新行为；②促进员工之间的知识交换；③降低员工的离职意愿。但绿色道德型领导也具有一定的负面效应，比如他也有可能促进员工的伪装行为，甚至导致员工产生为了迎合领导者的意愿而采取虚假承诺和故意隐瞒不道德行为等不利于企业发展的动机，进而有可能发展为员工的机会主义行为和道德风险。

三、绿色责任型领导

（一）绿色责任型领导的内涵

绿色责任型领导是指从可持续发展理念出发，积极履行环境保护责任和其他社会责任，与组织的利益相关者在绿色互惠互利关系的基础上，以共同的绿色发展目标协调各方的责任和利益，以促进组织绿色发展的领导行为。绿色责任型领导将绿色互利互惠关系的对象由领导者与员工拓展为领导者与组织利益相关者。这种领导风格可以推动领导者与绿色组织利益相关者建立相互合作的信任关系，从而更有效地促进组织可持续发展。

绿色责任型领导包含三个基本要素：①绿色有效性。绿色责任型领导对绿色组织及其利益相关者都有积极影响。②绿色伦理性。绿色责任型领导遵循绿色伦理与绿色道德规范。③绿色可持续性。绿色责任型领导追求组织和社会绿色可持续发展的目标。从理论上看，绿色责任型领导也结合了伦理型领导、道德型领导所共同拥有的一些特质。不同之处在于，绿色责任型领导更强调领导者在领导决策、领导行为和领导风格中对绿色责任的天然追求。绿色责任型领导者似乎存在某种"洁癖"心态，他们往往无法接受其工作的环境、工作的程序存在不环保、不健康、不节约的现象，而且在他们的眼中也很难容忍员工存在这样的工作问题和工作现象。

（二）绿色责任型领导的作用

绿色责任型领导者的影响主要表现在组织和员工两个层面。

对组织的影响而言，绿色责任型领导者强调经济、社会和环境效益的平衡，他们将对这种平衡的追求置于组织环境中，使企业的生产经营活动时刻弥漫着追求绿色责任的情绪，从而将组织的战略决策、经营行为、经营业绩与绿色责任紧密结合。一方面，绿色责任型领导者一般会考虑企业的绿色责任绩效，而不是完全唯利是图；另一方面，绿色责任型领导下的企业会特别强调工作环境的舒适、美观，为企业人员创造令人赏心悦目的工作条件。然而，绿色责任型领导不利于企业在动态环境下获得或巩固企业在市场上的领导地位，这是由于动态环境可能加剧同行业的竞争强度，而唯利是图的企业更容易对追求绿色管理的企业形成压力。

对员工的影响而言，绿色责任型领导者具有对绿色责任的天然认同感，不仅表现在他们愿意承担社会环保责任，还表现在带领员工将环境保护作为核心工作的一部分，并以任务制度化的形式促进员工按照组织期望的行为标准开展工作。在大多数时候，绿色责任型领导者希望自己所认同的绿色责任管理理念能够被所有的员工接受，并使他们也自觉自愿地承担绿色管理的责任。一方面，领导者的绿色责任追求会引发和激励更多的

扩展阅读 5-2 人物小传：严圣军领导天楹矢志践行绿色使命

员工关注绿色责任，严格约束员工的工作行为和工作态度，使他们创造更多的企业价值和企业业绩。同时，领导者的绿色责任追求会促使与员工之间的信息交换，激发员工对组织发展的信心，使他们认为所为之工作的企业具有责任心，会更加公正对待他们的各项诉求。另一方面，绿色责任型领导能够促使员工更关心自己的工作、收入与家庭生活的平衡，从而可能引发员工对企业福利待遇提出更高要求，这在一定程度上会增加企业的管理费用。与此同时，从企业治理效果、治理能力方面考虑，领导者对绿色责任的追求很可能与企业股东利益产生较高的不一致性，从而形成更高的代理行为和代理成本。甚至也有一些研究指出，领导者对绿色责任的过分追求会对员工产生不必要的心理压力，从而使他们束手束脚难以开展工作。

> **思维拓展**：在数字化时代，哪种绿色管理领导风格更适合职场的"00后"？

第三节 绿色管理协调

一、绿色管理协调的内涵和原则

（一）绿色管理协调的内涵

绿色管理协调是领导者通过采用绿色化的策略、方法和实践，促使其领导的组织、活动以及外部环境之间实现协同一致的状态。这种协调旨在通过整合可持续发展原则，有效平衡环境保护、社会责任和经济增长，从而达到绿色化、高效率地完成工作任务并实现绿色目标的目的。绿色管理协调贯穿于组织的各项活动，是实现绿色领导工作的重要保证。绿色管理协调的内容极其广泛。从内部来讲，绿色管理协调包括绿色组织内部各部门之间的协调、绿色组织各项职能之间的协调以及绿色组织中人际关系的协调；从外部来讲，绿色管理协调包括组织同外部环境之间的协调，以及绿色组织外部关系的协调。

（二）绿色管理协调的原则

1. 统筹全局

绿色领导者要具备全局思维，从企业战略层面出发全面考虑问题，以便更好地统筹企业资源，实现全局的协调优化。首先，绿色领导者要抓住对绿色目标产生决定性影响的关键资源，同时兼顾非绿色因素，确保这些因素与绿色资源协调一致。其次，领导者要鼓励不同利益相关者参与共同的绿色项目，从全局视角尽可能吸纳多方诉求。最后，领导者还要始终保持对各种利益关系的敏锐度，确保个人利益服从绿色集体利益，局部利益服从整体绿色利益，短期利益服从长远绿色利益。

2. 综合平衡

绿色领导者在推动绿色管理过程中，需要巧妙地将各个局部职能相互联结，以平衡各方的利益诉求。实现企业的绿色管理目标是一个长期且复杂的过程。首先，绿色领导者需要确保细分目标的协调平衡以及企业内部各部门的目标与整体发展目标保持一致。其次，绿色领导还需要确保企业内部的各个部门、单位和成员能够分工合作、相互配合，以防止出现顾此失彼、互相推诿的问题。最后，绿色领导者还需要在不同部门和层级之间协调绿色管理的进度，确保整体工作的平衡。

3. 主次有序

绿色领导者需要准确地判断绿色管理中的主要矛盾和次要矛盾，分清主次。因此在进行协调时，首先，绿色领导者需要根据总体绿色部署要求，同时结合下属的实际情况，把绿色可能性和现实性有机结合起来，有计划、有步骤地实施绿色管理工作。其次，在管理环节方面，绿色领导者要善于确定绿色管理不同环节的重点工作。从宏观上重点抓好企业绿色管理发展的战略方向、发展规划以及对企业整体发展和指导方向的领导工作；从微观上需要对涉及企业生产源头、过程和末端的资源节约、污染排放控制等关键技术要素进行重点把控。最后，从行业领域方面，生产制造企业是碳排放的重要来源，绿色领导者应当围绕这一重点领域，开展低碳材料的采购、低碳组织的设计、低碳技术的研发和低碳产品制造等主要工作，并协调节约资源、减少污染和保护环境等次要工作有序开展。

二、绿色管理内部协调

（一）绿色组织各部门之间的协调

绿色领导者要建立起与绿色目标相适应的内部组织结构、管理理念和商业模式，同时需要依托组织内部各部门之间的有效协调，以实现绿色管理的效益最大化。例如，组织的绿色管理委员会负责商讨、决定和处理企业有关环保设计、环保制造、战略成本管理等重大问题；组织的环保部门负责制订企业绿色环保计划并将其强化落实到企业的绿色日常经营中。只有充分实现组织内部各部门之间的高效协调，才能将绿色管理理念有效融入企业的价值观、规章制度和行为规范中，从而更好地引导、激励员工的绿色生产和经营活动，建立起组织绿色综合管理运行机制。

（二）绿色组织各项职能之间的协调

绿色领导者会将环保和绿色相关业务原则纳入企业的物流、采购、包装、市场推广、薪酬管理等多个运营系统，在各个部门之间进行领导协调，并对不同业务单位进行适应性调整。绿色组织职能的协调主要涉及绿色利益、绿色目标、绿色冲突、绿色信任和绿色文化等方面，包括部门内部之间和部门内部与外部之间的协调。例如，企业将绿色管理纳入整体战略目标后，薪酬部门可能需要更新薪酬系统、将环境绩效纳入绩效考核指标中，人力资源部门需要加强学习环境管理标准的培训等。

（三）绿色组织中人际关系的协调

绿色领导者要在企业内部积极协调和完善与绿色管理活动相关的人际关系，鼓励全体员工学习贯彻绿色管理思想，塑造企业绿色品牌形象。在具体工作中营造员工参与配合绿色管理活动的和谐人际关系氛围。领导者要保证员工遵从上级领导对环保工作的指挥和管理，不断提升自身的绿色素养。企业领导者不仅要积极与员工沟通绿色管理制度、协调绿色工作流程，还要充分倾听员工对企业绿色管理理念和方式的意见与建议，让每一位员工亲身参与企业和谐的绿色管理人际关系的构建，确保企业全面深入地实施绿色管理。

延伸阅读

实践前沿：中国石油的内外部绿色管理协调

企业履行社会责任，既是实现经济、环境、社会可持续发展的必由之路，也是实现中国石油自身可持续发展的必然选择；既是顺应经济社会发展趋势的外在要求，也是提升中国石油可持续发展能力的内在需求；既是中国石油转变发展方式、实现可持续发展的重要途径，也是中国石油国际化发展的战略需要。中国石油坚持依法经营、诚实守信，节约资源、保护环境，以人为本、构建和谐企业，回馈社会、实现价值共享，致力于实现经济、环境和社会三大责任的有机统一，努力成为更具财富创造力、更具品牌影响力和更具社会感召力的全球优秀企业。

一、建立绿色可持续发展管理系统

可持续发展管理是公司深入推进治理体系和治理能力现代化的重要组成部分。中国石油把建立健全社会责任管理机制作为可持续发展管理推进工作的基础，从制度建设、组织架构和能力建设等方面着手，建立了一套较为完善的绿色可持续发展管理机制。

制度建设：中国石油制定"1＋N"制度体系，以《中国石油履行社会责任指引》作为可持续发展管理的纲领性文件，围绕公司治理、能源转型、绿色低碳、安全生产、产品质量、员工健康和社会公益等方面，持续完善各项工作制度和规范，为可持续发展管理奠定了坚实的基础。

组织架构：中国石油社会责任管理工作委员会负责制定社会责任策略和规划。委员会由一名公司领导担任主任、总部各个部门负责人组成。公司设立了外部专家委员会，通过定期召开沟通会，听取他们对公司社会责任管理与实践方面的专业建议，为公司决策提供支持。在总部设立社会责任管理工作委员会办公室，作为社会责任管理工作委员会的执行机构，负责组织、协调社会责任管理工作的规划和实施等相关工作。公司形成了委员会领导、主管部门牵头组织、业务部门分工负责、各单位全面参与的工作机制，切实保障了公司社会责任理念与规划的推进。

二、加强内部沟通和培训

中国石油坚持应用现代企业培训理念，大力推进"互联网＋培训"挖掘人力资源价值，建立人才培养需求分析，持续创新培训方式，实行多样化、差异化职业培训。2021年，制定《"十四五"员工教育培训规划》，分类分级开展岗位标准化培训建设；以培养创新精神、专业能力和创新创效能力为重点，科学构建岗位培训标准和内容体系，全面提升培训工作的标准化、科学化和规范化水平。中国石油通过以下三个方面实现内部协调。

第一，提高员工的环保意识和技能水平。通过内部沟通和培训，中国石油的员工可以更加深入地了解绿色管理的意义和目标，提高环保意识和技能水平。这有助于中国石油的员工更好地理解和执行企业的绿色管理战略，提高工作效率和环保责任感。

第二，加强部门之间的合作和协调。内部沟通和培训可以让各部门之间的合作更加密切和协调。通过交流和分享经验，中国石油的各部门可以更好地理解彼此的工作内容和需求，进而更好地配合和协同工作。这样可以减少沟通障碍，提高工作效率，同时也有助于实现中国石油的绿色管理目标。

第三，促进创新和改进。通过内部沟通和培训，中国石油的员工可以分享自己的想法和建议，从而促进创新和改进。绿色管理的实施需要不断地探索新的方法和技术，以降低能源消耗、减少环境污染和提高资源利用效率。加强内部沟通和培训可以激发员工的创造力和创新精神，推动中国石油的绿色发展。

中国石油积极开展社会责任领域的相关研究，制订和实施社会责任培训与教育计划，推进与国内外有关机构的交流，持续提升公司全员社会责任认知和履责能力。

资料来源：中国石油天然气集团有限公司. 2022企业社会责任报告[R]. 2022.

三、绿色管理外部协调

（一）绿色组织外部环境的协调

1. 绿色政策环境协调

在绿色产业市场中，绿色组织的领导者需要考虑外部环境的协调，特别是与绿色政策的关系。绿色政策在很大程度上影响着企业的绿色战略、绿色经营和绿色营销策略。这些政策包括约束型、激励型和引导型政策，它们对企业的绿色发展具有重要影响。因此，绿色组织需要协调运用不同类型的绿色政策，以确保其绿色管理在政策框架内得以合理展开。这样的协调努力有助于绿色组织更好地适应外部政策环境，取得更显著的绿色成果。

第一，领导者要考虑当前的绿色政策环境以及重要的政策节点，在制定绿色战略、经营和营销策略时遵守绿色法律法规。这些政策可能对企业产生直接的制约或激励作用。例如，绿色生产企业需要评估绿色政策对其生产成本和生产流程的影响，然后根据政策的要求协调内部的生产结构和流程。第二，领导者也要考虑绿色政策链条，将绿色政策相互衔接。为了确保环保政策落实，绿色政策环境通常涉及多部门和地区联动，影响企业上下游的供应、采购和需求，以及客户受政策影响后的需求变化。因此，领导者有必要推动组织与各利益相关者合作制定相应战略，联合发力推动问题的解决。

2. 绿色经济环境协调

绿色经济环境是企业管理活动的外部经济条件之一。在绿色经济的转型过程中，伴随着绿色经济发展水平、绿色行业发展状况以及绿色企业数量方面的波动，企业管理所处的宏观经济环境也发生了深刻变革。面对这些变化，领导者需要灵活适应并引领企业应对绿色经济环境带来的变化。

领导者在这一背景下，需要面对双重挑战。第一，他们需要协调解决绿色经济环境变化与企业生产发展之间的潜在冲突。这可能包括资源配置调整、生产流程优化，以确保企业不仅在环保方面取得进展，还能实现经济可持续性发展。第二，领导者需要妥善处理企业与消费者需求之间的矛盾。在绿色经济背景下，消费者对环保、可持续产品的需求逐渐增加，这要求企业调整产品定位和市场策略。领导者需要确保企业产品与服务能够满足这些新兴环保偏好，从而在市场竞争中保持竞争力。

然而，领导者不仅应将绿色经济环境的变化视为挑战，还应将其视为机遇。他们可以借助数字技术，如大数据分析、人工智能和云计算，构建以生态经济为主体的产业生态链，推动企业向绿色、智能方向发展，从而在创新中寻找新的增长点。领导者还应与外部利益相关者密切合作，如监管机构和行业团体，共同探讨绿色发展方向。这种合作有助于了解外部环境的预期和要求，从而更好地调整企业战略和运营。

3. 绿色社会环境协调

绿色社会环境包括一个国家或地区的绿色文化、绿色价值观念，如生态文明观和文明发展观，尊重自然、崇尚自然、保护环境、促进资源可持续利用的理念。在传统片面追求经济增长的发展模式中，绿色社会群体可能长期被忽视或排斥，缺失了发展和壮大的机会。领导者在协调绿色社会环境的过程中，可以通过一系列的策略来弥补这一不足，实现社会环境的多元和可持续发展。

在领导企业绿色转型的过程中，领导者要通过包容和赋权协调绿色社会环境对组织的影响。具体而言，领导者要创造高包容性的绿色组织，赋予绿色社会群体发言权，使企业能够倾听并回应他们的声音，从而支持绿色社会群体努力塑造自己和组织的未来。通过赋权，绿色社会群体能够成为绿色发展方案的计划者，积极参与并对企业的绿色管理作出贡献。领导者可以通过改善服务和基础设施来实现绿色社会群体的潜力发挥，如投资绿色基础设施、提供可持续的公共服务和鼓励开展绿色社会项目，同时也为绿色社会环境提供更好的支持平台。这不仅有助于提升绿色社会群体的生活质量，也能促进其参与绿色组织的经济活动，甚至推动整个社会的绿色管理。

4. 绿色技术环境协调

绿色技术环境的综合体是在影响企业生产经营、营销过程及效率的基础上，结合绿色技术的应用，为企业实现可持续发展提供重要支持。绿色技术并非仅仅指单一的技术，而是包括多个技术领域或方向的综合体。因此，协调绿色技术环境需要领导者从战略角度出发，重视企业的宏观和微观绿色技术战略布局。宏观层面，领导者应充分考虑企业所处的宏观经济形势、资源可用性和环境压力等因素，以确定适合企业的绿色技术发展路径。微观层面，领导者应根据企业的目标市场、核心竞争优势、研发能力等微观环境因素，精准地确定绿色技术的发展方向和优先领域。

当前，大数据等技术深刻地改变了企业生产要素的组合方式，为企业绿色技术的创新提供了宝贵的机会。在这种背景下，企业可以运用数字技术来改进生产管理方式，将绿色管理理念贯穿于整个生产过程，从而提升生产管理的效率，进而推动绿色低碳发展水平的提升。例如，以新兴的云计算技术替代传统的 IT 基础设施可以有效地降低能耗和提高效能。数字技术为绿色发展导向下的网络化、系统化、精细化管理创造了有利条件。

数字技术能为企业绿色转型数据提供完整、保密和安全的可靠保障，并且具有较高的数据传输效率。例如，蚂蚁森林与上海秉坤合作开发的数字化绿色平台，将绿色能量收取和兑换等作为品牌会员的一种权益，让用户的低碳行为变得可量化、可追溯、可传播。

> **思维拓展**：大数据技术方法在外部绿色管理协调中有何优势？

（二）绿色组织外部关系的协调

1. 绿色组织外部机制协调

绿色组织外部机制协调主要强调在绿色组织与外部相关者之间建立有效的协调机制，以促进合作、协调和沟通。绿色组织外部机制的协调对象主要包括政府、媒体、消费者、交易伙伴等。管理者可以通过以下三个方面更好地实现与外部相关者之间的有效协调。

（1）建立合作伙伴关系。绿色组织可以与其他组织、政府机构和非政府组织等携手合作，共同推进绿色事业的发展。这些合作伙伴可以提供资金、绿色技术、绿色市场渠道等多种资源，促进绿色组织的可持续发展，并为绿色组织提供更广泛的社会认可和支持。

（2）参与绿色行业协会和组织。积极参与可以帮助绿色组织提高绿色市场的整体竞争力，并与其他相关者建立更广泛的合作关系。这些组织可以为绿色组织提供信息、交流机会和合作平台，促进绿色技术的研发和应用，从而帮助绿色组织更好地把握绿色市场机遇，提升绿色组织在绿色市场中的竞争优势。

（3）加强信息共享和沟通。绿色组织可以与其他相关者交流绿色技术和经验，及时准确地收集、传递信息，更好地了解绿色市场需求和趋势，进而提高组织的反应速度和适应能力。

总之，绿色组织外部机制协调旨在建立良好的合作关系和沟通渠道，通过建立合作伙伴关系、参与绿色行业协会和组织、加强信息共享和沟通等方面的协调，绿色组织可以更好地实现与外部相关者之间的有效协调和合作。

2. 绿色组织外部利益相关者协调

绿色组织在外部管理方面需要综合考虑政府法规、媒体沟通、消费者需求以及合作伙伴协作等因素。

（1）与政府部门的协调。绿色组织需要遵守环保法规和政策，以确保其经营活动的合法性和规范性。这需要绿色组织密切关注政府法规的变化，及时调整自身的经营策略和行为。

（2）与媒体的沟通协调。绿色组织必须与媒体维持良好的互动与合作关系，借助媒体广泛的影响力来积极传播组织的环保和可持续发展的理念。这不仅有助于提升公众对组织的环保和可持续发展的认知，还能有效提升组织在绿色市场中的影响力。

（3）与消费者的沟通协调。为了深入了解消费者对绿色产品的认知和需求，绿色组织应积极开展市场调研和数据分析，以便能够精准地把握消费者的期望，进而研发和生产出满足消费者需求的绿色产品。

（4）与合作伙伴的协调。绿色组织需要与供应商、客户、合作伙伴等建立紧密的合作关系，组建专业的合作团队，共同推动绿色管理和环保项目实施，实现经济和环境的双赢。

绿色管理外部协调需要注意以下事项：绿色组织在采取相关措施时必须遵守法律法规和商业准则，并自己进行合规审查；与媒体合作时，每位员工都代表着企业的形象，需要熟悉企业的各项环境目标，以确保信息传播的准确性；在与消费者互动时，每位员工都应能够针对消费者关心的绿色信息提供解答，并协助解决问题；与交易伙伴合作时，每位员工要能够建立跨企业、跨组织的绿色合作关系。

第四节　绿色管理整合

一、绿色管理整合的内涵和特征

要实现绿色管理目标，仅仅发挥自身各种资源的作用远远不够，还必须发挥各种资源的有机组合所形成的整体作用，因此必须进行绿色管理整合。

（一）绿色管理整合的内涵

绿色管理整合是针对两个或多个要素，基于它们之间的相同点或相异点进行组合或重组，使其共有资源达到最佳的绿色组合状态。例如，农业生产活动整合资源生产人类所需要的各种产品，创造"塘基种桑、桑叶喂蚕、蚕沙养鱼、鱼粪肥塘、塘泥壅桑"的高效人工生态系统，通过合理配置资源的数量和比例，使各要素之间协同作用，产生整体性的积极效应。在某种程度上，绿色企业的使命就是激活绿色生产力的潜力，整合各种资源来实现绿色管理，绿色管理整合的过程和结果不仅是绿色资源合理配置的过程，还在动态调整和完善中使企业系统中的现有资源充分发挥其应有作用，这样既满足生态可持续需要，又能实现经济利益的双赢局面。绿色管理整合包括内部绿色管理整合和外部绿色管理整合。

（二）绿色管理整合的特征

1. 系统性

生产一种特殊绿色产品或完成突击性绿色生产任务，需要对原有组织和分工进行调整，或者组建临时指挥和执行机构。组织形式和办法一般包括紧密型组织和松散型组织，以及行政办法、经济办法和合同办法。不论采取什么形式和办法，都需要系统性地组织和利用人力、财力和物力等各要素，使得生产、供应、销售各环节相互衔接、密切配合，最终以较少的资源消耗获得最大的绿色效益。

2. 最优性

绿色管理整合的目标是实现绿色效果最优，而不仅仅是追求经济效益最大化。一般组织由于资源配置涉及成本，因此往往在管理方式和方法上体现整合管理的经济性，即以最低的交易成本实现相同的经济效果，或以相同的交易成本实现最优的经济效果。然而，绿色组织在合理控制资源配置成本的基础上最大限度地发挥其功能，实现绿色计划、绿色设计、绿色控制和绿色管理决策的最优化。绿色效果最优是绿色系统科学方法的核心问题，是处理绿色系统问题的出发点和归宿。因此，绿色管理整合的目标是达到全局绿色效果最优。

3. 动态性

绿色管理整合的动态性特征主要表现在整合活动所处的绿色环境与组织是实时变化的，需要消除资源配置过程中的各种不确定性和非绿色化流程。事实上，虽然各个绿色组织有着类似的绿色目标，但是组织人员从事的行业、所处的客观环境与具体的工作条件不同，导致每个绿色组织资源配置的差异性。因此，绿色管理整合既要在理论层面确认依据，也要基于实践随机应变，随时调整改善。这不但需要对绿色实践进行总结或对传统理论进行推演，更重要的是在特定状况下对绿色管理进行具体问题具体分析。

二、绿色管理内部整合

绿色管理内部整合是绿色企业根据绿色优化组合的原则，对内部产品和业务单元进行重新调整与配置的过程，涵盖了绿色产品、绿色人力资源、绿色信息资源、绿色财务资源以及绿色技术资源等方面的整合，从而有效地提升企业在绿色领域的竞争力。

（一）绿色产品整合

所谓绿色产品整合就是企业对绿色产品进行重新拼接组合，对非绿色产品进行绿色升级，从而设计制造出新的绿色产品来满足社会需要的过程。绿色产品整合目标包括：①节能化，即开发使用清洁能源或高能效产品。如"奥克斯"生产新一级能效空调。②低污染化，即优先发展无污染、保障生态平衡的产品。如沃尔玛增加无农药、低污染的绿色蔬果产品。③高能化，即通过绿色产品功能多样化整合扩大适用范围。如洗化品牌"绿伞"生产兼具去污、杀菌、除螨的低磷酸盐含量的洗衣液。④多样化，即通过绿色产品的交互整合，开发多品类的绿色产品。尤其要综合利用主要产品的副产品和废料，生产多种绿色产品。⑤简化，即通过产品的逆向整合或应用新技术，简化产品功能和结构，去掉不必要的功能，减少产品零部件和包装，实现绿色化。整体而言，绿色产品整合是企业不断创新的过程，它旨在将绿色理念融入产品设计、制造和运营的各个方面，从而实现可持续发展和环保目标。

绿色产品整合方法包括：①挖掘绿色市场潜力。企业可优化绿色产品质量，建立良好的口碑；积极参与环保公益活动，增强消费者对企业的认同感；提升绿色产品的功能性，提升消费信心；通过技术创新、生产效率等手段降低产品价格，吸引更多消费者购买；提高绿色产品的交货速度和履约率，为客户创造更好的购物体验。②调整绿色产品结构。其包括减小传统制造业的比重、逐步淘汰产能过剩的高排放产品等。同时，积极推进高新技术和服务业务的发展，减少企业的能源消耗和碳排放。企业还应注重发展环境友好型、绿色驱动的低碳产业，如生态农业、森林碳汇产业等。此外，企业可以探索循环经济，提高低碳产品在整个产品组合中的比重。③开拓绿色新市场。面对市场饱和、竞争激烈和需求下降等不利情况，企业首先要确定绿色产品的特点、优势，然后通过绿色品牌建设、技术创新、业务模式创新等方法满足消费者对绿色产品的新需求。④开发多样化绿色产品。企业可根据绿色新市场的需求，整合可持续材料和技术，设计并生产三类绿色产品：在原产品基础上加以改进的绿色产品、重新设计的绿色产品、颠覆传统功能和技术的新概念绿色产品。

（二）绿色人力资源整合

绿色人力资源整合指通过绿色技能培训、绿色知识测试、绿色能力评估等方式对现存人力资源进行结构性优化、重组以挖掘绿色潜能的系统工程。而对绿色人力资源这一系统工程整合的关键在于将"人"作为核心对象，其具有三大特点：①多渠道性。绿色人力资源的获取和保留的实现并非只有招聘和提薪等传统方案，而是通过多渠道的整合，对社会各领域资源渠道充分挖掘的结果。②多角色性。绿色人力资源整合不仅要求员工承担传统盈利责任，还需要以多样化、多角色技能为组织绿色管理贡献力量。③多层次性。绿色人力资源整合要求组织内部从基层人力到高层人力的全面绿色转换，由高层人力绿色行为推动基层人力绿色管理；反之，通过基层人力绿色行为为高层提供基础动力。

绿色人力资源整合具体方法涵盖绿色人力资源开发和绿色人力资源调配两大方面。先经由绿色人力资源的充分开发，为组织提供客观的人力保障，才能进一步进行人力资源调配，使绿色人力资源最大限度地充分利用：①绿色人力资源开发。绿色人力资源开发指要科学合理、充分自由地投入和利用资源，通过树立绿色人力资源管理理念、实施绿色招聘、加强绿色培训、建立绿色绩效考核体系以及加强绿色文化建设等措施，实现绿色人力资源的整合和开发，为企业推动绿色管理提供有力支持。②绿色人力资源调配。绿色人力资源调配的重点在于科学、合理配置人力资源。通过制订绿色人力资源规划、优化绿色人才配置、建立绿色人才库、实施绿色人才引进计划、加强绿色人才开发以及建立绿色人才激励机制等措施，实现绿色人力资源的调配与企业绿色资源的整合。此外，绿色人力资源整合意味着企业需要在不同职能部门之间建立跨界合作，促使员工在绿色领域的知识、技能和经验得到分享和传递。

（三）绿色信息资源整合

绿色信息资源整合指通过数字技术将复杂信息收集起来，通过筛选将有用信息综合运用于绿色企业系统的过程。这一过程涵盖多个层面，不仅涉及企业内部的绿色信息资源整合，还包括企业间的绿色信息资源整合。一方面，在企业内部，借助数字技术和信息技术手段，可以对企业各部门、各业务单元的绿色信息资源进行整合、归纳与分析，实现信息的互通互联和协同共享。这涵盖了企业内部的绿色数据信息整合、绿色流程信息整合、绿色应用信息整合、绿色实施评估信息整合以及绿色管理知识整合等多个方面。另一方面，在企业之间，通过绿色供应链协同、企业合作等模式，实现企业间的绿色信息共享和协同合作。这包括企业与绿色供应商、客户、合作伙伴之间的绿色信息共享和协同，也包括企业与政府部门、行业协会等组织之间的绿色信息共享和协同。

绿色信息资源整合方法流程主要包括绿色信息资源收集、绿色信息资源分析与绿色信息资源传播三大方面：①绿色信息资源收集。通过结合数字化技术，以数据、信息智能挖掘为支撑，将线上线下双渠道的信息进行整合以便高效地对绿色信息进行探索、收集和整理，是目前绿色信息资源收集的主流方向。②绿色信息资源分析。在绿色信息资源分析时，应多方面、多角度考虑信息可用性的延展范围，而不仅仅局限于单一盈利目标，还应考虑社会效益和自然效益，把信息所体现的社会属性和自然属性充分挖掘出来。③绿色信息资源传播。绿色信息资源传播应充分利用多渠道的特点，整合线上线下、平台个人、官方非官方等各个渠道，对企业组织的绿色信息进行有效的宣传和推广来树立绿色企业形象。

（四）绿色财务资源整合

绿色财务资源整合是一种将企业内部已有的财务资源以绿色的形式进行重新组合，使现有的财务资源得到充分的可持续发挥，以吸引新的管理效能增量，提高企业未来绿色效益的过程。与传统的财务资源整合所不同的是，绿色财务资源整合在注重成本管理、风险控制等基础要求之上，强调对财务资源的绿色规划整合，其财务资源整合后的协同效应应在绿色环保方面得以突出。为此，绿色财务资源整合应注重以下三个原则：①保证成本效益。绿色财务资源整合的最初目的依然无法摆脱盈利的原则，其应在保证预期基础效益大于所需成本的基础上谋划绿色财务效用。②协调性。在进行绿色财务资源整合时，应对绿色利益与基础盈利之间的关系做好充分协调，形成以盈利为基准、以绿色为导向的财务资源整合模式。③创新性。与传统财务资源整合不同，绿色财务资源在围绕企业组织核心能力和竞争优势进行整合的同时，需要考虑财务在绿色方面的创造性应用，深入开拓企业绿色局面。

绿色财务资源整合主要从三个方面着手：①制订绿色财务资源整合计划。在绿色财务资源整合计划的制订中，需要突出强调企业对社会和自然的正向反馈行为，将企业盈利与社会效益、自然效益相联系，在整合计划制订中要融入对绿色理念的理解体现。②设计适合绿色财务资源整合的组织形式与框架。在绿色财务资源整合中应充分考虑外部利益相关者的作用和性能，形成以组织为中心、绿色利益相关者支持的双向组织形式，使财务资源得到充分、高效的流转与整合。③执行整合并持续关注给予反馈。持续的监督与反馈是绿色财务资源整合持续进行的必要手段，采取前馈、同期与反馈控制并行的控制手段，以有效避免绿色财务资源整合中各种冲突的产生；同时对执行部门的整合进度进行反馈，以有效助推绿色财务资源整合的进展。

（五）绿色技术资源整合

绿色技术资源整合是对企业的各种绿色技术和绿色工艺进行有机组合。绿色技术资源整合是绿色技术创新的一个关键环节，它不是简单地将各种绿色技术进行堆积叠加，而是把企业的一系列绿色技术和工艺进行选择、配置、协调、取舍、组合和优化，从而形成新的核心技术资源体系，为更高效的企业绿色管理提供技术支撑。进一步而言，绿色技术资源整合将企业内部各种绿色技术资源相互连接融合，构建出一个功能强大的绿色技术整体系统支持的绿色管理运营，是企业绿色管理信息化的关键支撑。绿色技术资源整合不仅可以将企业内部绿色管理相关的业务集合化，减少企业内部资源的重复利用，降低企业的管理运营成本，还可以更快、更好地为企业客户提供绿色服务，进一步优化绿色技术的管理效率，保障企业信息数据安全。

绿色技术资源整合的途径包含：①合理调配技术资源。明确企业对绿色技术资源的需求，洞察绿色技术资源调配的方向和目标。企业需要对绿色技术资源整合进行充分的内外部调研。在进行资源调配的过程中，注意甄别和把握绿色技术资源整合的机会，调配绿色技术专业人才识别、获取和分析有助于绿色技术资源整合的信息。并且要注意技术资源调配整合过程对企业的影响，预留一些绿色技术资源作为应对整合时突发情况的备用资源。②部门技术交流协作。从绿色技术资源最终服务于企业整体来看，绿色技术资源整合需要协同企业内部多个部门的利益和需求，也就是需要跨部门的合作与交流。因此需要建立跨部门协作整合机制，及时沟通或共享绿色技术和绿色工艺整合的信息和交流意见，协调各部门的利益冲突，提高整合效率。③搭建技术整合平台。建立企业内部统一的绿色技术数据平台，将绿色技术和绿色工艺信息及时、准确地传递给企业内部相关成员，帮助企业成员更好地理解和运用各种技术资源，降低技术整合的成本，为整合工作提供支持，同时提高企业绿色管理中的资源利用效率。

三、绿色管理外部整合

绿色管理外部整合是绿色企业对周边组织所拥有的优势资源和业务进行调整和合并的过程。这一过程旨在提升企业在绿色领域的竞争实力，并加强对绿色产业的控制能力。限于篇幅，这里主要探讨绿色供应链整合和绿色渠道整合两块内容。

（一）绿色供应链整合

1. 绿色供应链整合的内涵和作用

绿色供应链整合反映了供应链整合思想在绿色管理实践中的应用。沃尔夫（Wolf）2011 年提出"可持续供应链整合"的概念，其核心在于通过整合产品与服务流、信息流、资本与决策流，实现环境、经济和社会可持续性，为多个利益相关者提供最大价值（江怡洒和冯春文，2022）。目前，学者们普遍将绿色供应链整合定义为"企业与供应链伙伴在环保方面的战略合作，通过协同管理组织内外的流程，以提升环境绩效"。图 5-1 展示绿色供应链整合全流程，包括供应商、采购、制造、分销物流到消费的生产运营管理，以及客户管理，分别对应供应商、内部和客户绿色管理整合。

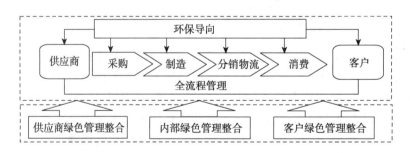

图 5-1　绿色供应链整合全流程

内部绿色管理整合打破部门壁垒，实现不同部门在战略、决策和运营等层面的同步，有利于识别和应对生产中的潜在环境问题。外部绿色管理整合主要涵盖供应商和客户绿色管理整合。供应商绿色管理整合帮助企业源头控制产品质量，减少污染物和废弃物排放，降低环境风险。客户绿色管理整合帮助企业理解环保标准和绿色市场需求，实现共同环保目标，促进生态设计、清洁生产、绿色包装和产品回收合作，减少碳排放。

绿色供应链整合能够对绩效产生积极影响。多个制造业的实践证明，企业可以通过绿色供应链整合来解决环境污染与能源消耗问题，进一步改善环境、财务和社会绩效。在绿色供应链整合中，企业可以通过增强供应链上的信息共享、积累社会资本以及加强绿色创新等方法，达成具有可持续性的绩效目标。在数字化时代，绿色企业可以利用数字技术推动绿色供应链的线上与线下融合，整合与绿色供应链相关的市场、政府和消费者信息，以促进绿色供应链进一步整合发展。然而，绿色供应链整合也可能对绩效产生负面影响。传统供应链整合研究揭示了整合的一些潜在风险，包括在与客户和供应商的合作中存在的冲突、权利与依赖关系等，这些因素将可能导致双边关系的恶化与破裂，增加了企业运营的风险性和不确定性。因此，绿色供应链整合也应注意抵制潜在的负面作用，如在绿色供应链整合耗费较长周期的情况下，需要格外留意绿色市场机遇，以规避承担丧失市场时机付出的成本；通过利益协调、信息协调等尽可能规避冲突所引发的合作伙伴外部供应链关系恶化，以及可能导致的整体绿色供应链竞争力削弱的问题。

> **思维拓展：**你认为绿色管理整合与传统管理整合最大的区别在哪里？

2. 绿色供应链整合的内容

将绿色组织内部管理和绿色供应链管理有机地融合，可以从五个关键维度考虑：产品、计划、程序、人员和项目（即 5P，product，plan，process，people，project）来实现整合。该 5P 辐射整合模式从经典的营销组合中提取了"产品"这一关键维度，并在可持续发展的背景下被赋予新的内涵。同时，在供应链管理中，计划和程序维度为战略与操作层面提供了成功所需的因素。此外，人员这个维度受到了现代供应链和运营管理理念的启发，鼓励个人勇于承担更多绿色责任。最后，项目维度允许本书更具体、更充分地说明前述的五个维度。绿色组织内部管理和外部供应链管理的多维整合如表 5-2 所示。

扩展阅读 5-3 实践前沿：国网冀北公司的绿色供应链管理整合

表 5-2 绿色组织内部管理和外部供应链管理的多维整合

整合维度	意　　义	合理性
产品	了解产品的哪些绿色效益对消费者至关重要；创新产品，帮助消费者更环保地生活；实施产品生命周期管理策略	通过提升可持续供应链的产品创新能力和产品全生命周期对环境和社会影响的管理能力，满足消费者对绿色产品的需求
计划	将绿色目标纳入经营战略；规划实现绿色目标的资源	确保可持续供应链具备有效的策略和资源来满足消费者的绿色需求
程序	制定规章和程序，以提高资源效率和减少业务浪费；鼓励供应链上的其他成员，如供应商、合作伙伴和消费者，采取更加环保的方式运作	通过与消费者密切合作来确保可持续供应链在降低环境和社会不利影响方面的作用，如在逆向供应链中，消费者能够有效帮助企业进行产品回收管理

续表

整合维度	意　义	合理性
人员	照顾所有利益相关者，即不仅是股东的经济利益，也包括社区的社会利益和员工福利	确保客户的绿色利益不会因供应方的经济利益而受到损害
项目	使用现有的或开发新的绿色管理项目，作为执行前五个维度的具体工具	项目可以是最有效的范例，弥合消费者对产品的绿色需求和供应商的能力，并让所有人参与可持续推广和规划的过程

3. 绿色供应链整合的策略

（1）基于产品的绿色供应链整合策略。采用以产品为基础的整合策略的企业通常拥有注重环境的产品，它们为自己生产产品的供应链能力和发现客户需求的敏感性感到自豪。企业应致力于提供符合绿色消费者期望的创新产品，将绿色理念应用到产品的设计、生产、包装、销售全流程方面。例如创新节能产品和减少碳排放的创新产品，并在产品中使用可回收/可重复使用的材料。其他基于产品的整合策略包括：减少产品包装，提供产品回收服务，尽量减少产品中有害物质的使用。

（2）基于计划的绿色供应链整合策略。采用基于计划的绿色供应链整合策略的企业往往对可持续发展有长期的抱负和承诺。基于计划的绿色供应链整合策略主要包括：制定明确的环境和社会措施，并将这些措施作为企业经营业绩的关键绩效指标；为长期能力发展（如人员和技术）需求编制预算；主动将不环保和不道德的行为转变为更环保和更道德的行为。提前规划不仅意味着对环境法规和社会规范作出反应，还蕴藏着对未来市场需求的预测和预先行动。

（3）基于程序的绿色供应链整合策略。程序是可持续供应链必须具备的关键能力，以满足绿色客户的需求为导向，重点是"走自己的路"和"做正确的事"。基于程序的绿色供应链整合策略主要包括通过回收、再利用、翻新和再制造的创新流程寻求"卓越运营"，提高能效和精益生产制造流程；利用数字技术合理规划生产流程，消除浪费的业务流程，减少资源消耗，提高能源利用率以及降低碳排放。

（4）基于人员的绿色供应链整合策略。高层管理人员对绿色供应链整合的许可和承诺是企业成功的关键因素。供应链整合归根结底是人的整合，让尽可能多的员工参与组织的绿色供应链整合，努力实现可持续发展目标。这一过程主要包括汇集各利益相关方的观点和贡献。无论是供应方（即可持续供应链的成员）的管理团队，还是需求方（即绿色营销方）的管理团队，都需要始终作为一个团队互动和合作。

（5）基于项目的绿色供应链整合策略。在行业中起到主导作用的大企业往往将基于项目的绿色供应链整合视为法宝。它们利用环境和社区项目作为传播工具，向目标受众传达它们的环境和社会立场。这主要包括：建立新的环境项目，提高企业的绿色声誉；投资社区项目，吸引更多绿色消费者；参与国家和政府主导的环境和社会项目，获得绿色证书和绿色资质；更加灵活地调配组织内外部各项资源。

（二）绿色渠道整合

1. 绿色渠道整合的内涵

绿色渠道整合是在各个渠道疏通联合，形成一体化营销网络的基础上，将绿色可持续的概念融入渠道整合行动，并将其付诸实践，产生渠道间绿色协同的营销效用，并提高绿色营销业绩。绿色渠道整合并不是单一地将绿色理念告知各个渠道商，而是对各个渠道间合作的广度和深度提出更高的要求，只有渠道间良性、高效的合作才能催生绿色理念在其中发挥作用，否则便会由于渠道间绿色理念和利益等非绿色要素之间产生冲突导致绿色渠道整合的失败。

另外，绿色渠道整合所面对的组织并非只适用企业与其渠道商，更面临二者的利益相关者的挑战。不同的渠道对应着不同的目标客户，但渠道整合往往对渠道商之间的联合性有着较高的要求，并且渠道商之间有着一定的利益冲突，这就需要企业联合其利益相关者一同促成渠道的整合，使渠道间绿色效益与渠道间经济效益达成良态平衡，形成绿色整合式渠道。

2. 绿色渠道整合的策略

（1）企业与渠道商应树立绿色客户导向理念。渠道的建立旨在更好地满足顾客的不同需求，而绿色渠道不仅是为了服务绿色导向的消费者，还是为了使非绿色消费者向绿色导向转化而存在。绿色渠道整合不仅以更快捷、更高效地满足目标客户需求为出发点，还应在实施过程中充满绿色内涵，因此企业与渠道商应转换经营理念，以可持续发展的思维设定渠道整合模式，以绿色管理为服务客户的先导观念。

（2）企业与渠道商形成绿色顾客管理模式。绿色顾客管理模式是为了保证绿色渠道整合可持续进行的必要选择。只有对现有顾客与潜在顾客需求进行保留式与探索式并行的顾客管理模式，并加以绿色消费经营理念，绿色渠道整合的效用才能最大化地体现出来，渠道这个"蓄水池"才能真正地将顾客这种"水"给蓄起来，如果没有良好的绿色顾客管理模式，渠道便没有输出方向，更无法形成绿色整合。

（3）企业推动渠道间形成良好的绿色协作模式。为了达成绿色渠道整合，渠道商必须抛弃曾经可能会导致渠道竞争的利益至上原则，向合作共赢、互惠互利的模式转变，在此基础上融入绿色可持续的理念，使得渠道经营的每一步都以低碳、低排放等绿色形式进行。为此企业应发挥助推者而不是领导者的作用，在充分给予渠道间整合自主性的同时，界定绿色渠道整合边界，推动并协调各个渠道的绿色运作。

本章小结

绿色领导力是影响组织和员工实现长期绿色可持续发展的能力。本章主要介绍了绿色领导力、绿色领导风格、绿色管理协调和绿色管理整合。绿色领导力主要包括绿色思维能力、绿色计划能力、绿色组织能力、绿色指挥能力、绿色激励能力、绿色协调能力、绿色整合能力、绿色沟通能力、绿色控制能力。这些能力要求领导者个人结合自身绿色观念、价值追求、学识认知、绿色实践、工作经历以及行事准则形成独具特色的领导风格。绿色领导风格在企业实施绿色管理、实现企业可持续发展战略中具有重要导向作用，主要的绿色领导风格有绿色变革型领导、绿色道德型领导和绿色责任型领导。为了使绿色组织的各个组成部分之间，以及它们同外部环境之间协同一致、相互配合，需要绿色领导者对绿色管理工作进行有机的内外协调和高效的内外部整合。

核心概念

1. 绿色领导力（green leadership）
2. 绿色变革型领导（green transformational leadership）
3. 绿色责任型领导（green responsible leadership）
4. 绿色道德型领导（green ethical leadership）
5. 绿色管理协调（green management coordination）
6. 绿色管理整合（green management integration）

本章思考题

1. 绿色领导的核心任务是什么？
2. 绿色领导有哪些作用？
3. 绿色变革型领导如何提升绿色竞争力？
4. 举例说明绿色管理协调的特点有哪些。
5. 绿色管理协调和绿色管理整合有什么联系和区别？

本章实训指南

本章综合案例

中车以体系为基引领"双碳"目标

中国中车集团有限公司（以下简称"中车"）是全球规模领先、品种齐全、技术一流的轨道交通装备供应商。作为自主创新的典范，中车制造的高铁被称为亮丽的"国家名片"。2022年，中车成为首批中国工业碳达峰"领跑者"企业。

一、科学顶层设计，"6G"引领"双碳"目标

中车迅速响应国家"双碳"目标要求，完整准确全面贯彻创新、协调、绿色、开放、共享的新发展理念，总结百年发展实践经验，剖析自身特点与基因禀赋，形成了符合自身发展方向的"6G"（第六代移动通信技术）绿色理念，这是中车对新发展理念的具体诠释和丰富延伸。"6G"理念相互关联，融会贯通：绿色投资是发展源泉、绿色创新是动力引擎、绿色产品是立身之本、绿色制造是普遍形态、绿色服务是发展增量、绿色企业是品牌形象。

在"6G"绿色理念的驱动下，中车联手顶级专业团队，应用成熟模型开展全价值链碳盘查。立足宏观、中观、微观三个层面，设定高、中、低三种增长情景，科学预测营业收入和碳排放，量化分析碳排放路径，绘制中车的双碳时间表、路线图。2021年，中车率先发布了《中车碳达峰碳中和行动计划》。

锚定碳中和目标，中车成立"双碳"领导组和工作组，增设"双碳"推进机构，将绿色低碳要求和"双碳"行动内容纳入"十四五"战略规划，并在建设世界一流企业的实施方案中提出具体要求。在构建全价值链碳排放核算体系基础上，中车统筹系统规划，完善"1＋10＋N"双碳行动体系，"1"是《中车碳达峰碳中和行动计划》，"10"是"双碳"行动方案、碳指标考核管理、三碳技术运用和产品低碳化、绿色低碳供应链、能碳智云管控平台等10个碳中和"路线图"，"N"是所有一级子公司碳减排方案"施工图"。

二、打造数字化列车，焕新低碳交通

中车以"双碳"目标、交通强国战略为引领，不断提升自主研发制造能力，加快推进产品更新迭代。中车依托国家级重点实验室等六个创新平台，打造产学研用的协同研发模式，面向"管、用、修、服"需求，融合云计算、大数据、5G等新技术，从智能行车、智能服务、智能运维三个方面构建了智能列车技术平台，研制了面向全球、涵盖不同速度等级的智能产品，产品智能化战略转型取得丰硕成果，涌现出时速600千米磁浮、雅万高铁、中老铁路"澜沧号"等领跑世界的产品。同时，中车按照"装备一代、研制一代、预研一代、探索一代"的路径做足前沿技术储备。与高校共同研发的复合材料"超级铜"，可以将20 kW电机铜耗降低12.33%，按照全国10%的电机估算，一年可以节省180亿度电，相当于葛洲坝电站一年的发电量；具有全球引领性的原创轨道车辆弓系转向架产品，亮相2022年柏林车展，较传统焊接式构架转向架减重达30%，消除了焊接、涂漆等制造工序的碳排放；推出的下一代碳纤维地铁列车，实现了碳纤维材料在车体、转向架构架、司机室等车辆主承载结构上的规模应用，与采用传统金属材料的地铁相比，整车重量减轻13%，每千米节电1.5度；时速600千米的高速磁浮列车以无摩擦、低噪声等优势，成为未来低碳零碳轨道交通的更优选择。

中车基于全生命周期理念，以一体化服务为定位，为用户提供定制化绿色低碳解决方案，打造中车特色的"产品＋""系统＋"业务新模式，共促绿色低碳交通发展。为青岛地铁线路实施的 TACS（基于转通信的列车自主运行系统）改造，是"产品＋"业务模式代表，绿色低碳示范效果明显；芜湖项目是中车为客户提供投建营一体化系统解决方案的经典项目，车辆配备自动再生能量回馈系统，每月回馈电能31.2万度，全线配置了3.2兆瓦的光伏系统，月均发电60万度；2023年巴西国际铁路装备展览会上，中车展示的"城轨云平台""车辆智能维护系统"等一体化的"智慧列车"全生命周期服务系统是中车智能、绿色一体化轨道交通系统解决方案服务理念的具体呈现。"产品＋""系统＋"的提出是中车从产品供应商转向系统解决方案提供商和全生命周期服务商的重要举措，为有效推动中车"6G"绿色理念的贯彻实施提供了新动力。

三、全面绿色升级，精准数智控碳

2015年，中车有近百台燃煤锅炉，一年用煤50万吨，二氧化碳的排放量高达87万吨。面对严峻的环境保护和能源资源利用压力，中车大刀阔斧完成了能源结构调整，系统谋划建立了绿色制造体系，数字引领实现了智慧精准控碳，制造全过程绿色低碳属性

不断提升。

2019年，《轨道交通装备制造业绿色工厂评价导则》企业标准出台。经过多年实践，中车充分考虑自身企业多、发展不平衡、产业链长、产品生命周期长等特点，以能源环保运行评价和实现碳达峰为发展基座，以建设绿色工厂、开发绿色产品、打造绿色供应链、树立绿色示范园区为提升阶梯，以多维度综合评估企业绿色发展水平的量化绿色指数为引导中柱，形成了中车特色的"旋梯形"绿色制造体系。以用地集约化、原料无害化、生产清洁化、废物资源化、能源低碳化、资源能源利用高效化的"六化"标准，创建了14家中车级绿色工厂、21家国家级绿色工厂，实现了制造过程由环境风险管理，向环境友好、数字低碳的转变，向高效、低碳、循环的绿色制造体系转变。

2021年，中车自主研发的能碳智云管控平台正式上线运行。平台以数字化转型战略为指引，汇集了中车全球350余家企业的能源和碳排放数据，占中车能耗总量80%的66家企业实现了能源数据实时采集和碳排放数据在线核算。建立了当量产品标准和计算模型，实现了单位产品产值能耗和碳耗在线对标对表，能碳数据可视、绩效可知、结果可控。能源管控与关键设备效能监控系统已在30家子企业深入应用，实现关键设备、重点单耗、工序产线、站房控制、精细管控、环能融合等在线诊断，通过优化管理流程，挖掘节能潜力，降低生产成本，提高设备效率，改进工艺技术，提升产品质量，提高智造水平，助力制造全过程的数字化转型。

四、深化全链协同，打造低碳数字化生态工厂

中车作为现代产业链建设企业，对全产业链减碳有着强烈的责任感、使命感和紧迫感，在落实固链、补链、强链、塑链和优化生态五大重点任务中，明确子产业链及链核、链环、链辅企业的低碳要素，探索构建了全产业链上下游联盟的绿色低碳协同机制，引领全价值链减碳降碳。

构建上游引导机制，培育绿色低碳供应商。中车积极深化绿色低碳供应链体系建设，制定原材料及零部件制造、上下游运输等五大类别供应商的碳排放核算方法，建设中车产业链、供应链协同平台，发布以全链碳核算、供应商培育、绩效量化、评价分级、体系互联、结果互认为特点的绿色低碳供应链管理和供应商等级评价标准。4家子公司已成为国家绿色供应链管理企业，5家子公司正在按照中车标准实施试点示范建设，建设完成后将培育出百家以上的绿色低碳供应商，充分发挥中车对供应商降碳的引领、协同作用。

构建下游赋能机制，提供低碳解决方案。根据全价值链碳排放数据分析结果，中车高度关注遍布六大洲的产品运行及报废处置碳排放，主动融入、服务低碳交通运输体系。分析产品碳足迹，制定典型产品运行碳排放的核算与评价方法，为产品的升级、迭代降碳提供数据支撑；推进生态设计，将低碳、零碳、负碳技术指标纳入产品开发和技术创新评价体系，促进产品节能降碳，与深圳地铁集团联合研发国内首台地铁列车全碳化硅牵引逆变器，列车综合能耗降低10%以上；根植低碳思维，将全生命周期减碳理念运用于"产品＋""系统＋"一体化交通解决方案中，着重考虑双碳指标和能量管控等问题，推进"零碳车站""零碳服务"示范建设，实施的墨西哥城地铁1号线项目，以高度的社会效益和环境效益，获评全球十大PPP（政府和社会资本合作模式）项目经典案例。

在数字化方面，中车四方针对轨道交通装备的制造特点，以生产现场八大浪费为着

手点，基于全价值链和业务流程，聚焦作业单元的组合、平衡、分析和改善，实施产业链数字化升级，打造数字化精益生产作业模式。

规划指引航线，创新引燃动能，融合赋予新机，变革激发活力，协同成就梦想。认真贯彻落实国资委对标世界一流管理提升行动部署要求，坚持"绿色、智能、柔性、透明"理念，全力打造数据驱动型企业，打通供应链、技术链、智造链、服务链四个链条，推动企业从"数业融合"走向"数字赋能"，从管"业务"向管"业务＋数据"转变，企业效益和劳动效率显著提升，实现了管理升级和高质量发展。在国家"双碳"目标的引领下，中车将主动扛起使命担当，充分发挥自身核心优势，继续深入低碳零碳实践，并将"零碳能源点亮生活，零碳交通连接世界"作为"双碳"实践的梦想追求，矢志不渝，笃行不怠。

资料来源：中国工业经济联合会. 国家名片，低碳领跑：中国中车集团有限公司——"工业碳达峰"优秀企业系列报道二十六[EB/OL]. (2023-05-11). https://mp.weixin.qq.com/s/IaLgBMpAdScZhZJwm5LxzQ；中国中车集团有限公司. 中车四方：以体系为基 精益为魂 从数业融合走向数字赋能[EB/OL]. (2023-05-15). http://www.sasac.gov.cn/n4470048/n13461446/n15390485/n15769618/c27880789/content.html.

案例思考

1. 中车引领"双碳"目标的科学顶层设计体现在哪些方面？

2. 为实现绿色可持续发展，领导者需要具备什么特质、采取何种领导风格？

3. 面对复杂多变的内外部环境，企业在绿色管理变革实践中如何实现向内整合和向外整合？

第六章

绿色组织文化

◆ **本章导语**

只有让绿色可持续发展成为企业文化和价值观，企业才能成为真正的绿色企业。

◆ **本章引例**

新时代上海石化如何厚植绿色文化？

一、绿色文化建设背景

党的十九大提出牢固树立社会主义生态文明观，把生态文明建设作为新时代坚持和发展中国特色社会主义的基本方略之一，明确提出"创新、协调、绿色、开放、共享"的新发展理念，坚持节约资源和保护环境的基本国策，实行最严格的生态环境保护制度。中国石化上海石油化工股份有限公司（以下简称"上海石化"）作为地处上海这个国际化大都市的中国石化下属企业，由于 2015 年 6 月上海金山地区实施环评限批，"十三五"发展规划的相关项目没有及时推进，装置布局和产业结构未能得到优化升级，亟须总体规划整体提升，提高本质环保水平。鉴于以上形势，企业只有将改革发展与绿色文化有机融合，在推动和实现绿色发展上责无旁贷、矢志不渝，才能在贯彻中央生态文明建设和美丽中国建设重大战略中，实现企业的高质量可持续发展。这不仅是企业当前谋求生存的迫切需要和实现未来发展的必然要求，也是切实履行政治责任和社会责任，为全国生态文明建设做出榜样和示范的行动指南。鉴于此，上海石化将绿色企业文化和绿色发展理念根植于每一名员工心中，使其成为全体员工的行为准则，让率先垂范践行绿色生活成为精神追求。

二、绿色文化体系内涵

上海石化近年来大力实施绿色企业行动计划，着力推广绿色文化理念，开展绿色文化主题实践活动，引领绿色低碳发展。

（1）树立绿色文化理念。奉献清洁能源、践行绿色发展，建设"清洁、高效、低碳、循环"的绿色洁净能源化工企业，与周边社区、自然环境和谐共生共处。

（2）明确绿色文化建设思路。一是广泛开展绿色主题宣传教育和实践活动，强化氛围营造和典型选树，推动绿色文化理念入脑入心。二是坚持以最先进的环保指标、最严格的质量指标、最高效的用能指标为标准，大力推进环保治理和产业升级，实现绿色发展。三是倡导绿色办公、绿色生活理念，树立节约意识、养成节约习惯。

（3）科学制定绿色文化评价体系。上海石化作为国有企业，根据石化行业特色和上海市标准，评价绿色文化带来的成效主要是"四看"：一看企业文化是否融入中心工作。领导干部和员工是否树牢"生命第一、安全第一、环保第

一"理念，在装置开停工、检维修等过程中，是否做到了"气不上天、油不落地"，保证了绿色生产。二看生态环保数据是否不断进步。这包括主要污染物总量、厂区边界VOCs（volatile organic compounds，挥发性有机物）浓度是否有显著下降，企业生产运行的技术经济水平是否不断提升，企业绿色低碳发展实力是否显著增强。三看企业发展前景是否不断向好。石化企业的项目通过社会稳定风险评估和环境影响评估，这都需得到地方政府和周边群众的充分认可。四看员工心理状态是否积极向上。企业文化通过影响员工思想、心理状态，决定员工行为，最终也决定着企业命运。在此基础上，制定执行《绿色文化评价细则》，以7大类28项评价指标明确100分的总分要求，只有获评90分以上方能获得参评绿色企业资格。

资料来源：上海企联.【企业文化】厚植绿色文化 为美好生活加油 中国石化上海石油化工股份有限公司[EB/OL]. (2021-10-30). https://mp.weixin.qq.com/s/FtS_xvmIj-xZvZS3BEEgEg.

引例思考：企业绿色文化建设可以从哪些方面或路径入手？

本章知识结构图

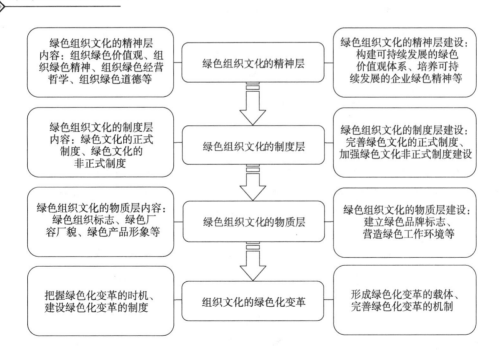

绿色组织文化是企业在长期生产经营实践中形成的为全体员工所认同遵循、具有本企业特色的、对企业成长产生重要影响的、对节约资源、保护环境及其与企业成长关系的看法和认识的总和。绿色组织文化是以节约资源和保护环境的绿色管理理念为核心，

依托我国传统的生态文化、组织管理文化和组织绿色实践形成的特有文化。绿色组织文化不仅从精神上启迪组织成员对绿色管理理念的认同和实践，也从文化制度上规范和指导组织的绿色实践，有利于落实党的二十大提出的"倡导绿色消费，推动形成绿色低碳的生产方式和生活方式"精神。本章从不同文化层次出发，主要介绍绿色组织文化的精神层、绿色组织文化的制度层、绿色组织文化的物质层和组织文化的绿色化变革。

第一节 绿色组织文化的精神层

一、绿色组织文化的精神层内容

绿色组织文化的精神层面是绿色组织文化最重要的部分，主要包含组织绿色价值观、组织绿色精神、组织绿色经营哲学、组织绿色道德、组织绿色行为准则和组织绿色风气等（图 6-1）。绿色组织文化有助于增强组织成员环境意识，引起组织成员对环境保护的精神共鸣和思想认同，激励组织成员采取绿色行动。绿色组织的形成和完善、绿色管理理念的传播和传承无不依靠绿色文化在精神层面的感染和浸润。

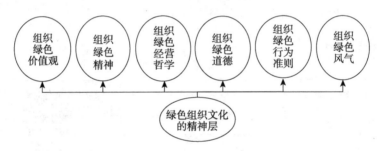

图 6-1　绿色组织文化精神层的主要框架

（一）组织绿色价值观

组织绿色价值观亦称"环境价值观"，是以环保、可持续发展为中心的价值观念，是企业伦理中环境伦理所需坚持的价值观。对于企业而言，只有树立正确的组织绿色价值观，将绿色价值观作为自身与自然之间联系和解决冲突的桥梁，才能实现可持续发展。

企业的绿色价值观主要包括三个方面。首先，确立组织与自然和谐相处的可持续发展观，组织成员应坚持顺应自然规律的价值观念；其次，确立价值理性与工具理性相契合的生态科技观，要求企业对科技的运用与生态环境相容，对于在可持续发展中遇到的问题，既要从科学和技术的角度进行分析与理解，又要在生态价值和意义上进行判断和评价，尤其要重视科学技术自身包含的道德价值；最后，确立组织自我完善与环境现实关联的生态实践观，开展有利于环保实践的绿色运动，积极倡导受欢迎的绿色消费和绿色生活方式。

企业管理实践中，众多企业纷纷树立自己的绿色价值观。例如，中国宝武将"诚信、创新、绿色、共享"作为企业新的核心价值观，新价值观中"绿色"被赋予了三个层面的内涵：一是体现中国宝武切实履行"双碳"的承诺；二是显示企业大力提升社会对钢铁的绿色认知；三是体现企业注重知行合一和行为养成，做"绿色工作"的践行者和"绿色生活"的倡导者，努力使绿色成为全体中国宝武员工、利益相关方乃至生态圈伙伴工作和生活方式的底色。又如，国家电投将"绿色、创新、融合，真信、真干、真成"作为价值观，立足绿色价值观持续调整产业结构，节能增效、减排降碳，实现能源综合利用节能低碳高质量发展。

（二）组织绿色精神

组织绿色精神是组织及其成员在绿色管理方面所表现出的一种理念、态度，是对绿色管理理念的高度认同和追求，旨在实现人与自然的和谐共生，推动组织的长期可持续发展。绿色精神是绿色文明时代组织必备的精神特质，是企业在实践过程中充分认识和理解可持续发展的基础上形成的，是被企业员工所认可和共同坚守的精神思想。这种绿色精神是企业及其员工经过不断的实践发展和检验所建立的，根植于员工的心中并将之发扬光大，最终推动企业的长远发展。组织绿色精神包括绿色环保精神、绿色可持续发展精神、绿色健康精神和绿色人文精神等。

众多企业在日常运营中不断探索和建立绿色精神，这种精神成为凝聚员工的有力工具，并激励着员工落实环保。例如，天能电池用实际行动倡导绿色低碳出行，以关键技术和强大实力为低碳亚运会赋能，全面弘扬"绿色亚运"精神的同时，逐步塑造了组织共同的绿色精神。蒙牛在乌兰布和沙漠开展治沙行动，通过种植绿色植物和建造水库，十几年时间将附近200多平方千米沙漠变成绿洲。

（三）组织绿色经营哲学

组织绿色经营哲学是把环保节能的理念融入组织经营的全过程中，要求企业的经营理念、经营思想、经营过程立足于环境保护，从根本上解决企业经营所带来的环境危害，在融入过程中逐渐形成绿色经营管理方法论和哲学精神思想。它要求企业或组织在经营管理的全过程中，包括绿色营销、绿色生产、绿色采购、绿色物流等，都要充分考虑经济、社会和环境三方面的平衡发展，以实现经济效益、社会效益和环保效益的有机统一。

众多企业逐渐重视并把绿色经营哲学作为生产经营和管理活动的方法论原则，从绿色采购、绿色制造、绿色产品、绿色物流与回收等环节入手，持续降低生产制造及运营中的环境影响。例如，完美企业的绿色经营哲学就是将"绿色"环保理念融入企业运营的血脉中，以"发展绿色企业，珍惜地球资源"为核心，着重强调绿色无污染环保理念，推动绿色运营。浪潮集团的绿色经营哲学是"将绿色低碳理念贯穿数据运行的全过程"，致力于为客户提供绿色低碳产品和解决方案，打造绿色数据中心的同时，积极将绿色低碳理念贯穿到自建的云数据中心中，致力于为政企上云提供低碳的云服务。蒙牛集团的绿色经营哲学是"将绿色理念融入生产经营的每一个环节，打造牧场、工厂、储运等全流程的绿色产业模式"，用实际行动证明了绿色经营哲学对企业长远发展的重要价值。

（四）组织绿色道德

组织绿色道德是以"绿色发展、无公害、无污染"为核心思想，在组织内部形成的一种环境道德规范和信仰，是企业在生产经营活动中自觉承担的保护自然环境的道德责任。企业倡导的道德规范，不仅包括基本的善恶标准，还包括环境相关的社会道德或企业社会责任。当企业的生产销售活动与自然环境存在利益冲突时，只有坚定不移地坚守绿色道德底线，才能实现高质量的可持续发展。它是一种具有约束力和引导力的道德规范，能够引导和约束组织及其成员的行为，为实现环境保护、资源节约和可持续发展作出积极的贡献。

新时代的企业不仅要有基本道德意识，还要注重绿色道德的培养和形成，强调员工在企业发展过程中，遵循减少组织活动对环境的破坏、珍视保护自然资源、自觉遵从保护环境的需要以及合理开发利用资源能源等道德规范。长城集团将环境责任纳入自己的道德要求中，围绕环境、社会、企业三个维度搭建了一套社会责任管理体系，不断倡导节能环保，构建节约型组织，实现在新时代绿色道德要求下的转变。

（五）组织绿色行为准则

组织绿色行为准则是组织在运营活动中，为了保护环境、节约资源和实现可持续发展而采取的一系列行为规范和行动准则。它是企业将可持续发展理念运用于具体行动的延伸，是代表企业或行业绿色低碳可持续发展的原则性行动标准。企业的绿色行为准则代表着经营管理活动在可持续发展方面的约束标准和原则，规范着员工的工作内容和工作行为，时刻提醒着企业及其员工认同和承担的社会环境责任，包括遵循生态优先、保护环境的行为准则等。

众多企业制定了组织绿色行为准则，重视员工在日常工作中的环保责任落实。例如，松下集团发行的《绿色采购准则》推进了与供应商之间有关环境保护责任的交易合作，制订了由全体员工参与实践的环境行动计划"绿色计划2018"，要求员工在日常采购活动中与供应商共同遵守注重环境保护的采购准则。吉布达伟士公司制定了可持续发展行为准则，为员工在日常业务中实施绿色行为提供标准，以促进企业更好地承担环境责任。

（六）组织绿色风气

组织绿色风气是组织内部形成的一种注重环保、资源节约和可持续发展的风气和氛围，表现在员工对环保节约的积极情绪、心理和态度。员工简约适度、绿色低碳的精神面貌会使组织形成全体崇尚节约的浓厚氛围，成为组织约定俗成的行为规范，是绿色组织文化在员工的思想作风、传统习惯、工作方式、生活方式等方面融入绿色环保思想的综合反映。

众多企业多措并举，不断推行简约适度、绿色低碳的理念，努力形成崇尚节约、低碳环保的浓厚氛围。例如，中国农业银行在全行上下形成节能降碳、绿色管理的良好风尚，大力推进数字化转型，积极推行绿色办公、实施绿色采购，倡导绿色出行，大力培育绿色文化，引导员工积极参与绿色公益和环保志愿服务，争做美丽家园建设的践行者和守护者。孚能科技（软包动力及储能电池生产商）坚持走绿色低碳的高质量发展之路，以"提供绿色能源，构建智能世界"为使命，将可持续发展融入组织管理的日常，在全体员工之间树立低碳环保的新风尚。

上述六方面相互影响、相互促进，从不同维度体现企业的绿色文化精神。代表性企业的绿色组织文化的精神层内容如表 6-1 所示。

表 6-1　代表性企业的绿色组织文化的精神层内容

精神层内容	代表性企业的绿色组织文化精神层体现
组织绿色价值观	阿里巴巴：推动形成基于生态文明的绿色低碳新企业文化
	中国宝武：诚信、创新、绿色、共享
	国家电投：绿色、创新、融合，真信、真干、真成
	吉布达伟士：独立、可持续发展、承诺和卓越服务
	闲鱼：打造无闲置社会，践行绿色生活方式和消费文化，让社会资源得到充分利用和均衡发展
组织绿色精神	天能：弘扬"绿色亚运"精神
	蒙牛：践行治沙植绿和 ESG 战略实践，守护"绿色中国"
	晋能控股集团：以"创新、绿色、卓越、高效"为企业精神
组织绿色经营哲学	京东：秉承绿色可持续发展理念，深信在气候变化带来风险的同时，低碳、绿色发展趋势也给企业转型发展带来了各种机遇
	快手：致力于保护生态环境，践行绿色可持续发展的经营理念
	完美企业：将绿色环保理念融入企业运营的血脉中
	浪潮集团：将绿色低碳理念贯穿数据运行的全过程
	蒙牛集团：将绿色理念融入生产经营的每一个环节，打造牧场、工厂、储运等全流程的绿色产业模式
	长城汽车：始终秉承全产业链低碳环保的理念，坚持绿色、清洁能源的研发与投入，成为绿色能源革命的主力，为保护绿色地球持续作出贡献
	曹操出行：将绿色低碳概念贯穿其核心经营理念和用户运营当中，以服务社会、保护环境为己任，积极推动绿色出行的理念，并在实践中不断探索和创新绿色发展道路
	理想汽车：将绿色运营理念贯穿于产品设计、生产运营、物流运输等各个阶段
组织绿色道德	伊利集团：坚持"绿色生产、绿色消费、绿色发展"三位一体的发展理念，以对社会履责的实际行动贯穿企业发展始终
	长城汽车：将环境责任纳入自己的道德要求中，围绕环境、社会、企业三个维度搭建社会责任管理体系
	字节跳动：低碳发展，应对气候变化；绿色运营；绿色科普与宣导，科普绿色知识，倡导绿色发展
绿色行为准则	广汽集团：制定《广汽丰田环保行为准则》，坚持开展"开源节流，降本增效"活动，集团通过制定更细致的作业规范与流程，提升工作效率、品质，在日常营运和办公的过程中贯彻"节约、绿色、环保"的理念
	小鹏汽车：对员工开展环境审计，在工作中贯彻落实节约资源、节约能源的绿色办公行动
	亚马逊云科技：连中外、襄百业、携伙伴、促绿色
	谷歌：帮助用户选择更环保的出行方式
组织绿色风气	广汽集团：倡导"绿色办公"，通报批评浪费行为，嘉奖和宣传节约事迹，促进形成节约风气
	中国农业银行：全行上下形成节能降碳、绿色发展的良好风尚
	孚能科技：全体员工之间树立低碳环保的新风尚
	曹操出行：绿色智慧出行成为一种社会生活新常态

二、绿色组织文化的精神层建设

绿色组织文化的精神层建设主要是引领企业全体成员以绿色作为共同信守的基本信念、价值标准、职业道德和精神风貌，从精神层次将绿色文化融入日常工作中，促使其在生产经营中自觉地形成良好的绿色行为方式。从精神层内容来看，企业绿色文化的精神层建设可从以下几方面着手。

（一）构建可持续发展的绿色价值观体系

首先，必须把绿色价值观与自身的经营观念和战略目标相融合，确保在企业发展的全过程中始终贯彻绿色理念。其次，需要将绿色价值观与企业匹配融合。应该对企业所属环境的变化有一个清晰统一的认知，对自然客体的状况有一个正确认识，在此基础上确定绿色价值观是否确实符合企业主体的需要，以及客体的属性是否能够满足组织可持续发展的需要，从而推动统一的绿色价值观体系构建。再次，要教育、引导和鼓励员工贯彻企业的绿色价值观，让全体员工都能达成绿色价值观的精神文化共识，为企业实施绿色文化提供更加坚实的后盾。最后，抓住数字化转型的契机，以绿色价值观带动企业数字化转型，建设绿色智慧的数字生态文明。

（二）培养可持续发展的企业绿色精神

首先，要培养员工的主人翁精神。通过让员工积极加入凝聚环保共识的绿色精神建设中，使员工以主人翁的态度对待自己的工作，提升环保意识和自觉。越具有主动性倾向的员工越容易采取节能减排行为，越容易在工作中体现出勤俭节约的精神，从而减少或杜绝生产中的浪费。其次，应通过绿色精神教育培训，让员工充分了解企业绿色文化理念和社会整体大趋势下的绿色化发展前景。这将帮助员工建立对于企业绿色精神的深刻认同，将绿色精神内化于心、外化于行，形成认同感、荣誉感以及责任感。最后，要加大组织内部绿色宣传的力度。通过口号、格言等通俗易懂的形式，同时融合数字化工具及时让员工对企业绿色精神建设进行实时关注，并将其渗透到员工的思想中引发其对环境保护的共鸣，形成强大的精神动力。

（三）遵循可持续发展的绿色经营哲学

随着可持续发展的现实需要，企业必须及时调整自己的经营哲学，以顺应绿色文明时代的发展趋势。①企业应该确立正确的、符合时代特征、适合企业实际的低碳环保经营哲学。②企业应将绿色经营理念与员工的职责相衔接，使员工了解如何以正确的方式进行经营，以实现绿色环保的目标。在经营过程中，企业要树立"绿色发展"的经营哲学思想，并将其贯彻到生产和运营的各个方面，它涉及企业管理的各个方面和过程，要求在企业运营中时时处处考虑环保、体现绿色。这是企业实现可持续发展目标的根本途径。

（四）形成可持续发展的绿色道德自觉

员工是推动企业绿色文化发展的主体，员工的道德自觉是企业实施绿色文化的重要推动力。企业的绿色道德建设要注重整体统筹的实践方式，使绿色道德存在于每一个员工的心中，成为企业全体员工共同的责任和实践指导。首先，要对员工进行企业环境保护的道德培训，如环境、健康与生产安全等方面的道德培训，使员工了解和熟悉国内外相关环境保护、清洁生产、循环发展等道德知识，掌握有关有害物质处理、环境事故预防以及其他环境知识，提升企业员工环保意识和环保道德素质。其次，组织多样化的企业绿色文化活动，提升企业员工对绿色管理的理解和认知，培育其正确看待自然规律的态度和世界观，进而形成尊重自然并愿意在工作中践行绿色的道德自觉。最后，在企业绿色道德的建设过程中重视社会的道德舆论监督与评价。企业可以借助社会视角的绿色道德监督与评价，促进员工进行深层次的绿色环保意识调节，从而影响员工的行为。通过以上措施，企业可以培养出具备绿色道德自觉的企业员工，从而推动企业朝着可持续发展的目标迈进。同时，这也将有助于建立健全绿色文化，给社会和环境带来更大的福祉。

（五）构建可持续发展的绿色行为准则

构建可持续发展的绿色行为准则是一个长期而系统的工程，需要企业全体员工坚定不移地将其贯彻到企业发展的全过程中。首先，构建可持续发展的绿色行为准则是在原有准则基础上的优化。因此要在企业的原有准则基础上增加有关可持续发展的绿色行为准则。这些准则应该具体可操作，并通过实际例证来清晰地指导员工在各种情况下如何应用这些绿色行为准则。其次，在构建可持续发展和长远方向的绿色行为准则时，企业需要对外部环境和内部员工进行调查分析，根据生态环境变化、政策调整、社会可持续发展需求和企业自身发展需要设计适当的行为准则。最后，还要着眼于企业可持续发展的中长期战略，将社会利益追求考虑在内，有步骤、有方案、有计划、有重点地践行绿色行为准则，促进企业绿色可持续发展。总之，构建可持续发展的绿色行为准则需要企业全体员工的共同努力，以确保这些准则在企业的各个方面得到落实。

（六）营造可持续发展的绿色风气

要形成绿色风气盛行的企业绿色文化，就要全员发动，达成共识，获得全体员工的支持。首先，管理者要在企业管理中大力提倡与绿色管理相关的低碳、环保、节约等良好风尚，积极示范并确保这种绿色意识贯彻于企业的方方面面。其次，采取从下到上和从上到下相结合的方法，认真开展绿色风气构建和推广研讨活动。让每个员工参与其中，发表观点并贡献自己的想法。通过这些积极的交流和互动，共同形成全员参与的绿色文化。最后，内部活动和激励措施是营造绿色氛围和风气的有效工具。举办绿色知识竞赛、开展绿色项目的评选和奖励制度，或者通过绿色积分兑换奖品等方式，激励员工参与和支持绿色管理。这些措施可以激发员工的积极性，形成积极的绿色文化氛围。

思维拓展： 你能想到哪些创新性的绿色文化精神层建设方式？

延伸阅读

市场动向：扬子江药业集团以绿色文化促高质量成长

走在扬子江药业集团（以下简称"扬子江药业"）的厂区里，迎面而来的是翠绿的苍柏、整齐的草坪、娇艳欲滴的各色花朵，仿佛徜徉在一个景色优美的花园里，满目的自然景观让人心旷神怡。据了解，扬子江药业仅总部厂区里，就有植物种类120多种、大小树木1万多株，绿化覆盖率在45%以上。

"保护环境是企业最大的社会责任，我们决不能以牺牲环境为代价换取经济效益，要为子孙后代留下青山绿水！"扬子江药业董事长徐镜人说，要增强推进企业生态文明建设的自觉性，依靠科技创新助力环保，树立行业绿色标杆，促进企业绿色高质量发展。这也是扬子江药业在发展过程中树立的绿色发展理念。

保护生态环境、建设生态文明具有重大意义。推进绿色发展，加强环境保护，是企业必须履行的责任。在加强环境治理、走绿色发展之路方面，扬子江药业责无旁贷担负起环保主体责任。

一、履行环保主体责任

"环保责任大于天，发展生态文明，建设绿色企业，是扬子江药业积极践行低碳经济、绿色制药的承诺。"负责企业环保工作的总经理助理沙琦表示，作为中国制药行业的领军企业，扬子江药业积极响应有关号召，全力支持中央环保督察工作，以积极姿态迎难而上，采取一系列举措，处理好经济发展与生态环境保护的关系，实现企业高质量发展与环境保护双赢。

为加大环保工作组织领导力度，扬子江药业成立了总经理任主任的环保管理委员会，按照"管业务必须管环保""管生产经营必须管环保""属地管理、分级负责、防治结合"的原则，严格落实企业环保主体责任，建立健全自我约束、持续改进的内生机制，全面提升企业环保管理水平。

为将环保责任压紧、压实，扬子江药业与各子公司负责人签订了环保目标责任状，明确环保管理过程和结果相结合的指标，将环保工作质量作为评价子公司绩效的主要内容之一。此外，各子公司还把环保目标责任层层落实到各部门，集团建立飞行检查机制，每年对各子公司开展两次审计，至少开展两次飞行检查，并对废水、废气治理设施的排放口进行抽样检测。

建设项目环境影响评价是建设项目的合法"身份证"和准入文件。扬子江药业建立了建设项目环境影响评价全生命周期管理流程及管理机制，推行建设项目"环保终身制"，项目相关负责人对建设项目的环保合规性终身负责。

持续开展环保自查与改进并形成常态化，是提升环境管理绩效的有效手段。当前，有关部门正在推进各行业换发新版排污许可证。在制剂类、中药类制药行业新版排污许可证核发技术规范出台前，扬子江药业提前布置相关准备工作，组织各子公司对每个排污环节进行全面摸底排查，对污染物所有项目开展全检，全面掌握污染物达标排放情况，及时发现存在的问题，落实整改措施，使企业环保工作持续改善，环境管理绩效持续提升。

二、践行清洁生产理念

"问渠那得清如许，为有源头活水来。"扬子江药业不但始终坚持"质量是设计与生产出来的"这一理念，而且提出"环保也是设计与管控出来的"管理理念，并将该理念推广至全集团。

在新产品研发阶段，扬子江药业坚持环保优先，全面推行清洁生产理念；选用绿色工艺合成路线，采用无毒、无害或低毒、低害的原材料。在建设项目设计阶段，对污染物治理设施开展顶层设计，如废水实施分类收集，污水管道实施明管化，从源头上消除废水污染环境的风险。在污染防治方面，始终坚持清洁生产与末端治理相结合、综合利用与无害化处置相结合的原则，全面提升集团环保管理水平。

三、推行专家治厂科学治污

扬子江药业始终将环境保护摆在突出位置，把环保作为企业发展的基础。在确保污染物设施持续稳定达标排放的基础上，扬子江药业坚持推行"科学治污、精准治污"，大大降低了污染物总量的排放。积极践行泰州市政府及环保主管部门推行的"专家治厂、科学治污"新模式，与外部环保专家型人才合作，并引入第三方单位"环保管家"的优质服务，指导集团环保管理工作，重点强化对治污关键领域、特征因子的管控，使集团环保管理向精细化转变、零缺陷迈进。

四、建设花园工厂提升形象

幸福生活不只在于丰衣足食，也在于碧水蓝天。扬子江药业把加强员工环保理念和培训宣传工作作为重要抓手，制定了一套完善的内部培训机制，有针对性地提升员工的环保意识。企业每年针对中高层管理人员开展数次环保法规、政策培训，并且已成为常态。

如今，扬子江药业已逐步建设成为国内首屈一指的花园式企业，成为泰州市著名工业旅游景点，每年到企业参观、考察的人络绎不绝。高大挺拔、郁郁葱葱的树木不仅是岁月的见证，而且是扬子江药业坚持绿色发展、落实环保主体责任的最好体现。

2018年11月，该集团一家子公司主动邀请当地居民代表走进企业参观座谈。居民代表参观了物料仓库、提取2号车间、污水处理中心、化验室等场所，了解了药品生产的各个环节以及污染物处理的全过程后，对扬子江药业保护环境、建设生态文明的做法赞不绝口。

"江苏省环保先进企业""江苏省环境友好型企业""泰州市绿色等级企业""泰州市环保示范企业"……扬子江药业在环保工作上收获的荣光，见证了一个"绿色制药"先行者走过的足迹。

"没有地球的健康，就没有人类的健康。"徐镜人说。"环保文化生活""厂区就是花园""企业就是家园"的绿色文化氛围，已在扬子江药业蔚然成风。如今，扬子江人正一鼓作气，奋进在高质量发展的绿色大道上。

资料来源：刘良鸣，李忠泉. 深植环保理念争做行业"绿巨人"——扬子江药业集团促进企业绿色高质量发展纪实[N]. 中国医药报，2019-01-28；以绿色理念促优质成长，扬子江药业集团着力绿色发展[EB/OL]. (2023-09-26). https://baijiahao.baidu.com/s?id=1778095693905919328&wfr=spider&for=pc.

第二节 绿色组织文化的制度层

一、绿色组织文化的制度层内容

绿色文化制度是为促进绿色管理、保护生态系统、实现企业绿色转型而制定的制度体系。企业建立绿色文化的前提是有严格的绿色文化规章制度，这些规章制度将企业的绿色管理理念、环保意识融入企业文化中，并通过具体的管理制度、行为规范等方式呈现出来。绿色组织文化的制度层主要包括绿色文化的正式制度和非正式制度。

（一）绿色文化的正式制度

绿色文化的正式制度是企业内部对绿色文化具有明文规定和详细解释的相关制度，旨在规范和约束员工行为，保障企业绿色文化的落实。绿色文化的正式制度能够确保整个企业分工协作，有序、高效地运转，是整个绿色文化体系中非常关键的一环。绿色组织文化的正式制度主要包括以下几个方面。

1. 绿色文化制度总则

绿色文化制度总则是绿色组织文化制度中具有总领性、概括性的条文，在制度整体中发挥总领作用，以此为基础指导制度的建设、落实、反馈和完善。绿色文化制度总则始终要体现正确处理人与自然、人与人关系的价值观念，贯彻可持续发展理念，为组织绿色制度的实施奠定基础。其主要包括绿色组织文化制度的目的、原则、作用、意义以及绿色文化制度适用范围及使用方法。

2. 绿色文化组织制度

绿色文化组织制度是对绿色文化管理机制、管理方法以及管理机构设置的规范，是建设绿色文化的依据，是企业运营过程中贯彻可持续理念的保证。其主要包括：确定相关领导体系和组织机构，明确企业绿色文化各层级管理组织、成员组成以及将绿色文化融入管理体系中，设置负责绿色组织文化实施的专职部门（或其他部门兼任）。绿色文化组织制度使企业从组织机构的设置、各部门职能职责的规范、各项流程制度、管理办法等方面融入绿色组织文化，确保组织更加可持续、绿色、节约、规范地运行。

3. 绿色文化培训制度

绿色文化培训制度是将企业绿色可持续理念与员工培训相结合，旨在为不同层级和职能部门的员工提供相关培训，以促使他们及时了解并吸收企业绿色文化，帮助员工理解企业绿色价值观和绿色行为规范等，在工作中更好地融入绿色理念。绿色文化培训制度主要包括培训流程、培训方式、培训对象与培训内容等几个方面。通过制定和实施绿色文化培训制度，企业能够为员工提供必要的绿色知识和技能，引领他们积极参与绿色管理的实践，并在日常工作中践行企业的绿色文化。

4. 绿色文化传播制度

绿色文化传播制度是为了规范企业绿色文化的传播和实施而制定的一套规定，其通过制度化的方式向内部员工和外部大众传递绿色组织文化。绿色文化传播制度的主要内容包括确定传播对象（内部和外部）、传播渠道和方式（例如环保研讨会、环保人物事迹宣传、典礼和仪式、设置环保内刊、组织环保文娱活动），以及规划传播渠道和建设传播平台等。绿色文化传播制度不仅有助于企业内部各项绿色工作的推进，也有助于企业与外部社会建立起良好的互动关系，共同构建一个更加环保和可持续的社会环境。

5. 绿色文化考评制度

绿色文化考评制度就是通过行为化、指标化的方式对员工工作中绿色行为进行考察和评价，是企业绿色文化落地的最直接、最有效的方式，也是企业绿色文化软约束转向制度约束的重要载体。其主要包括企业绿色文化实施指标、权重、考核办法的制定、激励和惩罚措施的设计、反馈沟通等方面。

在数字化时代，大数据技术给组织提供了精准、及时且可靠的绿色文化发展指引，使绿色组织文化更贴合企业可持续发展的实际需求，更符合员工对于环保的期望。绿色组织文化的正式制度应建立在大量数据分析基础上，借助数字化手段激活数字化和绿色化协同的潜能，通过制度创新来最大限度地发挥绿色文化的作用。这包括对绿色文化建设的数字化分析、数字化培训、数字化宣传、数字化考评等活动。

（二）绿色文化的非正式制度

绿色文化的非正式制度是企业内部的非程序性制度，即企业共有的行事准则、行为规范及心理和习惯的综合（赵春琳和范英杰，2021）。相对于正式绿色制度而言，非正式绿色制度是企业扎根于绿色管理实践，从自身长远的绿色管理需求出发构建的制度，用以推动自身文化活动发展，体现企业文化个性特色。要想建立真正能推动企业走向绿色化转型的绿色文化，不能忽略非正式绿色制度的构建。绿色文化的非正式制度主要包括以下三个方面。

1. 组织绿色伦理

组织绿色伦理是在生产经营活动中，以组织与自然和谐共生为前提，以组织绿色伦理作为组织成员行为的规范和标准。要提高企业的伦理责任意识和伦理水平，单纯地依靠道德说教是远远不够的，通过将企业伦理演化成非正式的绿色制度，可以达到良好的效果。其中，绿色伦理强调组织与自然环境和谐共生，认为组织应该尊重自然、保护自然环境，遵守绿色伦理规范。尤其在数字化进程中，要明确造福人类、可持续发展、公众利益优先、共享科技红利等伦理原则。

2. 组织绿色惯例

组织绿色惯例是企业在绿色管理和可持续发展的过程中形成的一种具有组织特征、相对固定的且可重复出现的行为和习惯。它是多人开展一系列绿色合作活动所形成的有规律可预测的行为模式。绿色惯例可以非常简单、自动和无意识。例如员工随手关闭电脑电源。它也可非常复杂、有序，需要深思熟虑和系统推进落实。例如厂房的节能系统管理。即使没有正式的程序或任何正式传达的内容，绿色惯例也能被执行。这意味着企业可以通过指导和培训，使组织员工在特定行动发生之前，就已经适应和熟悉绿色的行动流程。

3. 组织绿色文化风俗

组织绿色文化风俗是企业长期存在、适用和形成的绿色仪式、绿色行为习惯、绿色节日以及各种绿色活动。作为一种非正式文化制度，企业的绿色文化风俗并非以书面的形式明确表达，也无须强制实施，完全依靠员工在工作中的环保习惯和偏好予以展开。因此，企业的绿色文化风俗可沿用以往的组织习俗，在之前的基础上增加有关绿色文化的元素。

绿色文化的非正式制度与正式制度交互作用之间存在重叠或互补的关系，从而形成多种路径交织的组合。这些组合有助于推动绿色组织文化的发展，并促进组织成员积极参与其中。绿色文化正式制度和非正式制度的区别如表6-2所示。

表6-2　绿色文化正式制度和非正式制度的区别

维　　度	正式制度	非正式制度
基本内涵	通过一定程序针对企业绿色文化制定并颁发的相关制度	人们在实施可持续中无意识形成的，具有持久生命力，渐进演化的文化
核心内容	企业绿色制度、企业绿色规章、绿色管理制度等	习俗、习惯、伦理道德、自我约束的行为规范等
表现形式	有形的、成文的	无形的、不成文的
传播方式	图文、手册、视频	舆论、口谕
传播载体	借助正式的组织机构	借助员工内心信念

二、绿色组织文化的制度层建设

企业建立绿色文化的关键在于建立严格的规章制度作为保障。以绿色制度的约束作用来规范成员的可持续行为，可以有效提高管理者和员工日常工作中落实与推进可持续发展的质量和效率。绿色组织文化的制度层建设包括以下方面。

（一）完善绿色文化的正式制度

1. 建立绿色文化建设的领导机制

绿色文化建设是需要投入一定资源的活动，它涉及人力、物力、财力及相关技术资源的投入。推动绿色文化正式制度建设就需要确立完善的绿色文化管理机构和相应的领导机制。目前很多企业缺乏专门的绿色文化负责部门，绿色文化的正式制度较难得到有效落实。企业应设立专业的管理机构，指派专业人员负责绿色文化制度推行，由具备一定的环保背景、管理经验和工作能力的绿色文化管理专业领导负责对接和协调相关制度的落实，从而有效推动绿色文化制度的建设。同时，需要将绿色文化制度的落实责任分解给各个职能部门，并促使领导和员工承担绿色责任，以高效地在企业内部推行绿色文化，规避企业产生环境污染、生态破坏等重大环境风险。

2. 完善绿色文化建设的激励机制

企业绿色文化制度的推广需要一套有效的激励措施来提高员工的积极性和创造性。首先，企业可以建立绿色文化建设的环保表彰机制。环保表彰机制应与绩效考核结合起来，定期对企业绿色文化推行过程中有突出表现的员工给予精神或实物奖励。各个部门、小组可以开展绿色文化活动的标杆评比，以评促创，帮助企业树立绿色文化传播典型，激发组织内部的绿色活力。其次，企业的绿色职能部门可以与人力资源部门合作交流，从薪酬、绩效、晋升等制度上融入绿色文化激励，促进员工自愿执行绿色生产和经营行动。例如，可以在薪酬中设立一定的环保现金奖励或者提供环保奖品等物质奖励；在绩效管理中增加对员工每月环保工作的行为评价；在员工晋升考核中重视环保工作指标，将环保和顺应企业绿色发展程度纳入晋升考虑因素。

3. 完善绿色文化建设的教育培训机制

企业开展绿色文化教育培训目的在于增强企业员工的绿色文化意识和绿色工作能力。首先，可以开展绿色文化知识普及活动。企业可以定期开展环保知识讲座、绿色文化培训等活动，向员工普及绿色管理的理念、意义和方法，增强员工的环保意识和责任感。此外，企业也可以通过环保主题的研讨会、论坛和演讲比赛等形式，增加员工的参与积极性。其次，可以推广绿色文化实践案例。企业可以积极推广绿色采购、绿色生产、绿色营销等方面的成功案例，鼓励员工积极参与绿色实践，提高员工对绿色管理的认识和理解。再次，企业要重视绿色文化人才培育。加快构建以企业为主体，产学研紧密合作的有效合作机制，推动高水平绿色人才的培养和产学研合作的良性互动。为员工提供更多的绿色文化学习和培训机会，并培养一批具备绿色管理视野和创新能力的高素质专业人才。最后，创建数字化的培训和教育平台。这种平台可以提供定制化的绿色培训课程。企业可以通过在线学习、经验分享、互动交流等方式，为员工提供更加便捷的绿色文化学习途径，确保员工对绿色文化的理解和认同。

4. 完善绿色文化建设的评审监督机制

环境评审为企业绿色文化建设提供依据。首先，需要调查企业的环境状况。引入先进的监测技术，如传感器、监控摄像头等，了解企业所在地的生态环境状况，厘清企业的污染源、排污种类及途径；借助数字系统生成详细的报告，把握企业内部各个方面对资源、能源的不合理使用及造成的浪费和流失情况，帮助管理层了解系统的效果和发现潜在问题。其次，推行干部评议。在推行绿色文化过程中，考察企业领导对企业的环保战略、愿景及使命的熟悉程度，对企业绿色核心价值观、企业绿色管理理念、企业环保目标的认识与理解程度，以及员工对企业发展环保阶段性工作目标的熟知度和完成度，从上及下地推动企业形成绿色文化氛围。最后，引入第三方评估机构。通过对企业的绿色文化建设进行全面评估和监督，为企业提供更加客观、专业的评估和建议。环保监察是企业绿色文化制度能否落实的重要一环。企业要对绿色文化制度执行情况进行监察，及时作出适应环境变化的调整。①由专门的绿色职能部门负责进行环保监察，为企业的绿色管理决策提供指导或者提出建议，提高企业决策者对环境保护的重视程度。②发挥网络在绿色文化建设和监督中的作用。企业主动接受网络舆论的监督，实行生产经营活动环境信息公开政策，搭建生态环境监测监控网络，凝聚社会共识。

（二）加强绿色文化非正式制度建设

1. 加强绿色伦理建设

绿色伦理建设是企业软实力的重要组成部分，对企业的可持续发展发挥着至关重要的作用。一方面，确立绿色伦理观。企业应该树立绿色伦理观，将可持续发展具有的特定伦理价值观纳入企业的战略规划和发展目标中。另一方面，加强管理者的绿色伦理意识。管理者作为企业的关键人员，其自身要起到表率的作用，只有不断地深入学习绿色伦理，重视"社会人""生态人"的身份，并将其运用到企业绿色文化建设当中，才能够充分地理解绿色伦理对于企业可持续发展的重要性，才能够有说服力和影响力去领导重塑企业的伦理价值。领导者的绿色理念和行为是非正式绿色制度的核心。领导者应树立绿色意识并以身作则，通过自身的行动和言论来引领员工践行绿色理念。

2. 培育绿色文化观念和习俗

与绿色价值观一样，绿色文化观念和习俗是企业在发展过程中形成的，符合企业的发展特色，是每家企业特有的精神面貌。企业要努力将优秀的习惯习俗化，使其发展成为员工的一种自然而然的绿色行为准则，从而提升员工的绿色业务素质，营造良好的工作氛围。

3. 开展多样化的环保活动

企业需定期或不定期地举办各种丰富多彩的绿色文化团建活动，增强组织成员之间的凝聚力，在活动中形成积极的绿色文化氛围，使绿色文化团建活动成为企业绿色文化的重要载体之一。例如，举办企业绿色文化节、组织员工观赏环保电影、建立绿色办公区、推行绿色休息区、组织绿色创新研发比赛等。通过多样的绿色主题互动活动，深入浅出地向企业员工普及绿色文化知识，增强员工的环保意识，让绿色文化在员工间广泛地推广，将环境保护的理念真正落实到日常工作和生活中。

4. 组织社会公众开放期活动

"企业污水废气会不会随意排放？""生活在周边，健康会不会受影响？"这是企业所属地社区居民非常关心的问题。为了打消他们心中的顾虑，撕下"不安全、不环保、不开放"的负面标签，企业可以定期或不定期地举办各种丰富多彩的绿色文化团建活动，设置开放日活动，主动邀请居民代表、媒体记者等进入企业现场参观绿色生产车间、了解节能降耗工艺。组织群众与企业有关人员进行环保主题的提问互动，有利于彰显企业绿色低碳的品牌内涵，增进社会公众对企业绿色文化的了解和信任。企业还可以定期公布绿色生产和运营信息，主动向公众开放内部情况，向群众展现绿色文化，以此推动绿色管理、服务民生等各项工作成效提升。

5. 营造绿色办公氛围

企业在内部营造绿色氛围，如建立绿色办公区、绿色休息区等，可以增强员工的环保意识。一方面，建立绿色办公区。在该区域可以采用环保材料和节能设备，如布置办公区域时，优先选用具有环保认证的材料，使用节能灯具、节水卫生设备等。同时，购买和使用能效高的办公设备，如节能灯具、节水卫生设备等，可以鼓励员工采用电子办公方式，减少纸张浪费，推广双面打印、废纸回收等措施，并在办公区域设置节能和节水提示标识。另一方面，推行绿色休息区。在休息区域，可以摆放绿色植物、环保装饰等，营造清新、自然的氛围；可以提供环保杯具、餐具，如玻璃杯、陶瓷杯、不锈钢餐具等，鼓励员工使用可重复使用的物品，减少一次性用品的浪费；设置垃圾分类回收箱，鼓励员工将废弃物分类投放，如将纸张、塑料、玻璃等分类回收。

6. 建立绿色文化榜样和标杆

建立绿色文化榜样和标杆，如评选环保先进员工、树立绿色文化典型等，可以激发员工的积极性和创造性。具体可以采取以下措施：首先，树立绿色文化典型。企业可以在内部评选绿色办公区、绿色班组等，展示企业在绿色文化建设方面的成果，为其他员工提供学习和模仿的榜样。其次，建立绿色文化展示区。通过绿色文化展示区展示企业在绿色文化建设方面的成果和实践。这些展示可以包括图片、文字、实物等，让员工更加直观地了解企业在环保方面的努力和成果。最后，建立绿色文化档案。记录企业在绿色文化建设方面的成果和实践。这些档案可以包括文字、图片、视频等，为企业未来的绿色文化建设提供参考和借鉴。

扩展阅读 6-1 政策解读：《企业绿色文化建设评价标准》

> **思维拓展：** 数字化时代，绿色组织文化的制度层建设如何进一步发展？

第三节 绿色组织文化的物质层

一、绿色组织文化的物质层内容

绿色文化的物质层是企业创造的绿色物质文化，是民众最为关心和最能切身感受到的企业绿色文化部分，是形成企业文化精神层和制度层的基础。从物质层中能洞察到企业的绿色经营思想、绿色管理哲学、绿色工作作风和绿色审美意识。企业需要通过各种物质形式把绿色文化特征直观地展现给消费者和员工，包括绿色组织标志、绿色厂容厂貌、绿色产品形象、清洁工艺设备等，从而为企业塑造一个深入人心的绿色形象。

（一）绿色组织标志

绿色组织标志，一般是企业向外界展示自身绿色形象的标志，也包括产品或服务包装上的名称和图案，表示产品的生产、使用及处理工艺均达到环保要求，对人体健康无影响。这些标志通常以简洁明了的形式呈现，有时会采用自然元素或与环保相关的符号，来传达企业的绿色文化理念。同时，这些标志还可以帮助企业更好地与消费者建立联系，提高品牌忠诚度和认可度。企业还可以在产品或服务包装上添加绿色组织标志，进而吸引更多的消费者关注和购买自己的绿色产品，进一步提升品牌影响力和市场竞争力。总而言之，企业的绿色组织标志是一种代表企业绿色理念、价值观和环保意识的标志性图案或文字，它不仅是一个简单的标志，还是企业品牌形象和价值观的重要表达方式之一。在"双碳"目标背景下，很多企业开始向相关政府部门、非政府组织或公众团体等申请或荣获绿色组织标志，如英达科技荣获世界绿色组织颁发的"绿色办公室"标志。

（二）绿色厂容厂貌

绿色厂容厂貌是企业区域内的环境、建筑等呈现绿色、环保、健康的状况。企业的厂容厂貌要符合绿色管理理念，以实现企业保护环境和可持续发展的目标。整顿厂容厂貌、搞好文明生产是建设社会主义精神文明的一个重要内容，也是新时代可持续发展的一种重要方式。企业生产区域的环境卫生必须达到相应要求，一方面，厂区内的道路、草地、绿地、水体等环境优美、整洁卫生，空气清新，噪声、污染等达到环保标准。另一方面，厂区内的建筑符合环保要求，采用绿色建筑材料，如可再生能源利用的建筑材料、保温材料等，以及高效节能的设备和器具。例如世界绿色组织连续两年给香港金荣中国金融业有限公司颁授符合联合国可持续发展目标的"绿色办公室""健康工作间"荣誉。

延伸阅读

实践前沿：双童的绿色花园式工厂探秘

一个工厂靠对土地资源的多重利用，每年就能省下几百万元，你们敢相信吗？在国家级绿色工厂义乌市双童日用品有限公司（以下简称"双童"），这早已经成为现实！通过精心设计，双童35亩的厂区里采用土地"立体式"利用管理模式，让每一处风景都大有作用，甚至连屋顶和地下都别有洞天，它究竟是怎么做到的呢？下面就给大家介绍一下。

双童独特的厂区设计就体现在"立体式"利用管理模式上，顾名思义，就是除了普通的楼房设计，还在建筑的上下都设计了巧妙的结构。屋顶和地表以下是人们常常忽略的地方，却在这里被最大限度地利用。

一、屋顶花园立体生态系统

从设计图可以看到，双童厂区一共有四栋主建筑，每栋建筑的屋顶都有不同的功能，比如大家的"老朋友"屋顶花园，它在义乌可是远近有名的！外部客人游学参观时，穿梭在浓荫密布的果园之间，可以品尝到四季的瓜果。同时，这里也是员工在工作之余休闲娱乐的好去处。

在一期行政楼的屋顶上，则是一片菜园，这里种植了十多个品种的有机蔬菜。走进菜园，南瓜、黄瓜、茄子和丝瓜等蔬菜挂满枝头，丰收时节"双童人"身处工业区也能体会别样的田园乐趣！而在二期员工宿舍楼顶，也有一片菜园，但不同的是这里是一片反季节蔬菜温室棚，在冬季寒冷的时候也能够培育大量的有机蔬菜。

二、屋顶光伏太阳能发电系统

四个主建筑的屋顶，绿色花园就已经占了三个，而最后一个屋顶则大有不同。为应对日趋紧张的工业用电环境，双童投资了300余万元，在一期厂房屋顶铺设了4 500平方米、共计700 kV的太阳能光伏发电装置。其每年为公司提供绿色电能80余万度，也就是每年为公司节约一个多月的耗电量！

三、雨水收集供水系统

除了上述这些之外，在双童不到40亩的厂区内用雨水代替90%的自来水！2022年3月《人民政协报》还专题报道了双童节水也能省下大笔钱！这都得益于地下室外围旱井地表水收集系统和雨水收集循环利用系统。

在双童的厂区周围分布着五个直径1米、深15米的旱井，能将厂区四周几百米远的地表水都收集起来；而厂区内路面及屋顶雨水则是通过分布在建筑四周的连接管道和窖井把路面及屋顶的雨水全部收集。"双童"在厂区道路、屋顶、绿化地等可以收集雨水的区域建造了 100 多个雨水收集口，并用管道分别连接到各个厂区的雨水储存池里，这几个池子总量相加为 4 500 吨！雨水被收集起来，最后全部用于车间的工业冷却用水和部分生活用水，每年为公司节约用水 20 多万吨，直接产生经济效益 150 万元左右。

四、废水、中水处理回用系统

看完上述这些节能降耗系统，我们再来分享一下双童美丽风景下，被隐藏的那些节能降耗系统。在这里面，最典型的要数厂区的废水收集过滤沉淀处理系统和中水分质供应节能降耗系统：前者是将厂区内所有生活废水进行收集、过滤、沉淀及生物吸附处理；后者则将废水处理后形成的中水用作洗手间、绿化浇灌、马路冲洗等。其中对于废水的处理，离不开过滤池和生物吸附池的作用。处理池共有四级，总容量 120 吨，池与池中间设立有过滤填充物和过滤网，分初级过滤（细沙）、吸附过滤（木炭）、氧化过滤（活性炭混合物）和森林树根土壤吸附，这一设计借鉴了 2003 年时日本较为成熟的"物理处理 + 生物吸附"的处理技术。

最后，经过处理的水可以达到三类水的标准，不能直接饮用和触碰皮肤，但可以用于厂区绿化喷淋、所有洗手间抽水马桶冲洗用水和道路清洗。这套节水系统实现了内部的循环用水后，大大减少了双童的用水成本，一年可为企业省下几百万元的费用！同时，这也有效减轻了义乌这样严重缺水城市的供水压力！

五、双童对土地的态度

双童基于"长期主义"的理念，在建设节能降耗系统过程中，总投资 1 620 万元，年均能耗节约 325 万元，这也给双童带来了不菲的经济效益。在"商业向善"和"利他主义"经营理念的加持下，双童既打造出微循环的特色工厂，也实现了增产增效，成为义乌区域内首家获评工业和信息化部"国家级绿色工厂"的企业，并连续九年获评浙江省亩产税收 A 类企业。

一直以来，双童珍视土地资源。董事长楼仲平对此总结道：对待土地的态度就像对待大米一样，不是自己花了钱就可以肆意挥霍和践踏，否则就是在犯罪。今后，双童也将牢记自身的"社会属性"，遵循德鲁克管理思想，持续在厂区内推行绿色经营理念，为国家和社会节约宝贵的资源，做一家有利于社会的好企业！

资料来源：双童：寸土寸金、极致高效利用，屋顶和地下"立体式"利用、一年省下几百万！[EB/OL].(2022-07-28). https://mp.weixin.qq.com/s/Cei77WnNQoPYsupU2h-mYQ.

（三）绿色产品形象

面对严峻的市场竞争，生产绿色产品成为一个蓝海领域，受到越来越多企业的追求。为了顺应时代要求和满足不断变化的市场需求，企业需要持续加大对绿色产品的生产和研发力度，提高绿色产品的市场占有率。绿色产品的"绿色性"体现在其全生命周期的各个阶段，包括产品的设计、生产、运输、营销和回收，这些阶段均应实现降碳减污、节能环保。同时，对产品加大创新力度和研发投入，生产并销售具有企业自身特色的绿色产品，让消费者能够直接感受到企业产品的绿色形象，在选择产品时产生优先购买倾向。

（四）清洁工艺设备

清洁工艺设备是用于生产过程中，能够减少污染、节约能源和资源、提高效率、降低成本的设备。具体来说，清洁工艺设备包括各种节能环保的生产设备、机器工具、生产技术和工艺流程等，其特点主要有高效性、环保性、节能性和循环性。企业在追求经济效益的同时，应注重清洁工艺设备的应用，将环保理念融入企业的清洁工艺设备的应用过程中。一方面，通过采用清洁工艺设备，企业可以减少对环境的污染和资源的浪费，不仅有助于企业的可持续发展，也符合当今社会对绿色、环保的关注和追求。另一方面，使用清洁工艺设备也有助于企业满足政府的环境监管要求，避免因环境污染问题而引起的法律纠纷和罚款。

二、绿色组织文化的物质层建设

绿色组织文化的物质层建设就是通过具体化的事物或活动塑造出企业所引导的绿色文化方向。企业通过文化物质层建设可以增强员工对于绿色文化的认同感、归属感，增强企业凝聚力。绿色组织文化的物质层建设包括以下方面。

（一）建立绿色品牌标志

绿色品牌标志能够强化绿色产品的生态特性，提升标志产品的形象。企业的绿色品牌标志塑造要突出企业自身绿色文化特点，邀请员工集思广益或请专业人员设计，突出绿色品牌环保的新奇感、代入感、共鸣感和情景感，营造出标新立异的绿色标志。企业可以加大对绿色标志的宣传，提高消费者对绿色的认知程度，引导他们产生绿色购买愿望。在数字化时代，企业可以通过数字化手段针对绿色标志进行更广泛的绿色宣传和教育，让消费者及时了解到企业的环保优势和环保特性。

（二）营造绿色工作环境

绿色工作环境在某种意义上体现了企业的绿色文化建设水平，主要包括工作环境设计、办公用品管理等。绿色工作环境设计的重点是引导员工感知并理解绿色工作环境，然后采取相应的绿色行为。如确保办公室有足够的自然光降低能源、将步梯置于较近的入口处、将回收箱放在重要的位置等。另外，还可以对办公楼的废水、废气、废渣进行实时监测，保证员工和周围居民的健康安全。办公用品管理要鼓励节约、低碳、可回收。比如通过使用太阳能和风能代替碳基能源，为企业提供清洁电力。使用再生纸或采用可充电电池的办公设备，保护环境免受碳能源有毒废物的影响。总体而言，企业要全方位营造出优雅、整洁、有序、低碳、环保、个性鲜明的工作环境。

（三）塑造绿色产品形象

绿色产品形象可以从三个层面来塑造。首先，对绿色产品内在形象的塑造，即对产品的内在价值进行提质。从产品的选材、结构、功能、制造工艺、包装和运输、产品的利用和废物的处置等环节，都必须充分考虑到环保、无污染和安全因素。同时，制造环保产品过程中还需遵循"清洁生产"的原则，才能保证产品真正环保，让消费者安心使用。其次，对绿色产品外在形象的塑造，包括对产品进行外观设计、包装和标识设计。产品标识、名称设计应与绿色理念相契合，包装应选用易分解、无毒和生态友好型的绿色包装材料。最后，对绿色产品的市场营销给予足够重视，加大绿色产品的营销力度，利用多种营销手段进行促销，提供优质的售前、售中和售后服务，使营销过程最大化地体现环保性。

（四）优化绿色生产流程

绿色生产流程的优化可以从以下四个方面入手：第一，提高设备的能源效率。对设备进行能源效率的监测，并改进设备的结构设计或更换节能型的设备，如采用 LED（发光二极管）灯等低能耗的灯具。第二，引入新的清洁工艺。根据生产需要，引入新的清洁工艺，如无尘喷涂、水性漆等，以降低设备对环境的影响。第三，对设备进行实时监控和维护。安装在线监测系统对设备进行 24 小时的实时监控，包括设备的运行状态、温度、压力等参数，以及时发现设备存在的问题，并采取相应的措施进行维护和保养。第四，加强员工的培训与教育。对员工进行环保意识和技能方面的培训与教育，以提高员工对环保工作的认识和参与度，以及掌握设备改进的相关技能和方法。

扩展阅读 6-2 市场动向：中国环境标志

> **思维拓展：** 云计算、大数据、人工智能技术对绿色组织文化的物质层建设有何助益？

第四节 组织文化的绿色化变革

现实中很多企业没有充分认识到推行绿色文化在组织中的重要性，致使组织缺乏积极的绿色文化氛围以推动绿色管理。由此，必须推动组织文化的绿色化变革，更好地将资源节约和环境保护文化理念融入组织经营管理的各层次、各领域、各方面、各过程。推动组织文化的绿色化变革可以从把握绿色化变革的时机、建设绿色化变革的制度、形成绿色化变革的载体和完善绿色化变革的机制四个方面入手。组织文化的绿色化变革路径如图 6-2 所示。

图 6-2 组织文化的绿色化变革路径

一、把握绿色化变革的时机

抓住时机是绿色文化变革的秘密武器。当组织成员意识到现有的组织文化不再适应组织内外部的发展环境，开始认同绿色组织文化变革的必要性，并愿意主动配合组织的后续行动计划，此时便是组织文化向绿色组织文化转变的时机。把握绿色化变革时机重塑文化氛围，就是在原有企业文化的基础上，结合当今新时代绿色潮流思想，将绿色思想与原有文化思想进行融合，营造生态文明建设的浓厚氛围，在这种氛围中使员工自觉、主动地接受健康向上的绿色文化。

（1）抓住绿色化变革时机，要坚持以人为本的理念，生态环保"入心入行"。组织进行绿色文化变革不仅是为了企业进一步发展，也是为了更切合员工的利益。企业要制订切实可行的绿色目标，强调员工和环境氛围的重要性，重视员工对组织运营的贡献，使员工认识到推行可持续发展与自身利益密切相关，并将其与自身利益结合，促使绿色文化氛围的形成。

（2）抓住绿色化变革时机，要培养企业家和决策层的绿色敏锐度。企业管理者要深入了解市场需求和行业趋势，掌握市场和消费者的需求与变化，从而更好地进行文化变革的决策和实施。企业管理者需积极利用手中的财富和能力等资源，承担有利于保护环境和改善民生的事宜，根据时代环境的变化适时调整和开阔眼界，吸收先进的绿色文化思想，提高企业的竞争优势。

（3）抓住绿色化变革时机，增强员工集体责任感，激励员工积极参与。在企业的发展过程中，集体责任感体现为员工对企业的忠诚度和团队合作意识。尤其在绿色环保节约方面，员工的集体责任感更为重要。不断强化员工的集体责任感，促使员工在绿色文化的变革中更加重视企业可持续发展的集体利益，从而更加积极主动地配合企业开展绿色管理。

二、建设绿色化变革的制度

依托绿色制度驱动绿色文化变革是变革成功的关键。绿色制度是企业为了规范自身绿色经营及管理对员工提出的规范，带有一定的强制性因素。建设绿色化变革的制度具体内容如下。

（1）建立绿色文化变革的多方利益诉求吸纳制度。企业在发展过程中，为了满足整体利益，必须持续落实多方利益诉求。通过不断增强企业的议事协商能力，解决原有文化制度与绿色文化制度变革产生的矛盾，才能切实增强和提高员工与利益相关方的获得感和忠诚度，最终实现文化的绿色化变革。同时，企业也可以利用数字化手段收集多方利益诉求，将其融入绿色文化制度的建设中去，并通过数字化手段更高效地反馈给各主体。

（2）建立绿色文化变革的评价反馈制度。在文化绿色化变革时，可能存在文化建设"虚化"现象。这会直接影响到企业绿色文化建设的质量，导致绿色文化的怀疑论和无用论的产生，使员工误认为绿色文化只是号召环保的简单宣传等，反过来造成企业绿色文化建设的虚化与表面化。因此，亟须建立针对文化变革发展和针对文化体系的评价制度，评价绿色组织文化变革的进程和后续作用，评价制定的绿色组织文化是否真正融入了组织管理工作中，还要评价实施绿色组织文化是否真正有利于环境的改善等。

（3）建立绿色文化变革的数字化信息反馈制度。随着数字技术的飞速发展，渴求新型绿色知识的绿色群体时常受到种种消费价值观念的冲击。特别是各种娱乐资讯、商业信息过度膨胀带来的物质主义文化，可能会使人失去思辨能力和迷失方向。数字化信息反馈制度能够及时、有效地收集总结网上的各种信息，过滤掉不利于企业内部推行绿色文化的信息，避免错误信息的误导，提高员工的判断力，引导员工的思想和行为。发挥数字化平台的驱动和支撑作用，有机结合数字化传播的时效优势，实现优质绿色文化理念的高效传播。

三、形成绿色化变革的载体

打造新的绿色形象是组织文化绿色化变革的一个重要载体。具体来说，形成绿色化变革的载体的途径如下。

（1）建立良好的绿色形象要完善企业的绿色视觉识别体系。企业的绿色视觉识别体系具有很强的传播力和感染力，能集中体现企业绿色文化理念、绿色目标、绿色经营哲学等，包括绿色化的 Logo（徽标）、产品绿色包装、员工制服及绿色环境风格等。因此，要进一步完善其基础要素，对企业标准字、企业标准色等的使用标准和运用场合进行严格规范，从而大幅提升组织文化绿色化变革的载体的作用。例如，中国中化发布的 FORUS 体系，FORUS 字面意义代表着"为我们"，其中有为客户提供绿色安全的产品与服务的含义，FORUS 标识以"生命绿"为主色调，蕴含着清新、生长的力量，寓意 FORUS 与员工、自然、社会和谐共生的美好希冀。

（2）积极开展绿色文化传播，积极构建全方位、立体化、多层次的绿色文化宣传矩阵，提升传播的聚合效应。在内部宣传方面，利用多途径的方式宣传绿色文化，并且要及时传播党和国家领导人有关绿色思想的阐述。充分利用数字化优势打造绿色形象。充分发挥集团公司微信、微博、网站等渠道的作用，同时加大与宣传媒体的合作，特别是有绿色环保专题的媒体，邀请媒体人员来公司采访报道，结合环保热点，扩大企业的影响力。

（3）结合互联网时代特点，运用新媒体科技，采用微电影、短视频以及电子杂志等创新载体。通过高频、短时的传播方式来宣传和弘扬企业绿色文化模范人物与环保先进事迹，充分发挥数字化工具在企业绿色文化宣传中的功效。例如，金陵石化加强绿色文化建设，坚持利用企业报、企业电视以及新媒体，结合世界环境日、节能宣传周等重要节点，大力开展绿色主题宣传；运用各种会议、安全活动，主题大讨论等，推动绿色文化进班组、到岗位，把绿色管理的理念植入人心；同时，在"6·5"世界环境日，该企业利用微博网络直播平台，举办了主题为"带你参观魔法工厂"的网上直播活动，展示企业清洁生产成果，广泛传播环保理念。

四、完善绿色化变革的机制

（1）建立组织文化绿色化变革的利益驱动机制。一方面，企业可以加大绿色产品的研发，积极创新绿色产品；另一方面，企业应当引入国际先进的绿色技术，实施清洁生产，减少污染物排放。同时，企业也要重视员工的利益驱动，员工利益重点在于薪酬、奖金和福利方面，应对员工利益进行结构化设计。当企业的整体利益与员工利益都得到满足时，企业内部推动绿色文化变革的执行力也会随之大幅度提高。

（2）拓展绿色文化内部沟通机制。鼓励通过无边界交流来促进员工的环保方式或创意不断涌现，通过引导员工共同学习绿色知识，让员工相互了解彼此不同的绿色思路和想法，从而实现高效地交流。同时，可以通过公开信箱、网站群体博客、圆桌会谈、午餐会谈等方式，打造全方位、立体的绿色文化沟通网络。为了保证其文化网络能够充分反映员工对于可持续发展的真切愿望，企业管理层应竭力降低对文化网络的干预程度，并且鼓励企业内部沟通渠道健康发展。例如，阿里巴巴发布《2022可持续发展报告》，其中强调可持续发展过程中充分鼓励和支持阿里巴巴全体员工的参与，推动形成基于生态文明的绿色低碳新企业文化。

（3）完善绿色文化吸纳机制。要充分吸收服务对象的绿色思想，以客户为导向，顺应服务对象的绿色需求。对影响组织发展的服务对象的需求进行分析研究，对服务对象的绿色需求建立快速反应机制，并且能够与消费者建立良好的互动关系，进而了解他们的绿色诉求和绿色思想，最后将这些想法融入绿色组织文化中。另外，组织还可以发挥互联网在文化变革中的重要作用，实行信息公开政策，主动接受网络舆论的监督，并提高公众在组织文化绿色化变革过程中的参与感。例如，长城汽车与多家ESG经验丰富的机构领导研讨企业可持续发展优化点，邀请外部ESG专家对各ESG管理人员及组员进行深入培训，致力于在企业内部和员工之间形成良好的绿色文化，打造更绿色、更可持续的高质量企业。

（4）建立绿色文化实施反馈机制。对于企业员工来说，设计出的企业绿色价值观、绿色道德规范和绿色精神等抽象的概念需要具体化为实施机制，员工需要按照企业规定的机制对企业绿色文化的整体系统进行思考、审视和设计。因此，就需要绿色文化实施反馈机制来执行，设置专职领导和管理者监督落实负责，及时收集文化落地情况，开设企业专用的员工反馈邮箱，开通民主监督渠道，进行及时、有效的反馈。

扩展阅读6-3 市场动向：低碳化遇上数字化 杭州"碳"索绿色亚运文化

组织文化的绿色化变革过程体现了组织对环境保护、资源节约、人与自然和谐的生态目标和责任目标的追求，为组织未来发展提供了清晰的途径和方向，展现了组织的前瞻性和可持续性。组织文化的绿色化变革可以有效地影响组织及成员，使其更好地应对挑战，推动绿色管理的实施。

思维拓展：数字化时代给组织文化的绿色化变革带来了什么样的机遇和挑战？

本章小结

绿色组织文化是组织在绿色管理过程中形成的一种集理念、方法和模式于一体的

"软实力"，在很大程度上影响着组织成员的价值观、行为规范和职业道德。本章分别从精神层、制度层、物质层论述绿色组织文化。精神层包括绿色价值观、绿色精神等一系列价值理念，在整个绿色组织文化体系中处于核心部位；制度层包括企业绿色管理的文化制度等一系列内容，它在精神层的指导下进行活动；物质层包括绿色组织标志、绿色厂容厂貌、绿色产品形象、清洁工艺设备等一系列形象设计。组织文化的绿色化变革需要从把握绿色化变革的时机、建设绿色化变革的制度、形成绿色化变革的载体、完善绿色化变革的机制四方面着手。

核心概念

1. 绿色文化（green culture）
2. 绿色价值观（green values）
3. 绿色精神（green spirit）
4. 绿色经营哲学（green management philosophy）
5. 绿色道德（green morality）
6. 绿色行为准则（green code of conduct）
7. 绿色风气（green atmosphere）

本章思考题

1. 简述绿色组织文化的三个层次及每个层次的内容。
2. 简述绿色组织文化理念与传统组织文化理念的区别。
3. 简述绿色组织文化变革的途径。
4. 简述绿色组织文化制度的意义。
5. 以特定行业为例，论述企业构建绿色组织文化的步骤。

本章实训指南

本章综合案例

东方证券以 ESG 理念打造绿色可持续文化

凭借在 ESG 管理和可持续发展领域的多年经验，东方证券股份有限公司（以下简称"东方证券"）大力响应行业文化要求，持续发力，将推行可持续发展的理念融入公司文化建设、战略方针及日常运营中，建立健全了可持续发展的组织体系、工作机制，希望能探索出一条行之有效的路径，推动自身和更多金融机构共同打造绿色、可持续的发展文化。

一、健全组织机制使绿色文化更加"可持续"

东方证券在《董事会 ESG 管理声明》中，明确了董事会对可持续发展及 ESG 工作的监督职责，为公司可持续发展提供了坚实的治理保障。按照其前期规划及证券行业文化建设十要素要求，公司成立了可持续发展专业委员会，牵头制定可持续发展及 ESG 管理的整体规划与目标，进一步完善公司可持续发展的顶层设计。

在完善治理架构后，为确保可持续发展工作全面落实，东方证券进一步规范可持续发展专业委员会的运作机制。2021 年，公司共召开两次可持续发展专业委员会工作小组会议，先后审议通过《可持续发展专业委员会议事规则》《可持续发展理念》《可持续发展规划》等文件，并通过公司官网和官微对外发布。一系列文件的制定为其可持续发展工作的规范、有效推进提供保障，也为公司高质量、可持续发展打下基础，体现出东方证券在可持续发展方面的信心和决心。

同时，东方证券加强了 ESG 理念的培训宣导。一方面，针对董事、监事和高级管理人员开展了 ESG 培训讲座，自上而下深化 ESG 可持续发展理念。培训讲座特邀研究所首席策略分析师进行分享，初步提出以 ESG 推进证券公司可持续发展的行动建议。公司及其下属子公司董事、监事和高级管理人员，以及相关工作人员近 50 人参加培训。另一方面，东方证券通过司报专刊、媒体报道等多种渠道，常态化地推进可持续发展理念和实践的内外部宣导。在开展宣贯的同时，东方证券持续加强课题研究。为深入研究上市证券公司高质量发展与 ESG 的关系，公司监事会牵头开展《ESG 推进上市证券公司高质量发展研究》课题研究。该课题立足于国家新发展理念、"双碳"目标和资本市场全面深化改革的时代背景，提出境内持续完善 ESG 生态系统的政策建议，探索境内证券公司践行 ESG 的有效路径，对证券行业分步骤推进 ESG 落地执行、持续提升上市公司综合价值具有重要参考意义，并最终获评中国证券业协会 2021 年优秀重点课题。同时，公司还开展了《ESG 管理推动证券行业的文化建设与生态优化的路径研究》的课题研究，该课题致力于探讨证券公司 ESG 管理助力证券行业文化建设的有效路径及实用工具，从而实现公司 ESG 管理和文化建设的资源整合，双管齐下支持上市公司健康可持续发展，为行业文化建设与生态优化献力。

为进一步加强信息披露，东方证券在官网设立了可持续发展专栏，作为公司制度披露、绩效沟通、成果展示的平台，进一步完善了与利益相关方的常态化交流机制，便于各方了解公司的最新动态。

二、发布量化目标推动四大领域协调发展

2021 年，为进一步明确公司"十四五"期间可持续发展的总体目标、推进重点及行动方案，东方证券在可持续发展理念的指导下，发布《可持续发展规划》。规划在治理、经济、环境、社会四大领域设定量化的可持续发展目标，并对核心行动展开规划，作为公司可持续发展工作管理决策、制度更新、行动开展的指导依据。

东方证券将治理维度纳入整体规划，在治理领域设定了"到 2025 年，可持续发展绩效考核覆盖率达 100%"的量化目标，彰显出公司真正将可持续发展融入公司战略的坚定决心。规划中还包括公司制订的可持续金融量化目标：计划在 2021 年至 2025 年，通过投资、融资业务的方式引导 4 500 亿元资金进入可持续发展领域，并保持可持续投融资年均增速不低于 9%。这一行动在对标全球金融机构可持续金融与影响力投资前沿实践的基础上，也结合中国实际情况进行了创新，在对外发布的量化目标中，明确披露数据统计口径聚焦在支持我国"双碳"目标推进、乡村振兴战略落实等领域。

为加强聚焦碳中和主题，凸显公司服务"双碳"目标的行动，公司同步发布《碳中和目标及行动方案》，并发布投资组合净零排放目标，即"2060 年实现投资组合的净零排放"。

三、促进行业交流扩大 ESG 贡献与影响

面对碳达峰、碳中和目标，金融机构面临更高要求，需要有更多作为。2021 年，在完善治理架构、加强顶层设计的基础上，东方证券聚焦关键领域，通过自身的积极实践，有力促进行业交流，持续扩大自身在该领域的外部贡献和影响。东方证券与新浪财经联合举办"东方证券可持续发展系列论坛"，聚焦"碳中和背景下的 ESG 投资"和"碳中和时代的绿色机遇"，扩大了 ESG 投资的客户认可度及可持续发展理念的社会影响力。

同时，公司发布了首个"东方证券·碳中和指数"，旨在反映我国"双碳"目标进程中对"碳中和"具有主要贡献以及低碳转型突出上市公司的市场价值变化，进而助力 ESG 责任投资发展和"碳中和"目标达成。东方证券研究所还以"东方证券·碳中和指数"为抓手，深化落实支持性功能，发挥研究力量，服务于资本市场和实体企业。

科技的突破对我国实现"双碳"目标具有重要意义，东方证券还希望推动绿色投资，来真正打造出"双碳"领域的颠覆性技术。在此背景下，东方证券联合新华社中国经济信息社编制了新华碳科技指数，聚焦节能降碳领域的科技创新，希望通过该指数及后续指数基金产品的发布，进一步推动绿色低碳关键技术的发展，促使产业良性竞争。

在自身运营方面，公司加快推动数据中心低碳转型。公司新启用的金桥数据中心获得了三星级绿色建筑设计标识证书，不断采用节能减排技术提高能源及资源使用效率，降低温室气体排放。在环境保护方面，公司聚焦"减塑"，携手专业机构，积极推动"零废弃"大楼和"零废弃"会议，开展塑料制品回收公益活动，通过废弃物料的回收和再生，以及塑料回收环保产品的制作应用，身体力行地实践低碳行为，向社会积极倡导可持续的生活方式。

资料来源：东方证券：以 ESG 管理、可持续发展理念探寻绿色文化之路[EB/OL]. (2022-08-04). https://mp.weixin.qq.com/s/q013F8PKVI40FTL-6MTVzQ.

案例思考

1. "双碳"目标下更多企业选择融合绿色文化以贯彻绿色道路，谈谈你的理解。

2. 讨论绿色组织文化可以从哪些路径融入企业发展战略中。

3. 阻碍组织文化进行绿色化变革的主要原因有什么？如何根据自身实际情况建立高质量的绿色组织文化？

第三篇

绿色管理的领域和内容

第七章

绿色生产和运作管理

◆ **本章导语**

绿色生产和运作管理是组织创造绿色价值的一个关键环节。

◆ **本章引例**

新时代云南铝业股份有限公司的绿色制造如何升级？

在云南铝业股份有限公司（以下简称"云铝"）的电解铝生产线上，电解槽中通红的铝液被抽入真空包，几分钟后流到加工生产线上进行合金成分配比、熔炼、精炼……经过几个小时的加工，铝液完成了后续生产流程，最终被制造成各种铝合金产品，应用在多个行业。近年来，云铝积极推进节能减排，优化用能结构，生产绿色产品，入选国家级"绿色工厂""国家环境友好企业"等名单，在绿色制造道路上越走越快，市场竞争力也不断增强。

一、推进绿色用能创新环保工艺

2022 年 6 月，云铝拿到了期待已久的绿电"身份证"——由云南电网公司、昆明电力交易中心颁发的绿色电力消费凭证和绿色电力证书，业内称作"绿电双证"。"企业生产的铝材主要出口欧洲，当地对铝材的绿色环保属性要求较高。"在云铝阳宗海合金线材事业部经理洪尧看来，有了这两张证书，公司产品在国际市场上的环保竞争力将进一步提升。

绿色电力证书是国家给发电企业颁发的、可交易的、能兑现为货币收益的凭证，电力用户通过向发电企业购买绿色电力，同时获得绿色电力证书。作为用电大户，云铝借助云南丰富的水电能源优势，以水电铝替代煤电铝，同时自建分布式光伏发电项目补充用能。在云铝阳宗海厂区的厂房、办公楼、生活区等建筑楼顶，到处可见整齐排列的光伏发电板。"2021 年以来，云铝实施了阳宗海、溢鑫光伏发电项目，截至 2023 年 3 月，已建成投运的分布式光伏项目累计发电 5 200 万千瓦时，节能减排成效显著。"云铝产业发展部经理龙庆说。依托绿色能源，云铝生产的水电铝与煤电铝相比，前者碳排放量仅为后者的 20%。

推进绿色用能的同时，云铝积极推广工业污染物防治和减量化、无害化、资源化技术，实施一批节能环保项目。铝灰是铝电解熔铸生产过程中产生的一种固体危废。回想起过去处理铝灰的尴尬处境，云铝文山公司副总经理赵加平总结："埋不了、烧不净、没人要。"如今，随着云铝铝灰资源化利用技术的推广，曾经的废物成了宝。赵加平介绍，新技术能够将铝灰中的铝等有价金属提取回收，每年能处置铝灰 3 万吨，回收氧化铝约 2 万吨，创造价值 2 000 万元以上。此外，铝灰处理过程中会释放大量的氢气和氨气。"企业将这部分气体收集后再投入氧化铝生产过程中，实现了氨气、氢气的综合利用，每年减排二氧化碳 6 000 多吨。"赵加平说。

二、研发绿色产品打造循环链条

头发丝直径的 1/16——这是云铝超薄铝箔的厚度。"超薄铝箔主要应用于高端电力、电子电容器产品，产品远销海外。"谈起超薄铝箔，云铝下属企业云南浩鑫铝箔有限公司党委书记、执行董事康吉昌很是自豪。超薄铝箔不但技术先进，而且充满绿色"元素"。康吉昌介绍，超薄铝箔采用云铝独创的铸轧法工艺，用电解铝液直接铸轧制备，相比传统的热轧法，具有流程短等优势，可以在节约生产时间的同时，明显降低能源消耗，减少温室气体等废气排放。

除了超薄铝箔，近年来，云铝积极研发多种绿色产品，将原铝液直接生产成铝合金产品，不断减少金属烧损和能源消耗。龙庆介绍，"十三五"以来，云铝大力实施"绿色铝材一体化"发展战略，打造循环链条，构建了集铝土矿、氧化铝、碳素制品、电解铝、铝加工于一体的完整产业链，有效发挥整体协同效应，减少中间环节碳排放。

与此同时，云铝还开发建设了产品全生命周期评价体系，编制完成了全生命周期评价报告和产品碳足迹报告。2023 年 3 月，云铝安全环保健康部专员杨慧彬正忙着给公司做最新版的碳足迹报告。她通过专业建模软件，对公司全产业链各生产环节进行全流程碳足迹核算，再邀请权威的第三方机构核查认证，颁发对应产品的碳足迹证书。"近几年，云铝同类铝产品的碳足迹值明显降低，其中，每吨重熔用铝锭、铸造铝合金锭、铝及铝合金板带二氧化碳排放量都在持续降低。"杨慧彬介绍。

近年来，云铝不断推进绿色工厂建设，通过植绿、护绿，实现厂区绿化、美化，打造绿色工厂品牌。同时云铝大力实施矿山复垦及矿山保护、治理工程，形成绿色生态、固碳储能的可持续发展模式，走出了一条有特色的绿色升级之路。

资料来源：叶传增. 一家绿色工厂的升级之路（经济聚焦·关注绿色制造②）[N]. 人民日报，2023-03-30.

引例思考：企业绿色生产和运作管理如何推进以开辟绿色升级之路？

本章知识结构图

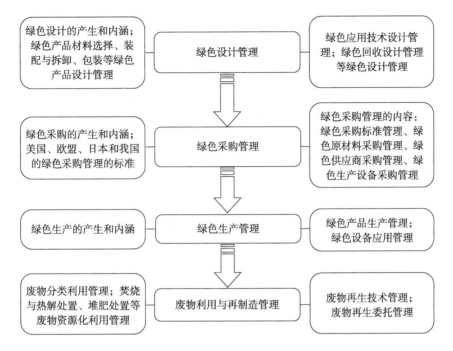

绿色生产和运作管理是绿色产品（有形产品）和服务（无形产品）的生产或变换过程中实施的一系列绿色管理工作的总称。它要求企业在"投入—变换—产出"的过程中，采取一系列多种形式的绿色资源变换，为企业创造价值，最后以某种形式的绿色产出提供给社会。绿色生产和运作管理的目标即面向顾客需求，通过有效的绿色生产和运作管理向顾客提供品种适合、价格适中和质量适当的绿色产品和服务，以提高顾客和社会满意度，增强企业的竞争实力和促进经济与社会效益共赢为宗旨。本章从生产和运作的角度，主要介绍绿色设计管理、绿色采购管理、绿色生产管理、废物利用与再制造管理。

第一节　绿色设计管理

一、绿色设计的产生和内涵

绿色设计（green design）也称为环境设计（design for environment）、环境意识设计（environment conscious design）、生态设计（ecological design）等，它是工业史上又一次效率革命，反映了人类对现代科学技术所引发的生态环境问题的反思，是企业和组织将绿色自然资源融入社会、服务社会并利用其创新生产的可持续性新实践。绿色设计思想起源于20世纪60年代。美国设计理论学家威克多·巴巴纳克（Victor Papanek）在其《为真实世界而设计》一书中强调设计应该认真考虑有限的地球资源的使用问题，并为保护地球的环境服务。20世纪90年代开始，绿色设计理念逐渐得到人们的重视，绿色设计成为现代设计技术研究的热门话题。

绿色设计是面向产品的整个生命周期，在进行产品设计时着重考虑产品的环境属性（可拆卸性、可回收性、可维护性、可重复利用性等），以满足环境保护的目标和保证产品应有的功能、质量和使用寿命等要求。绿色设计以产品属性为中心向企业内部部门乃至外部组织进行绿色扩散，不仅要求企业内部形成良好的设计管理模式和硬性技术支持，还对内外部组织绿色协作能力提出了更高的要求。而且，随着绿色低碳理论及可持续发展理论的普及，企业不再让绿色设计独立地停留在产品或技术层面，而是积极地采用绿色环保材料及工艺，运用科学的方法与先进的绿色管理技术对企业一系列活动进行绿色设计。企业绿色设计管理主要是生产企业有计划、有组织地对绿色产品设计、绿色应用技术设计和绿色回收设计等绿色研发活动进行管理。

二、绿色产品设计管理

根据增长的极限、可持续发展、企业绿色责任等理论，绿色产品设计管理是通过一系列的研究分析、规划设计和测试等流程，结合环境保护概念、想法和需求设计出兼具实用性和环保性的绿色产品或服务的管理过程。企业绿色产品设计的原则也常被称为"3R"（reduce、reuse、recycle）原则，即减少能源消耗和污染，提高产品重新使用率和重新循环利用率等。绿色产品设计管理包括绿色产品材料选择设计管理、绿色产品制造过程设计管理、绿色产品装配与拆卸设计管理、绿色产品包装设计管理以及绿色产品回收利用设计管理。

（一）绿色产品材料选择设计管理

材料选择设计是绿色产品设计的基础，也是体现产品绿色程度的重要指标之一。企业应首先选择能耗低、对环境污染小、可再生或可回收利用且使用性能良好的原材料，即选择经济与环境兼容的材料，尽量避免使用有害、有毒、辐射性强的原材料，减少原材料使用的种类以降低回收成本；尽量选择使用易于降解、再制造和回收利用的原材料。材料选择设计是绿色产品设计管理的前端环节，要从全生命周期角度充分考虑产品的环境效益，从经济成本、环保性能、技术条件、材料回收等方面考虑材料的选择管理。

（二）绿色产品制造过程设计管理

绿色产品制造过程设计管理是在绿色产品制造的过程中，以环境保护和实现可持续发展为目标，面向提高能源利用效率、优化资源利用、选用绿色制造设备和采用清洁性生产技术等进行绿色设计，并优先选择高效率的绿色制造设备和技术，控制废弃物的排放并循环利用资源的管理方式。在数字化时代，采用数字化、信息化、网络化技术，可以进一步优化绿色制造过程的设计管理，实现制造过程的绿色化并提高生产效率、降低绿色制造成本、优化绿色制造流程。

（三）绿色产品装配与拆卸设计管理

为降低产品装配拆卸成本和环境污染程度，在确保绿色产品能满足消费者基本功能与使用要求的前提下，企业可以通过优化设计、简化过程、标准化管理等方式优化绿色产品的装配与拆卸设计。企业应尽量采用最简单的外形和结构，减少产品零部件材料种类，尽量减少产品拆卸部位紧固件的使用数量并采取易于拆卸的连接方法。为达到拆卸的不同目的，设计人员在产品设计过程中要充分考虑到将来所采用的拆卸方法，即审慎考虑是采用破坏性拆卸、部分破坏性拆卸还是采用非破坏性拆卸，以便更完好地保留可回收的产品部件。

（四）绿色产品包装设计管理

绿色产品包装设计管理包括三个要点。

（1）尽量设计和使用用材最少的绿色包装。在满足产品基本的销售、方便和信息提示功能的同时，要设计和使用用材最少的包装方式进行产品包装。

（2）尽量设计和选用易于自然降解、对人体无害的绿色包装材料。例如，纸包装材料不仅易于自然分解，还方便回收再次利用，同时不会对人体和生态环境造成伤害，是一种环境友好型包装材料，值得大范围推广。

（3）尽量设计和选择易于回收且易于循环使用的绿色包装。企业选择可回收、可循环使用的绿色包装，能够延长产品包装的使用周期，进而减少产品包装废弃物的产生。

（五）绿色产品回收利用设计管理

在绿色产品整个生命周期内，需要着重考虑绿色产品的可回收性和可重复利用性。具体而言，需要对绿色产品相关材料的回收可能性与回收价值的高低以及回收处理的方法等展开绿色设计管理。首先，考虑产品及零部件的可回收和可重复利用的属性，以便产品在使用寿命结束后进行回收和再利用，提高材料回收的可能性。其次，选择可回收、高品质材料，并进行优化设计以提高绿色产品的可回收价值。最后，考虑回收处理方法进行回收方案的设计。综合考虑材料的特性，并了解不同材料在回收时需要采用的不同处理方法，使得绿色产品在回收后能够再利用。

三、绿色应用技术设计管理

绿色应用技术设计管理源于生产企业要从根本上防止污染，节约能源资源使用，关键在于企业的绿色应用技术设计的基本思想。企业应采取相应的预防措施降低生产过程中技术和工艺对生态环境的负面影响，而不是等到产品带来恶劣环境后果再采取环境防治措施。绿色应用技术设计需要将产品的可维护性、可拆卸性、可重复利用性、可回收性等作为重要考量因素，以发挥应用技术的环保效力，确保企业使用绿色应用技术提升绿色产品生产管理的成效。绿色应用技术设计管理需要依据生态环保指标，恰当选择使用绿色低碳技术和工艺，提高产品生产和使用中的节能降耗水平，并确保产品易于维护、拆卸、回收和回收材料用于企业的再生产。绿色应用技术设计管理主要包括以下三方面内容。

（1）绿色产品建模。绿色产品建模是企业通过绿色应用技术设计管理更好地理解绿色产品的设计和开发过程的方式，是企业绿色应用技术设计的关键。比如对机械设备采用的多目标模糊优化设计就是注重设备的体积最小化、重量轻量化、用材最少化及能源

扩展阅读7-1　实践前沿：冰山集团推动冷热行业绿色低碳应用技术创新

消耗最少化等性能。

（2）绿色应用技术设计的材料选择。在绿色应用技术设计中，其所用的材料决定着技术产出所具备的环保性和可持续性的程度。绿色材料选择要求所选择的设计材料是健康环保型的、无毒无污染的。这种材料既要满足材料性能基本要求，又要最大限度利用废弃物质，有益自然环境及人类身心健康。

（3）绿色应用技术设计的实施。在绿色产品建模及绿色应用技术设计材料选择与管理阶段完成以后，即进入绿色应用技术设计的实施阶段。实施绿色应用技术设计，就是在设计过程中充分融入绿色元素，以环境保护理念为指导，围绕绿色、清洁、低碳进行设计。

总之，企业绿色应用技术设计管理综合考虑产品环境属性、能源资源属性及经济属性，有助于解决企业生态环境问题，落实企业的可持续发展战略。

四、绿色回收设计管理

绿色回收设计管理是绿色设计管理不可忽视的重要一环，在企业生产管理的源头、中端和末端都发挥着重要的环保促进作用。大力推广绿色回收设计符合企业的经济效益和人类的长远利益。

（1）绿色回收设计的理念。绿色回收设计的理念主要包含以下三个方面：①绿色回收设计的初衷是节约自然资源及减少生态环境污染，通过科学及可持续的回收设计实现企业经济效益、社会效益及生态效益的统一。②遵循绿色回收设计理念的企业在产品设计初期就会考虑回收和再生，最大限度提高企业废弃品再生率，企业绿色回收设计也就应运而生。③绿色回收设计理念本着最大限度利用资源并降低环境污染的观念，要符合企业可持续发展的战略目的，带动劳动密集型产业增加人员就业门路的同时减少对环境的二次污染以及增强产品废弃物作为资源进行流动的闭合性。

（2）绿色回收设计的原则。绿色回收设计的原则主要包含以下六个方面：①最大限度节约企业能源、资源消耗。延长企业产品使用寿命，减少企业对资源、能源及所需材料开发使用，降低企业产品更新换代速度，以减少企业开发产品所需的能源和资源。②产品零部件及材料二次使用时易于识别和分类。③最大限度使用易分离且易回收材料。④保证产品性能不发生改变的前提下，减少企业产品材料种类并保证所用材料易于回收。⑤在保证产品性能及工艺复杂程度不发生改变的前提下，最大限度降低产品零部件拆解难度。⑥对有可能改变产品性能或有毒物质的再生零部件或再生材料进行标注登记以便于分类。

（3）绿色回收设计的考虑因素。①充分考虑产品零部件的回收处置方法和工艺等问题是实现能源和资源高效利用的基础。②回收有价值的零部件时需要考虑回收的利益问题；回收有毒、有害零部件时需要考虑环境保护生态问题；对多种混合材料的零部件进行回收时，需要考虑回收的材料纯度问题。③准确计算所有零部件的回收利润。对所回收零部件的价值进行计算评价，将具有高回收价值的产品零部件定为回收对象。④充分考虑产品材料及零部件的通用化效率。需要对产品材料及零部件进行通用化设计，充分考虑材料及零部件的再利用性能，最大限度利用企业产品再生资源。⑤充分考虑产品回收占比。产品回收性能衡量的指标为产品各方面回收的占比情况，具体包括产品重要部件占比、产品可重复使用部件占比、产品所用材料种类、产品可被回收材料占比、产品废弃物填埋或焚烧占比。

扩展阅读 7-2　经验借鉴：麦当劳的可回收餐具设计

产品绿色回收并不是单一环节，需要产品设计、产品工艺技术应用和废物回收利用等不同环节联合，共同改善产品回收处置方法与技术，不断探索、总结与创新，共同实现企业产品绿色回收设计目标。产品绿色回收设计管理是一个综合、完整的链条，产品设计人员应当与材料供应商、废物回收部门保持联系与交流，及时准确地了解产品回收要求、回收途径、回收方式等信息，形成较为系统的数据资料。

思维拓展： 数字化技术在哪些方面可以更好地提升绿色回收设计管理成效？

第二节　绿色采购管理

一、绿色采购的产生和内涵

20 世纪 90 年代，美国、德国、日本等发达国家就已开始对绿色采购的探索，相继实施了绿色采购制度。ISO 14000 标准的出台对引导企业采购带有生态标签的产品起到了一定的推动作用，企业的绿色采购意识也逐渐增强。20 世纪末，国际社会不断关注政府绿色采购推进社会的可持续发展，绿色采购成为解决或减少环境问题的有效手段之一。上海市在国内较早地开始了绿色采购的探索。1998 年，上海市发布《上海市政府采购管理办法》，其中明确提出"政府采购应当符合环境保护的要求。采购中心和采购人应当优先采购低耗能、低污染的货物和工程"。2004 年，财政部、国家发改委联合印发《节能产品政府采购实施意见》，成为我国国家层面出台的第一个政府绿色采购的具体政策，标志着我国绿色采购制度的启动。2006 年，财政部、环保总局联合颁布《环境标志产品政府采购清单》，标志着以政府为主要推动力的绿色采购在国内全面展开，开启了我国绿色采购的加速发展之路。

一般认为，绿色采购管理要构建绿色、低碳、高效的物资采购管理机制，按照环境保护准则来选择企业原材料并加强资源再生利用。采购可再利用、再循环的物料，可为生产环境友好型产品和经营管理中促进资源使用减量化、再利用、再循环提供基础。卡特（Carter，2000）首次明确了绿色采购的概念，指出"绿色采购应该包含在绿色供应链管理的购买行为中，重点强调购买物资的循环利用，从而达到资源节约目的"。本书中，我们将绿色采购界定为，政府或企业在采购活动中充分考虑环境保护、资源节约、安全健康、循环低碳和回收利用，优先采购和使用节能、节材、节水等有利于环境保护的原材料、产品和服务的行为。无论是企业的环保型采购，还是政府的绿色采购，其目标都是采取相应措施降低对环境的不利影响，使采购行为与环境效益相协调。限于篇幅，本章主要围绕企业这一主体展开绿色采购的论述。

采购活动中的资源浪费和污染排放来源主要有两类：一是采购物资本身的资源浪费和污染排放。所采购的物资应是较低排放、资源节约、环境友好的，企业要从需求、计划、采购实施、仓储、物流到使用、回收全过程，围绕采购绿色低碳物资进行。二是采购管理活动由需求计划、编制方案、方案审批、采购实施、采购执行等组成，管理采购活动本身产生的资源浪费和污染排放。作为采购活动及管理办法的执行者，要在物资采购、运输、储存、使用和报废处置的全过程中融入贯彻资源节约和环境保护理念，达到供应链各个环节共同承担环保责任目的。

绿色采购管理一般包括企业的绿色采购标准管理、绿色原材料采购管理、绿色供应商采购管理及绿色生产设备采购管理。企业实施绿色采购能够节约资源、保护生态环境，并且有助于推动绿色生产宏观市场效应的形成与实现。建立科学的绿色采购管理体系，不仅能够极大提高企业市场竞争力，还可以从根本上改变企业传统发展模式，使得企业走上低耗能、低排放及高效益的可持续发展之路。

二、绿色采购管理的标准

世界各国对企业绿色采购越来越重视，相应地各国对企业绿色采购也纷纷制定了不同的标准。绿色采购标准成为保障企业或组织实施绿色采购的重要依据。典型国家和地区的绿色采购标准如下。

（1）美国绿色采购标准。美国绿色采购标准主要是以通用化原则指导具体产品的绿色采购。这种标准方式能够提供详细指导，但也具有耗时费力的弊端。美国绿色采购标准强调的是可持续采购，侧重于可持续采购的整个过程，而不仅仅关注终端产品采购。在制定绿色采购标准时，需要经过绿色采购试点项目测试，之后再引入常规程序。同时美国联邦政府制定了"购买环境优先产品（EPP）"的宏观政策和具体标准，还通过整合绿色采购相关的供货商信息、培训课件等数据资源，进一步完善绿色采购标准体系。

（2）欧盟绿色采购标准。欧盟绿色采购主要包含绿色产品采购、绿色服务采购、绿色工程采购。采购人员将环保需求作为采购需求的一个考虑因素。欧盟的绿色产品采购注重考察产品的整个生命周期，遵循可持续工程的建设要求，注重与其他机构合作来共同推进绿色采购对环境的有益影响。为推动绿色采购，欧盟制定了"绿色公共采购（GPP）共同标准"，GPP标准概念是明确、合理、可核实的绿色采购标准，是基于生命周期方法和科学证据的环保标准，成为欧盟各国实施绿色采购的统一指南。

（3）日本绿色采购标准。日本绿色采购强调的是产品生态采购，侧重于产品环保技术改进、产品环保信息公开等。在制定绿色采购标准方面，日本是全世界范围内绿色采购较成功的国家。2000年，日本政府颁布了《绿色采购法》，对19个领域的266个特定采购目标规定了绿色采购标准，鼓励国家机构或其他公共机构向社会适当提供环保产品信息，刺激公众的绿色产品消费需求，带头采购环保产品，以加速社会可持续发展。

（4）我国绿色采购标准。我国绿色采购强调的是生命周期采购，侧重对标准定期评估及对生命周期的绿色评价。我国的绿色采购制度在2004年正式启动，发展较为迅速，

2006 年底颁发了《财政部 环保总局关于环境标志产品政府采购实施的意见》和首批《环境标志产品政府采购清单》，2007 年初步形成了以节能环保产品政府采购清单为基础的强制采购和优先采购制度，推动了绿色采购制度的建立健全。2019 年通过整合政府绿色采购的执行机制，我国的绿色采购制度迈上新台阶。我国政府绿色采购工作取得了实质性的进展，不仅有助于提升我国政府的绿色形象，也有助于推进绿色消费和生活方式形成，进而推动资源节约型和环境友好型社会建设，具有积极的社会意义。

在绿色采购标准具体操作与应用中，绿色采购标准主要包括以下三种：第一种是笼统或概括性的绿色采购标准，主要是企业对采购对象的环保性能的非具体或共性指标要求；第二种是具体或专门性的绿色采购标准，主要是企业采购时根据不同采购物品特有的属性或涉及的环保要求作出具体的绿色采购规范；第三种是直接引用目前存在的绿色采购标准。与美国、欧盟、日本等发达国家或组织相比，我国的绿色采购标准具有很强的优势，主要体现在：①实用性强、对专业知识要求低、易于操作，适合我国经济现状；②具有良好的连续性，绿色采购质量不易受到人员变动等因素的影响；③采用高标准，采购对象的环保性能更好；④节能减排、资源利用率高、废物减量化、废物资源化、废物无害化处理处置等。

延伸阅读

政策解读：国网浙江电力建立绿色采购评审制度及低碳评价标准

2023 年 6 月 30 日，国家电网有限公司（以下简称"国网公司"）印发《绿色采购指南》（以下简称《指南》），发挥供应链"链主"作用，大力推广环境保护、资源节约、安全健康、循环低碳、回收促进，推动实施绿色采购，以高度的政治责任感和历史使命感积极履行社会责任。

《指南》系统阐述了绿色采购的重要意义，为国网公司绿色采购下阶段工作指明了方向、锚定了目标、明确了任务。《指南》要求国网公司及所属各单位以供应链平台为支撑，发挥超大规模集中采购的应用驱动、需求引领作用，聚焦绿色低碳可持续发展，深化供应链全业务绿色低碳转型，向上下游企业传导绿色发展理念，推动供应链提效率、增效益、促效能，持续增强供应链的发展支撑力、行业带动力、风险防控力、价值创造力。

《指南》紧密围绕"双碳"目标，将绿色低碳理念融入物料选型、招标采购、仓储物流、回收利用等环节，健全绿色采购管理体系和工作机制；注重发挥创新的核心作用，面向采购需求，紧盯绿色低碳领域前沿，加快推进关键技术创新、管理制度改进和采购导向变革；强化系统观念，立足电网和产业实际，把好绿色采购的节奏和力度；践行绿色行动，推动需求侧与供给侧协同发力，加快绿色低碳产品替代和服务供给；结合政府、社会、行业等方面有关工作进展和先进经验，联合上下游和产学研，建立多方协同合作机制，搭建数智共享的公共服务平台。

《指南》提出了几项主要目标：在效率方面，节能低碳环保材料、产品、设备和设施采购占比逐年提升，供应链业务线上化率保持高位，供应链整体运营效率提升率稳步推进；在效益方面，集团集中采购率、公开招标率、电子招标率达到 100%，集团年度节约采购成本、供应商成本节支金额、供应商保证金释放金额保持较高水平；在效能方面，引导企业开展绿色低碳产品认证与标识取得成效，安全环保合规链上企业占比提高，供应链活动污染物和碳排放量有效减少，环境和碳排放信息依法公开。《指南》提出，要加强绿色采购顶层设计、深化绿色采购需求牵引、推进绿色采购全面落地、强化供应链全环节应用驱动。据了解，《指南》内容会根据法律法规修订和最新国家行业标准发布等情况动态更新。

位于浙江省杭州市的国网浙江省电力有限公司（以下简称"国网浙江电力"）贯彻落实国网公司《指南》，推进供应链绿色低碳转型。国网浙江电力积极践行绿色采购，率先垂范，高质量落地供应链全环节试点应用。一是研制绿色低碳标准，主导或参与ESG评价、碳排放核算标准、CCER（中国核证减排量）方法学等10余项，促进碳排放结果"互认互通"；二是开展绿色低碳认证，构建集数据采集、碳足迹核算、碳标签评价于一体的供应链碳排放核算评价体系，完成电缆、环网柜等20余个产品认证，并按其碳效水平，分别赋予1～3星的碳标签；三是落地绿色采购试点，将绿色工厂、绿色供应链管理企业、环境管理体系认证、能源管理体系认证、绿色专利等要求纳入招标评分标准；四是探索碳排放核算模型研究、全生命周期碳链管理平台建设、绿色低碳供应链生态建设，践行绿色行动，推动需求侧与供给侧协同发力，推动供应链提效率、增效益、促效能。

2023年以来，国网浙江电力积极落实国网公司绿色现代数智供应链发展行动要求，建立健全绿色采购评审要素及低碳评价标准，在省电力公司集中采购中充分应用招投标绿色条款，在地市供电公司授权采购中试点应用清洁生产、碳核查、产品碳足迹等方面绿色采购要素，不断扩大绿色采购要素在招投标环节的应用范围。2022年，国网浙江电力在协议库存评标工作中应用绿色采购的范围主要是线缆类物资。2023年，该公司把绿色采购应用范围扩展到全品类物资。2023年8月，国网浙江电力还完成了2023年第一次配网物资协议库存项目评标工作。此次评标工作实施绿色采购，引入了招投标绿色条款中的绿色工厂、绿色供应链、新能源专利、环境管理体系认证、能源管理体系等绿色采购要素，引导投标人践行绿色低碳理念。

国网浙江电力从供应商和物资产品两方面不断完善招投标绿色条款。该公司将供应商获得的由第三方公证机构认证的环境管理体系认证证书、能源管理体系认证证书、废水废气环境影响评估报告及企业绿色数智体系建设情况等列为评审依据之一。供应商在编制投标文件过程中，提交绿色企业和绿色制造相关材料，可以获得相应加分。该公司还结合物资产品的关键参数、碳足迹认证、原材料使用、绿色包装等情况，为供应商精准评分。

实施绿色采购评审制度后，国网浙江电力根据条款细则和详评模板选出符合要求的供应商。该公司在招投标绿色条款中加入绿色运输、绿色厂房等绿色采购要素和评审加分制度，引导供应商在技术创新、生产制造、履约仓储等方面实现全过程降碳，并积极参与政府部门组织的各项绿色工厂、绿色供应链管理等绿色企业评价。据了解，国网浙江电力还将实施年度废旧物资回收商资质在线审核，推进无纸化报废入库，实施废旧物资绿色回收利用，提升废旧物资再利用价值。

接下来，国网浙江电力将进一步贯彻落实国网公司《指南》工作要求，以国网公司顶层设计思路为工作指引，加强绿色采购顶层设计、深化绿色采购需求牵引、推进绿色采购全面落地、强化供应链全环节应用驱动，打造行业级需求引领型供应链"链主"示范，争当国有企业绿色采购标杆。

资料来源：杨岸涛，孙寅乔. 国网浙江电力建立绿色采购评审制度及低碳评价标准[N]. 国家电网报，2023-08-17；国家电网公司印发《绿色采购指南》[EB/OL]. (2023-07-10). http://www.epri.sgcc.com.cn/html/chinasperi/gb/jyyw2/xyzx/20230828/886221202308281458000001.shtml.

三、绿色采购管理的内容

（一）绿色采购标准管理

我国的绿色采购已经进入加速发展阶段，企业需要不断加强绿色采购的标准化管理，以推动其在绿色市场中更好发展。基于我国绿色采购标准，从标准制定的过程以及标准的实施与监控两个角度论述企业的绿色采购标准管理。

1. 绿色采购标准制定过程

绿色采购标准制定过程不仅可以促进企业供应链绿色化，还可以提高企业绿色市场的竞争优势。企业绿色采购标准管理应着重注意以下三个方面：一是积极参与绿色采购标准的制定工作，及时了解和掌握绿色采购标准的最新动态，以确保自身能够及时适应新的绿色采购标准和规定。二是遵守绿色采购标准要求，制定企业实施细则。首先，全方位了解绿色采购的内容和要求，严格遵守绿色采购的规定，以确保企业在采购过程中的每一个环节都符合绿色采购的标准。其次，在制定实施细则时，需要考虑企业的业务流程、管理水平等因素，让绿色采购标准的实施细则具有可操作性和有效性。最后，企业还需要持续不断地优化实施细则，及时迭代更新，以适应绿色采购标准的变化和发展。三是企业绿色采购标准的审批和发布，企业在国家绿色采购标准的指引下，起草自己的绿色采购标准草案，经过企业内部评审后正式发布，并在企业内部宣传、推广、实施和执行，以确保企业人员了解和遵守企业的绿色采购标准与实施细则。

2. 绿色采购标准实施与监控

从绿色采购标准的实施与监控角度来说，企业的绿色采购标准管理应当重点关注以下三点：首先，制订明确的绿色采购实施计划。实施计划包括绿色采购的目标、采购流程、时间表、责任人等，使采购的每个过程都符合绿色采购的标准。其次，进行绿色采购的培训与交流。针对采购人员进行绿色采购标准培训，提高他们绿色采购的意识和绿色采购的技能水平。同时建立有效的沟通交流渠道，以便采购部门之间能够及时传递相关信息。最后，定期监控与改进。一方面要定期对绿色采购标准的实施进行监控，根据绿色采购的实施细则判断采购人员是否符合绿色采购的标准。另一方面根据监控结果与反馈，及时调整和优化绿色采购标准，持续改进绿色采购管理流程。

（二）绿色原材料采购管理

1. 绿色原材料采购的内涵和作用

企业原材料采购是企业通过市场采购生产产品所需的原材料。对于原材料采购管理，可按照采购地区、采购方式、采购目的、采购时间、采购订约方式、采购价格等进行分类。绿色原材料采购管理指企业在绿色环保理念下优先采购节水、节能、节材等有利于环境保护的原材料，最终实现资源节约、环境保护、循环低碳和回收利用等一系列绿色目标的管理活动。

绿色原材料采购对企业可持续发展具有重要意义。首先，绿色原材料采购能够积极引导供应商实施绿色生产战略，原材料供应商为赢得原材料供应权，积极采取绿色经营措施，提高绿色管理水平、绿色技术创新水平以及原材料质量，从而最大限度减少能源、资源浪费，降低污染排放水平和生态环境破坏程度。其次，绿色原材料采购能够促进绿色产业的培植和壮大，以及原材料清洁技术发展，有利于构建企业低碳环保的可持续生产体系，对社会绿色生产起到示范及推动作用。最后，绿色原材料采购能够提升企业品牌形象，引导消费者形成绿色合理的生活消费模式，扩大绿色消费规模，最终形成积极健康的绿色消费市场。

思维拓展：如何将数字化技术与绿色采购更好地结合？

---

2. 绿色原材料采购的原则

（1）经济效益与环境效益兼顾。在企业的原材料采购活动中，除了关注经济效益以外，还应充分考虑环境效益，要优先采购清洁干净、环境友好、节能低耗和易于资源综合利用的原材料。

（2）独立运作与合作配合。企业在整个绿色原材料的采购过程中，不仅要注重完善自身采购标准和采购制度，还要综合考虑供应商在产品设计、采购、生产制造、包装、物流、销售、服务、回收和再利用等环节中的绿色环保因素，通过与上下游企业共同履行环境保护、清洁高效、节能减排等社会责任，打造绿色供应链。

（3）企业主导与政府引导相结合。企业在绿色原材料采购过程中，应坚持市场化运作，以生产企业为主体，充分发挥企业绿色主导作用。在此基础上，发挥政府引导作用，政府可以通过绿色制度改革、绿色政策引导、绿色信息公开和促进行业绿色生产规范等方式，引导和推进企业的绿色原材料采购。除此之外，政府还要充分发挥行业协会的桥梁及纽带作用，强化行业的绿色自律行为。

3. 绿色原材料采购的方案

2014年12月，环境保护部、商务部、工业和信息化部联合颁布了《企业绿色采购指南（试行）》，明确提出鼓励企业采购绿色原材料，绿色原材料选材应该优先选择使用符合节能要求和环保标准的、具有低污染、低能耗、无毒害、利用率高、可回收可再利用等各种良好性能的原材料。鼓励企业生产时在满足相关生态环境标准、产品质量等的前提下，优先采购和使用废钢铁、废塑料、废有色金属、废纸、废旧轮胎、废玻璃、废弃电器电子产品、废纺织品等一系列可再生资源作为企业原材料。

企业制订绿色原材料采购方案，需要从企业绿色管理的实际和绿色市场需求出发，围绕企业绿色经营管理的业务范围，构建个性化绿色采购方案，具体包含：绿色原材料采购的目标、标准、流程；绿色原材料采购的供应商筛选、认定条件和认定程序；绿色原材料采购合同履行过程中的检验及争议处理机制；绿色原材料采购信息公开的范围、方式及频次等；绿色原材料采购的绩效评价；绿色原材料采购的下架、召回及追溯制度等内容，并在实施中不断调整和完善绿色采购方案。

当企业在绿色原材料采购方面具备较强的实力，赢得一定的行业地位或话语权时，可以围绕企业经营战略及绿色原材料采购目标，参与制定绿色采购标准或在采购绿色原材料标准修订中提出与生态环境保护相关的提议，以此推动供应商设法减少或降低原材料辅料及包装材料使用量，同时推动全行业绿色原材料采购标准完善。

（三）绿色供应商采购管理

供应商是企业供应链采购环节管理的资源拥有方，供应商的原材料及半成品质量的优劣对终端产品的性能具有直接影响，因此对供应商实施绿色管理是企业绿色采购管理的重要组成部分。企业对供应商实施绿色管理，重要的是建立对供应商的绿色评价标准体系，形成完整的绿色供应商选择程序。绿色供应商采购管理内容具体包含以下六个方面。

（1）考量供应商在原材料选用及采购过程中的绿色性。绿色原材料具有良好的使用性能，并且在产品的全生命周期中具备能耗低、环境污染少、易于回收处置且资源利用率高等特点。为了保证企业所购买的原材料绿色环保，减小企业生产过程的整体环境负荷，必须对供应商所提供原材料的绿色性进行评估，从而选择偏好绿色的供应商。

（2）考量供应商在组织设计过程中的绿色性。供应商的绿色组织结构是能够减少资源消耗、支持组织绿色发展的组织形式。供应商的绿色组织结构应当是一种分散灵活和适应性强的有机组织形式，并且趋于扁平化、柔性化、网络化。供应商通过减少管理层级、增大管理幅度、节约人力资源，实现组织设计过程中的绿色性。

（3）考量供应商在生产过程中的绿色性。供应商在生产加工过程中应该重点预防对生态环境的破坏，最大限度防止生产造成的污染。对供应商绿色生产的考核主要包括能源、资源的合理利用，原材料是否有毒性及毒性的最小化处理，在绿色生产过程中遵守 ISO 14001 标准，最终实现企业绿色产品原材料最大化供应，降低生态环境破坏风险。

（4）考量供应商在包装过程中的绿色性。绿色供应商在包装设计及包装实施过程中会重点考虑包装的环保作用。企业对供应商绿色包装的考核内容主要包括：包装是否减量化、可降解以及可循环利用。这不仅可以激励供应商使用不含铅、锡、汞等有毒元素及可降解、可循环使用的包装材料，还可以激励供应商在包装结构上使用可拆卸包装、简易包装、可循环包装，甚至零度包装。除此以外，对供应商绿色包装的考核还应该包括对原材料包装物绿色标识和绿色文字的考核、对包装物绿色回收和绿色处置方法的考核等。

（5）考量供应商在配送过程中的绿色性。对供应商配送的绿色性考察，特别是对供应商逆向物流的绿色性考察，是对供应商绿色供应链管理考核的一个重要内容。可以激励供应商积极引入第三方专门化的绿色物流配送方式，降低配送过程中造成的污染。企业在对供应商进行采购时，应提前要求供应商明确产品废弃物处置最优方案，保证企业原材料供应在整个供应链管理中以最低的成本获得最高的生态效益。

（6）考量供应商对企业绿色文化的贯彻情况。企业绿色文化能够潜移默化影响供应商管理层及其员工的生态意识，从而影响供应商实施绿色战略抉择，对供应商的企业绿色文化进行考量能够确保供应商持久深入实施绿色化管理。因此，企业应鼓励供应商建立低碳、可持续发展的企业绿色文化，落实绿色经营模式、绿色价值标准、绿色企业精神及绿色规章制度等绿色文化理念，从而促使供应商积极投身于绿色生产过程中，为企业环境事业提供真正的绿色原材料。企业还应对供应商在构建企业绿色文化过程中的相关管理方式、领导者思维方式、员工行为方式等内容进行综合的绿色考量，实现企业和相关供应商的可持续发展。

（四）绿色生产设备采购管理

绿色生产设备采购是企业在生产过程中根据需求采购具有绿色标识的生产设备相关的一系列活动。绿色生产设备采购管理是绿色原材料采购管理外另一项重要的绿色采购管理内容，主要包括对绿色生产设备采购方案制订和绿色生产设备采购行动实施的管理。

1. 制订绿色生产设备采购方案

在进行绿色生产设备采购前需要制订采购方案，这决定着绿色生产设备采购的可行性以及企业的绿色建设能否顺利进行。绿色生产设备采购方案主要包括以下内容。

（1）绿色生产设备采购目的、范围、内容及参数。采购绿色生产设备的目的在于通过提高企业绿色生产设备的先进性、环保性和可持续性，规范企业绿色生产管理，满足企业绿色管理需要。因此，在采购时需要关注绿色生产设备的序号、名称、规格和型号、数量单位、生产厂家、用途及绿色特征。

（2）绿色生产设备采购的实施方式。绿色生产设备的采购方案需经监理审批，明确设计意图和设备用途。具体流程由专门机构统一组织实施，并定期将采购进展情况及变化向企业反映。相关人员在采购过程中应遵循企业下发的各类绿色设备采购文件和会议纪要的规定和指示。

（3）绿色生产设备采购其他注意事项。①企业应不断对实施方案和采购流程自查自纠，发现偏差及时修正和调整。若采购计划出现变化，经企业同意后按照供货进度、现场生产进度等实施。②企业需逐项认定、审核与设备供应商的谈判情况、组价情况以及协议条款。对于不符合绿色生产设备采购条件的，应逐项进行检查、审核、调整，并进一步再检查、再审核、再调整，直到设备安装并调试移交完毕为止。③采购过程中应合理调配资金，保证绿色生产设备采购资金到位，不耽搁绿色生产设备到货时间。

2. 实施绿色生产设备采购行动

绿色生产设备采购行动的实施过程主要包括绿色生产设备采购专职人员工作职责、绿色生产设备采购规划、绿色生产设备采购验收、绿色生产设备安装和调试再验收四个方面内容。

（1）绿色生产设备采购专职人员工作职责。①生产部门职责：根据绿色生产需要，定期对设备的绿色生产能力进行评估并提出绿色生产能力评估意见。②设备部门职责：

了解熟悉绿色生产设备采购方面相关知识，制订全年绿色生产设备采购计划；定期对设备绿色生产能力制作评估报告；落实企业下发的采购选型及采购合同任务。依据生产部门对设备绿色生产力的评估意见，结合企业绿色管理需求，定期对设备绿色生产能力制作评估报告；熟悉绿色生产设备采购相关知识，落实企业下发的采购选型及采购合同任务。③其他部门职责：企业可设立绿色管理部门或者专门负责绿色采购的部门，具体采购计划和绿色融合由采购部门与生产部、设备部等部门进行协调，包括编辑企业绿色生产设备采购报告、收集整理绿色生产设备采购资料和相关技术资料等。

（2）绿色生产设备采购规划。①上述生产部、设备部、环保部或绿色采购部门等绿色团队做好需求计划和采购战略后，由运营部或风控相关部门人员明确绿色采购计划、方案的可行性和合理性，探讨进行绿色采购的初步计划，判断是否能为绿色管理战略提供根本性的支持和保障。②在绿色采购初步计划的基础上，进行绿色生产设备采购选型。应注意设备生产效率问题、设备能耗问题、设备环保问题、设备配件的互换性问题、设备的交货期及售后服务问题。与传统采购相比，绿色采购规划最大的调整是在采购规划阶段就要注意对供应商的资质进行审核，需要按照价格、交货期、产品质量等方面选择绿色名单中的供应商，确认供应商可以提供环境友好的产品，再进行相应的正常采购过程。

（3）绿色生产设备采购验收。对绿色生产设备进行采购验收，是为了保证设备能够及时投产使用。设备供应商的所有业务活动必须符合法律、法规，并努力在业务活动中改善环境业绩，包括削减 CO_2、VOC、法律限定排放物质以及废弃物产生量的排放。同时，企业需要派遣专业技术人员依据供应商环保考核指标对设备进行初步验收，主要包括：设备的环保性能，设备在节约成本、企业资源和环境保护方面的贡献，编制绿色设备采购的验收合格量表，保证设备符合环保和企业要求。

（4）绿色生产设备安装和调试再验收。①绿色生产设备的安装应该满足绿色生产工艺规范和绿色生产调度的要求，保证绿色生产流程的效率，便于绿色生产维护。②绿色生产设备的调试应符合企业绿色管理战略目标，围绕设备低碳化、无污染化等环境治理要求进行。③绿色生产设备的再验收。设备使用部门联合环境安全、质量技术等部门对设备的安装与调试结果进行验收，对于验收合格的绿色生产设备进行签字确认。对于验收不合格的绿色生产设备则进行限期整改，整改后重新组织验收，直至设备验收合格。

第三节 绿色生产管理

一、绿色生产的产生和内涵

绿色生产的思想起源于 20 世纪 80 年代工业污染控制方式的变革，即将先污染后治理变革为以污染防范为主的污染防控战略，这被联合国环境规划署工业环境活动中心称为"清洁生产"战略（清洁生产可以说是绿色生产的前身）。我国绿色生产实践在政府的大力推动和企业的探索实践中也不断向前发展。1993 年，国家环保局和国家经贸委在上海召开第二次全国工业污染防治会议，对清洁生产在环境污染防治中的重要作用作出了肯定。1994 年，我国政府将清洁生产的概念明确写入《中国 21 世纪议程——中国 21 世纪人口、环境与发展白皮书》，此后，绿色生产的项目作为第一批优先项目加以推进。我国于 1996 年修订的《中华人民共和国水污染防治法》、2000 年修订的《中华人民共和国大气污染防治法》也都将清洁生产作为环境污染治理的重要方式，指出企业绿色生产有助于解决国家经济、能源与环境的协调发展的相关问题。

1996 年，联合国环境规划署将绿色生产（清洁生产）定义为："一种新的、创造性的思维方式，这种思维方式将整体预防的环境战略持续运用于生产过程、产品和服务中，以增加生态效率和减少人类及环境的风险。"我国清洁生产的概念最早由《中国 21 世纪议程——中国 21 世纪人口、环境与发展白皮书》（1994）提出。2003 年我国施行的《中华人民共和国清洁生产促进法》对清洁生产的概念作出更加科学的界定："清洁生产，是指不断采取改进设计、使用清洁的能源和原料、采用先进的工艺技术与设备、改善管理、综合利用等措施，从源头削减污染，提高资源利用效率，减少或者避免生产、服务和产品使用过程中污染物的产生和排放，以减轻或者消除对人类健康和环境的危害。"

简单来说，绿色生产是企业遵照自然生态环境保护原则组织生产，制造绿色产品的过程。它是企业生产活动中一种新型的生产方式，以绿色、低碳、降耗、减污等环保理念为指导，以绿色管理和绿色技术工艺为手段，推进工业生产全过程污染控制，促使企业积极承担环境保护责任。绿色生产管理要求企业在产品生产中融入绿色生产、清洁生产的概念，并对高污染、高耗能的生产设备加以改造、升级、换代，逐渐用低碳、清洁、绿色环保的生产设备代替过去高碳、陈旧、低效落后的生产设备。这些要求和理念符合三种生产理论所提倡的企业在利用与改造自然以满足人们需求的同时，也需要去消纳企业向环境排放的生产废弃物。绿色生产管理从管理内容角度，可分为绿色产品生产管理和绿色设备应用管理两个方面。

二、绿色产品生产管理

扩展阅读 7-3　实践前沿：三棵树以绿色生产线打造绿色产品

绿色产品生产管理主要由绿色产品生产中的产品设计和产品制作两部分的绿色管理组成。根据清洁生产理论，在产品设计过程中，企业和组织需要对产品的外观和功能加入绿色、可持续因素以彰显产品外在的绿色属性，这是绿色产品生产管理环节中消费者最直观的体验。产品设计过程的绿色管理要求绿色产品外观设计与功能设计相契合，提高消费者的使用舒适度。产品制作方面的绿色管理要求使用既能提高经济效益，又能降低环境影响的工艺技术，相较于对产品设计的绿色管理，其价值更为内化，对绿色企业的社会责任感要求有一定高度，强调就地利用、再利用等循环利用方式以及生产工艺的控制和改善。

> **思维拓展**：你认为还可以从哪些方面进一步优化绿色产品生产管理？

三、绿色设备应用管理

在绿色产品制造过程中，绿色设备应用水平低不仅浪费大量原材料，还会使企业绿色产品质量难以保证，容易造成较高的废品率，带来生态环境的污染。绿色设备应用管理要求企业改造低效生产设备或引入高效先进生产设备，减少企业生产过程中原材料的使用、"三废"的排放、噪声的产生以及对工人的健康危害等，达到绿色产品生产要求。相对于一般意义上的设备应用管理，绿色设备应用管理在其基础上增加清洁无污染、绿色、低碳等环保元素，使企业对设备的应用管理脱离以往高能耗、高排放、高污染、低效率的状态。

绿色设备应用管理主要包括筹备期绿色设备管理和应用期绿色设备管理。

（一）筹备期绿色设备管理

筹备期绿色设备管理是在正式投产运行前对绿色设备进行的一系列应用管理工作。其具体包括以下几方面。

（1）与绿色设备采购相关人员进行充分交流。

（2）对相关绿色设备采购进行充分调研。

（3）在绿色设备采购相关渠道进行招标投标。

（4）加强绿色设备技术论证，考虑到售后的技术支持和运维难度，选用整体效率高的绿色设备。

（二）应用期绿色设备管理

应用期绿色设备管理按照管理阶段划分成绿色设备初期应用管理、绿色设备中期应用管理和绿色设备后期应用管理。

（1）绿色设备初期应用管理是从设备验收之日起六个月或者一年时间期限内，对绿色设备进行使用、维护、检查、诊断以及设备维修人员培训、维修信息收集存储等全部管理工作。在数字技术的支持下，绿色设备应用的固定资产档案、技术应用档案及运行维护记录等可以更加高效。

（2）绿色设备中期应用管理指过了保修期之后的绿色设备管理。做好绿色设备中期应用管理，有利于提高绿色设备利用率，降低绿色设备维护费用，获得较高的投资效率。

（3）绿色设备后期应用管理是对绿色设备进行更新、改造及报废等管理。对于性能落后，维修成本高，无法有效满足生产需求的绿色设备，应及时进行改造或更新。

整体来说，绿色设备应用管理要注意以下几个方面。

（1）关注绿色设备的使用情况。具体来说，对绿色设备应用过程进行管理应当关注环境中的通风情况、温度、湿度、噪声污染和辐射等因素，努力营造有利于人体健康的设备应用场景。

（2）最大限度降低绿色设备应用能耗。在符合绿色设备应用功效和结构设计前提下，尽量使用能耗低的设备用料，完善设备装配，制订节能计划，提高绿色设备应用节能效果。

（3）合理使用能源、资源。在绿色设备应用中，加快使用以太阳能、风能等为代表的清洁、低碳动力能源。在对陈旧绿色设备的拆解过程中，关注对钢铁、塑料等材料的二次加工和革新，应用到新的绿色设备中。

第四节　废物利用与再制造管理

企业废物，一般指在企业生产经营过程中产生的对环境有一定污染影响的固态、液态或气态形式的工业废弃物质。企业废物由于成分较为复杂且经常含有有毒物质，如果得不到及时有效处理，将会威胁人的安全并对生态环境产生重大影响。在企业生产经营过程中，会产生许多企业废物。虽然循环技术革新与环保材料替代等手段能够在一定程度上减少企业产生的废物，却无法从根上杜绝工业垃圾废物。因此，企业对产生的废物进行回收利用与再制造就成为企业环境治理的重要内容，也是制造企业履行绿色生产的社会义务。

企业废物利用管理主要分为企业废物分类利用管理和企业废物资源化利用管理，而企业再制造管理主要分为企业废物技改再制造管理和企业废物委托再制造管理。因此，本节把企业废物利用与再制造管理分为废物分类利用管理、废物资源化利用管理、废物再生技术管理与废物再生委托管理四个方面。

一、废物分类利用管理

废物利用是收集本打算废弃的材料，分解后再制成新产品，或者是将收集到的废物经出售另作他用，充分利用企业废物资源。废物分类利用则指为了实现废物无害化、减量化和资源化目标，在企业生产后对废物进行分类收集与使用，实行以废物分类为主要方式的企业管理方式。企业废物分类利用有多种参照标准。如果按废物使用性质进行分类，可分为危险废物处理和一般废物利用；如果按废物使用状态进行分类，可分为固体废物利用、液体废物利用、气体废物利用等；如果按废物使用组成进行分类，可分为有机废物利用、无机废物利用等；如果按废物所在系统使用情况进行分类，可分为工业企业废物利用和其他废物利用。废物分类利用管理重点关注的内容主要包括：建立废物分类利用运行系统、建立废物分类利用执行管理体系、加强废物分类利用宣传教育以及完善废物分类利用监督机制。

（1）建立废物分类利用运行系统。①废物分类设施建设。新建或改造废物仓库，并且按照四分类或三分类方法规范配置废物桶。废物桶数量按废物产生量进行配置，标志、标色要符合要求。②废物分类投放管理。所有管理层、企业员工都要按废物分类要求进行分类，废物分类的准确率要随着废物分类工作的深入逐步提高。比如保洁人员在收集废物前，要先做好分拣，再分类收集到相关废物桶，然后倒入相应的废物仓库中。③废物分类清运管理。在要求清运企业进行分类清运前，须和清运企业取得联系，并做入台账。清运企业在运输过程中要针对不同的生产废料选择不同的装运方式，例如，固态危险废弃物需通过专用容器包装后运输，而具有挥发性的危险废液则要在密闭性极好的包装物中储存运输。④废物利用管理。在对废物进行收集后，进行必要的降解与处理，在降解中应遵循流程绿色、材料绿色、技术绿色的原则，不应以降解的绿色旗号来产生潜在污染。在废物处理后，应形成循环管理体系，将废物绿色安全地输送至回收加工处进行可持续循环利用。

（2）建立废物分类利用执行管理体系。建立健全企业机构及相应负责人执行体系。成立企业废物分类利用组织机构，制定企业开展废物分类利用的实施方案、要求、自查自纠与奖惩制度，能够使企业及时发现和纠正废物分类利用过程中的问题，并对表现优异的人员进行奖励和表彰。为了更好地执行废物分类利用工作，需要确定企业废物分类利用联系人、宣传报道负责人、台账资料收集整理负责人等。这些执行措施有助于提高企业废物分类利用的效率，确保企业能及时掌握废物分类利用工作的进展情况。

（3）加强废物分类利用宣传教育。①营造废物分类利用宣传氛围。利用企业内的宣传栏、显示屏、横幅、海报、宣传资料、官方短视频账号等媒介向企业员工宣传、普及相关废物分类利用的知识。宣传内容包括废物分类利用的目的、意义、方法等。②定期举办废物分类利用培训活动。其主要包括：第一，对企业干部员工的培训。企业对部门的培训、部门对组长的培训、组长对员工的培训等。侧重点是如何进行准确的废物分类利用。第二，对企业保洁人员的培训。侧重点是如何对分类不准确的废物进行第二次分拣和分类运输。

（4）完善废物分类利用监督机制。①废物分类利用自查自纠。企业要定期对废物分类利用进行自查自纠，对发现的问题要及时整改，对屡教不改的部门或个人要通报批评，检查结果以季度、半年度或年度进行公示并进行奖惩。②定期评估和总结。定期评估执行废物分类利用效果，包括废物分类利用的准确率、效率等。并根据评估的结果，总结经验和教训，进一步提出改进的措施和建议。③问题反馈和整改。建立问题反馈机制，及时发现问题并反馈给相关部门或人员，以快速制订解决问题的方案。④追踪整改情况。通过对废物分类利用问题整改情况动态跟踪，确保问题得到及时解决，并向相关部门或人员报告进展情况。

延伸阅读

实践前沿：徐福记的废弃物智能化分类实践

企业参与废弃物分类可以动员整个企业的员工都进行废弃物分类，起到事半功倍的效果，也能够赢得良好的口碑，提升企业的影响力，扩大品牌效应。徐福记的废弃物分类实践就是一个很好的例子。

徐福记每天产生的废弃物量为800～1 000千克，以塑料、废食品为主。在徐福记每个厂区的后方，都有一排180平方米左右的废弃物房，对当日需要清运的可回收废弃物、其他废弃物、固体废弃物、有害废弃物进行分类标识并定时由第三方回收。

在办公楼，无论是会议室还是部门科室，都清一色摆放着网状废弃物桶，便于员工对干、湿废弃物进行分类，慢慢地员工开始有意识将茶渣、水果等易腐废弃物统一投放至茶水间的分类垃圾桶。徐福记行政中心总监郑伟春粗略地算了一笔账，从 2018 年开始改成网状废弃物桶后，1 000 个员工就可以节省 1 000 个废弃物袋，一年可省下 30 万个废弃物袋。"从办公楼引导，传导到车间，提高员工的废弃物分类意识。"

为了贯彻垃圾回收的精神、提高员工参与的积极性和环保意识，徐福记专门与小黄狗环保科技公司（以下简称"小黄狗"）进行合作，在徐福记厂区投放的第一台智能垃圾分类回收设备，从硬件上助力推进企业内垃圾分类的实施。

小黄狗智能垃圾分类回收机的机身上标识着塑料、纸类、金属、纺织物四大类的垃圾分类，每一格代表着不同的垃圾分类回收。用户注册绑定账号后，选择分类进行投递，机器测算出相应的重量并返还给用户环保金，环保金可以用于兑换程序上的产品。该回收机投放后引起了徐福记员工及其家属的热情参与。

除了日常的废弃物分类，徐福记已将废弃物分类和企业发展有机结合，跳出"因废弃物分类而废弃物分类"的固有思维。郑伟春介绍，从 2015 年起直到 2020 年 8 月，企业从生产源头上推行"零损耗"政策，避免因浪费增加废弃物减量的负担。

他举了一个例子，推行"零损耗"政策前，一天需要可以承载 30 立方米的货车清运废弃物量。如今，将目标分解到车间实施"零损耗"政策后，车间一周还拉不到一货车的废弃物量。哪怕是车间产生的鸡蛋壳、冬瓜皮等企业废弃物，也有第三方企业进行回收用于饲料、中药等产品的生产。

资料来源：工业企业垃圾分类，任重道远而意义深远[EB/OL]. (2020-08-10). https://www.sohu.com/a/412441036_807906；践行垃圾分类，徐福记在厂区内投放智能垃圾分类回收机[EB/OL]. (2022-09-05). https://baijiahao.baidu.com/s?id=1743098448642053546&wfr=spider&for=pc.

二、废物资源化利用管理

废物资源化利用是解决企业废物处置问题的有效方法。企业对废物资源化利用管理可分为焚烧与热解处置、堆肥处置、微生物处置、废物再生处置等。

（1）焚烧与热解处置。焚烧与热解处置是指企业利用高温分解或深度氧化等技术处理废物。其优势在于能将企业废物中的有害物质有效地转化成无害物质。焚烧技术处置效率高，节省空间，但也存在自身特有的缺点，如在焚烧过程中可能形成的大量烟尘会造成大气环境的二次污染。而热解技术是在无氧或缺氧环境下以高温热解的方式将有机物分解为气态、液态、固态。与焚烧技术相比，热解技术具有更高的推广价值。

（2）堆肥处置。堆肥处置的基本原理是通过细菌、真菌、蠕虫等生物体使有机垃圾从固态有机物向腐殖质转化，也就是对企业废物内的有毒物质进行有效分解，使其逐渐变为无害物质。堆肥处置常应用于处置生活垃圾，但有时也被应用到企业废物处置中，现阶段企业废物堆肥处置技术体系还不够完善，很多塑料物质难以通过堆肥的方式分解，还需进行深入研究。

（3）微生物处置。微生物技术是借助微生物的自我新陈代谢功能，促进企业废物在分解过程中将有害物质转化为无害物质。例如养殖蚯蚓帮助企业处置废物，一条蚯蚓每天能够吞食约自身体重 3 倍的垃圾量，蚯蚓吞食垃圾排出的粪便促使企业废物转变成为生物肥料，对促进农业生产有很高价值。以微生物分解处理企业废物的成本不太高，也不会造成二次污染。

（4）废物再生处置。由于企业废物中含有二次回收的成分，对其实施资源化利用，有助于减少企业废物对自然生态的污染，也能提升实际的经济效益。废物再生处置的应用相对广泛，其基本原理在于将各种企业废物统一粉碎后投入适量的配物料和生化制剂，通过搅拌促进生化反应，最终注模成型生产出复合材料。废物再生处置过程中不会排放废水和废渣，成本较低，经济效益更高。

> **思维拓展：** 如何利用数字技术提升废物资源化利用管理的效率？

三、废物再生技术管理

废物再生技术管理是将生产废弃物经过再生技术特殊处理后作为再生资源再次投入生产过程中去的过程。废物再生技术管理是解决企业资源浪费、环境污染和废旧物品循环使用的重要方法和途径，也是符合国家可持续发展战略的一项绿色系统工程。我国废物再生处理方式主要分为三种：①家庭作坊式企业废物再生技术管理。这种废物处理技术工艺简单、成本低廉，但无法确保安全性，容易对当地生态环境和当地居民身体健康造成有害影响。②专业企业废物再生技术管理。废物专业处理企业拥有先进的处理设备和工艺流程，能够实现废物的无污染和高效率拆解，处理能力强大。③原制造商废物再生技术管理。原制造商是最重要的废物流通主体，有关国外发达国家处理体系和处理技术的研究显示，原制造商废物处理技术的提升对于企业废物处理最为重要。

废物再生技术管理升级强调对企业废物再生技术的提升，包括对企业原有技术的改造提升、对废物再生能力的改造提升等。对企业原有技术的改造提升能够提高设备生产效率、减少企业生产资料浪费、降低企业废物生成率，从而降低废物再利用的难度；对废物再生技术的提升则能够提高废物处理设备的废物再生能力、提高企业"废物—资源"转换率，使更多的企业废物变废为宝、为企业所用，获得经济利用价值的同时也减少对生态环境的破坏。

四、废物再生委托管理

废物再生委托是企业将所产生的废物委托给其他企业再制造。这些受委托的企业往往具有废物处理的相关专业水平，能达到或超过原有企业处理相关废物的能力。这些废物经专业化废物处理企业深度处理或加工后，在收取相关费用的基础上再次返回原企业，原企业能够对这些加工过的废物资源再次利用。在对这些资源利用的过程中，由于更低的资源利用成本和更少的废物垃圾产生，对原企业来说就会产生更高的经济效益和更优良的环境效益。

废物再生委托是近几年发展起来的企业经营模式。由于企业规模实力、废物处理技术、高额研发成本等因素的限制，一些企业往往无法对生产过程中产生的废物进行再加工进而转化为企业生产资料。大量的生产废物造成资源浪费和环境污染，不仅损失正常的经济效益，还可能带来环境罚款。对于生产企业而言，如果能够实施废物再生委托管理，就能以最低的经济成本、环境成本"变废为宝"，从而实现企业再制造的经营目标。废物再生委托经营模式虽然能够最大限度节约、利用企业再生资源，但仍存在一些操作难点和困难，主要表现为以下几点。

（1）企业废物集中收集存在一定困难。一方面，同一产业的企业分布广泛、零乱，由于地理位置原因限制，废物处理企业收集企业废物难免存在诸多不便；另一方面，对于同一个企业而言，库房空间、存储成本等因素常影响集中收集的效果，造成废物的丢失或浪费。

（2）废物再生委托企业也存在二次污染。由于再生行业属性因素，废物再制造企业在处理过程中稍有不当，便容易造成废物泄漏，产生新的污染。近年来，环保政策不断趋严，对再生企业的环境管制愈加严格，使得废物再生委托经营模式的施行更加困难。

（3）废物再生技术落后，再生技术实质性突破困难。一方面，废物再生技术本身领域相关研究偏少，技术研究进展缓慢；另一方面，由于废物再生投资大、利润回转周期长、行业竞争程度偏低，废物再生企业往往缺乏动力花费大量精力与成本去进行废物再生技术创新。这两方面因素导致了我国再生技术实质性突破较为困难。

（4）所收集的再生资源品质难以保证，更多以次品形式投入再生产。再生企业对废物进行提纯与净化的过程中，由于杂质、温度等因素影响，所得到的再生资源往往难以达到原材料的品质，因而无法达到企业产品品控性能。由废物委托再制造所得到的再生资源往往是以再生材料的形式投入企业的再生产中。

本章小结

企业通过绿色设计管理、绿色采购管理、绿色生产管理和废物利用与再制造管理等，对企业的绿色生产与运作活动展开一系列的计划、组织和控制等管理工作，从而将投入的各种生产要素有机结合，构建一个系统的绿色生产与运作体系，按照绿色、低碳、节能和高效的生产方式输出符合社会需求的绿色产品。首先，本章对绿色生产与运作开发阶段的绿色管理即绿色设计管理展开论述，介绍了其产生、内涵以及绿色产品、绿色应用技术和绿色回收三个不同方面的绿色设计管理。其次，阐述了绿色采购的产生、内涵、标准、内容等。再次，在绿色设计管理和绿色采购管理的基础上展开绿色生产管理，企业需要重点关注绿色产品生产管理和绿色设备应用管理。最后，生产出绿色产品并不意味管理工作的完结，企业需要通过废物利用与再制造管理让绿色生产和运作管理形成闭合环路。

核心概念

1. 绿色设计管理（green design management）

2. 绿色回收设计管理（green recycling design management）

3. 绿色采购管理（green purchasing management）

4. 绿色生产管理（green production management）

5. 废物分类利用管理（waste classification and utilization management）

6. 废物资源化利用管理（management of waste resource utilization）

7. 废物再生技术管理（technical management of waste recycling）

8. 废物再生委托管理（waste recycling entrusted management）

本章思考题

1. 简述绿色设计和绿色设计管理的异同。

2. 简述三种不同的绿色采购标准管理。

3. 简述企业对绿色供应商采购管理的步骤。

4. 简述环境保护部等在《企业绿色采购指南（试行）》中对绿色原材料供应的具体要求。

5. 结合党的二十大"实施全面节约战略，推进各类资源节约集约利用，加快构建废弃物循环利用体系"的精神，论述如何借助数字技术更好地提升废物利用和再制造利用管理效率。

本章实训指南

本章综合案例

海信视像科技探索"绿色智能制造"到"绿色智能再制造"

海信视像科技股份有限公司（以下简称"海信视像科技"）于 1997 年 4 月在上海证交所上市，主要从事显示产品的研究、开发、制造与销售，全球电视年产能 3 300 余万台。从 2015 年开始，海信视像科技先后荣获国家级绿色产品、工业产品绿色设计示范企业、国家"能效之星"、国家级能效"领跑者"等荣誉称号；绿色制造系统集成项目荣获国家级奖项，发布《液晶电视制造业绿色工厂评价导则》《电视机制造业绿色工厂评价》及《投影机制造业绿色工厂评价》三项团体标准。

一、构建"双碳"工作体系，打造绿色低碳格局

为扎实推进节能减碳工作，持续提升能源绩效，海信视像科技将绿色能源供应链整体建设纳入公司发展战略体系，按照全产业链制订企业碳达峰目标及行动方案，搭建了覆盖原材料、研发设计、制造、服务、回收再利用的全产业链"双碳"工作体系，推进了产品低碳化、塑料减量化、使用过程节能化、使用后可回收化等创新设计，实现了产品全生命周期低碳管理，成为绿色发展和节能环保的领跑者。

海信视像科技一直以绿色科技为支撑，自 2020 年起，打造废旧家电"互联网＋"回收平台，中国消费者可在互联网平台上实现旧家电的评估、预约回收、换新优惠券领取和使用等便捷操作，足不出户实现家电以旧换新。此外，为避免电子垃圾对环境的污染，将所有国内回收的废旧家电交给具有专业资质的回收拆解工厂进行处理，通过回收拆解工厂的物理与化学处置，将部分原料进行再次利用。

二、开发绿色技术和产品，筑牢绿色低碳基础

海信视像科技秉承生命周期的绿色低碳理念，基于新材料开发、新结构形态、新模具技术，实现塑料、钢材等原材料减量，年度原材料使用量降低 5% 以上。设计与制造协同提效，更新制造及监测检验设备，生产效率提升 12% 以上，降低制造过程的碳排放。其中高光无熔痕模具及快速热循环注塑成型（RHCM）技术已被纳入国家部委发布的相关节能低碳技术推广目录。基于自主开发的自适应背光能耗控制算法、数字化电源控制、高压 LED 光源及驱动等技术的开发应用，每台电视机能耗降低超 25%，降低使用阶段的碳排放。整机装配采用易回收设计，促进材料回收再利用，降低填埋焚烧碳排。

海信视像科技主导并引领激光电视产业，牵头起草投影技术行业第一个绿色产品设计的团体标准，首次对激光投影技术的绿色设计作出正式定义，从资源、能源、环境、产品多维度覆盖产品全生命周期，推动行业绿色制造体系的完善。海信激光电视功耗仅为同尺寸液晶电视功耗的 1/3，且受益于激光显示系统效率优势，功耗值将进一步下降，三年内 100 英寸（1 英寸＝2.54 厘米）激光电视的能耗将降低到 200 W 以下。

三、坚持绿色低碳制造，建设绿色低碳工厂

海信视像科技国内工厂均获评国家绿色工厂，实现绿色制造全覆盖。制造系统以能源管理系统为核心，大力发展绿色能源，持续扩大储能、蓄冷规模，提升电力需求响应能力，建设以分布式光伏、储能、蓄冷及余热资源回收使用等多功能综合一体化绿色工厂。2021 年碳排放 72 795 万吨，总能源消耗 14 655 万吨标准煤，近三年趋于稳定，碳排放强度逐年降低。

（一）构建智慧能管平台，提高能耗管理效率

海信视像科技利用先进的智能化技术，建立能源智能化管控平台 EMS，通过对各区域能源数据的采集，利用大数据分析，对企业"电、水、气、热"等能源介质的产、输、配、用实施集中、扁平化的动态监控和数字化管理，对能源的消耗、波动和预测等进行全方位的统计、监视和用能分析管理，为管理部门提供精准、实时、清晰的能源分析，提高能耗管理效率。

（二）扩大绿色能源规模，提升绿色能源占比

海信视像科技现有建筑已架设实施光伏发电总装机容量 7.92 MW，2021 年降低能耗 750 吨标准煤。2022 年底新增建设完成 11 MW，年可实现光伏发电 1 700 万 kW•h。

（三）提升能源利用效率，实现节能增效降耗

对于制造用能，海信视像科技按照用能单元系统从能源输入到耗用全过程进行节能改善。以制造系统通用的压缩空气为例，在产气端，更新高效空压机、升级智能集控系统并进行空压余热回收使用；在中间运储端，提升储气能力、降低气损；在末端使用方

面，创新升级自动化生产线体节能模式，实现精准用能。整体实现压缩空气需求量降低28%，空压站能效提升27%，年节约电量241.9万度，年降低能耗297.3吨标准煤。

海信视像科技将坚持绿色环保、节能减排的原则，践行全生命周期绿色低碳理念，努力实现绿色设计与绿色制造全面协同、绿色产业链与绿色供应链协调发展，探索"绿色智能制造"到"绿色智能再制造"路径，促进行业整体绿色转型，助力"一带一路"绿色发展。

资料来源：许婉然. 探索"绿色智能制造"到"绿色智能再制造"：海信视像科技股份有限公司——"工业碳达峰"优秀企业系列报道十三[EB/OL]. (2022-10-26). https://mp.weixin.qq.com/s/mYBYi8l2TQCyazR7xjN-ow.

案例思考

1. 谈谈你对企业绿色智能制造的理解，以及数字化对企业绿色制造会产生哪些影响。

2. 结合案例，讨论从"绿色智能制造"到"绿色智能再制造"需要做哪些努力。

3. 如果你是制造企业所有者，你会在企业生产与运作管理的哪些方面进行绿色革新？

第八章

绿色物流和供应链管理

◆ **本章导语**

绿色管理需从单个企业绿色管理转向整个产业链共同绿色管理。

◆ **本章引例**

京东为何发起绿色供应链"青流行动"?

目前全球变暖情况正在不断加剧,世界气象组织(WMO)关于"2021 年气候变化状况"的临时报告指出,2021 年的全球平均气温较 1850—1900 年高出约 1.09 ℃,被列为全球有记录以来第六个或是第七个最温暖的年份。全球变暖犹如触碰多米诺骨牌,导致一些地区的飓风、洪涝和干旱等极端气候事件频繁发生,这让我们不得不重新思考如何从不同角度和方面改善气候变化,绿色物流正是其中的重要一环。

作为国内物流行业龙头企业,京东于 2017 年联合九家品牌共同发起绿色供应链行动——"青流行动",通过与供应链上下游合作,共同探索在包装、仓储和运输等多个环节上的低碳环保和节能降耗。2018 年,京东宣布全面升级"青流行动",从聚焦绿色物流领域,升级为整个京东可持续发展战略,从关注生态环境扩展到人类可持续发展相关的"环境(planet)""人文社会(people)"和"经济(profits)"全方位内容,倡议生态链上下游合作伙伴联动,以共创美好生活空间、共倡包容人文环境、共促经济科学发展为三大目标,共同建立全球商业社会可持续发展共生生态。

(1)绿色包装。京东的绿色行为首先体现在包装上,作为国内首个全面推行绿色包装的物流企业,在包装设计和使用上始终以绿色可持续发展为宗旨。京东将传统的塑料袋包装改为可回收利用的牛皮纸包装,并尽量利用原箱包装,减少了大量垃圾。京东不断推进绿色包装项目落地,引领行业可持续发展。至 2021 年 6 月,京东常温青流箱、循环生鲜保温箱等累计循环使用约 2 亿次。通过使用循环中转袋替换一次性编织袋,用循环缠绕网或扎带替代缠绕膜来减少塑料制品的使用,节省约 100 亿个快递纸箱,超过 20 万商家、亿万消费者参与其中。通过仓内无纸化作业以及电子面单,最大化节约了纸张使用,仅 2020 年可减少纸张消耗 1.3 万吨。

（2）绿色运配。京东物流在全国 7 个大区、50 多个城市，总计投放新能源车近 12 000 辆，规模化新能源车队覆盖多种业务场景，其中北京市自营城配车辆全部更换为新能源车辆。这一行动每年预计减少约 12 万吨的二氧化碳排放。此外，京东在全国建设及引入充电终端数量 1 600 多个，更有效地支持新能源物流车辆充电服务。

（3）绿色仓储。京东物流作为国内首家建设分布式光伏能源体系的企业，上海亚洲一号实现了仓储屋顶分布式光伏发电系统应用。2021 年底，全国京东智能产业园光伏电站装机总量将在 200 兆瓦以上，建成后实现年发电量 1.6 亿度以上。到 2030 年，将搭建全球屋顶光伏发电产能最大的生态体系，联合合作伙伴建设光伏发电面积达 2 亿平方米。

（4）绿色回收。京东物流启动纸箱回收活动；品牌商企业产品进入京东物流仓库后，拆箱余下的纸箱可二次打包使用；联合可口可乐、宝洁等公司利用各自领域内的全球优势资源，探索循环经济新模式；将纸箱循环可持续利用从生活方式上升到生活艺术。

自 2017 年发起以来，在开放共生理念的引导下，"青流计划"不断扩容，行动的内容与内涵不断延展，2024 年的红树林生态修复行动便是扩容之一。2024 年 6 月 6 日，京东物流（02618.HK）联合一个地球自然基金会、横琴粤澳深度合作区城市规划与建设局，在世界自然基金会（WWF）技术支持下，发起红树林生态修复计划。京东宣布将修复广东省横琴粤澳深度合作区横琴国家湿地公园（二井湾）红树林生态系统，预计到 2025 年 6 月进行约 20 000 平方米红树林生态系统修复。

与此同时，京东物流也在同期于京东快递小程序"包裹的旅行"专题页面上线红树林主题活动，通过记录在寄快递过程中的绿色环保及减碳行为，用户可以获取碳积分、活动限定勋章和联名周边，参与保护红树林生态系统行动。红树林生态修复计划不仅将帮助各方充分发挥优势、为当地红树林的保护修复工作提供切实帮助，也能够借助企业的社会影响力，吸引更多民众接触、了解并参与到红树林的修复保护工作中，共同为守护红树林、保护生物多样性的工作贡献自身力量。

资料来源：京东物流. 青流计划[EB/OL]. (2021-10-19). https://www.jdl.com/en/plan；吴泽鹏、陈俊杰. 未来一年将修复红树林 20000 平方米！京东物流"青流计划"继续扩容[EB/OL]. (2024-06-07). https://www.nbd.com.cn/articles/2024-06-07/3419449.html.

引例思考：企业绿色物流和供应链管理可以从哪些路径着手？

本章知识结构图

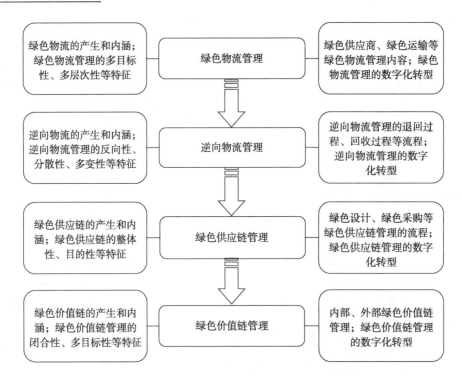

绿色物流和供应链管理又称环境意识的物流和供应链管理，它考虑了物流和供应链管理中各个环节的环境问题，注重对环境、自然的保护，促进经济与环境的协调发展，并涉及从原材料供应、产品生产到产品销售的全部企业活动。绿色物流和供应链管理是在运输、储藏、包装、装卸、流通加工和废弃物处理等环节的物流闭环中，采用绿色技术和绿色方法提高资源利用率，最大限度降低物流活动对环境的负面影响。绿色物流和供应链管理需要充分考虑环境问题、供应商之间的数据共享、闭环运作以及有效回收。本章从物流和供应链角度，主要介绍绿色物流管理、逆向物流管理、绿色供应链管理以及绿色价值链管理。

第一节　绿色物流管理

一、绿色物流的产生和内涵

物流原意为"实物分配"或"货物配送"，是为了满足客户需要而对产品、服务消费以及相关信息从产地到消费地的高效、低成本流动和储存进行的规划、实施与控制的过程。随着物流的快速发展，人们逐渐发现传统物流给环境带来了较大程度的污染，比如传统物流中使用的大量包装废弃物会对环境造成不可逆的损害，物流车辆造成废气污染和交通堵塞等环境问题。绿色物流逐渐受到学者和企业界的关注，但早期物流管理中增加环境因素的思想仅仅作为物流管理的一个次要方面被提出来。

20 世纪 90 年代初期，绿色物流受到越来越多的关注。1995 年，吴（Wu）和邓恩（Dunn）较早地提出绿色物流就是对环境负责的物流系统，包括从原材料的获取，产品生产、包装、运输、仓储直至送达最终用户手中的正向物流过程的绿色化，还包括废弃物回收与处理的逆向物流。1996 年，美国密歇根州立大学在"环境负责制造（ERM）"研究中也提到了绿色物流的概念，将资源优化利用和环境影响二者相结合来考虑制造业供应链的发展问题。

绿色物流是以环境保护为前提的物流管理新模式。目前国内外学者对于绿色物流概念有着不同的描述，但大部分学者认为绿色物流是在物流过程中抑制物流对环境造成危害的同时，实现对物流环境的净化和物流资源最大化利用。它是在可持续发展理论、生态经济学理论、生态伦理理论和外部成本内在化的物流绩效评价理论等基础上形成的体现绿色管理思维的物流模式。

二、绿色物流管理的特征

（1）多目标性。传统物流的目标是追求经济效益最大化，绿色物流的目标在于实现企业经济效益、消费者利益、社会效益与生态环境效益四个目标的统一。绿色物流管理更加强调企业的物流活动遵循可持续发展战略目标的要求，注重对生态环境的保护和对资源的节约，以及经济与生态的协调发展。

（2）多层次性。绿色物流系统由多个单元（或子系统）构成，如绿色运输、仓储、包装等子系统。这些子系统又可按空间或时间特性划分为更低层次的子系统，每个子系统都具有层次结构，并且不同层次的物流子系统相互作用，形成一个有机整体，实现绿色物流系统的整体目标。

（3）时域性。绿色物流的时域性是指其管理活动覆盖产品的整个生命周期，包括原材料供应生产内部物流，再到产成品的分销、包装、运输以及报废、回收。与绿色物流管理相比，传统物流管理过程缺少对报废与回收环节的关注。

绿色物流管理与传统物流管理的主要差异见表 8-1。

表 8-1　绿色物流管理与传统物流管理的主要差异

维　　　度	绿色物流管理	传统物流管理
目标	兼顾亲环境、经济效益、可持续	企业经济效益最大化
功能	兼顾可持续发展	实现空间转移和时间推移
流程	正向物流 + 逆向物流	正向物流
影响	实现资源的最优配置、可持续发展	对环境可能造成危害

三、绿色物流管理的内容

目前绿色物流系统是包括原料供应商、制造厂商、物流企业、经销商和消费者在内的闭环物流系统。绿色物流系统在每两个相邻节点之间都进行物品的正向或逆向流动，实现对回收废弃物的减量化、再利用和再循环。绿色物流管理内容可以分为五个方面。

（1）绿色供应商管理。供应商的原材料、半成品的质量优劣决定着最终产成品的性能，因此，实施绿色物流需要从源头加以控制，建立供应商选择和环境评价指标，即要对供应商的环境绩效进行考察。确保供应商在遵守政府环境行为要求的前提下，改善成本绩效和运营状况，提高产品绿色性能。

（2）绿色运输管理。传统物流系统对环境造成很大的影响。比如，运输路线规划不当、非统一配送都会增加能源消耗、加重空气污染和废弃物污染、引发城市交通堵塞等，这些问题都影响了绿色可持续发展。绿色运输管理包括建立绿色物流车辆管理系统，建立统一配送中心，严格管理易燃、易爆和危险化学品的运输，有效降低对环境的负面危害。

（3）绿色储存管理。储存在物流系统中起着缓冲、调节和平衡的作用，是物流的一个中心环节。传统物流系统中的储存环节同样会对环境产生危害，如产品存储方式、方法不当造成破损、变质而被废弃，易燃易爆品、化学危险品等爆炸或泄漏造成不良的环境损害。现代绿色物流在储存方式方面作出巨大改进，采用专业的仓储区域，不同类型的货物被摆放在相应的独立仓储空间内，对于有污染性的产品采取特殊的储存手段。同时，增强物流机构管理者与员工的绿色环保意识，极大地提高仓储环节的绿色环保水平。

（4）绿色流通加工管理。流通加工是在流通过程中对产品进行生产性加工，使其符合消费者需求。然而传统物流系统中的流通加工管理会导致资源的过度浪费和消耗，同时加工产生的废气、废水和废物会对人体和环境造成危害。现代绿色物流系统采用清洁生产方式进行加工，并采取有效的措施集中处理加工过程中产生的边角废料，降低流通加工过程对于环境的影响。

（5）绿色装卸管理。装卸是跨越运输和物流设施而进行的，发生在输送、储存以及包装前后的产品取放活动中。绿色装卸要求企业在装卸过程中采取正当的方式，避免产品损坏，同时减少资源浪费以及废弃物对环境的污染。另外，绿色装卸还强调企业应消除无效搬运，提高搬运的灵活性，合理利用现代化机械，保持物流的均衡顺畅。

现代化绿色物流系统结构如图 8-1 所示。

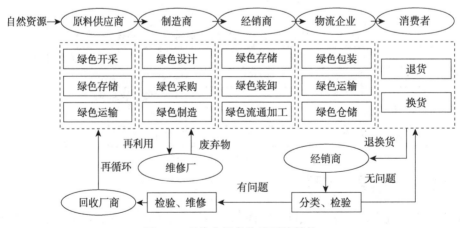

图 8-1　现代化绿色物流系统结构

四、绿色物流管理的数字化转型

以数字化互联网技术赋能绿色物流领域，提升绿色物流运行整体效率，已经成为节能环保、减污降碳的重要途径之一。人工智能、大数据、物联网等前沿科技所赋能的数字化绿色物流，可以明显优化或重塑物流环节，从源头上减少能源消耗带来的碳排放，提升运营的碳效率，赋能企业绿色管理。绿色物流管理的数字化转型主要有以下四个方面。

（1）围绕提升运输核心竞争力的绿色物流管理数字化。目前绿色物流发展中存在着空驶率居高不下、绿色物流信息不对称等问题，导致道路运输效率难以提升。加强绿色物流数字化转型，通过整合线下物流资源，建立完善的数字化物流运输平台，拓展绿色物流信息分享渠道，为司机提供有效的货源信息，减少货车返程空驶里程，丰富司机获取绿色运输信息的渠道，不仅可以提高企业绿色物流数字化运营的核心竞争力，也能有效降低碳排放。未来货运物流是道、车、人、场、货的互联互动，利用科技的力量将货运物流数据资源进行统筹整合，形成最优化的资源配置和标准落地，才能推进"双碳"目标的实现。

（2）聚焦生产制造环节转型升级的绿色物流管理数字化。目前在绿色物流领域中的生产、制造等环节同样存在减碳困难的问题，对于绿色物流的发展产生了阻碍。因此需要以数字技术赋能物流企业的生产制造环节，重塑绿色物流中生产制造、运维服务和组织管理全过程，加强数据洞察和数据驱动决策，实现对企业的生产、制造、管理、服务等各个环节的精细化管理，提升端到端的生产和管理效率，实现各环节的节能减排。

（3）关注完善仓储配送模式的绿色物流管理数字化。降低运输车辆和仓储转运设备能耗不仅是企业绿色物流管理的重要切入点，而且是绿色物流管理数字化转型的关键环节。对物流企业而言，在引进节能运输车、全电动化叉车、无人仓、立体库等智能化设备的同时，也要构建专业化数字化运营平台，积极发展智慧仓储、智慧运输和智慧配送，有序发展冷链物流、医药物流、商贸物流等多样化的绿色物流模式，实现物流供需的动态平衡。

（4）着眼于推进全链路减碳发展的绿色物流管理数字化。绿色物流需要企业内部不同部门和企业上下游合作商协同合作。搭乘数字化快车，以数字技术为依托打造核心业务关键价值链全程数字化能力，构建一体式智能化绿色物流体系，推动业财一体化、办公无纸化、循环取货无纸化、物流调度数智化等数字化转型，大大提升绿色物流管理的环保效率和运作效率。

总的来说，为了提升绿色物流的核心竞争力和降低碳排放，需要积极推动绿色物流管理的数字化转型。这种转型包括提升运输核心竞争力、生产制造环节的转型升级、仓储配送模式的完善以及全链路减碳发展等方面。充分运用数字化技术，重塑绿色物流的生产、制造、服务和管理过程，实现更高效、更环保的运作。通过构建一体式智能化绿色物流体系，实现物流供需的动态平衡，提高绿色物流管理的环保与运作效率。

思维拓展：结合云计算、人工智能、大数据技术，谈谈绿色物流管理还有哪些数字化转型方向。

绿色物流管理的数字化转型环节及内容见表 8-2。

表 8-2　绿色物流管理的数字化转型环节及内容

环　节	数字化转型内容
运输物流	通过数字技术整合线下物流资源，为司机提供有效的货源信息
生产制造	利用数字技术赋能中小物流企业，重塑绿色物流中生产制造全过程
仓储配送	支持物流企业构建数字化运营平台，鼓励发展智慧仓储和智慧配送
全链路	打造核心业务关键价值链全程数字化能力，构建一体式智能化绿色物流体系

延伸阅读

实践前沿：菜鸟让低碳实现数字化和可视化

随着"碳达峰""碳中和"首次被写入政府工作报告，包括物流、电商在内的各行各业正在面临一场新的考验，相关企业也在积极探索、实践绿色、低碳物流的发展。"菜鸟是物流行业中较早发起绿色行动的企业之一，比如率先联合中华环境保护基金会设立了菜鸟绿色联盟公益基金，并且一直在坚持绿色探索和实践。"2021 年 8 月 20 日，菜鸟绿色行动负责人王昊苏在接受采访时表示，菜鸟已从上游到下游形成了从订单生成到包裹送达的全链路绿色方案，涵盖绿色仓储、绿色包装、绿色供应链、绿色配送、绿色回收等各个环节。

一、打造全链路绿色方案

国家邮政局的统计数据显示，2021 年上半年全国快递服务企业业务量累计完成 493.9 亿件，同比增长 45.8%。巨量快递背后是过度包装所带来的资源浪费以及日渐严重的环境污染问题。而这还只是电商物流在低碳、绿色发展上面临的问题之一，其他包括面单、仓储、路径规划等都面临同样的问题。

"小物件、大包装"是很多消费者在收到快递后的第一直观感受，现在这一问题已经开始得到有效解决。"通过优化纸箱型号和推荐合理的装箱方案，让箱型更匹配、装箱更紧凑，进而减少'大材小用、过度包装'的现象。"王昊苏告诉记者，菜鸟通过装箱算法，平均减少 15% 的包材使用，仅在菜鸟仓内一年就可"瘦身"5.3 亿个包裹。目前，这一技术已经面向全行业推广。王昊苏同时表示，这仅仅是菜鸟打造全链路绿色方案的一个方面，在面单、装箱算法、环保袋、循环箱、回收箱、物流园区、智能路径规划等各个环节，菜鸟已经形成了一套比较完善的解决方案。

在电子面单方面，早在 2014 年，菜鸟电子面单就已率先上线，到 2021 年已经累计服务了 1 000 多亿个快递包裹，帮助全行业节省纸张 5 000 亿张，节约成本 200 亿元。仅 2020 年，菜鸟通过电子面单减少的碳排放就达到 45 万吨。值得一提的是，菜鸟电子面单自诞生以来已经逐渐取代传统纸质面单，在推动快递业进入数字化时代，帮助行业节约成本和绿色化发展上发挥了积极作用。菜鸟在构建生态造福商业的同时，更在造福社会。

在包装箱方面，菜鸟携手天猫超市等推广原箱发货和回收纸箱发货，实现 70% 的包裹发货不再使用新纸箱，一年向消费者送达数亿个绿色低碳包裹。而通过 2019 年菜鸟联合快递企业发起的"回箱计划"，在我国 31 个省区市、315 个城市的菜鸟驿站和快递网点铺设绿色回收箱，推动快递纸箱分类回收、二次利用，培养消费者垃圾分类、回收利用的习惯。仅 2020 年，菜鸟在末端站点就新增约 2 万个回收箱，未来预计每年可以循环再利用上亿个快递纸箱。2020 年"双 11"期间，菜鸟仓的包裹使用原箱或无胶带纸箱发货，减少的胶带长度就超过 8 600 万米，可绕地球 2.15 圈。

在物流园方面，菜鸟推出"绿园"计划，通过在物流园区建设屋顶光伏电站，为园区提供清洁能源，减少碳排放。以菜鸟网络广州增城园区为例，装机量 10 兆瓦，2017 年 12 月至 2021 年累计发电 3 200 万度，减少二氧化碳排放约 3 万吨，不仅实现了园区用电的自给自足，还为市政电网输送绿色能源。截至 2021 年 8 月，菜鸟地网屋顶光伏电站累计装机总量约 100 兆瓦，每年可减碳 11 万吨。

在智能分仓与配送路径规划方面，菜鸟则通过将产品放在离消费者最近的仓库实现就近发货，门店发货，可以有效地优化配送的时效，减少配送距离。"此外，通过智能路径规划算法的应用在配送中选择最优的配送路线，可以减少 1/3 的配送距离，有效减少碳排放。"王昊苏表示。

二、全链路协同助力

面向"2030 年前碳达峰、2060 年前碳中和"的目标，绿色、低碳发展正贯穿物流业的方方面面。以天猫商城 2021 年的"6·18"年中大促为例，与以往最大的不同就是对外披露"绿色 GMV"。菜鸟发布的数据显示，2021 年"6·18"期间，菜鸟合计实现减少碳排放 1.3 万吨，相当于种下 72 万棵梭梭树。

"就仓库作业场景而言，菜鸟电子面单、原箱发货和智能装箱算法能在发货源头实现包材减量、避免过度包装。"在分析 2021 年"6·18"期间碳排放实现大幅下降的原因时，王昊苏指出，"6·18"期间从菜鸟仓发货的包裹使用原箱或无胶带纸箱发货比例近 50%，通过装箱算法优化纸箱型号和推荐合理装箱方案也减少了包材使用，仅这两个环节就减碳 7 000 余吨。"在乡村地区，菜鸟乡村共同配送落地全国 1 000 多个县域，在包裹时效提高的前提下，通过共用车辆可节省数千辆运输车的燃油消耗。按每亩树每天可吸收的二氧化碳量计算，仅此一项就相当于在'6·18'期间植树数百亩。"王昊苏进一步表示，绿色理念已经深入物流配送的每一个环节。比如在末端回收和循环利用环节，菜鸟通过绿色"回箱计划"，已让近七成大学生养成了回箱习惯。

"绿色转型、循环箱推广使用和包装的回收，涉及商家、快递企业、消费者、包装企业等众多相关方，需要全社会、全链路同时转型和改变。"在谈及绿色物流的下一步发展时，王昊苏举例指出，在末端消费者环节如何建立简单方便的循环回收机制，不需要耗费其他人力、物力成本，引导消费者收到快递之后在定点归还快递包装等，都是需要重点突破的问题。同时，商家的碳排放也是比较容易被忽视的一块。针对这些问题，菜鸟已经采取相应行动。

在消费者环节，菜鸟发起减塑净滩和包装回收行动。2021 年年初，菜鸟推出的环保公益项目"菜鸟海洋"于 3 月发起"千校环保行动"。经过此次活动，各高校共回收 76 万个可循环利用的包材。此外，"菜鸟海洋"与上海仁渡海洋公益发展中心合作，把每位用户参与净化的海滩面积落地成真实的净滩拾废行动。截至 2020 年，菜鸟已在全国认领

16 个"爱心海滩"，覆盖山东、浙江、广西、广东、福建等多个省份，通过绿色行动的常态化，菜鸟希望更多年轻群体践行绿色环保。

在商家环节，菜鸟于 2021 年 6 月联合部分商家推出了"绿链计划"，依托自身的智慧供应链服务优势推动 B 端即商家供应链环节的循环箱体系。王昊苏介绍，这套体系的关键是建立某些相似行业的循环箱生态协同标准。"以洗护行业为例，菜鸟可以依托全量的产品库存数据，通过智能算法建模计算，让该行业可用 13 种循环箱型覆盖 60% 的销售量，满箱率能达到 90%，能够极大地减少仓到仓的物流纸箱使用。此外，菜鸟精准射频识别技术（RFID）也将内嵌入整套循环系统中。"据他预计，不久的将来，整个供应链上下游各环节的低碳、循环都将实现数字化和可视化。

资料来源：庞彪. 菜鸟：让低碳实现数字化和可视化[J]. 中国物流与采购，2021(17): 16-17.

第二节　逆向物流管理

一、逆向物流的产生和内涵

在整个供应链中，一个完整的物流系统主要由正向物流和逆向物流构成。由于正向物流能够带来较为显著的经济效益，长期以来企业只关注正向物流。不少管理人员认为逆向物流主要是处置废弃物，且逆向物流对于企业经济效益的影响微乎其微，导致大多数企业忽视逆向物流的作用。另外，长期以来消费者退货一直未受到企业的重视，很少有企业会考虑在供应链逆向渠道收集、运输和分发消费者退货——被称作逆向物流的过程（Mason，2002）。

20 世纪八九十年代，逆向物流引起了学者的关注和研究。1992 年，逆向物流的概念由美国学者詹姆士·R.斯托克（James R. Stock）在向美国物流管理协会（Council of Logistics Management）提交的报告中提出。美国物流管理协会将逆向物流定义为对原材料、加工库存品、产成品从消费地到起始地的高效率、低成本流动而进行的规划、实施和控制过程（Beltrán，2002）。随着环保意识的不断加强以及政府对环境保护法规的推进，人们对于逆向物流的关注度越来越高。

20 世纪 90 年代末，逆向物流开始逐渐受到国外物流学者和企业管理者的重视（Andel，1997；Maricn，1998）。1998 年，欧洲逆向物流工作组将逆向物流定义为将原材料、半成品和产成品从利益相关者处流向回收地点的规划、实施和控制的全过程（刘娟和赵晴晴，2020）。同年，美国逆向物流执行委员会（Reverse Logistics Executive Council）的戴尔·S.罗杰斯（Dale S. Rogers）和罗纳德·蒂本-莱姆克（Tibben-Lembke）出版了逆向物流的第一本系统性研究著作《*Going Backwards: Reverse Logistics Trends and Practices*》，指出逆向物流是为重新获取产品价值或使其得到正确处置，产品从其消费地到来源地的移动过程。1999 年，他们基于物流管理理事会对于传统正向物流的界定，对逆向物流提出了一个更确切的界定，即"对高效且高成本效率的从消费点到起源点的物料、再制品库存、成品和相关信息的流动进行设计、实施和控制的过程，以达到重新获取利润或恰当处理的目的"。随后，发达国家许多企业也纷纷将逆向物流纳入企业的战略规划并成功实施。

例如 IBM、通用、微软以及 Estee Lauder 等都加大对于逆向物流的资金投入，提高了企业的物流效率，推动了发达国家逆向物流的快速发展。2001 年 8 月，我国正式实施的中华人民共和国国家标准《物流术语》将逆向物流分为回收物流和废弃物物流，并对"回收物流""废弃物物流"等概念进行了论述。2021 年 12 月 1 日实施的国家标准《物流术语》（GB/T 18354—2021）将逆向物流（反向物流）定义为"为恢复物品价值、循环利用或合理处置，对原材料、零部件、在制品及产成品从供应链下游节点向上游节点反向流动，或按特定的渠道或方式归集到指定地点所进行的物流活动"。

有学者从价值的角度探讨逆向物流的内涵，认为逆向物流是在企业物流过程中，由于某些物质失去了明显的使用价值，但这些物质中还存在潜在的使用价值可以再利用，企业应为这部分物质设计一个回流系统，使具有再利用价值的物品回到正规的企业物流系统中来（Daniel，2002）。有学者从物流对象的角度，认为逆向物流主要是废次产品及包装材料从顾客、零售店到分销商或生产制造商的逆向流动（王长琼，2003）。还有学者从物流活动的角度进行界定，认为逆向物流是将原材料、半成品、产成品和包装从制造商、经销商或消费者流向回收地点或适当处理地点的规划、实施和控制过程，其目的是重新获取价值或对其进行适当处理（周垂日等，2007）。刘娟和赵晴晴（2020）认为逆向物流是以高效、经济、协调为目标，以回收模式的选择和运营管理的优化为核心，不断完善物流管理，以达到产品和物资的高效利用、发挥其最大的经济价值、整个供应链协调发展的最终目的。不同的学者从不同侧重点丰富了逆向物流的内涵。本书认为，逆向物流是在产品的整个生命周期中对产品再使用、再制造、整修、材料再生、废品处置等及其相关物流活动的高效协调过程。

逆向物流的方向与传统供应链方向相反。正向物流是产品由企业到消费者的流动过程，而逆向物流是从客户手中回收用过的、过时的或者是损坏的产品和包装开始，直至最终处理环节的过程。逆向物流是产品从销售终端向其上一节点的流向过程，其目的在于修复产品缺陷，恢复产品价值，或者进行正确的处置。逆向物流能够提高企业的产品利用效率，也能够提高企业经济效益，对于企业的物流管理有着重要的作用。逆向物流让废弃物通过分销渠道回流，从而被转化成为可以使用的原材料，可以充分利用废弃物的价值，降低废弃物对环境的危害。二者的共同点在于都具有包装、装卸、运输、储存、加工等物流功能。

二、逆向物流管理的特征

与正向物流相比，逆向物流管理具有以下特征。

（1）反向性。这是两者最大的不同点。逆向物流是废旧物资流从消费者流向回收者，进而流向生产商或者是二级市场的一个过程。逆向物流的实物流和物资流通常由逆流起始端的顾客引起，而正向物流则是与逆向物流相反的过程。

（2）分散性。与正向物流不同，逆向物流的废旧物资流会产生于生产、物流和销售的过程中，涉及不同领域、不同部门和不同群体，涉及供应链上的各个参与者，在社会上无时无刻不在产生。换言之，其产生的地点、时间、质量和数量是难以预见的。这决定了逆向物流具有分散性。

（3）多变性。正向物流的顺序一般是固定的，按量、准时和按地点发货是正向物流的基本特点。由于逆向物流的分散性以及回收政策不同，且逆向物流回收的废旧物资流具有品种多、数量少的特点，同时消费者存在过度使用回收政策的情况，企业很难把握产品回收的时间以及空间，这造成了逆向物流的多变性。

（4）缓慢性。逆向物流具有过程时间长和步骤繁琐特点，需要一定的时间才能形成一定的回收物资流。而且能够回收利用的废弃物不能直接满足人们的某些需要，需要经过加工、改制等环节，回收商根据其回收价值进行分类，具有一定价值的回收物再销往生产商以及二级市场。因此，缓慢性也是逆向物流较为显著的特征。

（5）复杂性。回收物品种类多，不同状况的废弃物常常混在一起，因此难以低成本划分。只有经过回收者的分类和检验后，回收物才会根据不同标准被分类，再通过不同的方式进行处理，其对于资源的恢复价值贡献也不一样。这些因素导致逆向物流具有复杂性的特点。

逆向物流过程与正向物流过程的主要差异见表 8-3。

表 8-3　逆向物流过程与正向物流过程的主要差异

比较对象	逆向物流过程	正向物流过程
分销、运输模式	多对一	一对多
产品包装、质量	不统一，差异较大	统一
产品处理方式	明确	不明确，依产品而定
运营流程	难控制	易控制
循环时间	长	短

三、逆向物流管理的流程

逆向物流与正向物流不同的是，其起始于消费者以及各种不同类型的代理商和零售者，且逆向物流的结束点也存在着不同。对于毫无维修价值的产品，逆向物流结束于专业的报废公司；对于那些还有维修价值的产品，逆向物流则结束于其产品的再销售。逆向物流管理的具体流程如下。

（1）退回过程。根据逆向物流的起始点不同，其退回原因也可以大致分为两类：第一类为商业退货，这类退货的起点是各类代理商或零售商。由于代理商和零售商对于销售周期判断不准确或是对消费者喜好判断不准等原因，产品库存积压，若退回给生产商，生产商还能够将货物再销售给其他代理商。第二类为投诉退货，这类退货的起点是消费者，一般是消费者在收到货物时由于产品运输过程中受到损坏或产品本身的质量等问题对产品产生不满而造成的退货。

（2）回收过程。产品在销售到消费者的过程中，不可避免地产生退换货，而回收消费者的退换货这一环节基本上由经销商完成。由于回收物在时间和空间上具有分散性，生产商进行直接回收的高难度和高成本决定了企业无法进行直接回收。但是经销商与消费者可以直接面对面完成回收环节，其低廉的成本具有不可替代的优势，因此经销商能够较好地替生产企业完成回收环节。

（3）运输过程。接下来就是回收物的运输环节，通过物流将废旧产品送达专业的检测部门。物流环节在逆向物流管理中是非常重要的一环，只有通过运输，才能进行回收物的检测。通过回收物的价值检测工作，并根据企业的分类规则进行相应的分类，尚有维修价值的产品再发往生产商指定的维修部门进行维修，毫无维修价值的产品则发往报废公司进行报废处理。因此物流的时间长短对于企业逆向物流的管理效率会产生十分重要的影响。

（4）回收产品的修理或废弃过程。对于这个环节，生产商也需要制定严格的分类标准，对于满足分类标准的产品进行修理，对于不满足分类标准的产品进行相应的报废处理。若不制定严格的分类标准，则会造成回收物分类混乱，严重影响企业的逆向物流管理过程。另外，这一环节的修理周期对于企业的逆向物流管理效率也产生了重要的影响。

（5）再循环产品的销售过程。这个环节是逆向物流的终点环节。进行过修理的产品无法在原有渠道进行再销售，因此企业必须另外建立一个渠道销售返修产品，可以利用价格优惠等策略快速减少库存。如果无法快速减少返修产品的库存，不仅会造成仓储被返修产品占满，产生巨额的仓储费用，另外也会造成返修产品的再损坏，销售到消费者手里又要进行再召回，产生大额的时间成本，甚至会造成部分产品的报废，给企业带来损失。

逆向物流的具体流程如图 8-2 所示。

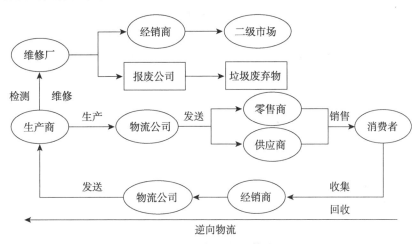

图 8-2　逆向物流的具体流程

四、逆向物流管理的数字化转型

逆向物流管理数字化主要是将物流过程中的各项操作流程和手续，通过数字技术的手段实现自动化。它利用信息技术和数字化工具追踪、管理和处理逆向物流的各个环节，不断提升逆向物流的效率，降低成本，并且最大限度地减少与降低对环境的破坏和影响。逆向物流管理的数字化转型具体包括如下方面。

（1）建立数字化退货订单管理系统。数字化退货订单管理系统是企业利用数字信息技术和软件技术，将逆向物流订单的物理信息、流程、标准转化为数字化的信息流进行处理，其主要作用体现在：客户可以通过互联网络提交退货申请，企业通过后台管理系统进行订单信息的数字化处理，以实现回收物从客户手中快速转移。利用数字技术可以将退货管理系统中不同途径来源的订单统一化、标准化，有利于对退货订单的分析和管理，缩短逆向物流的处理时间。数字化退货订单管理系统主要运用于逆向物流中的退回和回收环节。

（2）加大逆向物流的数字技术研发与应用。在回收环节，通过数字技术形成的条形码可以将逆向物流的信息包含在其中，对逆向物流中的产品进行快速、准确而可靠的数据采集，方便企业通过数字化退货订单管理系统进行逆向物流管理。基于数字技术的射频识别技术通过非接触读取数据完成系统基础数据的自动采集工作，供计算机信息系统进行处理。将条形码技术和射频识别技术结合在一起，可以更有效地进行与仓储及逆向物流有关的信息管理，其优势在于可以提高处理效率，并能实时查看逆向物流的信息。条形码技术和射频识别技术主要运用于逆向物流中的退货、回收及运输环节。

（3）利用数字技术优化地理信息系统。地理信息系统简称 GIS，它是以地理空间数据库为基础，采用地理模型分析方法，适时提供多种空间的和动态的地理信息。应用MapInfo（桌面地理信息系统软件）等数字化工具可以将逆向物流的各类信息进行数字化管理。利用数字化的 GIS 地理数据功能为逆向物流制定出最佳的运输路线和运输方式，这样可以实现各种资源的合理调配和使用。

扩展阅读 8-1　理论前沿：数字化时代下的逆向物流发展趋势

（4）完善数字化仓库管理系统（WMS）。仓库管理系统不仅包括相关硬件和应用软件构成的技术支持系统，还包括仓库作业标准系统、仓库运作流程设计系统以及处理中心等客户服务水平系统，基于数字技术的仓库管理系统可以按照逆向运作的业务规则和运算法则对逆流物的信息、运输资源进行管理，最大化满足绿色运作和客户的要求。借助物联网技术，可以帮助企业仓库管理实现逆向物流设备的信息互联，实现退回货物的实时监控和配送的智能化；通过人工智能技术，数字化仓库管理系统可以自动化处理逆向物流数据，实时预测库存需求和退回货物流动情况，为企业提供更好的管理决策基础，同时节约资源。

逆向物流管理的数字化转型内容见表 8-4。

表 8-4　逆向物流管理的数字化转型内容

环　　节	数字化转型内容
退货环节	数字信息技术和软件技术，数字化退货订单管理系统
回收环节	条形码技术和射频识别技术、数字化退货订单管理系统
运输环节	地理信息系统、条形码技术和射频识别技术
仓储环节	数字化仓库管理系统

思维拓展： 大数据和人工智能技术如何助推逆向物流？

第三节　绿色供应链管理

一、绿色供应链的产生和内涵

供应链是围绕核心企业，通过精准控制信息流、物流以及资金流，从采购原材料开始，加工成中间产品以及最终产品，最后由销售网络把产品送到消费者手中，将供应商、制造商、分销商、零售商、最终用户组成一个整体的功能网链结构模式。美国密歇根州立大学的研究制造协会在1996年的"环境负责制造"研究中提出了绿色供应链的概念，从此绿色供应链管理首次作为系统的研究对象出现在人们的视野中。许（Hsu，2008）研究马来西亚通过ISO 14001认证的企业，指出绿色供应链管理的实践要素定义包含以下三项：绿色采购、生态设计和逆向物流。伊斯兰（Islam，2017）在研究中将绿色供应链分为逆向物流、工业共生、绿色信息技术和系统、绿色设计、碳管理等内容。

国内学者也从不同视角分析了绿色供应链的内涵。但斌和刘飞（2000）指出，绿色供应链是一种现代制造业的可持续发展模式，是将环境生态和资源利用效率融入传统供应链中，以绿色制造理论和供应链管理技术为理论基础，实现物流对环境最小损害的过程。杨光勇（2011）认为，从三重绩效角度来看，绿色供应链是以经济、环境和社会三重底线为原则，实现经济绩效、环境绩效和社会绩效统一的绿色可持续发展供应链。实施绿色供应链的企业不仅可以降低对环境的影响，还可以降低企业成本与风险、提高效率、增加市场优势，并获得消费者的认可和支持。虽然理论界对绿色供应链的内涵存在不同表述，但基本形成了这样一种共识：绿色供应链是以可持续发展为导向，将环境保护和资源节约意识贯穿到整个供应链活动的全过程。本书认为，绿色供应链是将产品设计、采购、生产、销售、服务等全过程的环境影响降到最低和资源利用效率最大化的现代供应链活动。

绿色供应链管理又称环境意识供应链管理（environmentally conscious supply chain management），重点考虑了供应链中各个环节的环境问题，强调对环境的保护，并致力于实现经济与环境的协调发展。尽管理论界尚未对绿色供应链管理给出统一的定义，但总的观点认为，绿色供应链管理指企业在传统供应链管理的基础上融入环境保护意识，把"无废无污"和"无任何不良成分"及"无任何副作用"贯穿于整个供应链的管理活动。

扩展阅读8-2　实践前沿：顺丰打造可持续发展的供应链服务

二、绿色供应链的特征

（1）整体性。绿色供应链由生产系统和消费系统组成。其中，生产系统为消费者创造使用价值，同时还要提高供应链的盈利能力、保证生产经营活动与环境相容，这必然要求各行为主体在技术、知识、工艺选择、资源供应等方面实现协调，否则上述目标不可能实现。

（2）目的性。一般供应链的主要目标是实现供应链整体利润最大化。其主要任务是为供应链上的各个主体创造经济效益。而绿色供应链的主要目标是在获取利润的基础上实现资源的最优配置、增进福利，实现供应链内各成员主体的活动与环境保护相适应。

（3）层次性。绿色供应链可分为支持层和运营层两个层次，支持层又分为环境和社会两个子系统，而运营层又分为生产和消费两个子系统。各个子系统均由不同要素组成，逐层隶属，逐层关联，形成一个递阶的结构。因此，绿色供应链具有明显的层次性。

（4）环境适应性。环境适应性具体体现为运营层中的生产子系统与消费子系统和支持层的联系，这种联系体现为物质、能量和信息的交换。生产子系统通过生产过程将环境系统的资源转换为产品，同时也将产生的废弃物反馈给了环境系统：生产子系统、消费子系统与社会子系统之间存在信息交换。

（5）复杂性。由于绿色供应链的组成由原来的供应商、制造商、分销商、零售商与消费者之间的简单结构变化为由生产子系统和消费子系统运营、环境子系统与社会子系统支持的复杂结构，其呈现出复杂性的特征。

三、绿色供应链管理的流程

绿色供应链管理是以环境保护为出发点，对供应链上的各个环节进行节能环保设计、减少产品生命周期中各个环节的能耗和污染，包括绿色设计、绿色采购、绿色制造、绿色物流、绿色销售和绿色回收，形成一个完整的闭环供应链。

（1）绿色设计环节的供应链管理。绿色设计也称环境设计，绿色设计作为绿色供应链的源头环节，将绿色环保的设计理念融入传统供应链中的产品设计、制造、销售甚至回收的各个环节。作为绿色供应链管理的重要部分，绿色设计深受绿色供应链驱动因素影响。

（2）绿色采购环节的供应链管理。与传统供应链不同，在绿色供应链中制造企业通常会与上游采购厂商进行合作，对上游厂商的制造材料和生产工艺提出环保要求，为提高材料使用效率、降低污染物处理成本，采用对环境影响较小的生产技术和原材料，从而达到减少环境污染的目的。这种方法可以从供应链的源头上保证供应链绿色环保。

（3）绿色制造环节的供应链管理。绿色制造旨在将可持续发展方针贯彻于产品设计、生产制造中，减少有害排放和无谓资源浪费，将对环境的危害降到最低。主要关注如何在各个生产环节减少资源消耗、缩减废物产生以及如何降低对环境的影响，通过可持续发展的手段和现代数字技术，用更加环保的方式实现绿色制造。

（4）绿色物流环节的供应链管理。绿色物流将环境保护与节能减排意识融入传统物流中，实现物流作业环节和物流管理全过程的绿色转型升级。在物流作业环节方面，主要包括绿色运输、绿色包装、绿色流通加工等。在物流管理过程方面，主要是从环境保护和节约资源出发改进物流体系，包括正向物流环节的绿色化和供应链上逆向物流体系的绿色化。

（5）绿色销售环节的供应链管理。绿色销售是企业在销售过程中，不仅要满足消费需求、争取适度利润和发展，还要确保消费者的安全和健康，遵循在产品的售前、售中、售后服务过程中注重资源节约和环境保护。绿色销售还要求企业对销售环节进行生态管理，它包括对分销渠道、中间商的选择、网上交易和促销方式的评价等进行全面的考虑和优化。

（6）绿色回收环节的供应链管理。绿色回收包括一个完整的回收系统，强调的是在产品生命周期末端对其进行回收，送至供应链的源头，即供应商手中，以进入再制造、再使用等逆向流程，实现供应链闭环。

四、绿色供应链管理的数字化转型

（1）基于物联网技术的转型。企业可以利用物联网技术在供应链绿色设备、传感器、终端设备等之间进行无缝衔接管理，对供应链各环节的数据尤其是能耗数据进行实时采集和监控，对其进行深入分析和充分挖掘，了解供应链各个环节的节能运行情况，通过数据分析来识别供应链中的绿色管理瓶颈和问题，优化绿色运作流程，将供应链对环境的影响降到最低。

（2）基于数字孪生技术的转型。企业可以建立数字孪生模型，将企业供应链与数字孪生模型实时连接，对绿色供应过程进行精细化监控和智能化调控管理，以此模拟绿色供应链的整体运行情况，也就是进行绿色供应链管理的仿真与优化。通过数据采集、处理与分析，数字孪生绿色智慧供应链能够对企业供应各个环节的能耗情况、污染情况等进行实时监测、精确预测和准确评估，并在能源、资源需求高峰时段进行灵活调整，实现能源的高效利用和供应的高效运转。

（3）基于人工智能技术的转型。企业利用人工智能技术对供应链中的环境信息进行数据采集、处理和分析，在对环境数据进行模拟、预测和评估的基础上，进行绿色供应的需求预测、供应商选择、供应链规划等，并可将环境信息共享给供应链参与方，便于其作出更优化的绿色决策。

（4）基于区块链技术的转型。区块链技术能帮助企业准确记录绿色供应链的环境数据，区块链上的环境信息数据不可篡改，可以帮助企业直观了解供应链各个节点的环境影响情况，弥补因信息缺失导致的环境破坏行为。利用区块链技术在绿色供应链主体之间建立良性的信息传递和沟通机制，使企业在信息共享中实现对物流环境影响的记录与追踪管理，科学评估环境影响，提高绿色供应链的安全性和可信度。

扩展阅读 8-3　实践前沿：阿里巴巴做智慧化供应链物流绿巨人

思维拓展：数字化时代，绿色智慧供应链管理的"智慧"体现在哪里？

数字化转型是我国绿色供应链发展的战略机遇，未来的绿色供应链也将朝向数字化绿色供应链发展。绿色企业之间、绿色产业之间以及绿色发展地区之间和国家之间基于数字化的无限链接是未来发展的重要特征，其中一个重要表现就是以绿色供应链为主要方式的数字化链接，形成绿色管理的上下游企业之间、产业之间乃至国家之间的利益共同体。绿色供应链管理的数字化转型内容见表8-5。

表 8-5　绿色供应链管理的数字化转型内容

环　节	数字化转型内容
基于物联网技术的转型	洞察供应链各个环节的节能运行情况并运用数据分析优化绿色运作流程
基于数字孪生技术的转型	借助数字孪生模型精准灵活地掌控绿色供应链整体运转状况
基于人工智能技术的转型	数据采集、处理与分析并进行模拟、预测和评估
基于区块链技术的转型	准确记录绿色供应链的环境数据，直观了解供应链各个节点的环境影响情况

第四节　绿色价值链管理

一、绿色价值链的产生和内涵

价值链的概念是由哈佛大学教授波特于 1985 年在《竞争优势》中提出的。波特认为价值链是企业增加其产品或者服务价值的一系列活动，包括设计、生产、销售和售后服务活动。这一系列活动又分为基本活动和辅助活动，这些互不相同但又互相关联的活动构成了一个创造价值的动态过程，即价值链。因此，企业有必要找出一条与任何产品相联系的价值实现途径，尽可能将所有参与价值创造的因素保持在产品整个生命周期中。由此，价值链理论应运而生，其中也蕴含着资源节约、高效利用的绿色价值链思想萌芽。

绿色价值链是在价值链理论基础上进一步发展的概念。与传统价值链理论不同的是，绿色价值链着重考虑了企业进行环境保护的生态价值和道德价值。其主要体现在绿色价值链将社会责任意识引入企业价值链管理，对价值链的不同环节进行绿色化创新和动态闭环连接，实现资源最大化利用。由此，绿色价值链的概念可以理解为在产品设计、原料采购、产品制造、营销、物流、消费和回收再生等各个价值创造环节将绿色价值目标最大化的管理模式。绿色价值链将整个价值链的环境负面影响最小化，兼顾价值链上不同利益主体的社会责任、道德责任和环保责任，不仅可以化解企业在传统价值链模式中衍生的资源浪费、环境污染、生态破坏等问题，还有助于拓展更大的市场空间、获取更大的市场收益，更有助于持久地发挥企业的绿色竞争优势，推动企业向高水平的绿色管理转型升级，实现可持续发展。

随着国家对可持续发展、环境保护和降碳减污相关法规、举措落实情况的关注力度大幅度提升，传统价值链的运作模式不能完全满足社会期望。转变价值链运作模式，由传统价值链管理向绿色价值链管理的迁移势在必行。

> **思维拓展：**结合数字化时代背景，你认为绿色价值链如何进一步发展？

二、绿色价值链管理的特征

（1）闭合性。绿色价值链管理是包含绿色设计、绿色生产、绿色销售和绿色售后等的闭环管理活动。绿色价值链管理将环境这一新的价值层面纳入传统价值链中。对环境价值的关注在绿色价值链管理中主要体现在对产品的处理方式，没有使用价值的产品将被分解或掩埋，而可利用的原料或零件将重新回到价值链中，剩余的产品也将进一步被处理，这是一个闭合式的绿色循环过程。因此，闭合性是绿色价值链管理最显著的特点。

（2）多目标性。传统价值链只关注原料供应和生产制造的环节，主要目标是降低生产成本、提升效率。绿色价值链管理以生态环境为核心，同时考虑生态环境保护和效益最大化，并提升绿色价值链中上下游厂商的共同效率。

（3）整体性。传统价值链是以产品为龙头，企业内部和企业之间是纵向的价值链条，以实现效率最佳、利润最大化为目标。绿色价值链管理以生态为核心，多个经济部门形成网状价值链接，实现多个经济部门、多个生态的协调发展。

绿色价值链管理与传统价值链管理的主要差异见表8-6。

表8-6　绿色价值链管理与传统价值链管理的主要差异

特　　征	绿色价值链管理	传统价值链管理
闭合性	一系列横跨整个顾客订货周期的活动	后续产品回收环节机制相对不完善
多目标性	同时考虑生态环境保护和效益最大化	重点关注供应、生产的环节，降低生产成本、提升效率
整体性	以生态为核心，多个经济部门形成的网状价值链接	以产品为龙头，企业内部和企业之间纵向的价值链条

三、绿色价值链管理的内容

依据管理的内外部环境，绿色价值链管理在内容上主要划分为两个部分，分别为内部绿色价值链管理和外部绿色价值链管理。

（1）内部绿色价值链管理。相较于传统价值链管理，内部绿色价值链管理内容包括：①绿色设计环节。企业应当坚持可循环与可持续的设计理念，在设计阶段应该以绿色为核心，全面考虑产品结构、环保材料的应用、生产效率、能耗排放、回收的可操作性以及产品的生命周期等各个方面。②绿色生产环节。在生产环节中需要秉持降耗降本的观念。一方面生产部门应当制定各项燃料的经济技术指标，对日产与班产目标进行分解，动态调整并制订措施来保障能源媒介的最大化利用。另一方面需要在推动环保设备更新换代的基础上，将数智化技术融入能源管控当中，实现能源智能化管控，在提高生产效率的同时，达到国家的环保排放标准。③绿色销售环节。企业需要对外树立自身的绿色企业形象，通过一些项目向消费者以及上下游利益相关者传达自身的绿色技术成熟度以及可持续发展理念。同时制定一系列内部绿色标准，向利益相关者输送自身的环保理念，助推行业绿色体系构建和完善，形成自身的绿色竞争优势。

（2）外部绿色价值链管理。企业绿色价值链的视角不应当局限于产品生命周期本身，而是应当将管理活动延伸到利益相关者，推动外部绿色价值链上下游共同进行绿色活动，产生协同作用，实现绿色价值共创。外部绿色价值链管理内容包括：①横向维度管理。在横向维度上，企业需要将自身与同行业的标杆企业进行比较，评估各环节的管理效果，从而发现自身的不足之处，并寻求突破，进一步优化绿色管理方案。例如积极开展能源对标活动，关注同行业企业绿色经销商建设路径等。采取此种措施后，企业能够实现全过程与全价值链的介入，达到经济与环境共同友好发展的效果。②纵向维度管理。在纵向维度上，企业应与供应商、渠道商以及客户等利益相关者共同构建信息共享平台，实现环境信息的互通。通过向上游供应商传达绿色理念，构建稳定的绿色合作关系，满足下游渠道及终端客户对于低碳减排产品的需求。此外，企业应当积极选择绿色供应商建立稳定的战略合作关系，并通过互联网等媒介进行社会化媒体营销，更好地向价值链条中的利益相关者输送自身的绿色产品以及绿色生产理念，驱动消费者进行绿色消费。

绿色价值链管理的主要内容如表 8-7 所示。

表 8-7　绿色价值链管理的主要内容

价值链的划分	主要环节	帮助发现环保风险的问题举例
内部绿色价值链管理	企业内部运营	1. 企业对环境有哪些影响？影响程度如何？ 2. 企业主要依赖哪些自然资源？对资源的消耗有多大？ 3. 企业的污染排放对空气、水和土壤的危害有多大？ 4. 企业是如何处理"三废"的？ 5. 企业的环境管理系统有多新？ 6. 企业发生危害气体/液体泄漏的风险有多大？ 7. 与企业业务相关的国际法规、国家或地区法规是否了解或正在遵守？
外部绿色价值链管理	上游	1. 供应商对自然资源的利用方式是否合理？这些资源现在是趋紧还是充足？ 2. 供应商是否存在严重的污染行为？ 3. 供应商对国家环保法规的遵守程度如何？ 4. 供应商所提供的产品是否符合国际或国家环保要求？
	下游	1. 企业产品的购买和使用需要消费者消耗多少资源或能源？ 2. 产品是否含有有毒、有害物质？ 3. 消费者对产品废弃物如何处置？ 4. 在国家强制要求对本企业产品废弃物回收的情况下，是否能达到预期效果？

资料来源：埃斯蒂，温斯顿. 从绿到金——打造企业增长与生态发展的共生模式[M]. 张天鸽，梁雪梅，译. 北京：中信出版集团，2020.

可以看出，企业的绿色价值链管理不仅涵盖企业内部运营所涉及的环境问题，也包含企业外部上下游各环节的环境问题。进一步说，企业的环境关注随着绿色价值链而扩展。对于上游供应商，主要关注其对资源的利用方式和利用效率、污染程度、环保法规的遵守程度和产品的环保程度等。对于下游消费者，主要关注其对产品的使用情况和废弃物处置利用情况。

延伸阅读

实践前沿：丝丽雅从"供应链"到"价值链"全方位绿色提升

宜宾丝丽雅股份有限公司（以下简称"丝丽雅"）成立于 2000 年，位于四川省宜宾市，是中国西南地区唯一以生产再生纤维素纤维（也称"粘胶纤维"）和复合浆粕为主导产品的综合成长型企业。2021 年是丝丽雅全面提升绿色发展水平的一年，公司不仅主营业务收入达 36.07 亿元，同比增长 15.89%，基本摆脱了疫情影响，展现出较强的经营韧性；而且发布了公司首份可持续发展报告——《宜宾丝丽雅股份有限公司 2021 可持续发展报告》，该报告全面、详细地阐述了丝丽雅的可持续发展理念、策略和 2021 年的具体实践，充分彰显了丝丽雅坚持可持续发展理念的决心。丝丽雅党委书记、董事长邓敏表示："丝丽雅重视与利益相关方的沟通和交流，期望通过发布此报告，更好地促进各方了解企业可持续发展战略与行动，以此增进合作，实现共赢。"丝丽雅正在"绿色发展"的赛道上加速奔跑。

一、锻造"绿色实力"实现全过程绿色制造

作为再生纤维素纤维产业的龙头企业，经过 20 余年的摸爬滚打，丝丽雅现已形成年产粘胶短纤 24 万吨的能力，在"绿色工艺""绿色制造""绿色设计"等环节累积了丰富的经验。

近年来，丝丽雅自主研发了多个具备自主知识产权的高附加值新产品，如雅赛尔纤维、高白纤维、蛋白纤维、原液染色纤维等拳头产品。其中，雅赛尔纤维比常规产品强度提高 30%，后加工纺纱生产效率提高 20%，染色强度提高 5%～10%，产品广泛应用于家纺、内衣、牛仔、服装、无纺布领域，年产销量在 5 万吨以上。高白纤维生产过程则采用双氧水漂白，产品不含氯、增白剂等，无毒无污染，广泛用于湿纸巾、面巾等无纺布卫材领域。

邓敏介绍："丝丽雅围绕打造一流品质、百年品牌，为社会提供'绿色、低碳、健康、可持续'的产品与服务。"在原料采购端通过了 FSC 森林认证、CanopyStyle 审核（纽扣排名 23.5）；在生产端通过了 OEKO-TEX STeP 体系、ISO 14001：2015 环境体系、ISO 9001：2015 质量体系、Higg FEM3.0 Index 环境模块体系认证，符合 ZDHC MMCF 废水指南优级要求；在产品端通过了 Oeko-TexStandard.100 产品标准认证，获得 OEKO-TEX MADE IN GREEN 标签，同时还利用 100%Circulose 回收浆制成了再生纤维素纤维长丝，发布了再生纤维素纤维生产商透明度调查表及表盘，真正实现了全过程绿色制造，回应了下游品牌关注点，进一步提升了市场和客户对再生纤维素纤维"绿色"属性的信心。

为持续提升绿色制造水平，丝丽雅还牵头实施了"纤维素纤维生产废液再生利用绿色关键工艺创新与系统集成项目"，制造技术绿色化率提升了 30.05%，制造过程绿色化率提升了 23.37%，制造资源环境影响度下降了 8.43%；通过了 ZDHC 再生纤维素纤维废水指南测试，总体指标处于优等水平。

二、提升"绿色价值"打造可追溯绿色供应链

在不断夯实自身内在绿色制造能力、强化产品绿色基因的同时，丝丽雅也深知能力的形成并不等同于价值的提升，为了从价值链上实现升级，丝丽雅近年来与下游品牌、中国纺联社责办、CV 联盟（再生纤维素纤维行业绿色发展联盟）、国际可持续发展机构等领先的价值链合作伙伴（包括溶解浆供应商、纺织服装制造商、品牌商等）广泛深入沟通，持续共同开展对气候和生物多样性的关注，对绿色材料、产品、技术和商业模式的探索，对循环经济降碳的价值追求。通过应用先进技术，公司低碳环保指标显著提升，单位产品能耗强度从 2018 年每吨纤维 0.956 吨标准煤逐步下降到 2021 年每吨纤维 0.899

吨标准煤，单位产值耗水量从 2018 年 25.22 吨/万元逐步下降到 2021 年 16.85 吨/万元。

除此之外，丝丽雅还积极探索可追溯供应链建设。邓敏介绍："在中国纺联社责办、CV 联盟的指导下，丝丽雅牵头开展了纤维原料—丝线织造—水刺无纺布—医卫家纺可追溯产业链试点工作，整合产业链 8 家企业，截至 2022 年已完成了到纱线端的供应链绿色提升，发布了首个纱线产品碳足迹报告，同时推动向家纺、医卫材料的供应链转化，让供应链环节产品都具有绿色身份和可追溯机制。"

截至 2022 年丝丽雅已摸清碳排放家底，完成了碳排放基线测量，在"CNTAC-LCA 工作组"（中国纺织服装行业全生命周期评价工作组）支持下，2022 年 5 月完成了 30S 涡流纺粘胶纱线"从摇篮到大门"碳足迹评价，正在推进"雅赛尔"产品碳足迹测算。"通过不同产品碳足迹测算，向下游客户展现丝丽雅生产、运输、排放等方面碳减排的信心和行动，并带动产业链低碳发展。丝丽雅有信心在 2030 年实现单位产品碳减排 30%，2055 年实现碳中和的'双碳'目标。"邓敏说道。

三、借搬迁契机再次实现"绿色升级"

当前，丝丽雅所在的宜宾市发展步伐加快、空间格局调整加速、生态环境保护加码，丝丽雅毗邻长江干线，生态环境保护责任重大。与此同时，消费市场对粘胶纤维原材料的需求不断加大，现有条件已无法满足市场增量发展需求。面对这一形势，公司综合考虑城市发展、生态保护和自身战略等多种因素，决定实施产业搬迁，并通过技术、装备、管理提升，实现产业升级和高质量发展，继而推动地方经济发展和生态文明建设。

邓敏表示："产业搬迁是丝丽雅实现产业转型升级、绿色低碳发展的重要抓手。"据悉，2022 年，丝丽雅根据区域产业布局开展了对拟选地址的项目论证，通过搬迁深入践行绿色可持续发展理念，主要的方式包括打造绿色供应链，致力于全过程可持续、原料来源绿色可追溯、生产过程绿色再循环、产品本质绿色友好，建成基于纤维的绿色生态经济。创建绿色品牌链，致力于发展功能纤维、改性纤维、定制纤维、循环纤维产品系，做优"雅赛尔""雅代尔"等绿色品牌，拓展产品应用领域，延伸产业链。建设现代生产线，致力于通过升级搬迁、转型搬迁，淘汰落后产能，实现自动化、智能化、定制化、数字化生产，综合能耗降低 10%、平均水耗降低 20%。构筑循环经济圈，致力于通过打造绿色产品、绿色工厂、绿色园区，实现废气收集率 98% 以上，全硫回收率 95% 以上，污泥资源化利用，建成园区资源循环，清洁生产闭环。

资料来源：从"供应链"到"价值链"全方位提升，丝丽雅将绿色进行到底[EB/OL]. (2022-10-18). https://baijiahao.baidu.com/s?id=1747010708834220427&wfr=spider&for=pc.

四、绿色价值链管理的数字化转型

数字化时代下企业不断探索绿色价值链管理转型，这一转型是全价值链、全生命周期的数字化转型。企业需要规划产业全生命周期的绿色管理路径，将碳中和贯穿全产业链和产品的全生命周期，包括研发设计、生产制造、能源消耗、供应链上下游协调和循环利用等环节。通过数字化改造，绿色价值链管理可以针对源头控制、过程管理和末端治理等方面出现的问题提供创新技术解决方案，将经济效益最大化和可持续发展目标相互结合，有助于解决减排过程中最核心的难题，即信息不对称和数据不充分问题，减少经济影响和减排效果的不确定性。

绿色价值链管理的数字化转型包括以下三个方面：①研发设计数字化。研发设计方面应用到数字化最多的地方是材料创新，企业应当利用好数字化高新设备技术推进环保材料的研发。例如丝丽雅通过提高自动化技术全面应用水平，实现绿色生产工艺精准控制，并发展出功能纤维、改性纤维、循环纤维等产品系列。②生产制造数字化监控。企业在生产制造方面应当促进信息化、智能化技术与能源管控相融合，实现能源的精益智能化管控。企业能够进一步优化工艺流程布局，不仅扩大了产能，还显著提高了生产效率。同时，这也提升了自动化清洁生产水平，以符合国家环保排放标准。③供应链上下游数据共享。"双碳"目标下，全球绿色价值链数字化转型的堵点之一在于数据要素的共享，尽管数据要素是企业的核心秘密资产，但科研机构和企业也应当积极分享（陈诗一和许璐，2022）。企业应当向政府、周边居民等外部利益相关者定期发布相关环境报告，并在省、市两级污染源自动监控平台上公开主要污染源废气的实时数据。废气中各类污染物的在线监测结果也需要定时公布，以确保各环节接受外部利益相关者的监督。

绿色价值链管理的数字化转型需要注意两个方面：一是数字化赋能价值链管理的绿色化转型。以数字技术推动全价值链管理绿色化转型深度发展，通过大数据、人工智能、数字孪生等数字技术集成应用促进传统行业全链条数字化和低碳化改造，高效实现绿色产品溯源、碳足迹追踪、碳交易等。二是数字化转型与绿色价值链管理同步实现。推进数据中心、通信基站等信息基础设施的新能源利用和节能技术改造，提升基础设施的绿色化水平，助力上下游企业提高减碳能力，系统构建绿色价值链管理体系。

在追求可持续发展的时代，基于价值链分工的碎片化绿色管理与绿色价值增值发展需求之间的不相适应越来越凸显，价值链上游企业和下游企业联合应对区域性与可持续发展问题成为重要趋势，不少为环境污染付出代价的企业更深刻体会到传统意义上的绿色价值链管理方式存在能源降耗效率有限、生产成本相对较高等问题，数字化转型可以帮助企业更好地解决这些问题，提高企业的整体效能。与数字化转型相融合的管理方式将绿色价值链管理推向更加高效、便捷、多元、创新和智能的方向，这意味着今后的数字化发展政策与市场环境将会更加有利于绿色价值链发展，为其提供必要的政策环境支撑；企业进行绿色价值链管理的驱动力也将逐渐由政策驱动转向企业主动出击进行数字化转型；参与绿色价值链管理数字化转型的企业也由大企业扩展至更多中小企业；绿色价值链管理的模式也会在数字技术的加持下由单一走向多元创新；企业之间将更加注重价值链上的协同合作，依托数字化信息平台积极联动上下游企业，管理也将由封闭走向更加智慧和透明。

本章小结

绿色物流和供应链管理关乎绿色产品的流通、绿色市场需求的预测、绿色信息资源共享和绿色竞争力的提升，是帮助企业实现资源有效配置的重要手段。首先，本章对绿色物流的产生与内涵进行阐述，重点分析了绿色物流管理的五大块内容及其特征以及绿色物流管理的数字化转型。其次，对比正向物流管理，论述了逆向物流管理的内涵、特征、流程及其数字化转型。再次，在阐明绿色供应链内涵的基础上，重点分析绿色供应链管理的特征、流程和数字化转型。最后，对绿色价值链管理的产生与内涵、主要内容、主要特征和数字化转型进行论述，主要阐述企业内部绿色价值链和外部绿色价值链的构成及其主要特征，以及数字化时代的绿色价值链管理。

核心概念

1. 绿色物流（green logistics）
2. 逆向物流（reverse logistics）
3. 绿色供应链（green supply chain）
4. 绿色价值链（green value chain）
5. 绿色运输（green transportation）
6. 绿色仓储（green storage）
7. 逆向物流管理数字化（digitization of reverse logistics management）

本章思考题

1. 简述国内绿色物流和绿色供应链的现状。
2. 发达国家的绿色物流和绿色供应链管理实践经验对我国绿色物流和绿色供应链发展有哪些重要启示？
3. 以特定案例为例，论述企业开展绿色物流探索的策略。
4. 论述我国绿色物流和绿色供应链管理在哪些方面仍有待加强。
5. 思考企业如何更好地让绿色供应链成为绿色价值链。

本章实训指南

本章综合案例

苏宁打造绿色可持续的智慧供应链

当人们一次次为电商"双11""6·18"刷新纪录欢呼时，有人算了关于纪录背后产生的"副产品"的一笔账：我国每年产生的快递垃圾包括包装箱 40 亿个、塑料封套约 80 亿个、文件封套 40 亿个。大多数人都不关心那些快递垃圾都去哪儿了、如何回收、怎样处理。但事实是，在中国特大城市中，快递包装垃圾增量已经占到生活垃圾增量的

93%，部分大型城市则为 85%～90%。

一、那些"奇怪"的实验

2019 年 7 月，南京玄武区的苏宁易购集团股份有限公司（以下简称"苏宁"）总部，记者走过一面记录着苏宁从电器零售商成长至如今智慧零售商的大事记的墙，然后坐上电梯，在楼上的一间会议室里见到了苏宁物流绿色包装实验室负责人凌云飞。

很少有人听说过这个实验室，更少有人知道这个实验室在研究一些多么奇怪的事情：比如在一种可降解的包装袋材质中，究竟使用多少比例的玉米淀粉，才能既不影响包装的强度，又能控制再循环的成本。比如可循环使用的共享包装盒的盖子，能经得起多少次折叠不会折断，是 100 次还是 200 次？再比如物流中使用的箱子到底需要多少种规格才显得不多也不少。

二、苏宁为什么要在这种细节上"折腾"

"为了降低成本，但更多的是企业对社会的一份责任。"凌云飞对《北京商报》记者说，虽然从长远看，绿色物流带来的循环利用、节能减耗确实能为企业日常运营增加利润，但是从当下来看，投入明显是大于直接可见的收益的。

凌云飞强调说，苏宁是一家智慧零售企业，不是单纯的物流企业，正因如此，苏宁在做绿色物流这件事上有全产业链的优势。她举了个例子：共享快递盒的回收成本。共享快递盒就是消费者可反复使用的快递盒，消费者当面签收后，可以选择请快递员将快递盒带回，再次进入苏宁物流的循环系统使用，这样就可以有效降低快递垃圾的增量。"但纯快递企业可能做不到这一点，因为它们回收共享快递盒的成本太高了。苏宁作为零售企业采用自营物流，共享快递盒的逆向物流成本基本可以忽略不计。"凌云飞说。

在传统包装方式上，苏宁物流尽量"减量化"。每年中国快递行业需要的胶带长度至少为 80 万千米——这些胶带足以沿着地球赤道缠绕 20 圈，或者还可以从地球粘到月亮，然后再折返回来。而苏宁通过"胶带减宽"的方式减量，在保证效果的情况下，其将封箱胶带尺寸从 53 mm 宽合理缩减到 48 mm 又缩减到 45 mm，这种不多 1 mm 的浪费，带来了每年可减少约 1 亿米胶带使用的变化。同时，苏宁还研发了尽量不使用胶带的包装产品。零胶纸箱在普通纸箱基础之上，做了很多升级。除了完全不使用胶带之外，更实现了轻便的打开方式。关键之处是盒子两端各设置了牢固的一次性"环保封箱扣"，能最大限度地保障产品的隐私与安全。不仅如此，封箱扣由环保材料制作，可以实现自然降解，产品取出后，快递盒交由快递员折叠带回快递点，再循环入仓。

三、绿色智慧供应链持续服务客户

苏宁坚持发展具有苏宁特色的绿色物流供应链网络，深化与工业消费品、日用百货类等产品制造企业的合作，形成了覆盖采购、生产、销售和售后等环节的供应链服务能力。通过自主研发的乐高、天眼、天机三大系统平台构建起"智慧大脑"，协同定制化 WMS、OMS（订单管理系统）、TMS（运输管理系统）与装备无人仓、无人机的智慧园区、智能仓储、智能分拨场、智能快递站等软硬件系统，最大限度帮助合作伙伴降本增效。其四方物流平台是一个供应链的集成商，是专门为第一方、第二方和第三方提供物流规划、咨询、物流信息系统、供应链管理等活动的平台。

截至 2023 年 9 月，苏宁物流已在全国 48 个城市投入运营 67 个物流基地，并形成

"产地仓＋区域中心仓群＋前行仓群＋前置仓群"的四级仓网布局，能够实现全国95%以上区域24小时到达。

苏宁拥有完善的逆向物流回收服务网络，其强大的售后体系——"苏宁帮客"在全国拥有8 000家服务网点、10万名服务工程师，年服务用户超过5 000万，服务能力触达全国98%以上区域，可为消费者提供售后维修、清理、废旧家电回收、以旧换新等各项服务。苏宁还与40家回收拆解工厂达成合作，旧机回收后统一存放、分类处理、专业粉碎，实现物流逆向服务流程的合理化、绿色化、高效化。

苏宁通过打造绿色可持续的智慧供应链，大幅提高供应链效能，实现智能仓配布局、智能预测补货覆盖20%的业务场景，提高人工操作供应链SKU（最小存货单位）数达到160；有效提升库存周转率，电器月周转率达到2.5，快消品月周转率达到4，通过整合C2M（用户直连制造）能力降低单品缺货率，形成了高效协同、弹性安全、绿色可持续的智慧供应链网络，持续服务所有客户。

四、降低能耗成行业共识

在苏宁南京雨花物流基地，穿行在这个20万平方米的物流仓库中，看着机器手臂在高耸入云的货架上快速进行自动拣选的场景，虽然有助于记者想象中国物流行业一年超过500亿单的业务量究竟是多少，但同时也加重了对物流行业给环境带来伤害的担忧。

当然，快递行业也已经意识到了绿色物流的重要性。2018年1月，国务院办公厅发布的《国务院办公厅关于推进电子商务与快递物流协同发展的意见》中，鼓励电子商务企业与快递物流企业开展供应链绿色再造，推广绿色运输与配送。2月，菜鸟网络联合阿里巴巴公益基金会、中华环境保护基金会、天天快递以及四通一达等主要快递公司发布"中国绿色物流研发资助计划"。

苏宁物流升级完成的共享快递盒回收站也正式于2018年2月在全国13个城市上线。而在随后的3月，苏宁"共享快递盒2.0版"再次登上《人民日报》并获得点赞。苏宁方面透露，2018年，集团以"共享快递盒"为代表的绿色循环产品已累计投放1亿次，同时公司以共享快递盒、零胶纸箱为代表的绿色配送产品如今都已经规模化投入使用。苏宁对仓储环节的智能、节能的设计也从物流产业链源头降低了能耗。

2017年6月，南京苏宁云仓、苏宁泾阳物流中心、重庆苏宁配送中心由于规划考虑长远、节能节水方面措施明显，可以有效降低能源消耗、减少污染排放、提高物流效率，获得首批最高三星级的"中国绿色仓库"称号。截至2019年，苏宁在全国已拥有九大"中国绿色仓库"。

"你看到的这座仓库里的流水线长度就有34公里长。"南京苏宁物流副总经理薛凡海对《北京商报》记者说。这意味着，这条蜿蜒的流水线是南京的"十里秦淮河"长度的近7倍。与这条流水线配套的是让薛凡海骄傲的一套欧洲进口的自动拣货系统，仅这套大型系统的安装和调试就前后花费了一年的时间。"我敢说，这是全国最先进的自动化物流设备。"薛凡海介绍说，这套设备将人工拣选的效率提高了10倍以上，过去一个工人一天可以拣800～1 000件货，现在在设备的配合下，一个人一天可以拣到1万件。

苏宁这样的零售企业不仅在物流行业内技术领先，而且影响了零售业上游品牌制造商的绿色物流变革。"快消类的商品我们会利用制造商的大件外包装，采取只贴面单的方式节省包装纸盒，同时我们也会和品牌商一起共享物流托盘、周转箱等可循环产品。"苏宁方面向记者介绍。

五、青城计划成效显著

绿色仓储方面，苏宁易购物流针对仓库建设进行合理选址、科学规划，并积极推进多元化仓储科学布局和智慧科技应用仓库，更换能耗低的 LED 灯、感应灯以及相关自动化设备，有效节约资源、降低能源消耗。截至 2022 年，其已经在北京、上海、南京等 29 个城市建立行业标准化"绿仓"，全国在建的 20 多个物流基地将上线清洁能源，如铺设光伏屋顶等减少能源消耗。

运输环节，苏宁易购物流通过在全国百城推广投入使用零排放的新能源车并同步开展充电桩建设，未来持续加大规模化应用。同时，不断优化智能化运输路由调度系统，借助大数据和智能路径优化算法提升物流效能，实行单元化运输方式减少碳排放，实现单包裹减碳 23 克。到 2025 年，苏宁易购物流在新采购的同城配送车辆中 50% 将是新能源电动车，到 2030 年，这一比例将增加到 70%。

包装方面，共享快递盒作为苏宁易购物流绿色循环包装的创新标杆产品，全国累计投放量突破 40 万只，投放使用累计超过 1.5 亿次，节约的胶带可绕地球 9.35 圈，节约 6 000 多吨碳排放。苏宁易购物流持续推动直发包装、简约包装、包装优化以及自动化、智能化升级的同时，将零胶纸箱、可降解包装袋、一联单、瘦身胶带等更多减量化包装推广，进一步减少包装环节的消耗。其中原发包装的比例从 2018 年的 19.4% 提升至 2021 年的 58.4%，回收包装从 2018 年的 4.6% 提升至 2021 年的 10.3%；通过以上各项举措，2021 年相比于 2018 年在包装环节实现单包裹减碳 56 克。

资料来源：闫岩. 苏宁：真金白银"折腾"出的绿色物流[N]. 北京商报，2019-08-30；宁服宣. 数字技术推动定制化生产 苏宁易购科技赋能推进服务业制造化[N]. 新华日报，2023-09-07；苏宁易购物流"青城计划"交作业！3 年单个包裹包装环节减碳 56g[EB/OL]. (2021-08-25). https://mp.weixin.qq.com/s/Viwed3llmNKhhwNFVs8baQ.

案例思考

1. 结合本案例，谈谈苏宁如何布局绿色物流。

2. 结合本案例，讨论数字化如何支撑苏宁以绿色物流夯实绿色供应链。

3. 根据所学知识，讨论实行绿色物流和供应链管理对企业的影响是利大于弊还是弊大于利。

第九章

绿色创新和创业管理

◆ **本章导语**

绿色创新和创业管理是企业创新与创业管理的重要转变，要求企业关注创新创业过程及其结果对环境的影响。

◆ **本章引例**

长城润滑油如何推进绿色创新技术与升级？

中国石化长城润滑油以"绿色、科技"为基因，全面贯彻绿色环保理念，通过创新技术与相关产业协同升级，提供绿色产品，提升绿色生产水平，打造清洁、高效、低碳、循环的绿色企业，守护每一寸青山绿水，保护我们共同的美丽家园。

一、创新绿色产品减少各类污染

在各行业的绿色升级潮流中，新能源汽车是备受关注的"绿色板块"，作为汽车不可缺少的配套产品，润滑油行业与新能源汽车的协同升级势在必行。中国石化长城润滑油前瞻性布局新能源汽车行业，立足航天科技优势，结合科研前置模式，与国内外知名车企开展了广泛合作，研发了电动汽车恒温液、专用制动液、氢燃料电池冷却液等一系列绿色润滑产品，成为我国首个能为新能源汽车提供全套润滑产品的品牌。

而在其他行业，中国石化长城润滑油也在不断为绿色加码助力。不仅实现了金吉星SP级汽油机油的环保升级，还创新研发了鱼可食用级别的环保尾轴油、佳蓝 AUS40 船用尾气净化液以及环保型铁路润滑脂（均已在对应行业得到广泛应用），以润滑力量为各行业提供绿色守护。

二、配套绿色能源促进能源消费转型

作为全球最大的能源消费国和生产国，我国正向清洁能源纵深挺进，作为大国重器背后的隐形力量，中国石化长城润滑油依托航天科技领先优势，与绿色能源产业同步迭代升级，全面助力风电、水电、太阳能等清洁能源的高质量发展，实现国产化替代，还广泛配套太阳能光热发电、地热、氢能源等清洁能源领域，成为中国能源革命背后的重要推动力量。

三、建立绿色循环发展绿色生产

自 2017 年以来，中国石化长城润滑油开始着手推进"生产减排"。仅 2019 年到 2020 年，就连续投入资金近 1.1 亿元用于环保隐患治理、排污口规范化提升、环境监测能力建设、装备自动化改造等，在润滑油生产、灌装、运输等全环节落实节能减排，并在工厂内部试点风能发电和光伏发电。截至 2022 年，中国石化长城润滑油已经实现了原煤采购、消耗与排放的全面清零。

此外，中国石化长城润滑油还在包装与回收领域潜心钻研，截至 2022 年已经完成了 200 L 钢桶包装轻量化替代、再生基础油使用两项业务的温室气体减排量化评价，还在不断加大 4 L 铁桶、吨箱以及液袋等可回收产品、包装的生产及销售比例，全面减少碳排放，促进环境保护。

资料来源：长城润滑油守护青山绿水，推动绿色高质量发展[EB/OL]. (2022-09-23). https://baijiahao.baidu.com/s?id=1744747626343356062&wfr=spider&for=pc.

引例思考：企业绿色创新和创业管理可以从哪些方面入手？

◆ 本章知识结构图

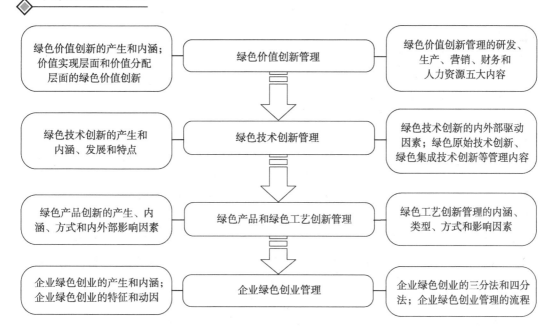

绿色创新是把生产要素和生产条件进行有机组合，并引入绿色生产体系，从而建立一种新的绿色生产函数，为实现引进绿色新技术、生产绿色新产品、开辟绿色新市场、获得绿色原材料的新供应来源、进行企业的绿色管理等目标提供动力。绿色创业整合了商业创业和可持续发展两维度，是在生态导向和市场导向的双重作用下的创业行为与创业活动。绿色创新和绿色创业是相辅相成的。绿色创新是绿色创业的基础和源泉，绿色创业是绿色创新的重要价值体现并推动和深化绿色创新。本章从创新和创业的角度，主要介绍绿色价值创新管理、绿色技术创新管理、绿色产品和绿色工艺创新管理、企业绿色创业管理四部分内容。

第一节　绿色价值创新管理

一、绿色价值创新的产生和内涵

金昌为（W. Chan Kim）和雷尼·莫博尼（Renée Mauborgne）于 1997 年在《哈佛商业评论》上发表了《价值创新：高速成长的战略逻辑》，首次提出了价值创新的概念。其指出价值创新并不是只扩大产品的技术竞争力，而是企业广泛地重新判别消费者需求后，以大部分消费者的共同需求作为创新导向，进行产品重新设计以更好地满足这些消费者的需求，即价值创新是在消费者关心的特性中找寻有效共性，而不是关注消费者的需求差异。詹姆斯·M. 阿特拜克（James M. Utterback）在对产业创新过程中的主导设计含义进行研究时，强调"主导设计尽管不能像某种特制产品那样能够满足某一特别层次的消费者，但却包含了多层次消费者对某种特定产品的需求"，这种思想与金昌为和莫博尼的价值创新观点类似。尼尔马利亚·库玛（Nirmalya Kumar）和菲利普·科特勒（philip Kotler）等以 25 家先锋企业的实践为例，提出通过价值创新驱动市场是成功的关键。2000 年，科特勒与库玛等在《从市场驱动到驱动市场》一文中认为，由于企业价值创新活动所制造的产品和服务是未曾想到过的，应通过教育潜在市场的顾客，使他们充分认识企业产品和服务的消费价值。

绿色价值创新是近几年才被关注，进而成为主流的环境管理学概念。通过对环境管理及创新管理等相关文献的梳理发现，有很多与其相近的概念，如环境创新、可持续创新、生态创新、绿色创新。此外，还有绿色技术、环境技术、生态设计等一系列从不同角度去界定的术语。其中，布拉特-敏克（Blattel-Mink，2003）在研究绿色创新时指出，企业将生态因素纳入新产品、新市场、新技术、新系统的开发和引进以及其他经营战略，都属于绿色价值创新。当然，绿色价值创新不应只是以降低环境风险为目标，而应该以产生环境效益作为最终目标（Norberg-Bohm，2004；Driessen，2005）。

绿色价值创新是价值创新在环保可持续方面的进一步应用，是将可持续发展理念和原则融入产业价值链的规则与行动中，在产业价值链的各个环节实现绿色价值的创新，给顾客带来更多的绿色价值。绿色价值创新是绿色企业在谋求长远发展目标下的战略性行动，它遵照企业使命，重新审视企业战略中的行业假设、战略焦点、消费者、企业资产与潜力、产品和服务五大要素。按照创新战略思维，进行绿色产品和市场创新，保持和提高企业的绿色持续竞争能力，促进企业环境效益、经济效益与社会效益的统一。

二、绿色价值创新的层次

（一）价值实现层面的绿色价值创新管理

传统的企业价值实现模式是企业以利润最大化为目标，通过技术手段整合各种资源实现价值目标的方式。从资源而言，包括原材料、劳动、能源、资本等；从过程而言，包括设计、生产、营销以及对产品价值实现起推进作用的各种活动的集合。依据波特的价值链理论，所有相关的技术、资源和活动都包括在价值链中，都可以用价值链的方法予以分析。企业通过创新提高资源生产率，构建绿色价值链，将绿色产品价值和绿色社会价值纳入企业的价值范畴，将企业价值实现目标从传统的利润最大化转变为绿色价值最大化。绿色价值链上每一个环节的改变都可能带来成本降低，在创新过程中，企业不仅应该注重"大"的创新和价值实现模式的重建，还应该关注"小"的创新，从而拓展技术创新的范围。

（二）价值分配层面的绿色价值创新管理

主导企业必须确保上游企业为实现环境价值做出的努力能够得到相应的回报，努力实现价值链环保效益，降低上下游成本。只有主导企业对上游企业转嫁的价值足够大，才能实现绿色价值创造链条的稳定运行。因此，为了让绿色价值得到合理的分配，需要在企业之间合作之初就建立绿色价值分配机制。真正实现绿色价值，还要从根源上解决企业绿色管理的成本与利润，以促进企业绿色管理从理想变为现实，从口号变为行动，并最终转化为内在动力，提高创新效率。企业需要在节能减排中找到效益增值点，并在绿色管理过程中不断培育企业新的经济增长点，才能推进价值创新。

三、绿色价值创新管理的内容

绿色价值创新的内容较为广泛，既包括和绿色产品、绿色技术有关的硬件与软件创新，也包括与能源节约、污染防控、废物回收再生、产品设计及环境管理相关的技术创新（Chen，2019）。绿色价值创新是一种兼顾经济效益、社会效益和环境效益的先进管理理念，它强调企业在经营过程中，以环境保护为前提。通过积极开拓新的顾客价值领域，将其渗透进企业价值链中，以满足消费者需求。它是一种绿色可持续管理模式，主要涉及研发、生产、营销、财务、人力资源五个方面。①在研发管理方面，绿色价值创新要求企业减少自然资源的消耗，选择环保型原材料，增加产品的寿命或使其可循环使用；②在生产管理方面，绿色价值创新要求企业将环保政策纳入生产最前端，节能减排、减少污染；③在营销管理层面，绿色价值创新要求企业重视绿色产品的宣讲、回收和再利用，优先满足顾客的绿色需求，积极实践社会责任；④在财务管理方面，绿色价值创新要求企业重视披露环境成本，将环境污染和自然资源的消耗纳入环境负债；⑤在人力资源管理方面，绿色价值创新

扩展阅读9-1 实践前沿：宁德时代创造产业"零碳"新维度

要求企业培养员工的绿色理念以减少生产服务环节的资源、能源消耗，用绿色人力资源推动企业绿化进程，兼顾经济效益和环境效益。

企业在绿色价值创新管理方面应创造全域化、全链条化的绿色价值，不仅覆盖企业自身的价值链，还应通过对自身绿色产品的附加值来影响上下游的绿色创新行为。企业应注重对自身基本活动的绿色价值创新，在核心竞争力之上将绿色价值融入产品生产、营销和售后等基本价值链活动，让绿色价值在产品形象中得到体现，同时传递给消费者绿色价值的信号；企业也应注重支持性活动的绿色价值创新，在采购、研发、财务等活动中应用具有绿色价值的材料和设备，实现支持性活动的降碳减污，向上下游企业传递出企

业绿色价值创新的必要性和重要程度。

> **思维拓展：** 数字化技术如何驱动企业绿色价值创新管理？

第二节　绿色技术创新管理

一、绿色技术创新的产生和内涵

绿色技术，又被称为环境友好技术或生态技术，是致力于减少环境污染、减少资源消耗的技术和工艺的总称，是由相关知识、能力和物质手段构成的动态系统。博朗和维尔德（Braun and Wield.，1994）首次提出绿色技术的概念，将其定义为降低环境污染、减少能源消耗的方法和工艺的集合。2019 年，国家发改委、科技部发布的《国家发展改革委 科技部关于构建市场导向的绿色技术创新体系的指导意见》进一步丰富了绿色技术的内涵，包括节能环保、清洁生产、清洁能源、生态保护与修复、城乡绿色基础设施、生态农业等领域，覆盖产品设计、生产、消费、回收利用等环节。

从技术发展史的角度来看，技术的负面影响和技术的滥用是环境问题的主要成因，而且技术进步往往对生态系统产生破坏。绿色技术创新是技术创新在可持续发展方面的应用，它的出现能够克服上述缺陷，从根本上解决环境生态问题。绿色技术创新是基于"工业生态学"理论发展而来的一种技术，旨在节约资源、能源、避免或减少对环境的污染和生态破坏，追求生态负面效应最小化。根据绿色技术创新理论，企业需要考量技术对环境的影响，而绿色技术创新则需要兼具商业价值和生态价值。因此，绿色技术创新也被称为生态技术创新，它属于技术创新的一种。绿色技术创新的主要目标是减少环境污染、提高资源利用效率。

相比常规技术，绿色技术创新具有显著的双重外部性。负外部性表现为政府实施环境规制措施迫使企业采取绿色技术创新，但是绿色技术创新的成本远高于社会平均成本，并且无法通过其他方式有效地转移超额成本。然而，正外部性表现在环境规制产生的社会环保价值属性上。当绿色技术创新满足社会大众的消费需求时，它可以迅速推动绿色技术创新在行业内部的扩散，提高绿色技术的发展水平。

二、绿色技术创新的发展和特点

绿色技术创新主要历经了三个阶段的发展变化。①从末端技术到无废工艺（20 世纪 60 年代至 70 年代）；②从废弃物最少化技术到清洁生产技术（20 世纪 80 年代后期）；③对污染预防技术的关注（20 世纪 90 年代至今）。随着时间的推移，绿色技术的目标和方法不断演进和革新，简言之，即从污染的去除与资源化发展到资源的合理利用，再到零排放和节能减排以及源头削减。当前，企业更加强调全过程的绿色技术创新，更加注重防患于未然，强调预防为主，关注与经济社会发展的需求互动。

相较于以往的创新活动，绿色技术创新的显著特点在于：第一，绿色技术创新更注重新知识、新技术路线基础上的创新。这种创新方式可以有效突破非可再生资源高消耗的难题，实现资源高效利用、废弃资源与可再生资源利用以及开发绿色产品。第二，企业对绿色技术创新寄予实现环境污染降低的期望，同时企业也期望从中获得一定的经济效益，但是经济效益和绿色效益共赢存在一定难度。第三，绿色技术创新不仅要求企业内部绿色技术属性的提升，还要求具有带动上下游产业实现绿色技术联合的特性。这样，绿色技术可以打破企业间的技术壁垒，形成一条涵盖各企业的绿色技术供应链。第四，绿色技术创新应具备自然和社会两种属性，既能够产生对自然利好的环境因素，也能促进产品供应链上企业的绿色转型，并提升消费者以及各种利益相关者的绿色偏好。

三、绿色技术创新的驱动因素

目前有关绿色技术创新的驱动因素主要分为外部驱动因素和内部驱动因素两类。其中，外部驱动因素源于外界环境对企业绿色技术创新产生的刺激和推动，主要包含制度因素、市场因素和国际因素；内部驱动因素是企业绿色技术创新的内部推动力，主要包含企业规模因素、企业绿色导向因素、绿色技术能力因素、高级管理者因素。

（1）制度因素。制度主要从两个方面影响绿色技术创新：一是制度环境对企业产生制度压力，二是制度环境对企业的制度支持。制度压力指由国家正式颁布的与生态环境相关的具有法律约束力和强制力的法律法规与行政指令对目标企业形成的压力。企业只有完全遵守法律法规和各项规章制度，才能正常地开展经营活动。制度压力对企业绿色技术创新有明显的促进作用。制度支持是管理部门为企业提供的政策、资金和信息等支持。在国家、地方政府和非政府组织的绿色制度完善过程中，制度支持越来越多，制度压力和制度支持分别从"拉力"和"推力"两方面驱动企业绿色技术创新。

（2）市场因素。市场背景下，企业希望通过绿色技术创新实现产品差异化，进而提高持续竞争优势。但是顾客往往不愿以高价购买绿色标签产品，即不愿为环境价值而牺牲个人的经济效益。假设除了降低环境污染，产品还能为顾客提供附加价值，消费者则更愿意以较高的价格购买绿色产品。因此，顾客收益是影响企业绿色技术创新的关键因素。同时，潜在的绿色市场和低成本的能源需求也是推动企业进行绿色技术创新的重要因素。由此，紧扣绿色技术市场需求，充分发挥市场在绿色技术创新领域、技术路线选择以及关键技术应用推广中的决定性作用，可以驱动各类创新主体活力竞相迸发、产学研用衔接高效、创新效能持续提升。

（3）国际因素。影响绿色技术创新的国际因素主要包括国外环境政策、进出口贸易、国际合作等。①国外环境政策对本国的绿色技术创新具有影响，且相较于国内政策，国外环境政策对绿色技术创新的诱导作用更大。②进出口贸易规模越大，贸易的规模效应和技术溢出效应就越明显，对推进我国在对外贸易中吸纳国外的先进绿色技术越有帮助。贸易结构优化升级也有利于给国内企业带来更多的绿色技术学习机会和创新资源，倒逼国内企业积极开展绿色技术创新，借助绿色技术生产低污染、高技术含量、高附加值的出口产品，满足国外客户的绿色需求，突破发达国家的绿色壁垒。③在国际合作中建立中外绿色技术转移创新孵化平台，以及中外高校、科研机构和科技企业在基础研究、技术成果转化应用等方面开展广泛合作，都能够有效推动国内绿色技术创新的进步。

（4）企业规模因素。绿色技术创新存在最小规模经济效应，规模小、市场占有率较低的企业一般较难达到绿色技术创新的最小规模要求，这在一定程度上限制了企业的绿色技术创新。而且绿色技术创新具有较高的成本壁垒和原创要求，小规模企业在短时间内取得绿色技术创新成果的难度较大。相比之下，规模较大的企业往往能够提供较强的绿色技术创新研发投资和运行费用支撑。在这种情况下，大规模企业对绿色技术创新的投入越多，创新成果就越多。然而，随着企业的规模、市场份额和影响力不断扩大，垄断势力逐渐增强，企业的创新动力和活力会逐渐减弱。此外，庞大的规模和冗余的组织也不利于绿色技术创新。

（5）企业绿色导向因素。企业的绿色导向分为内部绿色导向和外部绿色导向。内部绿色导向通过建立环境保护政策驱动企业开展遵守环境保护承诺和伦理标准的绿色技术创新，还可以通过树立企业绿色文化将绿色理念渗透到企业的各个部门、各个环节，大大提升企业绿色技术创新的动力，驱动企业投入创新资源进行绿色产品开发、绿色技术研究和绿色工艺应用等。外部绿色导向以满足外部利益相关者环境需求为驱动，推动企业研发创新对自然生态"无公害化"或"少公害化"效果好的技术和工艺。

（6）绿色技术能力因素。绿色技术能力是企业进行绿色技术创新所需要的企业内部制度、绿色专业人员、设备、管理、信息以及其他软硬件等一系列知识和技能。绿色技术能力关系到企业绿色技术创新的程度和水平，是企业执行环境战略的相关资源或能力。数字化时代，企业还需要与数字化相结合的绿色技术创新能力。通过数字化手段或技术优化企业绿色创新技术资源，影响企业的绿色技术创新。也就是数字化绿色技术能力驱动企业内外部绿色信息的交流与融合，加强内外部绿色信息的集成与共享、扩大绿色技术创新资源配置的范围，激励企业以知识整合和联合创新促进绿色技术创新，从而提升绿色技术能力，进而促进企业绿色技术创新。

（7）高级管理者因素。企业高级管理者的机会主义行为倾向、环保意识、受教育水平、绿色管理经验和决策权力等会影响管理者对绿色技术创新的认知和理解。绿色技术创新具有一定的风险性，为了规避风险，高管往往更倾向于追求短期经济效益而可能放弃投资回报周期较长的绿色技术创新。当企业高管具有较强的环保意识、绿色技术创新意识、较高的学历水平或环保专业知识水平、创新的决策主动权以及在绿色技术创新方面的管理经验时，企业的绿色技术研发能力就相对更强，创新效果也更加明显。

> **思维拓展：**数字化能为绿色技术创新提供哪些新的思路？

四、绿色技术创新管理的内容

按照技术创新对象，可以将绿色技术创新分为绿色产品创新和绿色工艺创新（绿色过程创新）。按照技术创新方式，可以将绿色技术创新分为绿色原始技术创新、绿色集成技术创新以及绿色技术再创新。绿色产品创新和绿色工艺创新涉及内容较多，将在下一节详细介绍，这里主要介绍后一种分类内容。

（1）绿色原始技术创新。企业绿色原始技术创新活动主要集中于行业前沿技术领域。绿色原始技术创新具备原创性和第一性的特性，是为未来行业领域发展奠基的创新形式。例如济南圣泉集团作为全球生物质精炼产业的引领企业，在秸秆综合利用领域深耕40余年，创新研发出"圣泉法"生物质精炼一体化绿色新技术。该技术属于达到国际化水平的原始创新，具有绿色环保、高效节能的特点，突破了秸秆中纤维素、半纤维素等难以高效分离的全球性难题，真正将秸秆"吃干榨净"。

（2）绿色集成技术创新。绿色集成技术创新最大的特点是集成性，集成了已有的单项绿色技术。其创新性在于企业结合自身环保发展需求，对这些已有的各个单项绿色技术进行了系统集成并创造出全新的绿色产品或绿色工艺。例如，中国农业科学院郑州果树研究所联合多家单位进行集成创新，系统构建了不同生态区域果树绿色集成技术模式，实现了绿色防控、简约种植、生态恢复和品质管理等共性技术创新和系统集成。

（3）绿色技术再创新。绿色技术再创新同样需要以已有的单项绿色技术作为基础，也就是在引进、消化吸收的基础上进行绿色技术再创新，最终达到绿色产品价值链某个或者某些重要环节的较大绿色创新。例如，中国的尚德太阳能电力公司在原有绿色技术之上进一步采用特殊的电池结构和金属化系统，有效地减少了光损耗，提高了太阳能电池板的接收效率。

延伸阅读

市场动向：大疆无人机技术加速生态环境保护工作

随着无人机技术的飞速发展，无人机在各个领域的应用也越来越广泛。无人机技术的快速发展给众多行业带来了许多新的机遇和挑战，而在环境保护领域，大疆无人机系统成为一项无可替代的绿色动力。这一技术的应用为我们提供了更多保护生态环境的手段和工具，不仅提高了环境监测和保护的效率，还为我们展示了人类与自然和谐共生的美好愿景。

首先，大疆无人机在监测生态环境和污染防治方面发挥着重要作用。传统的生态环境监测工作需要人力耗时且成本高。而无人机的应用可以快速获取大量的数据，快速而准确地评估生态环境的现状。例如，在森林火灾监测方面，无人机可以迅速到达火场，通过搭载红外热成像仪，实时地监测火场的火势及蔓延情况，快速制定灭火策略，提高灭火效率，减少灾害损失。此外，无人机可以搭载大型传感器，及时检测空气质量、水质、土壤化学成分等关键指标，以便及时预警并采取相应措施。无人机还可以配备高清相机，监测海岸线和岛屿的海洋生态系统的变化，及时发现环境污染问题，保护海洋生态系统。在污染源治理方面，无人机的高度机动性和精准定位的能力使监测和执法工作变得更加高效。无人机可以在复杂的地形和难以进入的区域内进行精准监测，及时发现问题并采取相应的措施，从而最大限度地减少环境污染的风险。

其次，大疆无人机在生态修复方面发挥着重要的作用。生态修复需要对植被的种植和生长情况进行监测，并且对不同地形进行具体的处理。通过搭载专业的喷洒设备和生态种植系统，无人机可以精确地对目标区域内进行种植和修复。无人机可以通过指定的航线进行种植，并且可以根据种植需要喷洒养分和水分。这种高效的无人机种植和修复模式不仅可以提高生态修复的效率，还可以减少人力投入和资源浪费。

最后，大疆无人机在野生动物保护方面发挥着积极的作用。传统的野生动物监测需要人力和物力的投入，而且往往会造成对动物的干扰。然而，大疆无人机悄无声息的飞行可以在不打扰动物的情况下，高效地进行监控和调查。无人机搭载的高清摄像设备可以实时传回高质量的图像和视频，使保护人员能够迅速了解到动物的迁徙、栖息地变化以及潜在的威胁。基于这些数据，保护人员可以制订出更加精确的保护措施，最大限度地减少干预，并确保野生动物的安全。无人机可以通过搭载红外热成像仪、高清相机和颜色仪等设备，实时监测野生动物的活动区域和数量。通过无人机的监测，我们可以更加全面、准确地掌握野生动物的状况，帮助保护者制订保护措施和策略。此外，无人机还可以在需要救援野生动物的紧急情况下，搭载相关设备进行快速救援。比如在海洋中救援受伤的海洋动物，通过无人机的传感器可以快速定位并提供紧急救助。

总的来说，大疆无人机技术的成熟加速了生态环境保护工作的进行。无人机的应用提高了生态环境的监测能力和生态修复的效率，并且为野生动物保护提供了更多的手段和工具，大疆无人机系统为环境保护事业增添了绿色动力。通过无人机的应用，我们可以更加高效地监测动物的情况、预警和治理环境污染、加快自然灾害的救援速度。未来，随着无人机技术的不断发展，相信无人机在生态环境保护方面会有更广泛的应用。我们期待无人机技术在生态环境保护领域继续创新与突破，为人类的环境健康和可持续发展作出更大的贡献。

资料来源：无人机在野生动物保护和物种监测中的应用[EB/OL]. (2023-12-11). https://m.sohu.com/a/743077269_121673994；大疆无人机在环境保护中的应用[EB/OL]. (2024-01-03). https://www.sohu.com/a/749163733_121673994.

第三节　绿色产品和绿色工艺创新管理

一、绿色产品创新管理

（一）绿色产品创新的产生和内涵

绿色产品创新源于企业对当前环境保护要求的适应，体现为企业在产品创新管理方面融入可持续思想。自 1987 年《布伦特兰报告书》发布以来，其引发了关于将生态效益、环境效益与企业产品、生产过程和组织结构相融合的生态创新和可持续创新的讨论。随着近年来全球范围内环境保护意识的提升，创新的内涵已不再仅限于单纯的产品或生产过程的新颖，而是要同时考虑社会效益、经济效益和环境效益。这也体现了埃尔金顿于 1997 年提出的可持续性三重底线理论，即组织的绩效必须从环境、经济和社会三个维度来衡量。

绿色产品创新与传统以提高企业竞争力为目的的产品创新有所不同，它更侧重于以保护生态环境为目标的产品创新。它要求在产品生产过程中，采用对环境无害或危害较小的能源和工艺，降低资源消耗，提高资源和能源利用效率，并确保产品在生命终结后能进行拆分回收和循环利用，而且在产品生命周期的各个阶段都应展现出绿色环保特性。

本书将绿色产品创新定义为旨在降低产品在整个生命周期内对环境产生的负面影响，并对现有产品设计进行变革和创新的一系列管理活动。这种管理方式不同于以往只关注生产具有差异性的产品以提升企业竞争力，而是更加关注以保护生态环境为目的的产品创新。绿色产品创新不仅关注产品的功能，还全面考虑产品对环境的影响。这包括对资源耗费量、资源利用效率、有害物质排放量以及废弃物循环利用等方面的管理。

延伸阅读

实践前沿：传化涂料将现代化技术植入绿色产品创新

前不久，传化智联发布 2021 年度报告。记者了解到，传化涂料工程建筑涂料业务销量大增，2021 年实现营业收入 4.263 亿元，同比大幅增长 40%。何以有如此成绩？聚焦战略客户和地产 TOP 客户，坚持技术创新，做精做优产品，向更加低碳、环保、绿色的方向进发。

一、助力城市更新打造服务生态系统

民生政府工程具有可持续性，给建材市场带来较大规模增长。传化涂料作为城市建设、美丽乡村建设的行业践行者，整合产业链生态资源，打造出了高要求、高标准、高交付的服务生态系统。

2010 年至 2020 年，传化涂料助力浙江省首批小城市试点"美丽瓜沥"改造升级项目。其先后分五期，针对沿街店铺、银行、政府办公楼、医院、居民小区等逐一进行旧墙翻新、旧房改造、城中村回迁安置等一系列更新工程，传化涂料相关负责人表示："在保持原有建筑设计风貌与城镇形象创新提升的同时，我们优化城市界面，令建筑外墙更符合当下的审美，更匹配空间的功能与安全，给建筑带来高品质外观和全生命周期的持久守护。"

在不断升级改造之下，瓜沥已焕然一新。这只是其中一例。聚焦浙江市场，传化涂料与浙江交控、浙建集团、杭州城投、台州城投、乐清城发、衢州城投、余杭城建、萧山城投等建立了深度的合作伙伴关系，助力城市形象和美丽乡村的创新建设，共同打造城市形象名片。

二、落实"双碳"实践大力推广水性产品

2023 年初，传化涂料成功跻身"2021 年度浙江省隐形冠军企业"榜单，同时获评"专精特新"中小企业荣誉称号。"这是对传化涂料自主创新能力、技术研发实力的肯定，也是对传化涂料业务专业化、精细化、特色化、新颖化的认可。"传化涂料总经理陈波表示。

为积极响应国家"双碳"目标，传化涂料与德国 BASF、华中师范大学等深度联合研发，大力推广水性产品，并向上游水性树脂产业链延伸。2021 年，首款"水性树脂"已中试成功，计划实现量产。该产品用于制造水性漆，可代替溶剂型漆，在喷涂过程中，能够使有机化合物排放量减少 70% 以上。陈波介绍："水性产品整个配方结构发生了变化，在生产、应用、施工上更加环保。"

作为国家"高新技术企业"，传化涂料承担了多项国家火炬计划项目、星火计划项目和国家行业标准的制定，不仅与浙江大学、华中师范大学、国家化学建材质量监督检验

中心、常州涂料研究院等院校和机构建立了紧密合作关系，还拥有行业首个"应用研究实验室"，并与绿城建研中心、国内多家知名设计院等成立联合课题组，通过产品研发与应用有机结合，在与客户深度交互的基础上，不断地创新产品和服务，"2021年传化涂料的研发投入接近1 500万元，2022年技术投资预算计划超过2 000万元，在产品研发、节能改造和数智化上继续投入。"

三、从建材到衣着都有一个"绿"

2023年杭州亚运会坚持"绿色、智能、节俭、文明"的理念，对亚运场馆的建设提出了极高的建设要求。与亚运低碳理念不谋而合，传化集团始终坚持绿色发展，推动碳排放摸底溯源，出台"双碳"目标指引与行动方案，助力行业减碳。

传化集团积极投身"绿色、节能、环保"产品的研发，其打造的"传化耐候性丙烯酸聚氨酯地坪漆"成功运用于临平体育中心场馆。"传化漆"采用优质树脂、进口固化剂、颜料和填料等配方组合，耐磨性好；颜色丰富，可按区配色；易施工也易维护。

绿色场馆之外，运动员的着装也有传化的身影。在纺织化学品领域深耕多年，传化集团秉持绿色发展理念，也将携手各大品牌商将行业领先的吸湿排汗、防水透湿、凉感速干以及再生环保等创新技术植入各类运动服饰中，给运动健儿们带去更加绿色舒适和自如的穿着体验。

资料来源：周珂. 传化涂料：聚焦城市更新 坚持绿色产品创新[N]. 萧山日报，2022-06-02；绿、新、高，传化的亚运故事不止于产品 | 浙商与亚运⑦[EB/OL]. (2023-08-29). http://www.qxzh.zj.cn/art/2023/8/29/art_1228998548_58924856.html.

（二）绿色产品创新的方式

绿色产品创新以多样化方式减小产品生命周期各环节对环境的影响，也通过多样化方式创造新的价值和提升企业绩效。绿色产品创新的方式主要包含功能创新、外观创新、材料创新、使用方式创新四种。

1. 功能创新

产品的设计开发就是为了解决现实生活中的问题，所以功能是所有设计开发的第一要素。绿色产品的设计开发就是为了解决社会环境问题，而其功能的具体体现便是其环保性。利用其功能进行创新设计的主要方式有两种。

（1）功能组合。功能组合即巧妙、合理地把两种或两种以上的功能组合在一起，使其在满足产品基本功能的前提下，为消费者或社会提供额外的附加值。绿色产品的功能组合创新则是把产品的普通功能与绿色功能有机结合在一起，使其在满足产品普通功能的同时，符合绿色产品的内涵。如泉州市远东鑫美纸制品有限公司的环保餐具，采用甘蔗等一年生长的植物纤维做纸浆，在满足餐具基本功能的前提下，同时满足保护环境的功能。

（2）功能延伸。功能延伸是适当延伸某一产品的原功能，以增加产品的用途，其主要目的是给人们带来全新的生活方式，如全自动洗衣机实现了从人工调试洗衣机到洗衣智能化操作的功能延伸。绿色产品的功能延伸，则是在原产品普通功能或绿色功能的基础上对其进行延伸，使其具有绿色功能或者其原有的绿色功能得到强化。如新能源汽车的节油功能正是对原有的节油车功能的延伸，既满足了节油的功能，同时具有对环境无污染的功能。未来新能源汽车制造技术将进一步与智能制造技术、互联网技术等相结合，延伸出更多智慧化绿色功能。又如环保型玻璃饮料瓶以方解石、白云石、长石、石英砂及再回收废旧玻璃碴等为主要原料，采用蓄热能力强的纤维陶瓷管生产工艺，大大降低生产过程中产生的有害气体，这种玻璃瓶还可作为居家花瓶等使用，绿色功能得到延伸。

2. 外观创新

绿色产品功能的变化可以形成全新的目标市场，有形产品和附加产品的变化也同样可以形成新的细分市场，而其成本相对来说却可能是较低的，更适合于中小企业的实际情况。对于绿色行业的竞争对手来说，产品的核心价值是基本相同的，就是为消费者提供环保、健康的功能，追求绿色产品的外观、式样的不同。因此，在种类繁多的绿色产品中，要引起消费者的注意，就要形式新颖、富有创意，寻求外观与设计方面的不同。绿色产品的外观造型体现在形态、色彩和材质三个方面。针对如今市场上存在的同类绿色产品，它们的技术、质量差别很小。这种情况下，绿色产品的外观造型直接影响到消费者的购买。

3. 材料创新

材料是产品功能与技术的载体，材料的恰当应用对绿色产品开发设计有着重要的意义。绿色产品设计中的材料创新主要有两种类型：一是创新应用传统材料，即在对传统材料特点具有充分认识和了解的基础上，改变某些绿色产品的惯用材料，换成其他更加合适的环保材料，使其具有绿色产品的环保性。如组合功能创新中提到的环保餐具，正是对传统材料的新应用，用甘蔗等一年生长的植物纤维做纸浆替代了原来采用的难降解塑料。二是创新应用新材料，即把研制出来的新型材料应用于传统产品，使传统产品展现出新的品质和形象，使其符合绿色产品的内涵。如利用农作物秸秆等生物质材料制成的可降解塑料袋，可以在自然环境中与微生物接触后逐渐分解，不会造成白色污染。

4. 使用方式创新

使用方式创新，即通过改变绿色产品传统的使用方式或操作方式来推动新型绿色产品的设计、开发与创新，并获得经济效益、社会效益与绿色效益。使用方式创新在日常生活中表现形式多样，低碳、绿色生活场景随处可见。如减少利用塑料制品，塑料制品的生产和产生对自然环境造成的影响是巨大的，人们可以减少使用日常生活中的塑料袋、瓶、餐具等一次性物品，从而降低碳排放；少开车、多步行和乘坐公共交通工具可以避免自己的碳足迹增加，并为交通繁忙的城市减少交通堵塞和污染，同时可以促进身体健康。

（三）绿色产品创新的影响因素

绿色产品创新的影响因素可以分为内部影响因素和外部影响因素。内部影响因素包含绿色产品价格、企业生命周期所处阶段、企业数字化能力、企业绿色创新文化、领导者社会责任感等；外部影响因素包含绿色技术知识产权、绿色监管与绿色宣传、绿色市场竞争以及绿色行业标准等方面。

1. 绿色产品价格

绿色产品价格一般包含生产成本、环境污染控制成本和末端环境治理成本，加上绿色制造技术研发、专业人才引进等，这些附加的成本往往使企业绿色产品的成本普遍高于普通产品。目前部分绿色产品价格普遍偏高，过高的绿色产品价格往往会影响具有绿色意识但收入水平有限的消费群体。这些人消费能力不高，对绿色产品消费的需求弹性较大，对价格的敏感程度较高，市场需求扩容有限。这直接导致企业开发的绿色产品销路受阻，在一定程度上影响了企业的绿色产品创新积极性。

2. 企业生命周期所处阶段

在企业生命周期的不同阶段，企业的绿色产品创新行为有显著差异，并且企业研发资金与技术人才投入的充分性在企业的不同发展阶段也是不同的，这会影响到企业绿色产品创新的水平。一般而言，对处于初创期和成长期的企业，企业管理者不仅追求经济利润，而且重视满足市场需求和创造用户价值，根据用户需求进行绿色产品创新，通过开发和创新快速迭代产品，打磨具有竞争力的绿色产品，这对企业绿色产品创新具有积极的影响；对处于成熟期的企业而言，其绿色产品创新投入最为宽裕，存在一个自下而上的创新体系，这在一定程度上也有利于绿色产品的创新管理。

3. 企业数字化能力

数字化能力是数字化时代企业深化应用数字技术，灵活配置和整合企业内外部资源条件，加速创新管理转型升级并不断创造新价值的综合素养。企业数字化能力直接影响绿色产品的智能化创新、绿色产品系统结构数字化创新转型、绿色产品研发生产过程的数字化创新。将计算机软硬件嵌入产品而形成的绿色智能产品不仅可以精准获取产品的运行状态和用户使用状态，还可以促进绿色产品在发挥绿色环保功能方面的价值创造；企业的数字化能力还通过采用数字化方法或模型设计绿色产品的零件结构，进行绿色产品创新的数字化定义，从而影响着绿色产品系统结构的数字化创新转型；企业的数字化能力同样也推动着企业把数字模型沿用到绿色产品的研发生产过程，在设计、工艺、试制、试验、批量生产和售后维修等各个环节实现绿色产品管理的数字化、网络化和智慧化创新管理。

4. 企业绿色创新文化

企业绿色创新文化是推动企业绿色产品创新的重要力量，它对于企业管理者、员工以及消费者等利益相关者都会产生积极的影响。①对于企业管理者而言，企业绿色创新文化可以影响其制定绿色产品创新战略和决策，推动企业向绿色管理转型。②对于员工而言，企业绿色创新文化可以激发员工对环境保护的责任感，提高员工参与绿色产品创新和管理的积极性与主动性。③对于消费者而言，企业绿色创新文化可以增强消费者对企业绿色产品的兴趣和认可，提升企业的绿色品牌形象。企业绿色创新文化还是企业实现可持续发展的重要推动力，可以激发企业绿色创新发展的活力，为企业可持续发展创造强大的动力源泉。

5. 领导者社会责任感

领导者社会责任感在企业的绿色产品创新决策中起着非常重要的作用，这种影响不仅体现在企业的内部管理上，也体现在企业的外部形象和声誉上。领导者作为企业的决策者，他们的价值观和决策直接影响到企业的绿色运营与发展方向。当领导者积极履行社会责任时，他们不仅关注企业的经济利益，还重视企业的社会效益和环境效益，从而更加重视企业绿色产品创新，并投入足够的人力、物力和财力进行技术创新。同时，积极履行社会责任的领导者也会得到政府、投资者、消费者和社区等利益相关者的认可与支持，可以进一步促进企业绿色产品创新。

6. 绿色技术知识产权

专利保护与专利转让制度对企业绿色产品创新存在一定的影响。专利保护使绿色创新者能够获得创新保护，因此可以激励创新者进行绿色创新。反之，这可能会使追随者在不用付出任何代价的情况下就能获得与创新者同样的收益。未付出研发代价的追随者采取寻租的行为或"搭便车"，很有可能阻碍一些企业绿色创新。另外，如果出售所有权产生的利润高于技术利用带来的利润，那么企业就能够从转让所有权中获益。由于绿色技术受让方需要时间来消化吸收技术，这段时期中绿色技术创新者仍然具有一定的时间优势——可以改善或创造更新的技术促进绿色产品创新，因此出售技术并没有完全牺牲创新者优先创新下的全部优势。

7. 绿色监管与绿色宣传

很多企业为获取眼前更大的经济利益，在环境保护问题上常常等待观望。它们开展绿色创新在很大程度上是对强制性法规和标准的被动服从，否则可能产生经济上的损失，甚至被强制关停。有效的市场监管和充分的舆论监督，可以使非绿色经营企业受到相应处罚，同时对积极推进绿色产品创新的企业进行相应奖励，倒逼或引导企业主动开展绿色产品创新。同时，绿色宣传对企业绿色产品创新也是一种正向引导。环境污染主要是因为当代人的"代际无知"，是缺乏社会伦理意识中代际公平观导致的，而绿色产品创新恰恰强调环境的代际公平，借助绿色宣传改变企业或社会的伦理价值观，使具有代际公平观的伦理意识成为企业绿色产品创新的意识基础，提升企业绿色产品创新的驱动力。

8. 绿色市场竞争

绿色市场竞争为企业提供了创新的动力和压力，同时也推动了企业的可持续发展。一方面，它激发了企业进行绿色产品创新的积极性。在绿色市场竞争的驱动下，企业需要不断进行绿色产品创新，以提高自身的市场竞争力。为了在激烈的市场竞争中获得优势，企业需要加大绿色创新的投入，提高自身的绿色技术水平和管理能力。另一方面，绿色市场竞争也给企业带来了压力。在市场竞争环境下，企业需要不断降低生产成本、提高绿色产品质量或绿色服务质量，以获得更多的绿色市场份额。同时，企业还需要面对来自竞争对手的挑战和威胁，因此企业需要采取灵活的创新管理策略来应对挑战与威胁。为了保持市场竞争优势，企业必须不断进行绿色产品创新。

9. 绿色行业标准

制定和实施绿色行业标准，可以有效规范企业的绿色行为，推动企业向绿色产品创新方向发展。这些标准不仅规定了绿色产品质量和技术指标，还强调了绿色产品创新的特定要求，使得企业在绿色产品创新过程中更加注重环保。一方面，实施绿色行业标准有助于企业从根本上提升产品绿色创新水平。在绿色行业标准的严格要求下，企业将更加注重产品绿色创新，以生产出更符合绿色市场需求的产品。另一方面，绿色行业标准还可以作为企业自我评估绿色产品创新的重要参照。通过对比绿色行业标准，企业可以清楚地了解自身在绿色产品创新方面的优势和不足，从而采取更加精准、有效的措施进行改进。

（四）绿色产品创新的类型

1. 绿色产品差异化创新

绿色产品创新的差异化管理实践主要是通过采用新型技术、降低生产成本、提高产品质量等手段，使绿色产品形成独特的产品优势，形成独特的产品特色，与市场上同类型的产品形成明显差异，进而吸引更多消费者购买。绿色产品的最大优势就在于其"绿色"特性，如何正确突出绿色产品与普通产品之间的不同是差异化管理的重点。想要突出绿色产品的差异不仅要注重绿色产品开发和技术研发，还要注重对绿色产品的营销推广以及绿色价值的传递，满足每个细分目标市场中顾客的绿色消费需求。具体来说，可通过开发设计绿色广告来突出绿色产品在功能、价格、品质、品种、包装和营销等方面与传统产品的差别。此外，可回收、易拆卸的部件或者整机、包装材料可翻新和再利用也是一种绿色消费时尚，这些变化为企业实施差异化绿色产品创新提供了参考。

2. 绿色产品组合化创新

除了研发新产品，将现有技术进行组合形成新产品，也是产品创新的手段之一，即绿色产品组合化创新管理。绿色产品的组合化创新既可以满足现有市场消费者的绿色需求，还可以创造新绿色需求，开拓新绿色市场。常见的组合化创新管理有两种。一种是同类功能组合化创新，这是一种常见的功能组合创新方式，其基本原理是在保持产品原有功能的前提下，通过数量的增加来弥补功能上的不足。如海尔卡萨帝双子云裳分筒洗衣机进行产品组合创新，一个洗衣机有两个筒，上下排列，上层是小筒，主要用来洗涤婴幼儿衣物、高档丝质衣物等；下层是大筒，主要用来清洗大件衣物、日常棉麻衣物等，达到节省原材料资源、实现绿色生产的要求。另一种是异类功能组合化创新。异类功能组合化创新指两种或者两种以上不同领域的技术思想组合或者两种或两种以上不同功能组合的产品组合。例如当下网上很火的创意产品——自行车滚筒洗衣机，这是一个典型采用异类功能组合化创新模式的创意。将踩自行车和洗衣服两个功能有机结合在一起，解决了人们生活中的痛点，迎合现代人士的新兴生活理念和生活方式，体现节能、绿色、环保、健康的潮流理念。

3. 绿色产品数智化创新

数字技术的迅速发展为绿色产品创新注入新的动力。在数字化时代，将绿色产品创新与数字化相结合，能够帮助企业获得竞争优势，顺利实现绿色化转型。"智能制造"（简称"智造"）是通过互联网、大数据等技术，实现更加"智慧"的生产。通过引进先进的数字技术，打造绿色智慧工厂，实现对产品生产全过程的可视化管理。浙江的巨化集团、天能集团、铁流股份等企业都在倡导"绿色智造",如铁流股份运用大数据、工业云、人工智能等先进手段,帮助企业进行绿色管理。"智造"不仅能够促进企业的绿色清洁生产,还能够提高企业的绿色产品创新能力,助力企业实施绿色产品创新,创造更大的绿色价值。在金融领域,中国农业银行、北京银行等金融机构和企业,也在借助数智技术寻求绿色转型之路,致力于通过科技创新的力量,开发绿色金融产品,助力企业绿色产品数智创新,推动绿色生产与消费。

扩展阅读 9-2　市场动向:涪陵"科创+""绿色+"释放含金量

> **思维拓展:** 不同类型的绿色产品创新管理在实践中有哪些应用?

二、绿色工艺创新管理

(一)绿色工艺创新管理的内涵

绿色工艺创新管理是对所有能够降低在原材料获取、生产和交付过程中对环境产生负面影响的制造工艺改进与创新采取的一系列管理活动。绿色工艺创新管理强调在工艺创新过程中降低环境污染,是实现绿色产品生产制造的一个重要环节,不仅是工艺替换、设备更新,还常常伴随生产模式调整、管理模式调整、关联工艺环节调整等。它能提高企业的经济效益,又能降低企业的环境影响,但也可能导致短期内经营成本增长、生产效率降低等风险。

值得注意的是,目前的绿色工艺创新管理在节能和耗能之间也具有一定的局限性和矛盾。以大数据和人工智能为例,尽管它们可以通过海量数据分析、测算等自动调节企业管理设备运行功率,适时关断以大幅降低设备能耗,减少碳排放,但数据运算也会消耗大量的能源。例如,ChatGPT 部分依赖 GPT-3 模型,其训练需消耗高达 1 287 兆瓦时的电力,导致产生 550 多吨二氧化碳当量。为了解决这一矛盾,绿色工艺创新管理需要进一步加大对工艺研发和创新的投入,以降低绿色工艺本身的能源消耗和环境影响。例如,企业可以通过优化算法和模型,减少训练所需的资源和时间,从而降低能源消耗和碳排放。同时,可以积极使用风能和太阳能等可再生能源,减少其对传统能源的依赖。

(二)绿色工艺创新管理的类型

绿色工艺创新管理的类型主要分为以下五种:①资源节约型绿色工艺创新管理,这种创新管理方式以尽可能减少对自然资源的使用和浪费为核心,旨在优化生产流程、减少能源消耗、提高原材料的利用率,以及采用可再生能源;②环保型绿色工艺创新管理,这种创新管理方式以减少生产过程中的环境污染为核心,通过改善生产过程,如使用更环保的化学物质、降低废气排放等方式来降低环境压力;③健康安全型绿色工艺创新管理,这种创新管理方式以保障员工和消费者的安全为核心,通过消除和减少产品或服务中对人体有害的成分,以及提高产品的可回收性和生物可降解性来实现;④经济型绿色工艺创新管理,这种创新管理方式以经济效益和可持续发展为核心,通过优化生产过程，提高效率，降低成本，同时尽可能降低对环境的影响；⑤数智驱动型绿色工艺创新管理，这种创新管理方式主要利用信息通信技术来优化生产过程，提高效率，同时降低对环境的影响，包含使用物联网、大数据、人工智能等先进技术来监控和管理生产过程。

（三）绿色工艺创新管理的方式

绿色工艺创新管理主要有以下三种方式：①转变原材料投入方式。对原材料就地利用，对具有实用价值的副产品和回收产品进行再利用，在工艺过程中对各种材料循环利用。②改善生产工艺或生产技术，优化工艺控制。通过改造原有设备，最大化地降低原材料消耗量、能源消耗量、废物产生量、健康与安全风险以及对自然环境的损害。③进行相应的环境评价，依照环境负荷的相对尺度，判断其对人体健康、生物多样性和自然资源的影响。绿色工艺创新管理应该尽量减少使用具有危害作用和产生危害物质的方法，尽量减少"三废"排放，及时处理产生的"三废"，尽量避免采用零件再生使用时材料处理难度大的工艺方法。

（四）绿色工艺创新管理的影响因素

绿色工艺创新管理的影响因素主要包括：①环境法规是推动绿色工艺创新管理的重要因素。政府制定的环保政策和标准体系，对企业采用绿色工艺创新具有显著的激励作用。企业需要关注环境法规的动态变化，以便及时调整绿色工艺创新策略，确保合规生产。②技术创新对绿色工艺创新管理具有关键作用。企业需要不断加大研发投入，提高技术创新能力，以推动绿色工艺的创新发展。通过引进先进的环保技术和设备，企业可以大幅度降低生产过程中的环境污染，实现绿色生产。③市场需求是绿色工艺创新管理的驱动力量。随着消费者对环保产品的需求不断增长，企业需要关注市场趋势，发掘消费者偏好，及时调整产品策略，满足市场对绿色工艺的需求。④企业战略对绿色工艺创新管理具有重要影响。企业需要制定清晰的绿色工艺创新战略、明确发展目标，并建立与之相适应的组织架构和管理制度。此外，企业还需强化与科研机构、高校的合作，共同推动绿色工艺创新发展。⑤合作伙伴对绿色工艺创新管理的成功与否至关重要。企业需要选择具有良好环保意识和强大技术实力的合作伙伴，共同研发、推广和应用绿色工艺技术。此外，企业还应关注国际合作，以借鉴国外先进经验，提高绿色工艺创新管理水平。⑥社会期望也对绿色工艺创新管理产生一定影响。随着公众环保意识的提高，企业需要积极履行社会责任，关注社会价值，以满足公众对绿色工艺创新的期望。通过积极参与环保活动、加强环保宣传等方式，提升企业的环保形象。⑦经济效益是绿色工艺创新管理的重要考虑因素。虽然绿色工艺创新前期可能需要较大的投入，但长远来看，绿色工艺创新有助于降低生产成本、提高产品质量、开拓新的市场领域，给企业带来可观的经济效益。因此，企业需要在绿色工艺创新过程中综合考虑成本效益和投资回报，以实现绿色工艺创新的可持续发展。

总体而言，绿色产品创新管理和绿色工艺创新管理能给企业带来经济效益和环保效益，具体如表9-1所示。

表 9-1　绿色产品创新管理和绿色工艺创新管理的效益

类　　别	产生的收益
绿色产品创新管理	1. 生产更高质量和更耐用的产品
	2. 采取原料替代，降低产品成本
	3. 简化包装，降低包装费用
	4. 更有效地使用资源，降低使用成本
	5. 生产对环境更安全的产品
	6. 生产对消费者有更低处置成本的产品
	7. 提高产品的再出售率，提升边角废料的利用价值
绿色工艺创新管理	1. 借助对投入品更完全的加工、替代、再利用或再循环，达到节约原料的目的
	2. 增加加工过程的产出收益
	3. 通过更精细的监控和维护，减少停工时间，提高用工效率
	4. 对副产品进行更好的利用
	5. 对废品进行回收利用，转化为有价值的产品
	6. 降低生产过程中的能源消耗
	7. 减少物资存储和管理成本
	8. 通过更安全的工作条件实现节约管理
	9. 杜绝或减少与废品管理、运输及处置活动有关的成本
	10. 通过绿色工艺变革，改进产品质量

资料来源：洛文斯 A B, 洛文斯 L H, 霍肯. 企业与环境[M]. 思铭, 译. 北京：中国人民大学出版社, 2004.

第四节　企业绿色创业管理

一、企业绿色创业的产生和内涵

绿色创业是随着创业理论与可持续发展理论等融合而发展起来的。20 世纪 90 年代中后期，随着生态价值观的逐步形成以及绿色市场的出现，新兴绿色市场所带来的经济利润成了企业绿色创业的重要驱动力。哈特曼和斯塔福德（Hartman and Stafford, 1997）指出，绿色化并不会成为企业的负担，而更可能为企业发展提供广阔的资源。在生态导向和市场导向的双重作用下，绿色创业在 20 世纪末应运而生。不同学者采用不同的术语来描述绿色创业，如环境创业、生态创业、可持续创业等。企业绿色创业有狭义和广义之分。[①]狭义的企业绿色创业是既有企业为了追求成本、创新或者营销方面优势而实施的绿色化；而广义的企业绿色创业则是企业以可持续发展为目标，基于环境创新进行的市场导向型创造价值模式。企业绿色创业关注那些能把"未来"绿色产品和服务变为现实的机会，并且利用识别这种机会的能力及创新能力来开拓新的绿色市场。

虽然对企业绿色创业的理解和定义各不相同，但其包含三层内涵：①从企业绿色创业的目的来看，企业绿色创业是通过企业创业方式主动地实现生态目标，强调的是一种

---

① 需要说明的是，创业有公司创业（组织创业）和个体创业之分。本章主要讨论的是公司创业（组织创业）。

绿色参与倾向；②从企业绿色创业的发展机遇来看，企业绿色创业所强调的是企业利用绿色价值观逐渐普及和绿色市场逐步扩大的机遇来为企业开拓新的市场，形成新的利润增长点；③从企业绿色创业的主营业务来看，绿色创业企业主要通过前瞻性地把握未来市场以及开发符合"未来"需求的绿色产品和服务来打开市场，并扩大与提高企业的营业范围和营业收入。

总之，企业绿色创业是在生态导向和市场导向双重作用下的创业行为。这里的生态导向是为了实现生态化而进行创业，而市场导向则是为了实现经济利益而开展环保活动。显然，生态导向与市场导向两者在大多数情况下并不是完全割裂的，大多数企业和创业者都会不同程度地兼顾两者，但绿色企业和绿色创业者的绿色化倾向更加明显。从整个社会来看，企业绿色创业这种全新的创业方式也可以被理解为整个社会为了革新原有的经营模式、改善经济结构而进行的一次绿色生态革命。

二、企业绿色创业的特征和动因

（一）企业绿色创业的特征

（1）生态化参与。虽然在实施过程中，各类绿色企业的绿色化程度有所不同，但在本质上都具备了"创新和创建绿色组织的倾向"。相较于科层制企业，生态型企业具有以下特点：①自赋能。科层制企业由上层集中分配资源，而生态型企业搭建赋能平台，形成"资源池"，由前端小团队根据用户需求去"自主"申请、对接资源。②自组织。科层制企业按照研发、采购、生产、销售、财务、人力等部门形式划分企业，而生态型企业由多个直接面向用户的前端小团队组成，是一个跨部门、跨职能的团队，由不同部门员工自发组织形成，并"自主"运营。③自协同。科层制企业具有明显的内外部边界，内部各部门间形成"部门墙"，对外也比较封闭，而生态型企业通过不同职能角色的"自主"协同，以及与外部企业主动协同，打破边界。④自进化。科层制企业由上层决定是否进行创新，而生态型企业的前端小团队根据用户需求不断进行创新，实现"自我"进化。

（2）对绿色市场的依赖。在战略选择方面，绿色创业最明显的特征便是以开拓绿色市场为创业突破口，利用绿色优势来实现自身的生存和发展。在产品的市场定位方面，绿色市场是绿色创业的目标市场，没有初具规模的绿色市场，企业绿色创业就没有生存的基础，更没有发展的空间和可能。阿加瓦尔（Agarwal，2011）认为，绿色企业应遵循可持续发展原则，理解不断变化的顾客偏好并将其成功转变为市场策略。纳沃和斯雷特（Narver and Slater，1990）从组织文化角度将市场导向定义为"为顾客持续创造价值，从而获得卓越的组织绩效"，并提出按照三个维度进行测量，这三个维度包括：①顾客导向，即企业能在完全了解目标顾客群体的基础上预测顾客需求可能产生的变化，绿色创业的顾客导向是为了满足消费者的绿色产品或服务需要而进行的创业活动；②竞争导向，指企业通过对现有的和潜在的竞争者进行分析，把握其优点、缺点及长期战略，并制定相应策略，而绿色创业的竞争导向表现为企业为了抢占具有绿色需求的顾客而进行的创业活动；③部门间的协调，指企业能够对其拥有的各种资源协调使用，以创造更高的顾客价值，绿色创业活动是在企业经济资源与绿色资源的协调过程中进行的创业活动。

（3）长周期性及政策依赖性。由于企业绿色创业回报周期较长，同时还承担了一定的社会责任，因此企业绿色创业通常是在政策鼓励或扶持的背景下产生的，往往扮演着生态建设和创业的双重角色。科恩和温（Cohen and Winn，2007）指出，企业绿色创业的核心在于发现未来的市场机会，以创新性来开发绿色市场，同时还要承担企业的社会生态责任。很多中小企业，尤其是小企业迫于生存压力，往往注重短期的经济利润，对降碳减污相关政策措施的认识和了解仍不是很充分，中小企业绿色转型还需要政府给予更多的政策宣传、引导和支持。很多企业绿色创业时在资金方面和技术方面存在很多问题，难以长期坚持绿色创新和创业，政府需要在降碳减污方面对企业相关绿色贷款、投融资提供更多帮助和支持。另外，企业也面临降碳减污的获益问题，通过技术改造或者技术升级，能够降低碳排放，但如何能够通过降碳减污获得利润，让降碳减污能够可持续，这就涉及未来碳减排相关市场机制的完善和中小企业自身的碳资产管理。

（二）企业绿色创业的动因

企业绿色创业的兴起是与其所处的社会和经济环境紧密相关的，企业绿色创业的动因主要分为内部动因和外部动因两类。内部动因是企业绿色创业的内驱力，主要包含绿色文化、绿色投资者等因素；外部动因是企业绿色创业的助推器，包含制度激励、教育引导等因素。

（1）绿色文化。绿色文化是一种集成绿色科学和绿色思维的概念，既能通过影响创业者的思维和生活方式，使创业者具有敏锐的绿色创业机会洞察力，更好地开展绿色创业，还能塑造创业者的价值观，使创业者为实现生态目标而选择创业，并且主动地实施绿色创业。绿色文化属于"亚文化"的范畴。绿色企业文化由外层企业物质文化、中层企业制度文化、内层企业精神文化组成，它是企业及其员工在长期的生产经营实践中慢慢形成的被全体职工认同遵循、具有企业特色、对企业成长有重要影响、对资源节约、环境保护及其与企业成长关系的观点和认识。

（2）绿色投资者。绿色投资对绿色创业的影响主要体现在提供资金支持与优化资源配置方面。在提供资金支持方面，绿色低碳消费的快速发展为绿色创业创造了很大的投资潜力空间和可观的发展前景，吸引着越来越多的绿色投资者。这些投资者愿意为绿色创业者提供资金支持，帮助其开展绿色创业。在优化资源配置方面，绿色投资者在做投资决策时，会着重考虑那些具有可持续发展潜力和显著经济效益的企业，有助于引导资金流向绿色产业领域，从而优化社会资源配置。同时，绿色投资者的投资行为还可以促进绿色产业的调整和转型升级，推动绿色经济发展，而绿色经济的发展反过来会带动绿色创业发展，形成一种积极的反馈循环生态圈。

（3）制度激励。制度是社会结构的深化层面，具有权威指导性，它对绿色创业机会的识别、开发与利用具有很大影响。制度激励对于企业绿色创业具有指引性作用，通过制度激励促使创业企业采取相关法律法规以及相关政策规定来规范企业绿色行为。采取绿色行为也许不是创业企业的初衷，但在实施过程中，相关的法律法规和政策规定促进了创业的绿色化。制度激励既包括正向激励制度的引导，如绿色创业补贴，也包括负向激励制度的约束，如关停高污染企业等。另外，制度激励主要指政府制定制度鼓励企业绿色创业，企业内部也需制定规章制度鼓励员工在内部二次绿色创业。

（4）教育引导。绿色创业教育通过作用于未来创业者绿色价值观构建、企业社会责任感提升和相关培育，帮助创业者进行绿色创业，提升绿色创业者把握创业机会的自我利益观念和对利益相关者的关注程度。绿色创业教育以让学员掌握运用环境保护所需的知识和技能为目标，使学员能运用可持续发展的思维来设计新产品并服务于绿色生产过程。绿色创业教育包括两类：一是校园内绿色创业教育。此时的绿色创业教育是以环境效益为基础、可持续发展为核心、市场需求为导向，将培养具有绿色管理思想、社会责任感、创新创业精神及其素质能力的新生代大学生作为目标的一种创新创业教育新模式。二是校园外绿色创业教育。此时的绿色创业教育侧重培养各类实践人士或管理者的绿色市场和创业意识，包括做好市场调研、了解绿色市场需求、了解产品、了解目标客户、了解市场竞争等。

综合以上四方面的因素不难发现，企业绿色创业是一个涉及法律、经济和价值观因素的综合性选择。企业绿色创业的动因具有系统性和多样性的特点，企业绿色创业虽然也会受到企业家才能等微观层面因素的影响，但更侧重于受到宏观层面的法律法规以及经济环境的影响。

三、企业绿色创业的类型

企业绿色创业分类目前主要有两种：一是基于绿色关注程度的三分法，二是基于结构影响因素与创业导向相互作用程度的四分法。

（一）企业绿色创业的三分法

希克（Schick）、马克森（Marxen）和弗雷曼（Freimman）根据创业企业关注生态环境的程度把企业绿色创业分为绿色奉献型创业（eco-dedicated entrepreneurship）、绿色开放型创业（eco-open entrepreneurship）和绿色破坏型创业（eco-reluctant entrepreneurship）三种。

（1）绿色奉献型创业。绿色奉献型创业是为了实现绿色生态目标而实施的企业创业，这种绿色创业自始至终都具有强烈的生态意识，并且高度关注生态环境。一方面，绿色奉献型创业主动追求生态目标，按照生态优化标准来设计产品及服务；另一方面，对环保市场保持更长远的前瞻性预判，并且把开发环保市场看作提升自身竞争力、战胜传统企业（即非绿色企业）的重要手段。这类创业企业非常注重环保技术和材料投资，并且坚信经过自身的努力，一定能够收回这方面的投资，并建立优于传统企业的竞争优势。这种绿色创业风险较大、回报周期较长，因而更需要政策支持。

（2）绿色开放型创业。绿色开放型创业的基本特征在于创业企业参与绿色创业的动力来自对利润的追求，对绿色投入缺乏主动性，但并不抵制，而是采取开放的态度接受绿色创业的主张。这种创业企业比较关注生态环境，它们的绿色参与热情主要来自顾客或者市场对绿色产品和服务的需求。这种创业企业参与生态活动的底线是有钱可赚，它们是为了通过满足市场上的绿色产品和服务需求来赚取利润进行绿色创业，决不会平白无故地为了满足建设环境友好型社会的绿色要求而进行"无为"的投入。但是，这种绿色创业可以看作生态建设的重要推动力量，因为这种创业企业对绿色化采取开放的态度，并且能够接受绿色化的经营理念。

（3）绿色破坏型创业。绿色破坏型创业通常是规模较小的企业使用较少的资源挑战和改变市场已有格局的过程。绿色破坏型创业包括三种：①破坏性产品或服务。这些产品或服务以更优异的性能或更具竞争力的价格，取代已有的类似产品或服务。②破坏性方法。具备破坏性质的方法往往好于传统方法，而且更优异的性能或更具竞争力的价格能给选择它们的企业带来更大的竞争优势。③破坏性商业模式。在传统或新的行业领域，具有破坏性的商业模式以创新方式进行运作。例如，瑞修得提出并践行"车辆消费服务升级"理念，主张数智节油，重构传统的商用车维保服务，为车队用户提供确定性的节油收益。瑞修得打造出一杆数智秤"瑞途"，通过实时获取车辆数据实现车辆油耗数字化管控，以数智驱动发现车辆节油潜力和机会，精准匹配场景化节油服务方案，提升客户对提高车辆节油量的需求。

（二）企业绿色创业的四分法

（1）偶尔为之型（ad hoc enviropreneur）创业。偶尔为之型绿色创业者受利润驱动，但同时也受到软性结构因素（如家庭、朋友、个人经历和受教育背景）的影响。这类创业者在创业初期，主要受利润驱动，但在生产过程中偶尔也取得绿色化的效果。例如，有机鸡肉生产商创立养鸡场，最初只是受消费者对绿色鸡肉需求的驱动，但最终实现了鸡肉产品的绿色化。

（2）机会主义型（innovative opportunist）创业。这类创业者主要受制于硬性结构因素（如政府政策、法律法规），在绿色创业过程中采取投机取巧的行为。他们往往认为绿色化会增加企业的经济负担，采取绿色环保措施只是一种被动的选择。不过，他们被动的绿色创业行为却在客观上收到了绿色化的效果。例如，冰箱制造商迫于环境保护法而不得不研发氯氟氢冰箱的替代产品，这虽然是一种被动行为，但实现了保护环境的目标。

（3）绿色愿景拥护型（visionary champion）创业。这类绿色创业者是保护生态环境的坚决拥护者，他们以实现经营方式的可持续性为目标，对生态建设和未来社会拥有美好的愿景。当政府出台新的环保政策时，这类创业者往往会积极响应，以实际行动来推动绿色化进程。欧洲美体小铺的创建者就是这种创业者的典型代表，美体小铺的创建顺应了欧洲绿色革命的社会需求。

（4）伦理标新立异型（ethical maverick）创业。这类创业者主要受到柔性结构因素的影响。这些柔性结构因素使得他们更倾向于建立非传统型企业来实践绿色创业。例如，绿色健康食品的倡导者创建"星期八"素食餐厅，这些创业者便是伦理标新立异型绿色创业的典型代表。在选择创业项目时，这类创业者往往较少受政策的影响，更倾向于选择新兴产业与标新立异的项目。

四、企业绿色创业管理的流程

企业绿色创业管理是识别、评价和利用环境市场机会追求成本与绿色创新优势或创立绿色环保类产品或服务的新组织的活动。企业绿色创业管理可以从绿色创业机会的识别、开发和利用这三个方面入手。

（1）识别绿色创业机会。在识别绿色创业机会时，企业需要进行细致的研究和分析，以确定潜在的环保领域和商机。首先，分析市场，了解消费者和客户对环保与可持续性的需求，这包括消费者调查、市场调研和监测行业趋势。而且由于可持续发展已经成为全球趋势，还应该考虑国际市场的创业机会。其次，评估其自身的优势、劣势、机会和威胁，以确定哪些环保领域与其核心竞争力相匹配。积极考察市场中的最新环保技术和创新，以确定哪些技术可以为企业提供竞争优势。最后，了解竞争对手的环保举措和市场定位，以找到差距和机会。熟悉国家和地区的环保法规与政策，以确保其计划符合法规要求并尽可能获得政府支持。鼓励员工和利益相关者提出创新和创意，帮助企业识别新的环保机会。

（2）开发绿色创业机会。一旦绿色创业机会被识别出来，企业就要制订详细的业务计划，明确定位目标市场和预算，以确保创业的成功。积极与相关合作伙伴建立合作关系，如供应商、研发机构和政府等，以获得相关资源和支持。积极开发和改进所需要的环保技术，使其符合市场和法规的需求，构建稳定可持续的供应链，以确保生产全流程的绿色化。最后积极建设绿色品牌形象，强调企业的环保承诺和可持续价值。对员工展开培训，使他们了解企业的创业目标，并鼓励他们积极参与环保举措。

扩展阅读 9-3 实践前沿：君和环保抓住环保产业风口一路创业创新

（3）利用绿色创业机会。一旦绿色创业机会得以开发，企业就要积极开展活动和充分利用这些机会。运用市场营销策略，强调产品或服务的环保特性，吸引关心环保的消费者和客户，并不断改进产品、服务和流程，以提高环保性能、降低成本，并保持竞争力。设立检测系统，以追踪环保绩效和进展，同时向股东、投资者和社会公众报告环保成就，扩大影响力。最后积极扩展社会责任项目，支持社会的可持续发展，并努力将绿色创业机会扩展到国际市场，以寻求更多机会。

思维拓展： 数字化技术在哪些方面可以更好地帮助创业者进行绿色创业？

本章小结

绿色创新和创业管理是企业创新和创业管理的重要转变，要求企业关注创新创业过程和结果对环境的影响。随着创新理论、可持续发展理论和技术创新理论等理论的发展，绿色创新和创业管理实践不断完善，且不断紧密结合数字技术和市场演变趋势发展变迁。首先，本章阐述了绿色价值创新管理的产生和内涵，并从绿色价值视角论证绿色创新管理的内容和层次。其次，本章阐述了绿色技术创新管理的产生和内涵，并从技术视角尤其是结合数字化技术，论证了绿色技术创新的驱动因素和管理内容。再次，本章从绿色产品创新视角阐述了绿色产品创新的产生、内涵、方式和影响因素，同时从绿色工艺创新角度阐述了绿色工艺创新的内涵、类型、方式和影响因素。最后，本章阐述了数字化时代企业绿色创业的产生、内涵、特征、动因、类型和主要内容。

核心概念

1. 绿色价值创新管理（green value innovation management）
2. 绿色技术创新管理（green technology innovation management）
3. 绿色产品创新管理（green product innovation management）
4. 绿色创业管理（green entrepreneurship management）
5. 绿色奉献型创业（eco-dedicated entrepreneurship）
6. 绿色开放型创业（eco-open entrepreneurship）
7. 绿色破坏型创业（eco-reluctant entrepreneurship）

本章思考题

1. 简述绿色创新管理的主要内容。
2. 简述国内绿色创新和创业管理的现状。
3. 简述发达国家的绿色创新和创业管理实践经验对我国的启示。
4. 以特定案例为例，结合党的二十大"加快实施创新驱动发展战略"精神，论述企业绿色创新和创业管理的策略。
5. 影响企业绿色创业的主要因素有哪些？

本章实训指南

本章综合案例

小米以技术创新引领低碳可持续发展

气候变化已成为人类社会所面临的重大挑战。面对日益严峻的气候问题，尽快降低碳排放水平，采取有效应对措施是实现可持续发展的必然要求。秉承着让全球每个人都能享受科技带来美好生活的使命，小米承诺到 2040 年既有业务实现自身运营层面碳中和以及达成 100%使用可再生能源。小米始终坚持以"技术为本"，推动低碳发展、共创美好未来。通过能源效率提升、清洁能源应用、智能制造创新等措施积极探索高质量绿色转型发展之路。

一、T8 智能工厂实现碳中和

小米 T8 智能工厂通过一系列节能降碳措施及能源管理手段，成功实现工厂自身碳中和目标。

作为一个高度智能化工厂，T8 智能工厂实现了全流程关键因素 100%数字化管控，包含 AI、大数据、自然语言等 20 种以上新技术应用，综合效能指标提升 30% 以上。工厂采用分级用电调度系统，最大限度地降低了能源消耗，实现能源合理化分配，提高能源使用效率。空调/冷冻机等设备大小机组切换，雨水调蓄池及太阳能管理机制等关键措施，有效降低了碳排放。与此同时，工厂还通过引入余热回收工程，将生产过程中产生的余热回收利用。在打造数智化制造运营典型的示范应用场景的同时，大大降低生产能源消耗与碳排放，剩余碳排通过购买赤峰克什克腾旗骆驼台子风电项目抵消。

随着全球经济的发展和环保意识的提高，企业在应对气候变化、减少碳排放方面应发挥自身优势。小米将利用智能制造体系建设经验和成果，赋能 OEM（原始设备制造商）代工企业及生态链企业，助力我国 3C 行业数字化和低碳化转型提升。

二、国内可穿戴第一款碳中和产品

小米致力于在产品设计、研发、制造、使用和回收全生命周期各个阶段贯彻可持续发展理念。为打造环境友好产品，小米首先根据国际标准，使用生命周期 LCA 分析方法计算小米手环 8 的碳足迹，识别全生命周期各环节碳足迹。

研发团队在芯片、屏幕和表带等方面进行了优化，使其具有更强的兼容性和耐用性，并采用安全可再生材料制作表带等附件，实现 100% 材料可再生利用，从而减小对环境的影响。这一举措使小米手环 8 在整个生命周期内都保持较低的碳排放水平。

另外，小米关注节能与减排的关键环节——充电过程。适配器采用最新的无线充电技术，有效减少了线缆和外置电源的损耗。在优化手表的功耗管理后，进一步降低能源消耗。此外，可穿戴产品还积极实践绿色包装理念。小米手环 8 的包装采用了高比例可回收利用材料以及可生物降解材料。最后通过杭锦旗伊和乌素风电场项目清除碳排。这些努力和尝试使小米手环 8（NFC 款）成为符合国际标准的第一款可穿戴碳中和产品。

三、小米绿色技术

5G 高功耗造成的智能终端续航短与用电焦虑等问题日益凸显，对终端产品的充电技术提出了巨大挑战。传统快充技术普遍存在"效率与功率低""充电倍率与电池能量密度无法兼顾""充电慢、控温不准与电池老化"等业界难题，严重制约 5G 智能终端的普及与应用。围绕快充技术的核心痛点，小米开展了芯片设计、拓扑架构、电池材料、充电算法等体系性研究工作，在国际上率先建立了集高充电倍率、高能量密度、高效低发热于一体的智能终端快充技术体系。小米澎湃电池双芯片快速充电技术相比上一代技术具有更高的能量密度，配备的双芯片电池管理系统可降低能量传输损耗、提升续航、延长电池的使用寿命，澎湃充电芯片效率可达 97%。与传统充电技术相比，澎湃二代电池快充技术在减少能源消耗和热量产生方面具有显著优势。

"小爱 AI 智能唤醒低功耗技术"同样是小米绿色技术的一个新发展。小爱团队通过深度学习算法和大数据分析成功识别不同声音的特征与级别，实现精准唤醒和响应，与同级别唤醒技术相比，可降低 15% 的运行功耗。

上述两项关键技术通过绿色技术认证进一步证明了其在可持续发展方面的价值。小米希望能够持续推进绿色技术的研发与应用，用科技能力带动可持续发展。道阻且长，行则将至，展望未来，小米将继续秉承"让全球每个人都能享受科技带来的美好生活"的使命，坚持创新驱动技术革新，携手价值链合作伙伴，共同探索推进低碳解决方案，

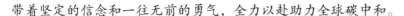

带着坚定的信念和一往无前的勇气，全力以赴助力全球碳中和。

四、搭建内部员工碳账户

在探索产品以及工厂碳中和的同时，小米也关注到，电子产品使用、员工差旅和通勤等环节的碳排同样是不可忽视的存在。小米通过内部员工碳账户体系，记录和管理每位员工的碳排放情况。每位员工都拥有一个独立的碳账户，账户中将包括个人的碳排放数据、碳减排措施、碳中和行动等信息。通过此系统，员工可以清楚了解自己的碳足迹，并参与碳减排与碳中和活动。整套体系中，小米将设立碳减排奖励机制，鼓励员工通过绿色出行、绿色差旅等行为，积极参与碳减排行动。员工的碳减排行为将得到相应的奖励，包括积分、奖品、荣誉称号等。小米希望通过这样的机制激励员工积极参与碳中和行动，形成全员共同参与的碳减排氛围。未来这套系统会不断升级迭代，还将与相关合作伙伴合作，为员工提供碳中和项目，以抵消员工个人的碳排放，并通过内部员工碳账户进行管理和追溯。这一举措不仅将帮助员工实现个人碳中和目标，还将为小米实现碳中和目标提供有力支持。作为小米在低碳道路上的新尝试，碳账户是依托数字创新为个人碳减排提供的重要工具之一，也是小米探索全价值链碳中和的重要手段。

五、构建低碳供应链模式

小米还将积极开展供应链碳管理，为核心供应链合作伙伴制订碳减排目标，建立碳排放数据追溯和监测机制。通过透明的数据管理，小米将不断优化供应链流程，减少碳排放和资源浪费。小米将鼓励和支持供应链合作伙伴采用清洁能源、节能减排技术和绿色生产方式。小米将与合作伙伴共同推动可再生能源的使用，减少对传统能源的依赖，降低碳排放。同时，小米将积极引入节能减排技术，并对供应链中的关键环节进行优化，以提高资源利用率和能效。最后，小米还将加强对供应链合作伙伴的培训和指导，提升其环境保护意识和可持续发展能力。小米将与供应商共同制定环境管理标准，开发有效数字化工具对其进行监督和评估。通过共同努力，小米将建立一个绿色、可持续的供应链体系，为全球环境保护作出积极贡献。小米将不断推动低碳供应链模式的创新和完善。小米将积极引入新技术、新方法，提高供应链的可持续性。同时，小米也将积极与合作伙伴、行业组织和政府部门合作，共同推动低碳供应链的发展，共建绿色未来。

资料来源：田云绯. 以技术创新为引领，小米探索低碳可持续发展之路[EB/OL]. (2023-09-22). http://finance.ce.cn/home/jrzq/dc/202309/22/t20230922_38726685.shtml.

案例思考

1. 小米在绿色技术创新管理和绿色产品创新管理方面有哪些举措？

2. 小米如何运用数字技术助推绿色技术创新？

3. 根据所学知识，讨论如何通过绿色创新管理实现小米的低碳可持续发展。

第十章

绿色市场和营销管理

◆ **本章导语**

绿色营销是为目标市场创造、沟通和交付绿色价值，以满足顾客、客户、合作伙伴和社会现实或向往的绿色需求的过程。

◆ **本章引例**

清风的"数智+"绿色营销玩法有何魔力？

2023年，"清风"正式官宣品牌升级计划，提出"细腻好纸似清风"的全新品牌口号，以100%原生木浆生产的细腻产品力诠释了品牌的绿色基因。近日，"国民级好纸品牌"又有新动作，以"守护一平米清风林"为主题的快闪活动陆续席卷了武汉、上海，带来一场不一样的"绿色行动"。

一、"守护一平米清风林"快闪活动火热来袭率先席卷汉沪

2023年6月，清风联合第七届"青春影像"活动官宣启动了"守护一平米清风林"的绿色探索之旅活动，向年青一代发出绿色号召，期待他们用镜头讲好中国的绿色故事。

随后在2023年7月14日，"守护一平米清风林"快闪活动在武汉永旺梦乐城（经开店）拉开帷幕，活动持续5天，活动现场异常火爆。7月21日，活动来到上海闵行永辉龙湖天街，同样吸引了不少消费者的驻足互动。"守护一平米清风林"的快闪活动受到如此热捧，有什么样的"魔力"呢？带你一探究竟！

二、新晋社交顶流惊喜空降，上演反差萌名场面

要说这个夏天的社交C位，非清风"绿色招募官"大白莫属！大白以"软乎乎可爱形象+超强社交魅力"吸引来往用户停留互动，人气爆棚受到各年龄段小朋友的热烈簇拥，上演反差萌名场面！

三、VR造林新潮体验，直戳消费者心巴

清风首次结合VR（虚拟现实）黑科技新手段，让消费者足不出户就能"逛"清风林，感受虚拟视觉冲击的同时，还能认领专属"一平米清风林"，体验绿色守护员的乐趣。这一科技与绿色巧妙结合的操作吸引了大批用户排队，新潮的互动获得了不少消费者的点赞。

四、绿色守护舞首亮相，现场人气爆棚

除了精彩互动，现场还安排了养眼的环保精灵为大家带来"绿色守护舞"的舞蹈表演，随着优美旋律响起，环保精灵翩翩起舞，简单而灵动的动作好记易学，引得大小朋友纷纷模仿，成为一道亮丽的风景线。

不仅如此，清风还在抖音平台发起了"守护一平米清风林"全民挑战，参与者只要拍摄"绿色守护舞"视频上传，就能获得清风给到的"绿色奖励金"，品牌希望通过简单好玩的线上互动，鼓励更多消费者参与绿色生活。

据了解，"守护一平米清风林"快闪活动将持续到 9 月，在武汉、上海、北京等全国 20 个城市，以及上海交通大学、西北政法大学、武汉大学等 10 所重点高校进行全面巡展，让消费者低门槛、零距离探索绿色，感受绿色低碳的魅力。通过和不同渠道建立深度联动，清风将"绿色理念"渗透到消费者的生活场景当中，与日常的消费行为结合，将起到更好的科普和号召作用。

纵观本次"守护一平米清风林"探索活动背后，不难看出"清风"秉承的绿色环保理念、肩负的绿色减碳责任，不再是一句单纯的品牌口号。"清风"脚踏实地挖掘消费者喜闻乐见的营销互动方式，成功和消费者建立起极具"清风"特色的绿色环保共鸣点。

作为国民级生态好纸品牌，"绿色、可持续发展"始终存在于清风的品牌基因中。未来，相信清风将继续做中国绿色造纸的倡导者和实践者，创造绿色产品，传递绿色生活价值，让地球家园变得更加青春美好。

资料来源：韩璐. 又被「国民级好纸品牌」刷屏了，这次它把"绿色营销"玩出花！[EB/OL]. (2023-07-25). https://finance.ynet.com/2023/07/25/3648467t632.html.

引例思考：数字化时代企业如何运用绿色营销新玩法与消费者建立环保共鸣？

◆ 本章知识结构图

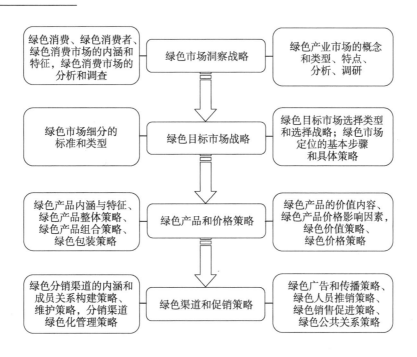

绿色市场和营销管理是在消费者与社会追求健康、安全、节能、环保的时代背景下发展起来的全新营销方式和方法。绿色市场和营销管理是指企业在市场营销活动中要重视保护地球环境、减少环境污染，充分利用并回收再生资源以造福后代，倡导培育绿色消费意识、制定绿色目标市场战略、设计开发绿色产品、实行绿色促销策略、建设绿色营销渠道等。绿色消费市场、绿色产品、绿色品牌、绿色分销渠道、绿色促销、绿色价格、绿色广告等都属于绿色市场和营销管理的范畴。本章从市场和营销的视角，主要介绍绿色市场洞察战略、绿色目标市场战略、绿色产品和价格策略、绿色渠道和促销策略。

第一节　绿色市场洞察战略

一、绿色消费市场的洞察

（一）绿色消费的内涵和特征

绿色消费是消费者在产品购买、使用和处置过程中努力保护资源环境并使消费对资源环境负面影响最小化的消费行为，包括购买节能产品、购买有机产品、节能节水行为、回收再利用行为等。绿色消费的原则可以归纳为"5R"：①节约资源，减少污染（reduce）；②绿色生活，环保选购（reevaluate）；③重复使用，多次使用（reuse）；④分类回收，循环再生（recycle）；⑤保护自然，万物共有（rescue）。

绿色消费具有以下特征：①较强的正外部性；②需要支付更高的产品溢价；③行为和结果间存在时空跨度性；④动态变化性。

（二）绿色消费者的内涵和特征

绿色消费者是那些关心生态环境，对绿色产品具有现实的购买意愿和购买力的消费人群。在经典的研究中，绿色消费者可以通过人口统计特征、环境心理意识、绿色价值观、绿色情感（green affection）、绿色消费态度等方面加以识别。①人口统计特征是指一系列能够代表人口现象的数量特征，如年龄、性别、职业、婚姻状况、文化程度及收入水平等。从人口统计的差异上寻找绿色消费者之间存在的某种共性是早期识别绿色消费者的一个重要方法。②环境心理意识是人们对环境和环境保护的认识水平与认识程度。一般认为，环境心理意识与环保行为之间存在正相关的关系，即消费者的环境心理意识越强，越可能展现出较强的环境行为。③绿色价值观也是研究绿色消费者特征时常被考虑的重要变量。绿色价值观是人们对资源环境的存在状况对于人的需要是否有用或能否有利于人的发展的一种评判标准体系，它可以帮助消费者在买或不买、买什么品类、买什么品牌的绿色产品等问题中作出选择。④绿色情感也称环境情感（environmental affection），它是消费者个体对外界环境问题的心理反应和主观态度，包括对资源环境问题的内疚感、对改善资源环境行为的自豪感等。⑤绿色消费态度是人们对待某一绿色产品或参与某项绿色消费活动前的心理倾向性，对绿色消费决策和绿色消费行为方向具有重要影响。从特征的角度，绿色消费者与一般消费者存在较为明显的区别，这些差异也成为区别二者的主要参照标准，具体如表10-1所示。

表 10-1　绿色消费者特征与一般消费者特征的差异

维　　度	绿色消费者	一般消费者
人口统计	年轻者、女性、受教育程度高、高收入者等	受教育程度和收入水平不一
心理意识	具有较强的环境意识和绿色感知	环境意识和绿色感知相对较弱
价值观	绿色价值观强	绿色价值观弱
情感	具有积极/消极绿色消费情感并引导绿色消费行为转化	消费者感知或认识未能配合相应的绿色情感反应或绿色情感共鸣
消费态度	具有稳定的绿色消费态度	绿色消费态度一般

（三）绿色消费市场的内涵和特征

从传统意义上讲，绿色消费市场是绿色消费品（产品和服务）的交换场所，是绿色消费品的供求关系的总和。最新的观点则认为，绿色消费市场是某种绿色产品的实际购买者和潜在购买者的集合。

绿色消费市场具有以下特征：①绿色消费市场是高价值（格）市场。绿色产品具有较高的技术要求和严格的生产标准，产品质量一般高于普通同类产品。较高的成本和品质导致绿色生态产品的价格较普通产品高。②绿色消费市场具有广阔的发展空间。绿色生态产品凭借有利人类和生存环境的特点产生了广泛的市场需求，绿色产品消费地域差异小。③绿色消费市场一般应有特殊的标记便于识别。为了保障绿色产品的真实性和规范性，绿色生态产品通常必须得到相关机构的认证。④绿色消费市场是一个相对不完全竞争的市场。受自然条件和技术条件的限制，绿色消费市场往往出现垄断的现象。

（四）绿色消费市场的分析

（1）绿色消费市场的环境。①政策环境。政府对资源环境保护的政策支持力度在很大程度上决定了绿色消费市场的空间。②经济环境。从世界范围看，经济全球化和逆全球化不同思潮间的激烈碰撞已经成为未来绿色消费市场发展所不可避免的一个客观现实。③社会人文环境。一方面，中国传统朴素自然观"天人合一"的思想构建了绿色人文环境的文化基础；另一方面，绿色消费作为一种消费思潮已经受到越来越多消费者的认同和主流文化的吸纳。④技术环境。技术环境中的创新技术与现有技术共同影响绿色产品创新的步伐。

（2）绿色消费市场的参与者。绿色消费市场的参与者由四大主体构成，分别是需求主体、渠道主体、供给主体和监管主体。①消费者是绿色消费市场的最终需求主体。绿色消费市场的需求来自消费者对于绿色产品的需要，消费者对于产品的绿色价值诉求可以引导厂商进行绿色生产。②渠道商是绿色消费市场的渠道主体。渠道主体在绿色消费市场中主要起到了流通作用，是连接生产与销售的重要中间环节。③厂商是绿色消费市场中绿色产品的供给主体，它向市场提供绝大多数的绿色产品以满足消费者对绿色产品的需求。④政府及其所属监管部门在绿色消费市场中处于监管主体地位。

（3）绿色消费市场需求分析。绿色消费市场需求一般可以分为两类，其一为绿色消费（或绿色生活）需求，其二为绿色生产需求。其中，绿色消费需求能够直接促使绿色生产者在产品生产上进行绿色改变。绿色消费需求构成了绿色消费市场需求最为重要部分，还能够引导和作用于绿色生产需求，实现绿色生活方式对绿色生产方式的倒逼。绿色消费需求可以根据不同的准则划分为不同的类型。根据需求的性质，其可划分为绿色物质消费需求与绿色精神消费需求。根据层次的差异，其可划分为绿色生存消费需求、绿色发展消费需求和绿色享受消费需求。根据消费主体的不同，其可划分为绿色个人消费需求、绿色家庭消费需求和绿色社会消费需求。

（五）绿色消费市场的调查

绿色消费市场调查是组织面对特定的绿色营销市场问题，系统设计、收集、分析和测量绿色价值发现、创造、传递和传播效果的活动。绿色消费市场调查需遵循市场调查的一般原则，帮助市场营销者洞察消费者的绿色消费动机、绿色购买行为、绿色购买满意度，评价绿色消费市场潜力和市场份额，识别绿色消费市场的机会与威胁，促使他们根据绿色消费市场环境的变化，改进现有的营销组合，评估现有绿色产品、绿色营销策略是否能够满足消费者的绿色需求。

绿色消费市场调查一般包括七个基本流程：①定义问题确定目标。如何科学、合理地定义绿色消费市场中的营销问题，这是绿色消费市场调查过程中最为重要的环节，决定着绿色消费市场调查的成功。②绿色消费市场调研设计。调研人员需要建立一个绿色调研问题框架结构。在绿色调研设计过程中，绿色厂商需要在成本和信息准确度之间进行权衡，因为信息越准确，所付出的成本往往也越高昂。③选择调查方法。绿色消费市场调查方法主要分为定性调查法、定量调查法以及结合定量定性的混合调查方法。此外，大数据时代的绿色消费市场调查可以依托互联网平台，利用大数据应用、卫星遥感、无人机数字采集等技术手段变革绿色消费市场调查数据采集方式。④选择抽样方法。想在市场调查中得到全部绿色消费者（总体）的信息是困难或不经济的，因此运用统计方法进行抽样，以抽样方式获得的样本来代表总体样本中的某些特性，是一种快速且经济的方法。⑤绿色消费市场数据收集及分析。采用合适的数据收集方法可以保证绿色消费市场调查数据的可获得性和可衡量性。常用的绿色消费市场数据收集方法如问卷调查法、实验法等。数字化时代的绿色数据分析还可以借助 Python 等大数据软件收集网络购物平台上绿色消费市场的绿色产品数据、基本销售数据、产品评论数据等。⑥撰写及展示报告。撰写市场调查问题反馈调查报告，应经过科学的分析程序和论证过程，能够直指绿色消费市场特有的问题，最重要的是用通俗易懂的语言来表述。调查报告的撰写和展示要根据具体的厂商和调研目的进行。⑦跟踪检验。市场调查是长期、持续的过程，绿色消费市场中消费者需求的变化、政府政策的调整、竞争对手的策略调整以及行业技术水平的提升都会使新的市场调查问题摆在管理者的案头。

二、绿色产业市场的洞察

（一）绿色产业市场的概念和类型

绿色产业市场是企业为从事绿色生产、营销等经营活动，以及政府部门和非营利组织为履行职责所购买的绿色产品或服务所构成的市场。与绿色消费市场相对应，绿色产业市场是由一些有绿色产品或服务购买需求的组织所构成的。绿色消费市场的消费主体是个人或家庭，绿色产业市场的消费主体是企业、政府及非营利组织。

绿色产业市场主要包括绿色生产者市场、绿色中间商市场、绿色非营利组织市场以及绿色政府市场。①绿色生产者市场是绿色产业市场中最主要的环节。绿色生产者市场是由购买绿色原材料、产品或服务，并生产绿色产品或服务的企业所构成的市场。②绿色中间商市场是购买绿色产品用于转售或租赁并从中获利的企业所构成的市场，包括批发商和零售商。绿色中间商市场是使绿色产品或服务从生产者转移或过渡到消费者的交易市场，它不参与绿色产品或服务的直接"生产"。③绿色非营利组织市场由各类以绿色环保为宗旨的非营利组织所构成，这些组织为了维持正常运作和履行职能，会购买或宣传绿色产品或服务。绿色非营利组织主要从事绿色知识宣传、绿色公益活动、绿色生产活动的监督等工作，在绿色领域中发挥了巨大的作用。④绿色政府市场是为了履行其绿色环保职能而购买或租用绿色产品和服务的政府部门所构成的市场。绿色政府市场的目的是鼓励企业生产绿色产品和服务，从而对社会的绿色消费起推动和示范作用。

（二）绿色产业市场的特点

绿色产业市场与普通产业市场具有明显的差别，它具有全方位、多层次的绿色渗透性。其特点包括以下几个。

（1）绿色产业市场围绕绿色价值交换运行。绿色产业市场中的各组织通过绿色交易或使用活动，实现了绿色原材料、绿色设备、绿色产品等循环利用的绿色价值交换，具体包括清洁能源、降低能耗、减少排放、消除污染等绿色价值。另外，绿色产业市场中的绿色价值交换还呈现互惠共赢的特征。

（2）绿色产业市场的需求主要源自消费者的绿色派生需求。绿色产业市场是提供绿色产品或服务的企业群体，绿色产业市场的需求是从绿色产业市场到绿色消费市场间各增值阶段的需求派生。例如，消费者希望产品和包装是无污染的，于是生产企业就会向供应商购买绿色的产品原材料和包装，提供绿色产品或服务的企业的需求构成了绿色产业市场的需求。

（3）绿色产业市场的专业性较强。由于绿色产业市场由各个组织构成，而交易内容主要包括绿色原材料购买、绿色设备更新、绿色产品购买等，均为较大规模的交易，对专业性的需求更强，这就要求组织中进行绿色购买决策的相关人员需要具有丰富的绿色知识或经过专业的训练。

（4）绿色产业市场易受绿色环境政策的影响。由于绿色环境政策大多是针对企业及各类组织机构所提出的，而绿色产业市场由组织机构构成，所以其较容易受绿色环境政策的影响。从供给侧的角度来说，政府对相关企业的扶持力度会直接影响其所在绿色产业的产业规模、产业结构和产业发展等。

（三）绿色产业市场的分析

绿色产业市场分析主要包括绿色产业市场宏观环境分析和绿色产业市场微观环境分析两个方面。

绿色产业市场宏观环境是在绿色产业市场中影响企业和行业的宏观因素，通常采用

PEST 分析模型，即对政策（political）、经济（economic）、社会（social）和技术（technological）这四大类影响企业的主要外部环境因素进行分析。①绿色政策环境即对企业存在影响的绿色政策制度或法律法规等，对于绿色供应企业的绿色战略、绿色经营、绿色营销策略均有重要影响。②绿色经济环境是企业营销活动的外部绿色经济条件，在绿色产业市场中的企业应考虑绿色经济发展水平、绿色行业发展状况、绿色企业数量等直接因素，这些因素直接反映了绿色经济环境的状况，影响企业绿色营销环境。③绿色社会环境指一个国家或地区所倡导的绿色文化与绿色价值观念。绿色文化代表着环境理念和环境意识以及由此衍生的文明发展观与生态文明观，它强调人与自然协调发展、和谐共生，最终实现可持续发展。④绿色技术环境是影响企业生产经营、营销过程及其效率的绿色技术总和。绿色技术的发展和应用对于企业的绿色实践有重要意义，可以为企业减少资源浪费、减少环境污染、提升资源利用率、生产环境友好产品提供有效的手段。

绿色产业市场微观环境分析主要包括绿色产业市场供给分析和绿色产业市场需求分析。一方面，绿色产业市场供给分析的主要对象是上游绿色供应商和竞争企业。①绿色供应商是为企业进行绿色生产提供特定绿色资源的单位。绿色供应商分析可以从绿色供应商的及时性和稳定性、绿色供货的价格变化、绿色供货的质量保证三个方面进行。②绿色竞争企业分析主要关注绿色竞争企业的数量、绿色竞争企业的规模和能力、绿色竞争企业对竞争产品的依赖程度、绿色竞争企业所采取的绿色营销策略及其对其他企业绿色策略的反应程度、绿色竞争企业是否能够获取具有优势的特殊绿色材料供应渠道。另一方面，绿色产业市场需求分析主要包括绿色产业市场需求测量和绿色产业市场需求预测两个方面。①绿色产业市场需求测量包括绿色产业市场需求量、绿色产业市场需求潜量、绿色供应企业需求量、绿色供应企业需求潜量四个主要方面的测量。绿色产业市场需求测量受到绿色产品范围、绿色产品总量、组织购买者的绿色需求、地理区域、时间周期、绿色购买和企业绿色营销活动七个方面因素的影响。②绿色产业市场需求预测主要分为定性预测法和定量预测法两种。定性预测是一种基于逻辑判断，综合消费者和专家的意见与判断，结合各种因素去预测事物发展前景，并进行判断的主观预测方法。定量预测适用于当历史数据易获得且可用时，假设数据中的某些规律将持续到未来，这些方法可用于短期或中期决策。通过对绿色产业市场需求的精心分析和处理，可以发现其中有价值的绿色市场信息，为企业的决策提供科学依据。对绿色产业市场需求要进行深度分析，如综合性分析、交叉分析等，多角度发现产品或服务的问题和潜在机遇，为未来抢抓市场机会打下基础。

（四）绿色产业市场的调研

绿色产业市场调研是通过科学的方法和流程，系统地收集信息、分析信息，帮助绿色供应企业全面了解绿色产业市场的发展现状和未来趋势。绿色产业市场调研是通过对市场进行数据、情报、信息的收集、分析、归纳和整理，建立市场环境和行业形势的系统、科学的绿色市场需求评估。在进行绿色产业市场调研之前，首先，需要明确调研的目标和目的，对于不同的企业，调研目标可能会有所不同，有的可能是为了了解市场上绿色产品的竞争情况，有的可能是为了了解产业消费者的绿色需求等。其次，选择调研方法，常用的方法包括问卷调查、访谈、焦点小组等。再次，确定绿色产业调研的方案，包括调研时间、对象、人员等。最后，进行调研和结果分析。

思维拓展：哪些数字化技术可以让企业的绿色市场洞察更精准？

延伸阅读

市场动向：以数字化创新引领绿色低碳，得物 App 深得绿色市场喜爱

2022 年，在第六届全球企业社会责任峰会上，得物 App 凭借促进绿色消费、低碳生活、"双碳"目标等方面的创新实践，作为全球十大企业代表之一，受到"SDGs 联合国可持续发展目标杰出贡献企业"荣誉表彰，获评"绿色生活引领杰出贡献企业"。凭借创新引领年轻人绿色消费、低碳生活，得物 App 的实践案例被推荐收录至《全球可持续发展商业案例库》，用于推动全球企业可持续发展实践、可持续发展高峰论坛的宣介交流。

联合国可持续发展目标杰出贡献企业评选，由全球企业社会责任基金会和北京融智社会责任研究院联合发起，从全球近百家知名企业，经过专家层层评审评选而出。其中，八家中国企业因为杰出贡献脱颖而出，作为上榜企业之一，得物 App 也是全球唯一获奖电商企业。

北京融智企业社会责任研究院副院长付先凤表示，可持续发展已是大势所趋。当代年轻人对可持续发展有更多的关注，绿色低碳正成为他们的一种生活态度和方式。"得物 App 作为中国年轻人最为聚集的潮流网购社区，引领社会绿色消费，向年轻消费群体倡导绿色、低碳的消费观与价值观，还创造性地用数字化查验鉴别体系，在品质服务上实现绿色升级，促进传统零售行业的绿色数字化转型，为可持续时尚产业的发展注入动力，这对可持续发展目标有着重要意义。"

一、推动绿色消费、"可持续时尚"成潮流，得物 App 倡导年轻人拥抱低碳生活

据悉，得物 App 的 90 后用户占比超过 80%，并持续在年轻人的价值引领上承担和实践社会责任，推动绿色消费成为年轻人的时尚潮流和生活方式。

据了解，目前在得物 App，绿色环保的时尚潮品覆盖服装、鞋履、包袋、美妆等众多消费品类。例如国潮配件品牌 the MAD HATcher 在得物 App 发售的环保再生面料邮差包，因"20 只塑料瓶回收再造"的环保理念，深受年轻消费者的欢迎，位列得物 App 国潮单肩包热度榜、环保箱包热度榜双榜第一。

得物 App 上年轻人热爱绿色环保的理念，让"可持续时尚"成为品牌上新得物 App 的潮流关键词之一。例如，得物 App 上架的安踏环保系列时尚休闲鞋，从革料到网布、从飞织鞋面到 TPU（热塑性聚氨酯弹性体）应用，一双鞋中 20 个部位采用了可降解或可回收材质；中国原创设计师品牌涂月在得物 App 首发"幸存者日记"系列，品牌利用过往剩余的真丝、亚麻、纯棉等边角碎料重新染色，组成全新面料投入使用。将产品从绿色环保的物质载体转变为流动的绿色消费理念传播，得物 App 和年轻人正推动越来越多的品牌参与可持续生态的循环。

除了满足年轻人的绿色消费需求，每天得物 App 还通过得物社区引导年轻人以图文、

视频等方式秀出"绿色"穿搭和环保生活，倡导低碳环保的生活方式，"可持续时尚""绿色循环""环保潮流大军"等是得物 App 用户日常关注和讨论的热门内容。来自河北的用户小十一通过得物 App 社区"种草"，购买了一双运用可再生材料制作而成的拖鞋，并发文称："设计和灵感都来源于自然万物，再生材料的运用，既是创新也是一种态度。"

二、用数字化创新践行社会责任，品质服务迎来"绿色升级"

在国家"双碳"目标背景下，得物 App 的独特价值，更在于创造性地用数字化查验鉴别体系，在品质服务上实现绿色升级，持续用 AR（增强现实）等数字化创新提升用户体验，促进时尚消费行业的绿色数字化，为可持续时尚产业的发展注入动力。

自成立起，得物 App 就从用户的真实需求出发，首创"先鉴别，后发货"服务模式，人员、硬件、技术并重的数字化查验鉴别体系，保障用户不断升级的品质消费需求，增强了年轻人对在线消费的信任，促进消费的潜力释放。成立七年以来，得物 App 已发展成为全球最大的潮流电商，引领时尚潮流新消费的发展。

不仅如此，得物 App 还把数字技术创新应用到消费体验，开发出数款网购"黑科技"——AR 试鞋、AR 试妆、3D 展示等，让消费者足不出户，就能直观感受产品的尺寸大小、细节特征、穿搭效果，帮助他们更快、更准确地找到喜爱的产品，获得更绿色、更便捷的网购体验。

"双碳"目标的如期实现不仅需要发挥绿色低碳科技创新的驱动作用，也需要发挥其联动作用。进一步推动数字化和绿色化融合，实现绿色低碳科技创新的有效联动，不仅成为助力实现"双碳"目标的有效途径，也为推进数据要素市场化配置创造契机。"紧扣国家'双碳'目标，得物 App 会坚持低碳与可持续发展理念，持续数字化创新和品质，服务和引导更多年轻人的绿色消费、低碳生活，助力打造国际消费中心城市，为积极探索数字碳中和路径，推动数字化绿色化协同转型发展贡献力量。"得物 App 相关负责人表示。

资料来源：朱伟. 以创新引领绿色低碳成全球十佳，得物 App 获评联合国可持续发展目标杰出贡献企业[EB/OL]. (2022-08-15). https://gov.sohu.com/a/576956873_120244154.

第二节　绿色目标市场战略

一、绿色市场细分

致力于绿色产品生产与销售的企业需识别绿色细分市场，关注对产品绿色价值感兴趣的消费者群体，然后选择其中的一个或多个绿色细分市场，有针对性地研发绿色产品并制订相应的营销方案。

（1）绿色市场细分的标准。传统营销市场细分的影响因素主要包括人口因素、地理因素、心理因素、行为因素四类（Gittell，2012）。绿色营销可以借鉴传统营销理论，通过绿色市场细分、目标群体和市场定位等方式来推广绿色产品，为特定绿色消费群体创造并交付绿色价值。然而传统的市场细分方式并不完全适合绿色营销。例如，人口统计变量往往不如心理学变量和行为变量有效。许多研究人员发现，态度和心理相较于人口统计变量能更好地对绿色消费者进行细分。德帕克等（DePaco et al.，2009）在参考传统市场细分方法以及各类研究的基础上，考虑绿色营销的特点，增加了环境标准，将市场细分标准分为人口统计学、心理、购买行为、环境四方面。表 10-2 为绿色市场细分变量与传统市场细分变量的区别。

表 10-2　绿色市场细分变量与传统市场细分变量的区别

划分标准	绿色市场细分变量	传统市场细分变量
人口统计学	年龄、性别、家庭、宗教、亚文化、收入、职业、环保教育、社会阶层、居住类型	年龄、性别、家庭、宗教、亚文化、收入、职业、教育、社会阶层、居住类型
心理	绿色生活方式、绿色个性动机、绿色价值观	一般生活方式、个性动机、价值观
购买行为	绿色购买行为、绿色品牌忠诚度	一般购买行为、普通品牌忠诚度
环境	环境关注、环境知识、绿色情感承诺、回收利用、对非环境主张的质疑	对环境的关注和了解一般、相对缺乏环境知识和绿色情感承诺、较少实施回收利用

（2）绿色市场细分的类型。营销从业者通常采用多种细分标准来缩小顾客搜寻范围、识别更精准的目标群体。现有国内外绿色市场细分的实践中存在多种细分方式，虽然最终细分得到的消费者群体数量不同，但都反映了消费者绿色程度的差异。主要的市场细分类型包括以下几种。

一是三类细分法。奥格尔维·俄斯（Ogilvy Earth，2011）运用"行为"和"心理"将消费者群体分为三类：只购买可持续产品的铁杆绿色消费者被称为"超级绿色者"，约占市场的 16%。另一个极端群体是"绿色拒绝者"，即那些不寻求绿色产品或对绿色产品不感兴趣的消费者，占市场的 18%。然而，66%的被调查者处于绿色中间地带——不是彻底的绿色消费者，但对环境可持续发展问题有一定的关注意识或了解。

二是四类细分法。即使最具有绿色意识的消费者也没有时间、精力或资源来处理全球气候变暖、碳排放所引发的环境、社会、经济等一系列相关问题，他们会优先考虑自身所关注的问题。市场细分的一种有力工具就是按照消费者从产品中获取的不同绿色利益来划分消费者群体。以绿色利益为依据，可以将绿色消费者分为四个细分市场：资源保护者、健康狂热者、动物爱好者、户外爱好者（Ottman，2011）。

三是五类细分法。金斯伯格和布鲁姆（Ginsberg and Bloom，2004）使用心理细分来区分消费群体，将消费者分为五个细分绿色市场。①忠实的绿色主义（true-blue greens）：该群体具有很强的环境价值观，真正关心环境并愿意为绿色产品支付更多费用，追求可持续发展并积极参与政治活动。②美元绿色主义（greenback greens）：该群体真正关心环境并愿意为绿色产品支付更多费用，但他们对政治活动并不感兴趣。③口头绿色主义（spouts）：该群体在理论上相信环境面临危机，但在实践中并不一定会购买绿色产品。如果购买绿色产品会花更多的钱，他们则会减少购买绿色产品。④抱怨者（grousers）：该群体不了解环境问题并且对自身影响环境变化的能力持怀疑态度，认为绿色产品成本高，价格昂贵。⑤漠不关心者（basic browns）：该群体专注个人日常事务，不关心环境和社会问题。

四是中国消费者的五类细分法。根据《2019年可持续发展报告》，基于消费者态度、行为、人口等变量将中国消费者分为乐活族（LOHAS：健康和可持续性的生活方式）、自然主义者、漂流者、传统主义者和不关心者五个细分市场。①乐活族细分市场：该群体代表了所有消费者中最具有环保意识、整体导向和追求绿色价值的消费者。他们是绿色产品最积极的购买者和使用者，最容易对绿色效应产生共鸣和积极反馈。②自然主义者细分市场：与乐活族消费者相比，这是一种更"浅"的绿色消费者。自然主义者的主要动机是个人健康和安全保障，旨在实现健康的生活方式，他们属于天然产品的目标市场。③漂流者细分市场：该群体具有绿色观念，但并非根深蒂固，容易受外界的影响而发生行为改变。④传统主义者细分市场：该群体虽然在很多方面趋于节俭、保守，但他们的环保行为更多是由于实用性的驱动。例如传统主义者参与回收和节能并不是由于环保动机的驱动，而是为了节省成本。⑤不关心者细分市场：该群体是所有细分市场中环境责任感最低的人群。除非环境问题影响到他们的生活，否则他们对绿色产品无动于衷。

五是基于大数据的绿色市场再细分。阿里巴巴研究院2016年发布《中国绿色消费者报告》，通过大数据分析了4亿消费者的购物行为、10亿件产品的特征和几十万量级的关键词，将带有绿色属性关键词的产品称为"绿色篮子产品"。按"绿色篮子产品"购买频次可以将绿色消费者分为轻度（6～10次）、中度（10～20次）、重度（20次以上）。此外，目前数字化时代市场细分出现了"超细分""动态精准化"以及"用户画像"，如淘宝网"千人千面"的排名算法就能基于每个买家的不同特征提供精准推荐。京东与腾讯联手推出整合了购物与社交数据的立体营销解决方案——京腾魔方，从社交行为到购买行为，全方位理解用户，真正看清"千人千面"，实现精准营销，帮助品牌客户满足消费者多维度的消费需求。这样的360度用户画像，能够帮助品牌在转化中找准更多的潜在客户。例如，作为绿色环保理念的践行者——全棉时代结合大数据分析了现有近400万会员，描绘出精准的画像，并根据客户需求分类研发新产品、提供精准的服务。

思维拓展： 如何利用网络社交媒体提升绿色市场细分的精准性？

二、绿色目标市场选择

（1）绿色目标市场选择类型。在对绿色细分市场作出评价后，企业必须决定以哪几个绿色细分市场为目标市场。在评价不同的绿色细分市场时，企业主要关注四个因素：绿色细分市场规模、绿色细分市场的增长潜力、企业能力以及绿色市场竞争者。具体而言可选择以下几种绿色目标市场。

①无差异绿色目标市场选择（绿色产品专业化）。无差异绿色目标市场选择指企业忽略绿色细分市场的差异，用一种绿色产品和服务满足整个绿色市场需求，并向各类顾客销售这种绿色产品和服务，沟通、交付和传递绿色价值。现有的无差异绿色目标市场选

择通常针对同质化的绿色产品，它的优势在于绿色产品的经济性与批量性。但现如今，消费者越来越追求个性化和差异化，尤其是年青一代，渴望自己使用的绿色产品或享受的绿色服务是与他人有较大区分的，因而不少企业通过满足或补缺某一细分市场的绿色需求取得成功。在绿色消费需求愈加多样化的未来，无差异绿色营销的方式将难以占据一席之地。

②差异化绿色目标市场选择（绿色选择专业化）。采取差异化绿色目标市场选择的企业通常瞄准几个具有良好潜力和吸引力的绿色细分市场，设计符合该市场绿色需求的产品和服务。其中，每个细分市场与其他细分市场之间的联系较少。显然，这样的选择策略增加了企业成本，企业在采用差异化绿色目标市场选择时，必须仔细考量成本与销售额之间的关系。因此企业选择差异化绿色目标市场符合消费者的绿色需求，有利于企业在竞争中获取差别优势。采取差异化绿色目标市场选择的优点是小批量、多品种生产、机动灵活，这样可以更好地满足不同消费者的需求，进而提高销售额。并且企业经营策略针对性强、风险分散，有利于提高市场占有率和增强竞争能力。

③专业化绿色目标市场选择（绿色市场专业化）。采用专业化绿色目标市场选择的企业力求满足某一顾客群体的绿色需求，在一个或几个较小的补缺市场占有较大份额。例如，与传统超市不同的健康食品超市——全食超市（Whole Foods Market）提倡高质量生活、绿色健康食品和环境保护，能够较好地满足一部分中产阶级消费者的绿色健康消费需求。通过专业化绿色目标市场选择吸引广大消费者的目光，打造出一批较为忠实的绿色消费者。虽然全食超市的食品比一般超市贵很多，但它仍被比作"有机食品界的谷歌"，而它的老板被称为"绿色食品业的比尔·盖茨"。

④微观化绿色目标市场选择（绿色市场集中化）。微观化绿色目标市场选择指为特定个人和特定地区的绿色偏好而调整产品和营销策略的方式。最普通的微观市场营销形式之一是区域化，也就是使绿色产品和服务适合所处地区的消费者。除了区域化策略，企业还可以瞄准人口、心理及行为等微观市场。微观化绿色目标市场选择的极致便是大规模绿色定制，如"工业产品绿色设计示范企业"诗尼曼，为大量的顾客提供个性化服务、定制化服务，树立家居领域绿色定制标杆；绿色建筑企业朗诗集团，在绿色建筑的"荒芜"时刻，专注于绿色差异化发展战略，针对具有迫切健康生活需求的客户，打造健康舒适的绿色住宅，尽管售价高于周边住宅，但销售量却好于非绿色住宅。

（2）绿色目标市场选择战略。金斯伯格和布鲁姆（2004）指出企业选择绿色目标市场战略时，应考虑其行业中绿色细分市场的可能规模，以及它们在绿色方面将其产品与竞争对手的产品区分开来的能力，从而选择合适的战略。根据绿色细分市场规模以及企业通过绿色产品区分竞争对手的能力，有四种绿色营销战略，如图10-1所示（纵轴表示绿色细分市场规模，横轴表示企业通过绿色产品区分竞争对手的能力）。

①瘦绿战略——适用于绿色细分市场规模较小，企业的绿色差异化程度有限的情况。该战略下企业试图对环境负责，但绿色投入不足，也不注重绿色宣传举措。它侧重于通过环保活动来满足法律法规或缓解社会压力。

图 10-1　绿色营销战略

②浅绿战略——适用于企业所处的绿色产品市场规模大，但产品差异化较低的情况，企业使用绿色营销作为危机时期的预防或竞争保护的情况。虽然环保活动是有前途和可持续的，但这些企业只是偶尔开展绿色环保活动，其目的不是通过绿色活动来获得竞争优势。

③暗绿战略——适用于企业处于对绿色产品需求较低，但产品差异化突出的情况。企业长期投资环境可持续活动，将绿色营销视为构建满足客户需求的创新产品和技术的机会，这使其具有竞争优势。

④深绿战略——适用于企业处于对绿色产品需求大、产品绿色差异化显著的环境，以及企业将绿色环保完全融入业务流程和产品生命周期的情况。企业通常通过专门的网点和分销渠道为具有绿色价值需求的消费者提供服务。

三、绿色市场定位

除了决定以哪些绿色细分市场为目标，企业还必须提出绿色价值主张——如何为目标市场创造差异化的绿色价值并在绿色细分市场中确定自己的位置。绿色市场定位也被称为绿色产品定位或竞争性定位，是在目标消费者心目中相对于竞争产品，为自己的绿色产品设定一个明确、独特和理想的绿色形象，使该绿色产品在绿色细分市场上占有强有力的竞争位置。

（1）绿色市场定位的基本步骤。①识别潜在绿色价值差异和绿色竞争优势。识别潜在差异化绿色竞争优势是绿色市场定位的基础。营销者必须比竞争者更好地理解顾客的绿色需求，才能传递更多的绿色价值。企业必须实施有效差异化战略并进行市场定位，通过为绿色目标市场提供卓越的绿色价值，进而获得竞争优势。②建立合适的绿色价值差异和绿色竞争优势。企业在识别竞争优势的过程中，可能发现在产品、服务、形象的某些方面都具有一定绿色优势，企业应把这些绿色差异点和竞争对手逐一比较，从中选择足以建立绿色定位战略的核心竞争优势。③制定并有效传播绿色定位战略。品牌的绿色定位即为品牌的绿色价值主张——绿色差异化和定位的绿色利益组合，为绿色目标市场中的消费者提供绿色价值。企业必须制定明确的绿色定位战略，将核心竞争优势在绿色市场上充分体现，通过一系列营销活动向外界传播核心优势战略定位。

绿色市场定位的基本步骤和传统市场定位的基本步骤存在一定区别，具体如表 10-3 所示。

表 10-3　绿色市场定位与传统市场定位的基本步骤的区别

划分标准	绿色市场定位	传统市场定位
识别差异与优势	从产品、服务、形象、功能等多方面进行绿色差异化定位并获得竞争优势	产品、服务、形象和功能上建立差异化定位并获得竞争优势，但不易识别绿色化差异与优势
建立差异与优势	注重并建立绿色价值的重要性、可见性、可支付性和可获利性	建立产品、服务、形象等差异与竞争优势
制定战略	制定绿色定位战略、传递绿色价值主张	制定效益导向型的战略、传递企业价值主张

（2）绿色市场定位的具体策略。绿色市场定位有三种具体的策略，分别是绿色利益定位、绿色用户定位和绿色竞争定位（Dahlstrom，2011）。

①绿色利益定位。绿色利益定位是强调消费者从绿色产品消费中实现的功能、情感或自我表达的回报。由于利益是大多数消费者购买的基础，在许多市场中关注消费带来的利益回报是有价值的。绿色利益主要包括功能性利益和情感性利益。基于功能性品牌属性的绿色定位旨在通过提供产品有关环保属性的信息来建立品牌联想。然而，仅仅通过功能属性来定位绿色产品可能会受到限制，绿色产品对环境的益处通常不会给消费者带来个人利益。此外，功能性利益定位策略通常很容易被模仿，使企业失去绿色差异化优势。与之相对，情感性利益可以通过环境友好型行为和可以持续发展的实践给消费者带来情感上的满足与自豪感，因此，往往也可以通过情感属性来定位绿色产品。

②绿色用户定位。营销人员将具有特定绿色需求的目标用户作为定位策略的重点。例如，全棉时代推出了专门为宝宝设计的奈丝宝宝棉尿裤以及婴儿纯棉柔巾，更好呵护宝宝的娇嫩肌肤，瞄准了重视孩子舒适健康体验的宝妈群体。另外，绿色营销实践者可以根据消费者的过往消费记录或消费习惯对其进行用户定位划分，针对浅绿的消费者可以紧扣消费需求，推送充分满足其绿色需求且具备环保属性的产品，而对于深绿的消费者则需要维护好客户关系，并从中获取改进绿色产品的反馈或新兴绿色产品的研发意见，充分稳固深绿用户群。

③绿色竞争定位。即在与竞争对手的比较中阐明企业品牌的环保优势。在许多情况下，开发出更加环保产品的企业会将其产品的绿色特性与竞争对手进行比较。例如，某品牌新节能系列空调在广告中使用宣传语"一晚只用一度电"，强调其相对于竞争对手而言更节能和环保。虽然该宣传语受到专业角度的质疑，但是它在营销方面是一个反映竞争定位的合适例子。因此，不同的绿色品牌需要向消费者传达令其记忆深刻的一个营销关键点，以保持自己在市场竞争中的独特优势。

扩展阅读 10-1　实践前沿:低碳产品定位塑蒙牛绿色智慧形象

第三节　绿色产品和价格策略

一、绿色产品和包装策略

（一）绿色产品的内涵与特征

绿色产品的内涵至少应当包含以下几点：首先，绿色产品在产品的整个生命周期中，都要满足特定的环境保护要求；其次，绿色产品对环境危害较小甚至无害；最后，绿色产品具备资源可再生性和可循环利用性的特点。目前，绿色产品涉及行业领域广阔，包括绿色食品、绿色家电、绿色建材、绿色服装、绿色汽车、绿色建筑等。

（二）绿色产品整体策略

产品整体策略，是从核心产品、形式产品和延伸产品的价值整体出发，树立产品整体的营销观念，并贯穿于产品的研发、生产、销售、回收等全生命周期过程中。绿色产品整体策略，就是在产品整体策略的基础上，更加强调企业的社会责任和环保目标，以满足消费者的绿色消费需求为目的，通过有效的绿色产品管理，创造更多的绿色价值，最终达到企业绿色产品营销目标的手段集合（王建明，2023）。

（1）绿色核心产品策略。核心产品是产品的使用价值或核心利益，一般指产品本身中消费者最为看重的部分。核心产品体现了消费者的真正需求，并提供相应的核心利益。相应地，绿色核心产品在传统核心产品的基础上，增加了满足消费者绿色需求的部分，即绿色价值部分。绿色核心产品的关键在于提升产品的绿色特性，让产品的使用价值或其提供的核心利益与消费者的绿色环保理念相一致，其实质是满足消费者的绿色消费需求。企业可以从以下方面着手实施绿色核心产品策略：①进行绿色研发设计；②提升产品绿色价值；③注重产品绿色功能。

（2）绿色形式产品策略。形式产品是核心产品的实现形式，它是绿色核心产品满足消费者核心利益及绿色需求的载体。绿色形式产品一般指绿色产品的外观式样、特征、绿色品牌、绿色包装及绿色标志等方面，是消费者能够直观感受到的实体。绿色形式产品在一定程度上能够增强产品的绿色特质，使之与传统产品区分开来。企业可以从以下几个方面着手实施绿色形式产品策略：①使用带有"绿色"的名称与标志；②绿色产品的外观设计；③使用绿色包装。

（3）绿色延伸产品策略。延伸产品指消费者在购买和使用产品过程中获得的除核心产品、形式产品之外的附加利益，主要包括产品赠品、免费安装使用指导、产品送货、咨询、售后服务等附加产品服务。相应地，绿色延伸产品是消费者在进行绿色消费的过程中所获得的除绿色核心产品和绿色形式产品之外的绿色附加利益。企业可以从以下几个方面着手实施绿色延伸产品策略：①提供绿色指导；②提供绿色赠品；③提供绿色送货；④提供绿色安装；⑤提供绿色回收服务。

（三）绿色产品组合策略

绿色产品组合通常包含三个要素，即宽度、长度和关联性。绿色产品线的宽度指企业拥有的绿色产品线数量，这决定了其深度，多者为深，少者为浅。绿色产品线的长度指每一条产品线中绿色产品项目的数量，如果拥有多条绿色产品线，可将所有产品线的长度加起来，得到绿色产品组合的总长度。绿色产品线的关联性指各个绿色生产线在功能、技术或目标市场等方面存在的关联。优化绿色产品组合有助于提高企业在绿色消费市场中的地位，进一步提高和发挥企业在该领域的市场能力，创造更多的绿色价值，树立企业绿色品牌形象。

（1）绿色产品组合宽度策略。绿色产品组合宽度策略是企业改变绿色产品组合中产品线数目的策略。企业改变产品组合宽度常用的策略包括绿色产品线扩散策略、绿色产品线削减策略、绿色产品线全面策略、绿色产品线现代化策略等。绿色产品线扩散策略是增加环保贡献度高、盈利能力强和增长潜力大的产品线，形成不同口味、用途、形式、定位、层次、价值属性的产品线组合；绿色产品线削减策略是剔除获利较小的绿色产品，进行产品组合调整，以更好地适应市场需求；绿色产品线全面策略是企业所经营的各条绿色产品线在其目标市场上全面发展；绿色产品线现代化策略是企业引进新工艺、新技术更新产品线，推动产品线的现代化，向消费者提供绿色高品质产品。

（2）绿色产品组合长度策略。绿色产品组合长度策略从产品项目出发，对拥有绿色价值和良好发展前景的产品（高环保贡献度、高增长潜力）加大研发投入，大力支持目前主要的盈利产品并提高其环保贡献度，淘汰不符合环保规定或者企业发展规划的落后产品（低环保贡献度、低增长潜力）。增加绿色产品组合长度是优化绿色产品组合长度策略中较难实施的一种方法，常用绿色产品线填完策略和绿色产品线延伸策略。绿色产品线填完策略指根据目前日益增长的绿色消费需求和环保要求，在产品线中增加绿色产品项目数，从而延长绿色产品生产线。绿色产品线延伸策略是以某一条产品线为轴心，向其上游（如附加值更高的产品）或其下游（如附加值更低的产品）延伸或者双向延伸，以扩大市场占有率。

（3）绿色产品组合关联性策略。除了调整企业的产品线和产品项目，还可以从绿色产品组合关联的角度出发，强化绿色产品组合之间的关联，以提高质量、降低成本、减少环境污染为目标。绿色产品组合关联性策略主要包括绿色产品线专业性策略和绿色产品开发策略。绿色产品线专业性策略主要通过缩短绿色产品组合的长度，重点发展某一条或几条选定的产品线，以此强调产品组合的深度和关联性；绿色产品开发策略是在现有产品组合的基础上，以提升产品绿色价值为目标，研发新产品。如普洛药业与上海高校共建"绿色药物合成与智能制造协同创新研究院"，以推进化学制药工艺的智能化绿色转型。绿色产品组合策略如图 10-2 所示。

绿色产品组合策略		
绿色产品组合宽度	绿色产品组合长度	绿色产品组合关联性
绿色产品线扩散策略 绿色产品线削减策略 绿色产品线全面策略 绿色产品线现代化策略	绿色产品线填完策略 绿色产品线延伸策略	绿色产品线专业性策略 绿色产品开发策略

图 10-2　绿色产品组合策略

（四）绿色包装策略

许多营销人员将包装（package）称为营销组合要素中的第五个"P"，可见产品包装在营销中的重要地位。当企业实施绿色包装策略时，要树立节约环保的理念，以节能环保为目的。

（1）再使用包装策略。再使用包装分为复用包装和多用途包装。复用包装可以循环利用。例如，绿色循环包装生产运营商"小象回家"推出智能循环共享包装箱。多用途包装指产品的包装物在产品使用完后，可以用于其他方面，实现资源的循环利用。这种包装策略可以在一定程度上引起消费者的好奇，进而刺激购买的欲望，同时满足消费者的绿色消费需求，对于企业绿色形象的树立与传播也有一定的积极作用。如顺丰的快递箱，可以用来制作猫窝或者其他工艺品。

（2）类似包装策略。企业对产品采用近似或相同的包装材料和包装设计进行包装。这种策略将产品的单个包装放在一起，形成一个包装系列，由于部分印版的共享，大大节省了包装的设计和制作费用，符合绿色包装的可重复性原则。不过需要注意的是类似包装只能用于相似产品之间，而对于品质差异明显的产品，则不宜使用。例如，百雀羚、美加净、相宜本草等护肤品品牌都推出了护肤系列套装，均采用类似包装。

（3）改变包装策略。企业采用新的包装设计、包装材料、包装技术，以弥补原有包装的缺陷。绿色包装策略对企业包装提出了许多新要求，在满足传统包装功能的同时，还应当符合绿色包装的"4R1D"（reduce 减量、reuse 再利用、recycle 循环再生、recovery 回收、degradable 可降解）原则，因此企业需要改变包装策略，以绿色设计为指导思想，改变传统包装。如在 2022 年"6·18"购物节期间，伊利金典推出减油墨牛皮纸电商专供产品，采用了由 80%社会回收纸再利用纤维抄造而成的牛皮纸箱，减少了相对于原包装 60%以上的油墨，外箱包装使用的是更加环保的纸提手，减少了塑料的使用。

二、绿色价值和价格策略

（一）绿色产品的价值和价格

绿色产品的价值和属性是消费者进行绿色购买决策的重要依据。绿色产品价值分为三个维度：功能价值、情感价值、社会价值。①绿色产品功能价值就是消费者使用绿色产品的功能和效用。绿色产品要具有社会性，首先必须具有使用价值和实用性，同时还应具备环保价值，否则产品的开发毫无意义。②绿色产品情感价值指的是顾客从绿色产品中获得的情感效用，能够触发消费者的绿色情感倾向，体现出对产品的偏好，也影响消费者的购买欲望和使用心情。③绿色产品社会价值是使用绿色产品可以使消费者与社会产生连接。绿色产品社会价值就是在充分考虑环境承受力的基础上，从生产环节、使用环节到回收环节都体现了资源节约和环境保护的社会属性，促使企业、消费者、政府和其他非营利组织在环境保护上进行联动，带动整个社会绿色管理。

绿色产品价格是企业在一般产品价格基础上考虑产品的绿色成本（社会环境和生态保护支出）制定的销售价格。绿色价格的制定在本质上源于消费者的感知价值。绿色产品价格的影响因素包括：①绿色产品成本。绿色产品的最低价格取决于绿色产品成本。

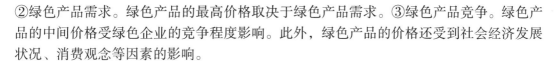

②绿色产品需求。绿色产品的最高价格取决于绿色产品需求。③绿色产品竞争。绿色产品的中间价格受绿色企业的竞争程度影响。此外，绿色产品的价格还受到社会经济发展状况、消费观念等因素的影响。

（二）绿色价值策略

（1）绿色价值提升策略。企业要注重提升绿色产品的核心价值，这可以通过绿色技术创新实现。企业通过关键技术革新引发相关技术、组织、管理方式和制度环境变化的连锁反应实现绿色技术创新。绿色技术为绿色营销提供保障，企业利用绿色技术开发出更多的绿色产品，并实现产品设计、制造和销售的绿色化。当前，绿色技术创新是绿色产品兼容环保和经济的有效途径，能让企业抓住市场机会，提升企业社会地位，保障绿色产品的持续发展以及价值实现。除此以外，企业还应注重绿色产品附加价值的提升，包括提升产品绿色包装、售后服务、绿色广告、绿色配送服务、产品回收服务等方面的绿色程度，进而提升产品的绿色价值。

（2）绿色价值推广策略。"好酒也怕巷子深"，如果没有营销推广，再好的绿色产品也难以实现其绿色价值。企业可以通过以下方法进行绿色价值推广：第一，在全社会范围内推行绿色教育。通过开展全民环保宣传工作，实现人人环保的社会氛围，吸引全民加入生态保护的行动中，培养人们的绿色价值观，促进绿色产品购买。第二，企业可以通过广告宣传、示范营销、技术营销、信誉促销等提高消费者对于绿色产品的认可度。

（3）绿色价值共创策略。绿色价值共创策略是企业和消费者共同创造绿色产品价值。在绿色价值共创策略的驱动下，企业和消费者不再局限于简单的交易关系，而是形成了共同创造绿色价值的共生关系。企业应把环境保护置于战略发展的核心地位，并把与消费者的关系融入绿色价值创造的可持续性发展过程中。绿色价值共创需要企业识别并理解消费者关注的绿色焦点，提出具有吸引力的绿色价值主张，制定并实施有效的环保战略；同时消费者对企业环保战略积极响应，自觉践行环境保护行为。

（4）绿色价值维护策略。绿色品牌形象是绿色产品价值的重要来源。良好的绿色品牌形象会提升消费者对绿色品牌的信任，有利于维护消费者对品牌价值的评估。绿色价值和绿色品牌形象的形成与维护是一个长期的过程，企业需要持续地将绿色产品的价值信息传递给消费者。绿色价值和绿色品牌形象的塑造维护有以下方式：一是运用和协调不同的绿色传播手段，使其在绿色价值和绿色品牌形象维护每一环节的作用最大化。二是开发"绿色品牌形象识别系统""品牌推广运营系统"和"绿色品牌管理控制系统"。

（5）绿色价值延伸策略。绿色价值延伸策略分为两种：一是绿色企业利用现有的绿色品牌延伸到新产品经营，进而提升整体绿色产品价值的策略。二是非绿色企业为了推出绿色产品而采用的策略。绿色价值延伸策略有直接延伸策略、子绿色品牌延伸策略、原有品牌与绿色新产品的名称相结合等策略。绿色价值延伸策略能较充分地利用主品牌的绿色形象提高消费者对新绿色产品的信任度和接受度。

（三）绿色价格策略

（1）绿色新产品定价策略。产品定价是绿色新产品开发过程中的一个关键环节。价格策略的制定对于绿色新产品上市的成功具有决定性的影响，它是产品推广的重要决策内容。当企业首次将某种绿色新产品投放市场或者进入全新的市场时，企业可以根据实际情况选择采取撇脂定价、渗透定价的定价策略。①撇脂定价策略也称高价策略，指在绿色产品生命周期的最初阶段，以尽可能高的价格将其投入市场，以求得较高利润，尽快收回投资成本。②渗透定价策略是企业将绿色产品投入市场时，把价格定得相对较低，以吸引更多的顾客，提高市场占有率。

（2）绿色产品差别定价策略。绿色产品差别定价是企业根据不同的价格策略，以不反映成本费用的比例差异价格的方式，销售绿色产品或服务的策略。差别定价的主要形式有产品目标群体差别定价策略、产品特点差别定价策略、产品设计开发途径差别定价策略和产品地点差别定价策略。①产品目标群体差别定价策略。对同一种绿色产品，由于不同消费群体的意愿支付价格存在差异。绿色产品生产企业可以根据目标顾客群的不同支付意愿，制定不同的定价策略。②产品特点差别定价策略。绿色产品的生产企业必须根据各类绿色产品的特点，选择合适的定价策略，制定合理的绿色价格，才能满足不同消费群体的需求，从而占据更多的产品市场。③产品设计开发途径差别定价策略。绿色产品的设计开发途径不同，产生的绿色成本和产品的绿色特征也会有所不同，消费者对其接受和认可程度也有差异，因而绿色产品的设计开发途径也成为企业选择绿色定价策略的客观依据。④产品地点差别定价策略。其包括绿色产品产地交货价格、绿色产品目的地交货价格、绿色产品统一交货价格、绿色产品分区运送价格、绿色产品基点价格和绿色产品运费津贴价格。

（3）绿色产品组合定价策略。传统产品组合定价的依据通常是产品系列的需求和成本的内在关联性，并未考虑生态环境问题。绿色产品组合定价策略，则是基于绿色产品的需求、绿色产品生产成本和绿色产品生产资源，利用三方面之间的内在关联性来制定价格。一般来讲，对于那些受消费者欢迎的绿色产品，如健康、安全、无毒、无害的产品，可以制定较高的价格，而对回收利用生产过程中的废物所形成的产品则实施低价甚至低于成本的价格策略。可见，绿色产品组合定价策略，实际上是发挥价格的调节作用，建立合理的消费结构，从而减少资源消耗、保护环境，并协调企业、消费者和生态环境关系，从而实现企业持续经营的目标。

（4）绿色产品竞争定价策略。竞争定价策略是根据竞争对手的产品来确定自己产品价格的策略，尤其是在供应者相对稀少的情况下，这种定价策略尤为适用。竞争定价法，虽然也考虑产品的成本、需求等，但其主要依据仍是竞争产品价格。受到市场管理规范程度、政府监管等因素的影响，企业为了获得更多经济利润而未向消费者提供高透明化的绿色产品信息，从而造成部分高绿色度产品无序竞争局面，扰乱了绿色产品竞争市场的秩序，甚至导致高绿色度产品最终被低绿色度产品所取代。因此企业应明确产品的绿色度，控制好产品的成本，同时市场和政府也应发挥相应作用，促使企业良性竞争，实现绿色产品长远发展。

扩展阅读10-2　市场动向：抚州生态产品"量身定价"助推"点绿成金"

思维拓展：数字化时代，企业进行绿色产品定价应注意哪些问题？

第四节 绿色渠道和促销策略

一、绿色分销渠道策略

（一）绿色分销渠道

传统分销渠道在产品传递过程的每个环节都会产生大量废弃物。面对这些废弃物，传统渠道成员为了减少成本往往会采用最简单、最低成本投入的方式来处置或处理，通常会将各种废弃物直接抛弃到自然界中，甚至直接焚烧，这给生态环境的可持续性发展带来较大的负面影响。传统分销渠道的产品传递过程产生的废弃物不仅会破坏生态环境，也阻碍了分销渠道的可持续发展，难以实现生态环境的可持续发展以及经济的高质量运行。

绿色分销渠道主要聚焦于解决传统分销渠道中各个环节产生的大量废弃物问题。相比于传统分销渠道，绿色分销渠道的功能和流程都是绿色可持续的。渠道成员在绿色领域中积极展开合作，寻找出将分销渠道更绿色化、更可持续化的方案，来合理、有效地处理分销渠道各环节中产生的废弃物，即建设一条绿色分销渠道。对于渠道成员来说，一方面，绿色分销渠道能给渠道成员带来巨大的环境收益；另一方面，绿色分销渠道也给渠道成员带来了可持续的经济收益，渠道成员之间进一步进行的联系合作，使得营销和物流等活动高效、顺利进行，营造出积极的经济环境。

绿色分销渠道与传统分销渠道的区别如表 10-4 所示。

表 10-4 绿色分销渠道与传统分销渠道的区别

类　别	绿色分销渠道	传统分销渠道
分销衍生问题	分销渠道中各环节产生的废弃物较少	分销传递过程的大部分环节都会产生大量废弃物
功能流程	全程绿色化	非全程绿色化
废物处置方式	回收利用或绿色化处理	抛弃、焚烧或选择性回收
环境影响效果	对环境的影响小	导致资源浪费和环境污染

（二）绿色分销渠道成员关系构建策略

（1）与上游渠道成员关系的构建。在传统分销渠道中，渠道成员在追求各自利益时可能会将绿色理念置之脑后，破坏生态环境。而绿色分销渠道所宣扬的低碳、无污染等特点在无形之中提高了渠道成本，成员之间的合作可以降低成本提高带来的冲击。因此，绿色分销渠道中各渠道成员之间的紧密配合尤为重要。为此，企业在进行绿色分销渠道成员的合作伙伴选择时，会更加关注那些具有良好的绿色形象和信誉的渠道成员。

（2）与下游渠道成员关系的构建。生产商建构的绿色理念也会试图影响下游渠道成员，即企业的分销商、零售商直到终端消费者。为了维护绿色分销渠道的整体性，企业也需要对下游渠道成员进行有效的管理和约束，因为在产品和服务的流通、使用的过程中同样会产生废弃物，这些废弃物都需要企业指导渠道成员进行再回收和再利用。与下游渠道成员形成供应链合作模式，企业之间建立合作关系，共同实现优化供应链流程、提高效率和降低成本。

（三）绿色分销渠道成员关系维护策略

（1）构建全渠道监管链。由于存在信息不对称等问题，下游渠道成员无法获知产品或服务是否符合绿色标准，这对绿色分销渠道的可控性会造成一定的冲击。因此，构建依靠国家标准认证的全渠道监管链可以使零售商以及消费者便于检验产品或服务是否满足环境与社会管理方面标准。提高绿色分销渠道透明度的一项重要措施就是建立产品或其组件的监管链。监管链是对产品或其组件的运转与所有权变更从其现处位置追溯到源头出处的管理链。

（2）充分利用外部监督。确保渠道透明度的另一种方法则是利用外部监督，即让第三方机构根据企业自愿服从的标准来监督、记录企业的行为，并判断企业行为与标准的符合程度。外部监督能够为一些不具有国家标准监管链的企业提供有效的绿色监管，确保产品或服务符合绿色可持续的发展标准。例如，南京国环有机产品认证中心每年都会对茅台的高粱基地实施认证，且从未检测出禁用物质，为原料的健康无污染提供了有效保障。

（四）分销渠道绿色化管理策略

（1）中间商的绿色化管理策略。①减少中间商的环节和层次。为了解决长分销渠道造成的资源低效率，可以通过缩短和简化分销渠道的方式提高分销渠道效率，即通过"精兵简政"的方式促进分销渠道的绿色化。②强化零售商作用。零售环节连接着分销渠道的各个成员与消费者，具有独特的渠道话语权，在分销渠道绿色化过程中起着重要作用。零售商可以监督上游供应商的行为，敦促其停止供应生产环节中危害环境的产品和服务，也可以引导消费者购买绿色产品，并可以为消费者提供可回收物品的场所。

（2）存储商的绿色化管理策略。①存储商储存设施及设备的绿色化管理。存储商的基础设施建设首先需要先进的绿色存储设计与规划，同时存储商需要尽可能采用节能环保设备与技术来提升仓储的绿色化程度。②存储商日常运营的绿色化管理。其具体做法包括：提高仓储园区的场地利用效率；建立合理的非循环冷却水重复利用措施，提高循环冷却水的利用效率；根据自然生态条件规划绿化区域；鼓励员工进行绿色通勤并为其提供便利条件等。③存储商的废弃物回收利用管理。在产品的生产、销售、使用等环节，会产生大量的废弃物，应根据实际情况进行收集、分类、包装、搬运、存储或销毁，完全丧失再利用价值的废弃物以净化加工、焚烧、掩埋等对环境无害的方式进行妥善处理。

（3）运输商的绿色化管理策略。①运输商货物运输业务的绿色化管理。一方面，运输商合理设置货物网点及配送中心以实现合理运输，从而实现运输过程中的节能减排；另一方面，运输商还应积极调整自己的运输结构，发挥每种运输的优势特点，降低运输过程中的资源浪费并推动运输中的节能减排。②运输商货物运输装置的绿色化管理。运输商必须落实交通运输装备的废气净化、噪声削减、污水处理、垃圾回收等装置的安装要求，有效控制运输装置产生的排放和污染。③运输商绿色交通运输工具的应用。一方面应推进以天然气等清洁能源作为燃料的运输装备和机械设备的应用，用高能效、低排放的绿色低碳运输工具；另一方面运输商有义务及时淘汰、更新或改造高能耗、高排放的老旧交通运输工具。

二、绿色促销策略

绿色促销的内涵分为两个层面,即"绿色产品"的促销和产品的"绿色促销"。前者指绿色营销者通过传递绿色产品的信息,树立产品的绿色形象,与消费者绿色需求相协调,从而增强绿色产品的市场竞争力,促进销售的同时也促进消费者重复绿色消费行为;后者指绿色营销者在促销过程中以绿色为指导原则,注重过程的绿色化和资源的节约化,例如,在促销过程中物料的循环使用、无纸化或少纸化宣传等。

一般意义上的促销主要包括广告促销、人员推销、销售促进和公共关系等策略。绿色促销既有传统促销的共性特征又有新的绿色内涵,通过传递绿色信息,谋求消费者绿色需求与绿色产品协调,降低消费群体对绿色产品的不信任感,最终满足消费者的绿色需求。

(一)绿色广告和传播策略

1. 绿色广告和绿色广告诉求

绿色广告是通过广告的主题、文案和产品形象体现"环境友好型"产品特性的广告。绿色广告的"环境友好型"特性是指包含可持续发展的主流理念,引导消费者树立资源节约和环境保护消费观念。绿色广告有狭义和广义的区别。狭义的绿色广告就是以环境友好和人类健康为核心主题的广告。从广义上而言,绿色广告是一种旨在改善人类活动与物理环境之间相互关系的传播过程,是一种"人类生态广告"。

绿色广告诉求是通过创意性的广告表达形式,将绿色产品信息传递给消费者,倡导崇尚健康、追求自然和保护环境的绿色消费理念,以获得消费者对绿色产品的认同、激发绿色购买欲望。本书认为,绿色广告诉求是在广告中加入绿色元素,表达和传递与环境相关的产品特质信息,或者向外界传达企业为环境所做出的努力,从而传播企业绿色理念,吸引消费者参与绿色购买行为。根据绿色广告诉求的不同,绿色广告诉求可以分为情感诉求与理性诉求、利己诉求与利他诉求等多种类型。

2. 线下绿色广告传播策略

线下绿色广告应当传播绿色信息,彰显环保的理念与主题,倡导积极的消费态度。线下绿色广告传播策略包括以下几种类型。

(1)信息传播策略。正面信息传播策略关注绿色产品或服务会带来的积极结果;负面信息传播策略告知消费者如何避免或者减少非绿色产品或服务所带来的消极结果。在短期内,负面信息传播策略会导致消费者产生消极的联想与消极情绪,使消费者损失的痛苦感远大于获得的愉悦,更容易注意到损失信息,从而更快速、更有效地接收和理解信息,这反而能带来更好的广告效果。从长远来看,消费者对正面信息传播策略的绿色广告态度、绿色产品态度更认同,购买意愿会更强烈。这种策略更符合绿色产品领域的沟通,因为个人授权与绿色产品购买之间的关联很容易实现。

(2)说服传播策略。训练有素的销售人员可以提高消费者对节能和效率、回收利用、环保产品购买等关键问题的认识。线下促销广告形式通过说服策略能够更好地使消费者确信绿色产品的性能，直观感受到绿色产品的优点，增强他们对绿色产品的信念。向现有和潜在的消费者宣传绿色产品的好处来吸引消费者注意力，当绿色产品的消费者能够在环境和个人福祉之间建立联系时，他们更容易被说服并更快地作出决定。在数字化时代，线上促销广告逐渐成为企业广告的载体，线上促销广告可以精准化"抓取"绿色消费群体。

（3）体验传播策略。随着营销方向从以产品为中心转向以消费者为中心，注重消费者绿色感受的体验营销日益凸显。与侧重于企业的绿色广告相比，聚焦消费者的绿色广告的交互性更强，它通过与消费者的互动功能能够有效地传达绿色生活理念、引导消费者进行相关绿色行为，实现与消费者共建绿色世界的愿景。例如，星巴克通过门店传达其绿色理念并打造人类的"第三生活空间"，不仅能够为顾客提供高品质的咖啡，而且能够使顾客体验到一种绿色咖啡文化，进而形成星巴克自己独特且有良好宣传效果的"星巴克式"绿色文化。

（4）渠道传播策略。线下渠道传播体现在店面促销活动、移动巡展和会议会展等场景中。绿色店面促销是常见的绿色广告线下渠道传播策略，通常有在卖场发放绿色产品宣传单、悬挂绿色广告牌、促销人员穿戴统一印有绿色广告字样的服装等方式。绿色移动巡展能够给消费者带来近距离接触和沉浸式体验，主要形式有举办绿色巡展，在不同地区或城市巡回开展绿色主题街区活动，邀请绿色企业入驻，在醒目位置展示或陈列绿色产品。绿色会议会展的主要形式为定期举办研讨会议、培训会议、社团会议、技术论坛、公益论坛、订货交流会议、展销活动、节庆活动等。

（5）全程传播策略。一些企业在产品种植、加工和生产等环节均遵循绿色标准的要求，但在市场流通、促销推广方面，并未充分体现绿色理念，致使企业产品和品牌的绿色形象未能得到有效传播。盲目地投入大量广告费，不仅造成资源的浪费，还会在一定程度上污染广告受众的感官，无法实现绿色传播的效果。因此，全过程的绿色要素展示显得尤为重要。营销者不仅要在产品的生产设计上与绿色标准保持一致，并且在包装、定价、分销和促销等方面向消费者传播绿色要素。

3. 线上绿色传播策略

（1）交互传播策略。网络广告优势之一在于其交互性，聚焦消费者价值的网络绿色广告的交互性更强，通过互动功能提升消费者满意度，引导消费者参与绿色购买行为。网络顾客体验是影响访问者再次访问的重要因素，感知互动性使得消费者对绿色广告有较强的控制感，进而获得更好的体验享受。比如，在直播平台上，可以通过感知互动激发观众（粉丝）绿色推荐行为、绿色购买行为和再访问行为。随着互联网绿色公益广告逐渐流行，公众可以通过短视频、直播平台、微博、微信等新媒体平台对绿色公益广告信息进行即时评论、转发，通过与绿色公益广告创作者和兴趣相投的关注者进行互动交流，能够影响绿色公益广告主题和内容的发展方向。

（2）图像传播策略。"一图胜千言"意味着视觉刺激产生巨大而有效的影响，尤其当传播者想要影响接收者的情感反应时。绿色广告中常常运用生动而富有创新的图片。图像接近度和绿色产品类型之间存在匹配效应。例如，相较于长镜头，展现环保信息的特写镜头能够让消费者产生更积极的广告态度和产品态度；当产品为体验品时，使用长镜头来展现环保信息能够产生更积极的效果。因此利用图像与产品之间的匹配特性进行广告营销，能够达到最优的传播效果。消费者通过新媒体平台的图像功能接收绿色广告内容，这种"沉浸"式的信息接收过程，能够充分调动人体的各种感官进行信息体验。

（3）事件传播策略。广告主通过设置正负事件议题达到传播绿色理念、塑造绿色品牌形象的目的。1972年，美国传播学者马克斯韦尔·麦库姆斯（Maxwell McCombs）和唐纳德·肖（Donald Shaw）提出议程设置理论，提出媒介可以通过构造事件和建立共识影响受众的观念。因此，广告主充分利用媒介的"议程设置"功能，借助环保节日、重大环保活动以及环境灾难性等正负事件议题，适时播放公益绿色广告，塑造企业的绿色形象，增强传播效果。例如，奥迪公司借植树节，与"绿手绢"公益环保组织合作推出"奥享绿色、爱趣同行"的公益广告。

（4）心理传播策略。广告主还可从社会心理学角度出发选择绿色公益广告主题。同时，一些与消费者互动性强的绿色广告还可以使受众直接、迅速地体会到主题的意义，感同身受地体会和理解绿色广告信息，打造舆论声势，从而取得良好的品牌推广效果。例如，随着北京空气污染指数PM2.5查询分布图发布，雾霾便受到社会各界的广泛关注。b-MOLA鱼仔空气净化器则针对该议题提出，"你需要一台空气净化器，让你的家远离雾霾，回归自然与清新"，从受众心理感悟出发制作这样的绿色广告，能够产生良好的宣传效果。

（5）场景传播策略。基于数字技术的场景营销模式以可视、可感的手法实现绿色营销入脑、入心。如每日鲜语就以"数据可视化+故事可感知"的组合策略，搭配多元物料实现了对消费者的多重心智说服。为了通过环保价值可视化帮助消费者"入脑"，每日鲜语在"再生"环节采取数字类比手法，如13个PET瓶≈1件风雨衣、2个PET瓶≈1顶遮阳帽、4个PET瓶≈1件环保T恤等，通过环保价值的量化为消费者提供了更高感知度与更强行动力。此外，随着数字短视频的兴起，每日鲜语也把这一策略体现在故事化视频中。每日鲜语通过短视频的方式，以娓娓道来的氛围感进行了更多绿色科普知识的故事化呈现。这种"数据+再生故事"的手法，既容易高效入脑，亦可攻心，能够实现对消费者理性与感性的双重说服。

4. 精准绿色广告与传播策略

（1）精准绿色广告的内涵和优势。由于传统广告媒体的信息不对称，广告主无法获悉自己的广告是否被真正投放到预期点位。精准广告是大数据时代的新生名词，是一种广告的创新形式。企业根据个性化、时效性和准确性等特点对消费者行为数据进行精准定位，从而推送符合消费者购买需求的互联网广告。精准绿色广告也称为精准投放的个性化绿色广告，是广告主按照绿色广告接受对象的需求，精准、及时、有效地将绿色广告展示在目标受众面前，以获得预期转化效果。这种服务模式是点对点服务，特点是精准而高效。如通过淘宝、京东、天猫、拼多多等网络购物平台可以向消费者精准推送绿色产品广告。大数据时代精准绿色广告具备多方面优势，结合"基于大数据分析海量数据为数据背后的网民推送精准广告"的基本原理，其优势可概括为绿色用户信息透明化、绿色广告创意个性化、绿色广告决策科学化和绿色广告投放精准化。

（2）精准绿色广告的传播策略。精准绿色广告传播策略是在深入洞察消费者之后，依据不同的市场环境、不同的客户需求和不同的客户行为及时量身定制的切合实际的营销策略，主要有以下两种类型：①基于用户特征的精准化推送策略。基于大量的事实数据，企业可以从年龄、职业、学历、收入等维度分析用户的喜好和习惯，给用户设定"标签"，及时、精准地了解用户，实现精准推送。②数据驱动的多渠道精准化推送策略。借助数据分析结果的支撑，在分析用户行为和特征之后，企业可以对客户群体进行细分，用邮件、短信、客户端推荐产品或服务。实体商店据此改善产品的组合陈列、搭配销售来向特定客户推荐绿色产品，实现精准定位。

延伸阅读

市场动向：康师傅无标签产品展露环保营销新趋势

随着 2022 年减碳环保可持续发展论坛暨康师傅无标签产品发布会的举办，在"双碳"目标下，如何通过环保减碳，推动食品行业可持续、高质量发展与科技创新引发行业热议。康师傅以自身标志性饮料试水，开国内食品饮料行业先河，推出无标签 PET 瓶包装产品——康师傅冰红茶和无糖冰红茶，掀起食品和饮料行业绿色、可持续发展的新浪潮。

一、撕掉标签一小步，可持续发展一大步

此次首发亮相的康师傅无标签产品，可以说在环保上做到极致。为确保产品品质安全，同时避免油墨打印污染问题，康师傅在饮料瓶身上利用更高工艺的激光打印技术标识了产品名称以及保质期等信息。康师傅无标签冰红茶已上线天猫康师傅饮品旗舰店，产品规格为 330 毫升/瓶，并以整箱包装形式为最小销售单元进行售卖，更方便回收再利用。

除了在减塑上下足功夫，康师傅还在 PET 瓶回收上不断创新，48 个瓶子＝1 件衣服，这个充满故事的等式背后，隐藏着康师傅 PET 瓶回收"不废不弃"3R 循环经济的"大文章"。据悉，康师傅饮品已与知名能源及材料相关解决方案商达成合作，将废弃 PET 通过创新技术生产成非食品级的 PET 瓶或纤维，再将纤维制作成员工日常的工作制服，从而完成废弃 PET 的闭环循环利用。康师傅后续打算在各工厂全面推展 R-PET 专案，预计每年可实现超过 6 000 吨废 PET 循环利用。

二、环保营销

无标签饮品的推出，为食品饮料行业催生一个更智慧、更具可持续的 PET 再生解决方案。中国饮料工业协会理事长张金泽表示，在实现绿色、低碳环保可持续发展的道路上，我们还有许多事情要做，如进一步推动塑料包装回收再利用的"高质化""高值化"发展。"康师傅此次推出无标签产品的大胆尝试，为我国饮料行业企业践行绿色、低碳环保发展开了一个好头，具有积极的示范意义。其在推进可持续发展方面率先垂范、持续发力、努力探索的精神值得行业学习。"

从消费者角度出发，品牌的一举一动都彰显其态度与价值观。环保大趋势下，康师傅品牌通过实际行动，号召和倡导环保理念，向社会传递"可持续发展"的社会责任精神，深度契合消费者的社会价值观，从而在赢得消费者心理认可的同时，也大大提升了品牌的价值冲击力。

三、引领食品饮料行业"极简风"

更长远地来看，无标签的减塑行动不仅是一个行业环保减碳的解决方案，还关系整个食物系统。中国工程院院士陈君石认为，康师傅在食品行业中推出首款无标签饮料，是响应联合国2021年提出改变食物系统的一个很有意义的举措。"我希望，能把康师傅推出无标签产品的行动和联合国所倡导的食物的可持续性联系起来，这样能够更好地理解康师傅推出无标签饮料的重大意义。"

此次从无糖、低糖产品的推广，到无标签环保装的上市，康师傅作为民族品牌，正从企业实践出发，探索构建健康、可持续的中国食物系统的新路径，推动食物体系向更安全、更可持续、更公平和更加有韧性的方向转型。

企业越大，其肩负的社会责任也越大。康师傅企业展露的环保营销新趋势，很好地把营销理念与社会公益相结合，积极塑造了良好的品牌形象，同时将环保信息融入消费者的日常生活中，逐渐培养了大家绿色消费的意识。

资料来源：可持续发展趋势推动包装创新 康师傅引领食品饮料行业"极简风"[EB/OL]. (2022-03-08). https://k.sina.com.cn/article_6459104875_180fe1e6b00100w4ak.html；康师傅无标签化的背后，展露"环保营销"新趋势[EB/OL]. (2022-03-31). https://www.163.com/dy/article/H3Q3RAUS05531677.html.

（二）绿色人员推销策略

绿色人员推销指通过推销人员直接向潜在购买者传递绿色产品特征、价值、功能、使用方法和环保作用等信息来激起消费者绿色购买欲望的一种销售模式。当需要解决问题和说服受众时，人员推销是最佳选择。绿色人员推销正是一种能够有针对性且及时地解答消费者有关绿色产品问题的一种营销方式。对于绿色产品而言，很多情况下绿色价值并非产品的核心卖点，产品绿色价值往往也难以被消费者直接感知，因而给绿色产品的销售推广带来阻碍。绿色推销人员可以通过面对面沟通交流，及时、准确地向消费者传递产品绿色核心价值信息，从而有效增加消费者对绿色产品的真实性感知，提高消费者对绿色产品的信任感。

绿色人员推销在遵循推销基本流程的基础上，要围绕绿色价值传播这一核心，充分体现绿色性。具体而言，绿色人员推销的工作分为以下几个环节：①积极寻找和发现绿色消费的潜在顾客；②选择有效的绿色信息传递方式推销绿色产品；③传递企业绿色产品方面的信息；④向顾客提供其他必要的绿色服务；⑤探索运用新兴绿色推销技术；⑥为顾客打造绿色营销新场景。

（三）绿色销售促进策略

绿色销售促进也称绿色营业推广，是为了鼓励对特定绿色产品或服务的购买或销售，而采取短期的刺激活动。企业需要不断获得新顾客的支持来实现绿色产品的价值交换，而绿色销售促进可以破除"购买习惯"，促成第一次购买。绿色销售促进主要有抽奖赠送礼品、免费试用和绿色产品质量保证等形式，尤其是通过绿色产品"赠券"和"奖售"等绿色销售促进方式，可以有效增加消费者对绿色产品的重复购买率，让消费者更易成为绿色产品的忠实使用者，从而稳定企业在绿色细分市场中的份额。

绿色销售促进的具体策略有：①折扣促销。绿色消费折扣促销，即按照一定比例降低绿色产品的正常销售价格后进行出售，是目前网上最常用的绿色销售促进方式。②赠品促销。绿色消费赠品促销主要由一项绿色产品和一项免费赠品构成，是企业在新产品试用、对抗竞争品牌和开辟新市场时采用的一种绿色促销方式。③抽奖促销。绿色消费抽奖促销已被很多网站广为采用。绿色消费抽奖促销利用公众在消费过程中侥幸获大利的心理，利用抽奖的形式吸引消费者购买绿色产品。④积分促销。绿色消费积分促销是一个较长期的活动。绿色消费积分的多少往往对应着不同等级的绿色产品优惠政策或绿色价值不同的奖品。企业可通过积分促销刺激消费者参与绿色消费的热情。⑤联合促销。绿色消费联合促销是企业与非竞争性的企业或其他组织建立促销联盟，共享绿色信息资源和宣传推广渠道，增加与潜在消费者接触机会的绿色销售促进方式。⑥捐赠促销。购买绿色产品后，商家会根据购买数量或金额对相关环保组织机构进行一定金额的捐赠，通过唤起消费者的绿色意识，鼓励他们参与绿色公益活动和购买绿色产品。

（四）绿色公共关系策略

绿色公共关系又称环境公共关系，是企业以生态环保与经济可持续发展观念为指导，运用具有绿色特征的信息传播手段，有针对性地向公众开展的绿色传播、绿色沟通和绿色协调活动，以塑造企业绿色形象，赢得公众信任与支持，给企业带来更多便利和竞争优势的一系列公共关系活动。绿色公共关系与传统公共关系相比，更加侧重和关注生态保护，二者的区别具体见表 10-5。

表 10-5　绿色公共关系与传统公共关系的区别

类　　别	绿色公共关系	传统公共关系
手段	运用具有绿色特征的信息传播手段	运用一般特征的信息传播手段
观念	生态环保与经济可持续发展观念	追求经济效益的观念
目标	塑造企业绿色形象 赢得公众绿色信任与支持	塑造企业形象 赢得公众信任与支持
效果	促进绿色产品销售	促进一般产品销售

企业绿色公共关系策略可以分为以下三种类型。

（1）进攻型绿色公共关系策略。该策略以提高企业的绿色美誉度为目标。企业主动出击，采取公众接受的方式树立和维护自身绿色形象。如企业用新颖的内容和形式，迅速吸引公众注意和兴趣，向公众宣传企业为保护环境所做的努力，提升企业的绿色信誉度。尤其当企业生产经营活动与环境发展存在利益冲突时，采取以攻为守的策略，把公众的利益放在第一位，抓住有利时机和有利条件，积极主动开展绿色活动，使公众对企业的绿色营销活动满意，可以减少社会舆论对企业的批评和企业损失。

（2）预防型绿色公共关系策略。稳定发展的企业需要居安思危，企业也可以强化对环境的检测，及时发现潜在危机，预先运用有效手段消除对环境的负面影响。以麦当劳为例，随着环境污染和恶化正引起社会各界重视，麦当劳积极加入环境保护的行列。2007 年开展"绿色包装"行动，率先将外带塑料袋换为纸袋；2010年麦旋风改为纸杯包装；2015年刀叉尺寸优化，减少约 10%的塑料用量；2020 年 5 月发布"因为热爱、尽善而行"的全新品牌理念；2020 年 6 月宣布将在食品包装上进一步减塑，逐步停用塑料习惯。麦当劳的一系列行动表明了其对环境保护大趋势的关注和了解，彰显了企业的预防型绿色公共关系策略。

（3）补救型绿色公共关系策略。企业遇到绿色形象危机时，亟须采取补救型公共关系策略进行绿色危机处理。补救型绿色公共关系策略程序一般分为以下几个步骤：①明确绿色危机处理负责人和小组成员职责分工；②第一时间以真诚而负责的态度与公众交流和沟通；③尽快开展调查，明确绿色危机全貌；④制订和实施绿色危机处理方案；⑤复盘和评估绿色危机事件，做好善后工作。面对突如其来的绿色危机，如果企业处理得当可以挽回形象，就可以重新赢得公众的信任和支持，但是如果反应迟缓或处理不当，企业在公众心中的绿色形象将会受到很大程度的损害，情形严重的甚至会恶化企业与消费者的信任关系。

扩展阅读 10-3　市场动向：企业借势绿色公关，助力品牌传播

> **思维拓展**：企业如何通过线上平台，构建和维护绿色公共关系？

本章小结

在绿色市场竞争日趋激烈的形势下，通过绿色市场和营销管理可以扩大企业的绿色市场规模、提高绿色产品销量，为企业创造更高的经济效益和社会效益。本章以绿色市场分析为逻辑起点，探讨了绿色市场洞察战略、绿色目标市场战略、绿色产品和价格策略、绿色渠道和促销策略四块内容。首先，从价值洞察的视角出发，主要围绕绿色消费市场洞察和绿色产业市场洞察展开论述。其次，阐述了绿色目标市场战略，从价值创造的视角对面向消费者绿色需求进行的市场细分、市场选择和定位等内容展开论述。再次，阐述了绿色产品和价格策略，从价值传递的视角主要介绍了绿色产品和包装策略以及绿色价格策略。最后，从价值传播的角度阐述了绿色分销渠道策略、绿色广告和传播策略、绿色人员推销策略、绿色销售促进策略、绿色公共关系策略等绿色渠道和促销策略相关内容。

核心概念

1. 绿色市场（green market）
2. 绿色营销（green marketing）
3. 绿色产品（green product）
4. 绿色包装（green package）

5. 绿色分销渠道（green distribution channel）

6. 绿色广告（green advertising）

7. 绿色促销（green sales promotion）

8. 绿色公共关系（green public relationships）

本章思考题

1. 比较绿色市场和一般消费市场的差异。

2. 如何进行绿色市场细分？

3. 绿色产品策略主要有哪些？

4. 数字化时代的绿色广告有哪些创新方式？

5. 论述绿色公共关系策略的要点。

本章实训指南

本章综合案例

晨光文具用体验和场景"追光"绿色环保

开学，是学生时代最具仪式感的时刻。每逢开学季，各大品牌都铆足了劲展开各类营销活动，不过要论其中的"卷"，那么国民文具晨光可以说每年都有新花样。2023 年，它联手美团青山计划推出了碳中和概念新品"环保记"，打造了晨光首款碳中和文具。在营销上，它继续沉淀"光"的概念，推出了以"追光吧少年"为名的一系列营销，让晨光文具成功占据开学季 C 位。

一、联手美团青山计划变废为宝　晨光首款碳中和文具上线

硬核的产品实力，是营销开启的不变前提。此次晨光上新的"环保记"系列文具包含中性笔、荧光笔、双头记号笔、订书机、斜插式笔筒、加长笔盒等新品，基本涵盖了学生时代的日常文具所需。整套产品在设计上呼应了环保的主题，不仅采用了极简风格的流线型设计，而且配色都采用沉稳大气的莫兰蒂色系，看起来有一种素净的美。

当然，呼应环保的不仅仅有外形。美团发起的青山计划是一场致力于推动外卖行业环境保护问题的解决的计划。在环保理念倡导、环保路径研究、科学闭环探索、环保公益推动四个方面，青山计划不断推动着外卖行业环保化进程。

这一次，晨光携手美团青山计划是其在环保以及可持续消费领域进行的一次尝试，在产品打造上晨光"环保记"系列中性笔笔身都采用了青山计划回收餐盒后进行再造的塑料。相比普通塑料，这种回收塑料可减少约 2.3 g 塑料产生的碳排放，因而更加低碳。

原料选取之外，晨光还在生产加工、使用等层面均采用环保模式，将环保的概念融入整个生产链条中。据说，晨光为让文具更加安全环保，还在上市前进行了大量的技术攻关与试验测试，在历经 50 天、经历了约 20 次的模具结构调整后，该系列产品才得以成功上市。截至 2023 年，晨光"环保记"的全系列产品的碳足迹还通过了专业碳中和机构"碳阻迹"的测算，并获得了碳中和证书。这样一来，晨光就有了一款从外观到内核皆很"能打"的产品，接下来的营销也就是水到渠成的事儿了。

二、从一场发布会开始展示环环相扣的营销实力

产品是营销的基石。有了核心的产品，也就意味着晨光"追光吧少年"系列营销的正式开启。为了让更多人认识"环保记"系列文具，见证晨光致力于环保和碳中和的初心，晨光联手美团青山计划和碳阻迹举办了一次新品上市发布会，共同见证了新品首发。

区别于普通品牌高大上的展厅和科技感十足的灯光，晨光的这场发布会的举办地点选择了"自己的地盘"——上海静安大悦城店内的九木杂物社，不仅更加贴合环保的主题，而且用沉浸式的场景体验让嘉宾更深层次地感受到了新品特性，可以说是一举两得了。

发布会的成功召开意味着"环保记"系列文具的正式出街，不过要想真正触及 C 端用户，一场发布会的体量显然不够。于是，一组创意海报紧随其后出街。在这组海报中，晨光的发挥再次体现了"站在消费者立场思考"的重要性，把书写这件事变成了延续地球未来的光荣使命，变成了追光的信物，也变成了开启环保之旅的开端。就这样，晨光在不知不觉中，把卖点"告诉"了消费者的同时，也将"用这套文具，就等于为环保作出贡献"的信息深深植入消费者的认知。

深谙营销之道的晨光当然明白，线上的卖点释放会引起消费者的好奇和关注，而要想真的刺激购买，完成销售链路的闭环，那么线下渠道的布局尤为重要。所幸，晨光几乎是一击即中地抓住了这个时代吸引消费者的核心要义——体验和场景。在线下门店，晨光围绕"追光吧少年"这个正能量十足的主题打造了颇具吸引力的打卡场景，从醒目的主题陈列到创新的生态书桌，到周围满满的绿植，再到各种打卡装置，都让人忍不住在种草产品的同时随手拍下美照。

通过这样 360 度沉浸式的场景塑造，晨光在牢牢抓住消费者的注意力的同时，也通过优秀的场景塑造能力为自己埋下了爆火的种子。一系列扎实的铺垫之下，晨光"环保记"系列文具的热度可以说是一路高歌猛进。随着开学季的到来，晨光继续紧锣密鼓地"添柴加火"引爆热度，微博话题#我的开学之光#阅读量破亿，直接冲进热搜榜前 16，中国青年网、《中国新闻周刊》等大 V 纷纷下场点赞晨光的环保理念。

借着热度，晨光同步上线了全国各地的"追光"打卡活动，吸引了各地网红、达人打卡参观。热度扩散中，晨光小红书社交平台上的#好逛的文具店#我的开学之光等话题爆火，打卡美照风靡全网，吸引着越来越多的消费者加入追光行列当中。

三、好成绩的背后是离不开的硬实力

从产品到营销，不难理解晨光为什么成功。首先，就是细节控。既然说了环保、碳中和，那就将它贯彻到底。可以看到晨光的环保并不是多用绿色那么简单，而是把这件事切切实实地渗透在了每一个环节中，让消费者不管是从哪个环节参与，都可以感受到

这一核心。其次，就是用户思维。从产品的打造、发布、营销再到晨光所做的一系列开学季事件，可以看到它并非从一个大品牌的角度对消费者进行说教，而是切身地从消费者的视角，让消费者在体验中去感受概念、理解概念。这一点，正是当下不少品牌在进行营销时真正缺失的部分。当然，最重要的，是晨光将品牌的温度渗透进了每一个环节中。

对于晨光来说，"有温度的好文具"并非只是一句口号。在一众品牌俯身研究产品，力图在功能、外观上推陈出新的当下，晨光用自身的温度俯身时代，在抓住了环保、碳中和的命脉的同时，用一套有温度的文具展现出了大国品牌的责任和担当，也为整个文化用品行业开辟出了全新的产品研发思路和赛道。晨光不仅打出了漂亮的营销，也打出了品牌的大格局。

难能可贵的是，大格局下，晨光初心依旧，不断沉淀晨光开学季这一品牌印记，不断发"光"，用"出发吧少年"这样一系列青春、朝气、正能量的营销牢牢抓住消费者注意力，凸显出了这个相伴几代人的文具品牌最朴实的温度和人情味。用有温度的好文具，打造有温度的好品牌。

一场绿色营销，让晨光不再是几代人的童年，而是成为大国品牌的未来。

资料来源：和追光少年一起助力环保，晨光开学季营销又攀新高度[EB/OL]. (2023-02-16). https://mp.weixin.qq.com/s/xA7YYewbzm5Gw6mZ_Ipw-Q.

案例思考

1. 晨光文具如何通过绿色营销牢牢抓住年青一代消费群体的注意力？

2. 晨光文具的绿色营销创新体现在何处？

3. 作为国民品牌，晨光文具如何借助绿色营销展现大国品牌的环保责任与担当？

第四篇

绿色管理的实施和未来

第十一章

绿色管理的实施和评价

只有让企业通过绿色管理赚到真金白银，企业才可能成为真正的绿色企业。

字节跳动公布碳中和目标有何意义？

2023年3月14日，字节跳动在其官网公布碳中和目标，承诺2030年实现运营碳中和，将通过主动减排，减少至少90%的运营排放，其余10%将通过碳抵消的方式完成。同时提出在2030年前实现全球运营100%使用可再生能源电力。

一、2030年100%绿电

作为头部互联网科技企业，字节跳动承诺在2030年前实现全球运营100%使用可再生能源电力，并实现自身运营范围碳中和，紧跟腾讯、Meta等国内外同行的脚步，入局气候行动。绿色和平碳中和追踪平台数据显示，2030年已然成为中国互联网科技企业集体迈向碳中和的关键节点，这将给中国的碳中和转型带来积极推动作用。

字节跳动在承诺中表示："我们已经开始了针对数据中心的可再生能源转型之路，我们将到2030年为全球运营采购100%可再生能源，这条路径已经在有条不紊地实施，Tiktok近期也宣布，其位于挪威的一座新建数据中心将使用100%可再生能源进行电力供应。"

100%应用绿色电力，是企业降低运营层面碳排放的必由之路。2023年，阿里巴巴、腾讯等互联网科技企业正积极参与可再生能源采购，其中，阿里巴巴披露其2022财年可再生能源消耗量超过4.6亿千瓦时，腾讯在2023年披露其签订了5.34亿千瓦时的绿色电力交易合同。字节跳动作为互联网科技巨头，应当扩大其可再生能源采购规模，推动如长期购电协议等商业模式在中国市场的落地，助力中国绿电消费市场的蓬勃发展。

二、自身运营碳中和：90%碳减排，剩余使用碳抵消中和

根据字节跳动的声明，作为其碳中和承诺的一部分，字节跳动的目标是在2030年前将运营排放减少至少90%，剩余的部分将通过碳抵消来解决。相较于节能增效、可再生电力替代等直接减排路径，碳抵消往往存在认证困难、"洗绿"嫌疑等问题，应控制在较小比例的范围内。字节跳动明确了碳抵消在其碳中和目标中的比例，即不依赖碳抵消作为实现碳中和的首要路径。期待字节跳动未来进一步落实其碳中和计划，尽可能减少碳抵消手段的使用。

三、全产业链脱碳计划应加速推进

字节跳动的碳中和承诺仅包含自身运营部分（范围 1 与范围 2）碳中和目标，有关于价值链脱碳更多的信息则在 2023 年底对外公布。自 2020 年 9 月中国提出"双碳"目标后，中国科技企业的"双碳"行动持续加码，2030 年前实现 100%绿电与自身运营范围碳中和已经成为企业设立气候目标的标配。未来，企业碳中和的关键点落在如何最大效能地发挥与承担自身价值及责任，带动产业链上下游减排上，头部科技企业如阿里云、腾讯已经展开行动，将碳中和承诺扩展至全供应链范畴。字节跳动也应尽快展开行动，披露其关于价值链减排的计划，进一步迈向 2030 年全范围碳中和。

四、互联网科技行业坐稳碳中和排头兵

完善的环境信息披露不仅是企业对其气候行动进行系统性追踪与评估的必要前提，也是企业回应社会各界期待、接受监督、展现其应对气候变化能力的有效渠道。

自 2020 年底秦淮数据作为第一家互联网数据中心企业，承诺 2030 年碳中和与 100%绿电使用，在其后接近两年半的时间里，阿里巴巴、腾讯、百度、万国数据、世纪互联、字节跳动纷纷布局碳中和，互联网科技行业已然成为中国碳达峰、碳中和的排头兵。当然，转型之路道阻且长，在以互联网科技行业为代表的新兴产业之外，传统高碳排行业如钢铁、水泥、石油化工等向绿色、低碳转型的紧迫性不容忽视。

资料来源：入局虽晚，步伐紧跟：字节跳动公布气候目标[EB/OL]. (2023-03-17). https://mp.weixin. qq.com/s?__biz=MzIyMTcwODAwOQ==&mid=2247489065&idx=1&sn=0a660c583f81ec56975ebe6a3b9ac b86&chksm=e839fdafdf4e74b98573e2d7f0279a14836bc874cdaac89c0ff7c33a872c44aa7e0513f0cde8&scene=27.

引例思考：企业公布碳中和目标对其实施绿色管理有何影响？

◆ 本章知识结构图

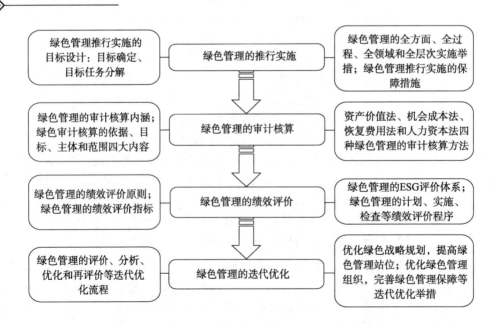

没有实施和评价，就没有管理，这句话同样适用于企业绿色管理。绿色管理的推行实施是按照绿色理论、战略和方法，对环境资源进行合理、有效的综合利用，其本质是通过管理活动获取经济回报，同时伴随生态环境保护与修复的活动过程。绿色管理的审计包含通过对企业资源环境信息进行如实披露，以及鉴证环境经济责任等方式对企业经营活动实施特殊的审计核算工作。绿色管理的绩效评价是衡量组织绿色管理成本、绿色价值创造程度、绿色管理水平、ESG方案履行等的重要手段，在此基础上进行绿色管理的迭代优化。本章从实施和评价的角度，主要介绍绿色管理的推行实施、绿色管理的审计核算、绿色管理的绩效评价和绿色管理的迭代优化。

第一节　绿色管理的推行实施

一、绿色管理推行实施的目标设计

（一）绿色管理推行实施的目标确定

确定目标是推行实施绿色管理的前提和关键。绿色管理推行实施的目标就是企业绿色管理活动在一定时期内努力奋斗的方向和要达到的具体指标。进一步说，就是通过各种方式实现组织经营管理的各层次、各领域、各方面、各过程的绿色化，以满足绿色、节约、环保和可持续的发展需求。

1. 绿色管理推行实施的目标设计原则

绿色管理推行实施的目标设计应当遵循如下原则：①以资源节约、环境保护、降碳减污等目的为出发点；②将绿色、节能、环保、低碳和可持续目标贯穿于组织经营管理的各层次、各领域、各方面、各过程；③以企业的长远绿色高质量发展为导向；④顺应数字化时代需求，绿色管理推行实施目标的实现应考虑与数字技术或工具的适度融合；⑤目标的指标必须先进、合理，既要敢于对标国际先进标杆，勇攀高峰，又要有科学态度，尊重现实；⑥注重实现真正的绿色管理推行实施的目标，而不是"表层绿色""伪绿色""浅绿色"管理目标。

2. 绿色管理推行实施的目标设计要求

在绿色管理推行实施的目标设计时，需做到：①各部门的绿色管理推行实施分目标，必须统一于企业的绿色管理总目标；②绿色管理推行实施目标既有主次轻重之分，又要注意绿色管理推行实施目标之间的协调，以及绿色管理推行实施目标与其他目标的协调，避免相互脱节、相互矛盾；③绿色管理推行实施目标应具有挑战性和可实现性，即制订的绿色管理推行实施目标要经过一定努力才能实现，以激发各单位、各部门、各环节、各员工的主观能动性；④要规定绿色管理推行实施目标的完成期限；⑤各项绿色管理推行实施目标要尽可能具体化、定量化，便于检查和考核。

3. 绿色管理推行实施的目标种类

绿色管理推行实施目标按照内容可分为绿色市场目标（如绿色竞争力、企业绿色发展）、绿色利润目标（如绿色经济效益）、绿色技术开发目标（如绿色技术专利、数智化绿色技术研发）、绿色企业形象目标（如企业绿色形象）、绿色社会目标（如优美的生态环境、碳中和）等。绿色管理推行实施目标按照侧重点可分为降低资源能源消耗、提升绿色制造能力、加强污染防治、提升数智化绿色管理水平、深化组织责任关怀、强化组织质量管理和绿色标准化等目标。

4. 绿色管理推行实施的目标设计过程

（1）前期工作是收集绿色信息资料。收集的绿色信息资料包括：有关绿色低碳循环发展、生态文明建设方面的法律法规和国家绿色发展战略、相关的绿色管理信息，绿色市场动态，同行业的绿色管理战略、策略及其趋势，能源、原材料供应情况，企业自身有关的绿色信息资料等。

（2）上下反复讨论确定绿色管理推行实施目标。先由决策层主要根据以上绿色管理对企业的客观要求、绿色市场发展动态、企业整体绿色管理战略、企业绿色管理所具备的优势、企业面临的主要问题、企业绿色管理所涉及的关键性关系等几大类信息，提出若干绿色管理短期目标、中期目标和长期目标方案的设想，供各职能部门、业务部门进行讨论，向企业全体人员公开征求意见。

（3）整合有关综合部门或管理部门意见，具体拟订绿色管理推行实施目标方案。把修改过或重新拟订的绿色管理推行实施目标方案反馈给决策层，并说明提出各方案的理由、存在的问题以及应对之策。然后由决策层选定绿色管理推行实施目标方案，并发动员工讨论，进一步修订后，正式确定为企业绿色管理推行实施目标方案。

传统管理推行实施目标和绿色管理推行实施目标的区别在于绿色管理推行实施目标更加多元化，管理行为更加以绿色为导向，更符合人类进步和社会发展需求，是以人与自然共生为目的的管理活动。数字化时代带来了新技术、新形态、新模式和新特征，绿色管理与数字化紧密结合发展的趋势愈加明显，这意味着绿色管理推行实施目标的实现更加依赖于数字技术的支持。首先，企业可以利用大数据收集和分析平台整合与绿色信息相关资料和信息。其次，企业可以建立绿色管理推行实施目标设计数据库，并及时吸收有关综合部门或管理部门的实施意见。最后，通过人工智能与云计算等数字技术对数据进行分析与预测，辅助企业确定绿色管理推行实施目标。同时数字化时代绿色管理推行实施目标聚焦更加便捷化、数智化、高效化的绿色组织经营管理，竞争的焦点转移到数字技术支撑的资源节约和环境保护等管理举措上，并且这些管理举措被不断创新和完善，从而形成新的绿色管理推行实施目标。

> **思维拓展**：企业如何运用数字化技术促进绿色管理推行实施目标实现？

绿色管理推行实施目标与传统管理推行实施目标的区别如表 11-1 所示。

表 11-1 绿色管理推行实施目标与传统管理推行实施目标的区别

类　　型	绿色管理推行实施目标	传统管理推行实施目标
目标制订的依据	人与自然的和谐共生	高经济利益和长足发展
目标核心的指向	满足企业和社会对美好生活与优美生态的需求	满足消费市场需求和实现利润回报
目标实现的渠道	线上与线下充分融合的渠道	线上或线下相对独立的渠道
目标追求的形式	全方位、全过程的绿色融入	单环节、单方面的绿色融入
目标管理的状态	动态纠偏、不断创新	相对静止
目标追求的特征	绿色化、多元化、便捷化、数智化、高效化	便捷化、高效化

（二）绿色管理推行实施目标任务分解

1. 绿色管理推行实施目标任务分解要点

绿色管理推行实施目标任务的分解是实现绿色管理总体目标的第一步。通常，根据企业在绿色生产经营中的各职能部门、业务部门的工作性质，对绿色管理总体目标进行细化分解。绿色管理推行实施目标分解需要注意的是：①始终聚焦绿色。绿色管理推行实施目标任务分解应围绕资源节约、环境保护、降碳减污展开，切忌跑偏。②明确绿色职责定位。不同于普通的管理目标任务分解，绿色管理推行实施目标需要明确自己在管理过程中扮演的绿色管理者角色，以及需要完成的精准化环境责任目标。③目标分解的可持续化。绿色管理推行实施目标任务分解还应注意每个阶段降碳、减污、节能等目标之间的过渡与衔接，确保后续目标任务持续化完成，最终实现总目标。④目标分解的系统化。绿色可持续化发展是个系统工程，需从上至下把绿色管理总目标分解为分目标、子目标，一直分解到班组、个人。每一位组织成员都需直接或间接了解或参与企业绿色管理的短期、中期和长期目标，以及整体、中层、基层和个人绿色目标等各级子目标。绿色管理推行实施目标各层次之间由下一层目标支撑上一层目标，层层相连，形成一个金字塔形的绿色管理推行实施目标体系。⑤目标分解的平衡化。绿色管理推行实施目标分解时不宜过分地强调局部目标，要把各部门、各岗位之间的协作、配合纳入目标分解中，也不宜仅仅锁定绿色目标而忽略了经济目标和社会目标，目标之间要统一、协调和平衡。

2. 绿色管理推行实施目标任务分解落实

（1）绿色管理推行实施目标分解之后，需要对目标的具体落实进行合理授权。让下属部门自行决定完成目标的方法和手段，在目标规定范围内授予各层级管理人员自主开展绿色管理活动的权利。上级的管理主要体现在指导、协调、指出问题、提供信息以及创造良好的工作环境上，尤其是围绕组织经营管理的各层次、各领域、各方面、各过程的绿色化这一核心，对绿色管理活动进行协调控制。

（2）绿色管理推行实施目标任务分解后，需要规划绿色管理工作进度。为保证绿色管理推行实施目标任务的完成，既需要解决绿色管理活动过程中出现的各种问题，纠正偏离绿色管理推行实施目标的行动，也需要按期对绿色管理推行实施目标任务完成程度，各部门、各环节、相关员工工作的努力程度，以及绿色管理推行实施目标的复杂程度进行及时的检查和评价。

可以采取的检查、评价方法有很多种：①从企业高层至基层员工自上而下进行绿色管理推行实施目标落实检查和评价；②企业内部综合职能部门负责进行资源节约、环境保护、降碳减污的检查、评价；③企业内部职能部门之间、业务部门之间、职能部门与业务部门之间针对经济收益和环境收益进行相互检查、评价；④全员绿色管理推行实施目标落实的自我检查、评价；⑤邀请第三方机构对绿色管理推行实施目标任务落实情况进行专业的检查、评价；⑥借助大数据、人工智能、5G、云计算等数智化技术对绿色管理推行实施目标成效进行精准化和高效化的检查与评价。全方位的检查和评价可以对不足之处加以改进，将实现绿色管理推行实施目标过程中好的做法固定下来，使之科学化、系统化、标准化、制度化、数字化，并不断巩固、提高。检查、评价的结果要与奖惩挂钩，以创造一种人人奋发向上、争做一流绿色管理工作的环境。

延伸阅读

市场动向：阿里云能耗宝通过碳足迹鉴定产品"绿值"

绿色低碳的产品理念已经成为消费者和品牌商的共识。在保护环境和可持续性发展的大背景下，越来越多的品牌和企业开始意识到低碳生产和消费对于企业的意义与价值。

阿里云能耗宝顺应趋势，为品牌商提供全方位的绿色低碳产品解决方案，从产品碳足迹核算、数字化认证到碳标签的传播，一键扫码实现从"可感"到"可知"的转变，让企业和消费者更加清晰地了解产品的碳排放量，促进消费者低碳生活的实践。

盒马作为阿里巴巴旗下的新零售平台，一直以来都积极践行绿色低碳的理念，致力于推动可持续性发展。在2023年的世界地球日前夕，盒马上线了首批"环境友好型"商品，囊括40余款拥有0碳认证的有机食品，以及30余款拥有碳中和认证和碳足迹认证的环保型商品，其中就包括盒马×Oatly推出的"燕麦星球雪糕（玫瑰瓜椰椰口味）"。这些产品通过阿里云能耗宝计算碳足迹，各个环节的碳排放量都清晰可见，从而促使各环节的供应商直面排放问题，并展开减碳行动。盒马的行动引领着消费者和品牌商的转型，让更多人加入绿色低碳的行列中来。

天猫在2023年的世界地球日发起了黄河"治"造活动。该活动旨在通过清理塑料瓶并投入循环系统，联合多个品牌生产塑料瓶循环商品，并记录减碳路径，推动实现消费环节的减碳。通过阿里云能耗宝进行全链路碳足迹核算，能够提供准确的碳足迹核算结果，科学记录减碳路径，获取R-PET材料溯源，推动实现消费环节的减碳，以此倡导并践行低碳生活。这次行动集合了多个品牌商，彰显了企业共同推动绿色低碳发展的决心和力量。

天猫行业减碳计划，则是一项持续帮助消费者发现更多绿色商品的任务，阿里云能耗宝用科技助力使命必成，将产品碳足迹全面覆盖衣、食、住、行、用这些生活方面面。天猫很多品牌正在全力发展绿色转型，碳足迹核算能将产品全生命周期内各个环节排放二氧化碳的情况分析清楚，帮助品牌更有针对性地做好减碳工作。2023年，世界地球日前夕，贝因美、全棉时代、绿伞、TRETORN、陇间柒月、花暂蔻、e洁、大自然床垫、浔药、和粮农业、威菜、欧亚床垫、幻曦等品牌都进行了碳足迹核算，还有品牌取得权威认证机构颁发的碳足迹认证或碳中和认证证书。

其中，浔药旗下全线产品均通过碳足迹认证，获得"碳标签"。据了解，浔药的生产工厂采用先进生产设备汰换高耗能旧设备，提高产能的同时减少了因能源消耗带来的间接碳排放，并通过工艺优化和环保包装等绿色低碳措施，有效减少产品的碳排放。

绿伞的两款产品通过了碳中和认证，获得"零碳标签"。绿伞的生产工厂采用全自动化智能设备，极大提高生产效率的同时，减少了产品生产能耗与人力资源，并通过采用绿色物流设施、光伏能源利用等节能减排措施，有效减少产品碳足迹，最终通过抵消的方式实现碳中和，成功打造绿色零碳商品。

阿里云能耗宝不仅为品牌提供产品碳足迹核算，还提供适合品牌的主动减碳方式，帮助企业持续地降低碳排放。对于在生产过程中依旧存在的碳排环节，能耗宝可以为品牌提供"抵消减碳"的方式，从而实现碳中和。这项服务不仅帮助企业减少了碳排放，还能降低企业的环保成本，提升企业的社会责任感和品牌形象。

阿里云能耗宝始终坚持绿色低碳的道路，为可持续性发展和环保事业作出更加积极的贡献。通过技术手段，为品牌商提供了全方位的低碳解决方案，帮助企业实现绿色低碳的转型，从而实现更加美好的未来。

话说回来，绿色不只在世界地球日，更应融入生活每一天。在碳达峰、碳中和的大背景下，阿里云能耗宝率先为品牌和消费者搭建"低碳商品采购专区"，持续不断地输出绿色低碳案例，帮助客户更好地通过产品碳足迹鉴定商品"绿值"。

资料来源：阿里云能耗宝. 回顾 4.22 世界地球日，阿里云能耗宝为盒马、天猫等品牌做了什么？[EB/OL]. (2023-11-14). https://mp.weixin.qq.com/s/GGXRl_9dzWUvLbdBpIV-Jw.

二、绿色管理推行实施的主要举措

（一）开展全方面绿色管理

开展全方面绿色管理即扩大绿色管理的覆盖面。全方面绿色管理要求企业在管理中以节约资源能源和保护自然环境为基础，各个方面都做到节能环保、降碳减污、安全健康。融入绿色管理观念是开展全方面绿色管理的起点。一方面，企业要将绿色管理观念充分融入企业的规章制度，形成完善的绿色管理机制，培育企业的绿色组织文化，将绿色渗透到管理的方方面面，促使绿色企业最终建立。另一方面，企业人员尤其是管理者必须树立强烈的环境保护责任意识，带领员工学习绿色管理的相关理论知识，让员工将绿色管理知识运用到工作中，向社会提供安全健康、无污染、有益生态的产品或服务。

（二）开展全过程绿色管理

开展全过程绿色管理即企业将减污、减碳、节能技术纳入全生命周期，对运营管理全过程进行资源利用最大化和排污最小化控制。进一步而言，这就是在产品设计、原材料选择、加工技术工艺、绿色运输、绿色营销、绿色消费使用、绿色回收再利用、绿色评价等全过程实施绿色化改造，构建全生命周期的绿色低碳管理过程，打造全流程低碳循环体系，形成供应端、物流端、数据端、消费端的低碳闭环。以此简化制造工序，提高管理成效，降低管理成本，形成"源头—过程—末端"全过程一体化的低碳闭环。

（三）开展全领域绿色管理

一方面，企业需要从内部发力，结合企业内外部资源拓宽业务领域范围，实施多领域绿色布局。同时领域布局过程中始终严格遵守国家环保标准，尽量选择和利用可再生资源，优化能耗过高、资源浪费等不合理的生产方案，设计生产出既符合社会需求又实现资源节约和环境保护的绿色新产品。另一方面，企业可以从外部发力，对客户、供应商、承包商、社区等相关利益联结者及涉及的不同领域尽可能地推行绿色管理，寻求更多的绿色管理合作机会，满足社会个体和群体多元化的绿色诉求，进而提升绿色管理推广效率。

（四）开展全层次绿色管理

企业需在绿色观念、技术研发和新产品推广的基础上，不断引导不同层次的企业管理人员将绿色低碳行为落实到工作的每一个细节。高层管理者侧重于做好企业绿色管理方向的规划制定，关注环境规制政策、供应链上下游企业的绿色供需的变化，把握政策和市场的变化，并及时对企业作出相应的绿色运营调整，引导企业全员上下的绿色低碳行为。中层管理者侧重于推进部门人员绿色管理行为的落实管理。根据企业的绿色战略发展规划，做好高层管理者绿色决策的传达和对执行层人员绿色行为的督促管理。基层人员（执行层）是企业绿色管理行为的主要载体，肩负源头污染控制、流程清洁化、节能节水生产等具体绿色运营工作。

三、绿色管理推行实施的保障措施

（一）完善绿色管理推行实施的制度保障

企业应当制定一套适应于本企业的合理、规范、有效且系统的绿色管理制度。这套管理制度应当服从于企业的总体管理制度，且始终紧密围绕绿色管理而制定和实施。其具体包含：①绿色管理信息收集制度。及时获取行业、同行、客户、相关产品等不同层次的绿色管理信息，掌握绿色市场动态。②绿色管理业务报告制度。企业绿色管理部门对日常的绿色管理实施常态化的监督，形成一周或一月汇报一次的报告模式，便于管理决策层动态化掌握绿色管理状况与进展。③绿色管理绩效考核制度。对绿色管理的运营成效、盈利能力、节能环保成效、社会贡献等进行考核评价。④绿色管理奖惩制度。对于对企业造成较大负面影响的非绿色行为予以相应惩罚，对于在绿色管理方面有创新贡献、业绩贡献等正面影响的绿色行为进行物质或精神奖励。

（二）完善绿色管理推行实施的组织保障

建立专门化的绿色管理部门，负责对企业的绿色管理活动统一运营。根据企业绿色管理发展规模，还可下设绿色管理策划部门、绿色管理执行部门、绿色管理后勤服务部门等。针对这些部门的运行管理，建立完备的绿色管理领导队伍，完善领导配置，构建绿色管理一体化的运转模式，形成企业管理者和绿色管理者"双向进入、交叉职责、共同负责"的管理模式。领导者需要提高企业绿色管理站位，抓住资源节约、环境保护、降碳减污这一核心任务，统筹协调，兼顾企业发展的经济效益、环境效益和社会效益。同时，建立完备的绿色管理员工队伍，明确绿色管理任务和员工职责。吸纳绿色管理专业技术人才、管理人才和销售人才，将绿色管理理念时刻体现在管理工作中，定期进行绿色管理知识与技能培训。

（三）完善绿色管理推行实施的资金保障

设立绿色管理专项资金，支持绿色产品设计与研发、绿色管理人才引进、绿色管理渠道拓展等。其具体包含其绿色管理规划资金、绿色产品研发资金、绿色管理教育培训资金、绿色管理渠道拓展资金、绿色管理广告宣传资金等。除了从企业内部获取绿色管理资金以外，还可以从政府绿色发展支持资金获取绿色管理的保障资金。对于达到国家或地方的绿色环保、节能增效、降碳减污标准，符合绿色发展要求的项目，鼓励其积极申报绿色发展扶持资金，用以支持绿色管理发展。

（四）完善绿色管理推行实施的技术保障

快速发展的数智化技术能为绿色管理提供较高的效率保障。例如，依托数智化技术构建数智化绿色管理系统平台，为绿色战略管理规划的制定提供分析和预测数据。数智化技术为企业从源头加强绿色原材料信息获取、采购准入及监测使用情况提供技术支撑。还可以将大数据技术应用到企业的绿色生产和运作管理中，通过数字技术以直观的数据和图表等形式动态检测企业在生产过程中产生的污染，测算并设置临界点、警报点、平衡点和最优点等数值，以期达到提升绿色技术能力的效果。另外，数智化技术可以赋能绿色管理中的数据共享，改变传统的跨部门协作模式，提高多部门联合决策时的决策精准度。

（五）完善绿色管理推行实施的文化保障

从管理层到执行层，树立全员绿色管理的价值观，教育、引导和鼓励企业员工把企业的管理工作、企业的生存发展与环境保护及全社会的共同发展相联系、相协调。绿色组织文化要关注和强调社会的绿色需求，包括对绿色价值获取的需求、对绿色环境的需求和对美好生态环境的需求等。同时，绿色组织文化还应强调绿色管理的全过程化，从绿色管理战略的建立、绿色管理理念的传递、绿色管理策略的制定到绿色管理的实施和优化，在全过程化的绿色管理实践过程中不断更新和创造更加先进的绿色组织文化。

第二节　绿色管理的审计核算

一、绿色管理的审计核算内涵

绿色管理的审计核算简称绿色审计核算。区别于一般的审计核算，企业绿色审计核算以企业绿色信息的披露与报告为前提，披露与报告的内容主要涉及温室气体排放核算、碳足迹核算、气候韧性评估、情境分析等。企业对其资源环境信息进行如实披露和鉴证环境经济责任的特殊审计核算，如对环境投资、企业生产排污、污染治理等的审计核算。绿色审计核算将环境因素（如环境资产经济利用等概念）纳入企业财务核算体系中，即审计核算在核算时期内投资经济过程被企业所利用消耗的环境资产。传统的审计核算往往只重视企业活动所耗费的经济成本，并未充分考虑其逐利活动对自然资源无偿占用和污染环境的成本，也未将资源环境因素纳入审计监督范围，不仅造成审计核算失真和 GDP 核算虚增，更重要的是不符合社会可持续发展的现实需要。绿色审计核算与传统审计核算的区别如表 11-2 所示。

表 11-2　绿色审计核算与传统审计核算的区别

类型	绿色审计核算	传统审计核算
目标	兼顾保护生态环境和会计监督	会计监督
内容	审计核算与环境有关的会计信息	审计核算一般会计信息
核心	将被审计单位环保制度和政策的实施情况纳入审查监督范围，并据此评估、确定其经济法律责任	独立性的经济监督
效果	防护性和建设性并重的效果	防护性效果

二、绿色管理的审计核算内容

企业绿色审计核算涉及众多领域和环节，包括环境政策法规执行审计、环境资金筹集使用和管理审计、环保资金绩效审计、环保投资项目和建设项目审计等。企业绿色审计核算的内容主要有以下四点。

（1）绿色审计核算的依据。绿色审计核算主要以国家在环境保护和审计方面的政策法规作为参考依据。其包括：国家基本环境保护政策方针；环境法律法规，如《中华人民共和国环境保护法》《中华人民共和国大气污染防治法》《中华人民共和国土地管理法》《中华人民共和国水污染防治法》《中华人民共和国固体废物污染环境防治法》《中华人民共和国清洁生产促进法》等；环境标准，如环境基础标准、环境质量标准、污染物排放标准、ISO 14000 系列标准、环境监测方法标准等；环境管理制度，如限期治理制度、排污许可证制度、环境影响评价制度等；审计法律法规，如《中华人民共和国审计法》《党政主要领导干部和国有企业领导人员经济责任审计规定》，国家审计准则、注册会计师审计准则、组织内部审计准则等，以及核算指标体系、审计行为规范等。

（2）绿色审计核算的目标。绿色审计以开展环境审计所期望达到的目的为目标，保障受托环境责任履行的公允性、合法性和效益性。首先，公允性是验证审计对象的环保资金使用情况、环保项目收支情况以及其他绿色管理环境绩效问题的财务影响的方法的合理性，即保证其所有涉及环境资源的经济活动在环保资金使用、环保项目的收支平衡等方面必须准确、完整，且企业在履行环保责任方面的会计信息真实有效，如实反映企业资源环境利用状况和绿色利润情况；其次，合法性指验证与生态环境相关的经济活动是否在相关法律法规和环境标准范围内，即在鉴证与环境资源有关的经济活动时必须遵守国家法律法规制度；最后，效益性是确保在企业经济效益的情况下高效开展绿色审计核算工作，因为绿色审计核算本身也需投入较大的人力、物力和时间成本，所以必须确保核算的效益。

（3）绿色审计核算的主体。绿色审计核算的主体主要有国家审计机关、内部审计机构和社会审计组织。国家审计机关针对有关政府部门和大型企事业等单位。内部审计机构是各政府部门、企事业单位等组织内部设立的相对独立的审计单位，主要针对本部门或者本单位与环境相关的经济事项实施审计。社会审计组织是政府有关部门批准成立的针对被审计单位环境质量情况进行审计开展绿色审计查证和咨询、签证等有偿业务的社会组织，审计企业污染物排放和主要环境质量指标等。多元审计主体有助于绿色审计核算工作有效开展，借助多方面的绿色审计核算人才与专家，发挥不同审计主体对绿色审计的作用，多方合作识别环境风险因素，加强企业环境风险管理。

（4）绿色审计核算的范围。其主要对资源节约、环境保护、降碳减污等环境问题相关的企业经济活动进行审计，具体包括审计企业对现行环境法律法规的遵守和执行情况，环境保护资金的收集、管理和使用情况，环保项目审批建设情况，国家环境政策规划落实情况，环境数据信息公开情况，环境管理体系建设情况，绿色资金绩效审计核算，绿色投资项目和建设项目投资审计等。例如，审计企业在生产经营管理过程中对自然资源能量的消耗情况和对环境造成的损害情况，由此产生的环保费用和支出的真实性与合规性，以及企业在执行国家环保政策、法规时是否有消极抵制、变相执行的不合法现象等。碳审计以核算碳足迹的方式为企业碳排放情况和履行环境保护情况提供独立、客观的绿色审计，突破了传统财务审计核算的固有思路，可以有效提高企业环境信息披露质量。

扩展阅读11-1　实践前沿：依生生物制药的碳足迹核算报告

三、绿色管理的审计核算方法

传统审计方法主要有检查记录或文件、观察、询问、检查有形资产、函证、重新计算、重新执行、分析程序等，这些传统方法也适用于绿色管理的审计核算，但由于绿色管理的审计核算涉及诸多领域和环节，这里主要介绍一些常规适用的绿色管理审计核算方法。①资产价值法。在对资产价值有影响作用的其他因素不变前提下，以生态环境恶化引起的资产价值变化额来测算环境污染导致的经济损失，将环境质量视为资产价值的重要影响因素。通常借助回归分析法估算环境质量对地价的贡献度，该贡献度被看作环境资源价值。②机会成本法。在无市场价格的情况下，环境资源的使用成本可以用为了保护资源而牺牲的最大替代选择的价值进行估算。环境资源是有限的，绿色管理中对环境资源的开发利用包含互斥的选择，因此绿色管理活动中所放弃的最大经济效益即被选方案的机会成本。其适用于水资源短缺、废弃物占地等导致的经济损失计量。③恢复费用法。当管理活动对环境资源造成破坏时，就较难准确测算改善环境的效益。因此估计恢复或防护资源不受污染所需的最低费用，以此来测算生态环境破坏产生的经济损失。其适用于消烟除尘、污水处理等环境污染治理费用的核算。④人力资本法。其专门用于核算环境污染引起的人体健康损害，主要包括医疗费、丧葬费等直接经济损失和护理费等间接经济损失。其适用于对人身健康危害重大的重污染企业的环境污染审计核算。

在数字化时代，绿色管理的审计核算离不开数字化手段的支撑。在数字技术的助力下，国家审计机关、社会审计组织和内部审计机构可以借助大数据、人工智能、5G 等数字化技术建立绿色管理审计核算的数据库，建设嵌入企业部门业务管理平台的审计系统，以全流程风险防控为理念、实时监控预警为手段，将大数据平台与各部门对接并进行数据动态更新，可以通过部门业务数据变化趋势分析图和审计对比分析图等实时查看生态指标的变化，打通了部门之间的监管壁垒，形成绿色管理审计核算"一张网"。这样不仅可以有效解决以往专业人员前往审计现场取证费时、费力等问题，提高绿色管理审计核算项目的效率和准确度，还可以实现全样本分析，为绿色审计核算人员提供问题线索，发现不同部门之间或者部门内部管理边界不清带来的全局性绿色漏洞、绿色管理制度性缺失等问题，从整体层面促进企业绿色管理水平的提升。

> **思维拓展**：在数字化时代，如何确保绿色管理审计核算的数据质量？

第三节　绿色管理的绩效评价

一、绿色管理的绩效评价原则

（一）适应性原则

绿色管理绩效评价指标体系和相应的评价模型应适应评价对象所在行业特点。例如，针对零售企业绿色管理绩效评价与钢铁企业绿色管理绩效评价，应建立不同的绿色评价指标体系或评价模型。绿色管理绩效评价还应与企业的规模、位置、类型及其自身的需求和优先事项相适应。

（二）透明性原则

绿色管理绩效评价过程和结果应当清晰、透明。例如，在确保企业商业秘密的情况下，向企业内外部及时公开绿色管理绩效评价的程序、标准、细则、方式、参与人员等信息，并及时、准确地公布绿色绩效评价结果，以便企业或客户能够获得并理解绿色管理绩效数据，以作出合理可信的决策。

（三）系统性原则

绿色管理绩效评价内容既涉及经济绩效，也涉及资源节约、环境友好和社会绩效；既有绿色销量、绿色利润率等"实"的绩效，也有企业绿色知名度、绿色公益活动投入等"虚"的绩效；既有可以定量描述的绩效，也有只能定性描述或半定量描述的绩效，应用系统思维进行评价。

（四）精确性原则

绿色管理绩效信息应当一致、准确。应合理评估和设置绿色管理绩效主观评价的权重，并保证绿色管理数据的客观性和充足性。避免企业员工对评价结果的揣度和质疑，同时便于对过去、当前以及未来的绿色管理绩效进行有效比较，以便对同行业企业绿色管理绩效进行有效比较。

绿色管理绩效评价与传统管理绩效评价存在一定区别，具体如表 11-3 所示。

表 11-3　绿色管理绩效评价与传统管理绩效评价的区别

类别	绿色管理绩效评价	传统管理绩效评价
目标	绿色管理绩效	传统管理绩效
核心	绿色度评价	管理效果评价
内容	兼顾企业经济绩效、生态环境绩效和社会环境绩效	侧重企业经济绩效
效果	更有效地衡量组织的可持续发展能力和道德影响，推动组织和社会可持续发展	提升管理水平和成效

二、绿色管理的绩效评价指标

绿色管理绩效是企业通过绿色管理活动，在实现经济效益的同时，对资源、环境以及社会的友好程度（即绿色度），一般从企业经济绩效、生态环境绩效和社会环境绩效三个方面进行衡量。考虑到不同产业行业的衡量差异，这里仅以制造业为例，介绍企业绿色管理的绩效评价指标体系，主要包含 3 个方面 47 个关键性指标。

（一）目标层

目标层包括绿色管理绩效（绿色度）。其主要为绿色管理公正评定、绿色管理政策及时调整、绿色管理目标体系完善提供必需的数据材料。

（二）准则层

准则层包括企业经济绩效、生态环境绩效、社会环境绩效。其中，企业经济绩效是绿色管理活动给推行实施绿色管理的企业带来的财务、营销、竞争、产品和管理等方面的影响；生态环境绩效是绿色管理活动给生态环境带来的环境、资源、能源和生态服务等方面的影响；社会环境绩效是绿色管理活动给社会环境带来的社会导向、服务水准、社会贡献和公众效果等方面的影响。

（三）分准则层

①企业经济绩效：财务属性绩效、竞争属性绩效、产品属性绩效、管理属性绩效；②生态环境绩效：环境属性绩效、资源属性绩效、能源属性绩效、生态服务绩效；③社会环境绩效：社会导向绩效、服务水准绩效、社会贡献绩效、公众效果绩效。

（四）指标层

①财务属性绩效：总资产报酬率、绿色管理成本回收率、绿色销售利润率等；②竞争属性绩效：顾客绿色忠诚度、绿色竞争者仿效率、顾客绿色产品渗透率、企业绿色知名度、企业绿色美誉度；③产品属性绩效：绿色产品推广率、绿色产品存货周转率、绿色产品研发率；④管理属性绩效：管理者绿色意识提升度、员工绿色意识提升度、企业绿色活动增长率、工作环境绿色度；⑤环境属性绩效：清洁生产率、碳排放达标率、大

气污染度、水污染度、土壤污染度、固体废弃物污染度、噪声污染度；⑥资源属性绩效：资源节约率、水资源利用率、绿色产品回收率、绿色原材料使用率、设备优化更新率、原材料可再生率；⑦能源属性绩效：能源利用率、清洁能源使用率；⑧生态服务绩效：生态环境教育计划、清洁生产培训完善度、管理战略绿色度、消费者健康重视度；⑨社会导向绩效：环保公益活动参与率、绿色控制率、绿色氛围营造程度、社会环境教育计划；⑩服务水准绩效：环保承诺履约率、绿色产品退换率、顾客绿色满意率、绿色服务项目投资率；⑪社会贡献绩效：绿色贡献率、绿色积累率；⑫公众效果绩效：媒介绿色注意度、社区绿色影响力、管理者绿色美誉度。绿色管理绩效的评价指标体系如表 11-4 所示。

表 11-4　绿色管理绩效的评价指标体系

目标层	准则层	分准则层	指标层
绿色管理绩效（绿色度）	企业经济绩效	财务属性绩效	总资产报酬率
			绿色管理成本回收率
			绿色销售利润率
		竞争属性绩效	顾客绿色忠诚度
			绿色竞争者仿效率
			顾客绿色产品渗透率
			企业绿色知名度
			企业绿色美誉度
		产品属性绩效	绿色产品推广率
			绿色产品存货周转率
			绿色产品研发率
		管理属性绩效	管理者绿色意识提升度
			员工绿色意识提升度
			企业绿色活动增长率
			工作环境绿色度
	生态环境绩效	环境属性绩效	清洁生产率
			碳排放达标率
			大气污染度
			水污染度
			土壤污染度
			固体废弃物污染度
			噪声污染度
		资源属性绩效	资源节约率
			水资源利用率
			绿色产品回收率
			绿色原材料使用率
			设备优化更新率
			原材料可再生率

目标层	准则层	分准则层	指标层
绿色管理绩效（绿色度）	生态环境绩效	能源属性绩效	能源利用率
			清洁能源使用率
		生态服务绩效	生态环境教育计划
			清洁生产培训完善度
			管理战略绿色度
			消费者健康重视度
	社会环境绩效	社会导向绩效	环保公益活动参与率
			绿色控制率
			绿色氛围营造程度
			社会环境教育计划
		服务水准绩效	环保承诺履约率
			绿色产品退换率
			顾客绿色满意率
			绿色服务项目投资率
		社会贡献绩效	绿色贡献率
			绿色积累率
		公众效果绩效	媒介绿色注意度
			社区绿色影响力
			管理者绿色美誉度

延伸阅读

政策解读：国家绿色数据中心评价认定指标体系解读（节选）

数据中心作为信息技术最重要载体和基础设施，其规划、设计、建设决定了数据中心后续节能技术的选用以及改建扩容能力，国家绿色数据中心评价，其核心是评价指标体系。《国家绿色数据中心评价指标体系》紧扣我国绿色数据中心建设的目标和任务，通过建立科学、完善的评价指标体系，打造一批国家绿色数据中心先进典型案例，形成一系列具有创新性的绿色技术产品和解决方案。该套评价指标的选取涵盖了数据中心全生命周期过程，通过科学分配权重，综合评价绿色数据中心建设及运维管理情况。

本文以《工业和信息化部办公厅 发展改革委办公厅 商务部办公厅 国管局办公室银保监会办公厅 能源局综合司关于组织开展2021年国家绿色数据中心推荐工作的通知》发布的指标体系进行阐述，该评价指标体系由"能源资源高效利用情况""绿色设计及绿色采购""能源资源绿色管理""设备绿色管理"和"加分项"共5个方面、17个指标项组成（表11-5），能比较客观地评估数据中心在设计、建设、运维、测评和用能管理等工作中贯彻绿色节能目标的总体进展情况。

表 11-5　国家绿色数据中心评价指标

序　号	指　标	权重分值
一、能源资源高效利用情况		
1	电能利用效率（PUE）	60
2	设计指标达标情况	3
3	IT 设备负荷使用率	3
4	可再生能源使用比率	2
5	水资源利用效率	2
二、绿色设计及绿色采购		
6	绿色先进适用技术产品应用	7
7	清洁能源利用系统	5
8	绿色采购	2
三、能源资源绿色管理		
9	能源使用管控	4
10	水资源使用管控	2
11	节能诊断服务	2
12	第三方评测	2
四、设备绿色管理		
13	电器电子产品有害物质限制使用管理	2
14	废旧电器电子产品处理	2
15	废弃物处理	2
五、加分项		
16	可再生能源电力消纳、绿色电力证书消费、余热回收、电池梯级利用等综合能源利用	3
17	标准等绿色公共服务	2

评价指标体系同时给出了每个指标的定义、口径范围、计算方法、分值权重、评分规则等信息，确保绿色数据中心的评价工作能够按照统一标准执行。

资料来源：张彦青，贾庚生. 国家绿色数据中心评价认定指标体系解读[EB/OL]. (2022-06-17). https://caijing.chinadaily.com.cn/a/202206/17/WS62ada0a6a3101c3ee7adb4ca.html.

常用的绿色管理绩效评价方法主要有层次分析法（analytic hierarchy process，AHP）、人工神经网络法（artificial neural networks，ANN）、灰色系统评估法（gray system evaluation method）和模糊综合评价法（fuzzy comprehensive evaluation）等。限于篇幅，这里不再赘述。

三、绿色管理的 ESG 评价体系

根据企业社会责任的三重底线理论，企业的可持续发展以经济、社会和环境的基本平衡为基础。"双碳"目标提出后，ESG 这一概念受到各方关注。ESG 是环境（environmental）、社会（social）和公司治理（governance）三者的缩写，其中企业的社会责任、公益事业和绿色环保是 ESG 评价的重要指标。ESG 是一种衡量企业可持续发展绩效和长期价值评判的新兴评价体系，由此这里专门对绿色管理的 ESG 评价体系进行介绍。ESG 是一种关注环境、社会、治理绩效而非财务绩效的绿色管理评价方式。环境维度主要包括气候变化、垃圾污染、可持续性等方面，需要企业考虑其经营管理活动对环境造成的影响，如企业自身及其所带动的上下游企业降低二氧化碳排放、减少污染物排放和废弃物处理的绿色管理活动评价等。社会主要包括社会关系、人权、福利等方面的责任，需要企业考虑其经营活动对社会造成的各种影响，如员工管理、员工权益、福利薪酬、员工安全、与上下游企业的关系、产品安全性等。公司治理主要包括管理架构、商业道德等方面，主要考虑企业组织架构、股东和管理层的利益关系、腐败与财务欺诈问题、信息披露透明度及商业道德等方面。通常 ESG 评价良好的企业展现出低估值、高盈利、效益稳定等特征。

与传统管理绩效评价指标不同，ESG 评价体系能够更有效地衡量企业的绿色管理能力和绿色管理前景，也能够有效帮助投资者预判企业未来的财务情况。当然，也存在一些企业为了追求自身利益，以 ESG 之名进行虚假环保行为，即所谓的"漂绿"行为。由此可见，ESG 信息披露内容的真实性和披露质量还有待政府部门加强监督管理。社会各界对企业 ESG 信息的披露提出了更高的要求，很多企业也以数字化为发力点加大 ESG 投资，如推出在线 ESG 知识平台等，将数字化与 ESG 信息披露紧密结合。

在企业 ESG 评价过程中，大数据支持的 ESG 数据管理同样十分重要。企业 ESG 信息披露面临如何准确、及时地记录企业绿色管理过程中的各项管理数据、追溯类绿色管理生命周期过程中的碳排放足迹、进行碳核算、制订降低碳排放计划、持续监察绿色信息数据趋势，加强 ESG 评价准确性等问题。制订绿色管理的 ESG 评价数字化方案，搭建满足绿色管理数据收集、评估分析、追踪管理、智能报告等不同需求的 ESG 一体化数字平台，实现对 ESG 数据填报、审批、跟踪、数据校验统计等全周期的自动化管理。将 ESG 评价数据和企业绿色管理战略融合，才能更好地帮助企业理解自身在环境、社会和治理方面的表现，并据此作出更好的决策，提前发现可能对其经营管理造成威胁的环境、社会和治理问题，从而提前制订应对方案。

扩展阅读 11-2 实践前沿：吉利汽车首次披露 ESG 战略

2023 年 6 月，中央广播电视总台联合国务院国资委、全国工商联等发布《年度 ESG 行动报告》，8 月发布《央企控股上市公司 ESG 专项报告参考指标体系》，构建了中国特色的 ESG 指标体系。这一体系在国际 ESG 评价体系的基础上，结合中国国情构建了现代产业体系建设、新型工业化建设、乡村振兴、区域协调发展、"一带一路"、促进就业等具有中国特色的指标。在此基础上，形成的 ESG 评价模型如图 11-1 所示。

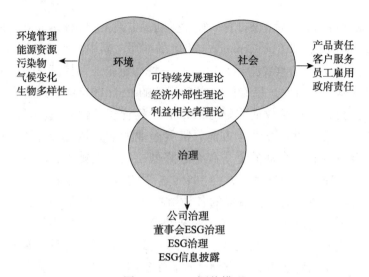

环境管理
能源资源
污染物
气候变化
生物多样性

产品责任
客户服务
员工雇用
政府责任

环境　社会

可持续发展理论
经济外部性理论
利益相关者理论

治理

公司治理
董事会ESG治理
ESG治理
ESG信息披露

图 11-1　ESG 评价模型

资料来源：中央广播电视总台，国务院国资委，全国工商联，等. 年度 ESG 行动报告[R]. 2023。

四、绿色管理的绩效评价程序

绿色管理绩效评价是一个管理过程，应作为企业常规管理职能和活动的一部分。绿色管理绩效评价遵循"计划—实施—检查—改进"（PDCA）的管理模式。这一过程的程序如下。

（1）计划。计划即准备实施绿色管理绩效评价，包括：明确企业绿色管理绩效指标体系及各指标的度量单位，确定企业管理活动的地理边界，设定企业管理活动涉及资源环境问题的具体环节。绿色管理绩效评价的一大难点是评价结果的客观性和准确性，因此需要充分利用数智化手段做好绩效评价的需求预测管理，必要情况下应用分析模型对绿色管理绩效的历史数据进行分析处理和绩效评价数据预处理，做好初步判断并依据以上内容设计系统化的绿色管理绩效评价指标体系，并对指标体系进行反复论证，听取吸纳专家、企业管理者、员工等的意见和建议，通过大数据支持协同完善和推进计划，确保计划的合理性和科学性。

（2）实施。由专人或专门机构负责，通过统计或咨询调查的方法连续收集一定时期内若干期的绿色管理绩效指标值；运用层次分析法确定绩效指标权重；选用合适的评价方法，建立企业绿色管理绩效评价模型；计算绿色管理绩效值。依据企业绿色管理绩效目标，动态化、实时化地收集分析企业绿色管理绩效的大数据，实现协同在线评估绿色管理的实际状况，向企业高层或有关部门或利益相关者汇报、交流绿色管理绩效评价结果及其相关分析报告。

（3）检查。企业可以利用绩效云平台系统实现云上绿色管理绩效评价，也就是通过在线监测进行绿色管理绩效的定期评价，动态检查企业绿色管理活动过程中的成绩与问题，及时预警潜在的环境污染破坏问题并识别改进的机会。其包括：投入的成本与取得的收益，为完成绿色管理绩效目标和指标所取得的进展，为提高绿色管理绩效所取得的进步，所选择的绿色管理绩效指标的使用情况，数据来源、数据收集方法和数据质量，相关方提供的信息，法规和其他要求、最佳实践及最佳绿色技术的可行变化，过程、产品、服务、资源消耗量和污染排放量等。

（4）改进。企业可通过数字化技术进行绿色管理数据模型参数动态调整优化，采取一定措施改进绿色管理绩效评价过程。例如，提升数据质量、可靠性和可用性，提升分析和评价能力，建立或识别新的或者更为实用的绿色管理绩效评价指标，改进绩效指标选择标准及评价交流过程，重新培训参与绿色管理绩效评价相关问题的人员。采取改进措施之后，还需进一步对改进结果进行评价，以不断提高绿色管理绩效水平。

> **思维拓展：** 在数字化时代，如何借助数字化技术让绿色管理绩效评价更高效？

在绿色管理绩效评价的基础上，企业一般会出具与企业环境信息有关的年度报告，以此向社会公布企业的绿色管理情况，如企业对环境法律法规的执行情况、环境保护目标达成情况、减轻环境负荷的举措及成效等。环境报告书编制方法要点见表 11-6。

表 11-6　环境报告书编制方法要点

主要项目	方法要点
环境方针	是否表明高级管理层的意向（CEO 开明吗）？ 对企业活动给环境带来的负荷认识到什么程度？ 打算用什么样的环境行动计划来解决问题？
经营的环境效率	环境收支=节约效果与费用回避−环境对策费用（顺差吗）？ 环境效率（经济基础）=节约与避免支出费用/环境对策费用（年年增加吗？） 环境效率（负荷基础）=一年内的销售额/综合环境负荷（年年增加吗？）（综合环境负荷=物质使用量、能量使用量……）
物质平衡	一年内的物质、能量收支
零排放	工厂废弃物接近零到什么程度？ 在进行生态制造吗？
生态设计	产品、服务的环境协调性设计到何等程度？ 对产品生命周期全过程承担的责任到什么程度？ 对非物质化（服务化、信息化、节能、省资源……）企业的热心程度
环境、劳动、安全和卫生管理	统一管理、绿色交易的情况
信息公开	对环境标识、PRTR（污染物排放与转移登记制度）积极公开的情况
合作伙伴	与利害相关者和 NGO（非政府组织）等建立建设性的良好关系了吗？
社会贡献	对环境 NGO 的支援、对发展中国家的支援情况等
报告书的设计	容易理解吗？ 是否显示了逐年的变化？ 如果提出要求，可以获取详细数据吗？ 是否具有企业特色？ 对企业主、职员、NGO 等的说明充分吗？

资料来源：山本良一. 战略环境经营生态设计——范例 100[M]. 王天民，译. 北京：化学工业出版社，2003.

第四节　绿色管理的迭代优化

一、绿色管理的迭代优化流程

绿色管理的迭代优化是根据绿色管理实施情况和评价结果，提出组织各层面进一步迭代优化绿色管理的建议或改进路径，以提升绿色管理绩效。绿色管理迭代优化是一而再地评价、分析、优化、再评价的持续改善过程。

（1）评价。基于不断迭代优化的绿色管理绩效评价指标体系（特别是 ESG 评价体系），参照更高的环境保护标准、采用更先进的数字化技术手段，进行绿色管理绩效评价，要确保数据记录的真实性、客观性、合法性和完整性。每次评价都应形成一份简报性质的文件，概述绿色管理绩效评价假设、评价方式、评价时间、评价主体、评价流程和评价结果。建立绿色管理绩效评价的大数据库，并且把历次评价结果汇总编纂成指引，便于整个企业上下及时获取不同部门、不同环节的绿色管理绩效评价，为进一步开展工作提供数据参考。

（2）分析。既要对当前的绿色管理绩效评价结果数据进行分析，也要把以往的绿色管理绩效评价结果数据与当前的评价结果数据进行对比分析，主要包括有关企业管理的污染排放、能耗量、碳资产、碳交易等评价结果数据。既要分析影响评价结果的外部环境因素，也要分析影响评价结果的组织内部因素，而且要把后者作为分析的重点。对评价结果数据的分析，可以运用有关大数据分析技术、人工智能技术进行收集、分析和比对，实时掌握能耗、生产数据以及碳排放情况，比较各时间段、各排放环节的绿色管理变化趋势。需要注意的是，绿色管理绩效评价的分析过程，应始终围绕绿色管理活动对于资源节约、环境保护、降碳减污管理成效的分析。

（3）优化。针对评价结果、识别的问题及其成因对企业绿色管理进行优化。优化的内容：①从战略层面，优化绿色低碳转型战略、全面绿色管理战略、绿色营销管理战略等；②从策略层面，优化绿色组织策略、绿色领导策略、绿色文化策略、绿色生产和运作策略、绿色创新和创业策略、绿色市场策略、绿色供应链策略、绿色管理绩效评价策略等某一个方面或其组合；③从决策层面，优化绿色管理内容决策、绿色管理方法决策、绿色管理模式决策的某一方面或其组合；④从执行层面，优化绿色管理人员行为、绿色管理资金使用、绿色管理资源利用等某一方面或其组合；⑤从平台层面，建立绿色管理信息化系统，做好绿色管理数据汇聚、监测、预测和分析体系建设，帮助企业进行便捷轻松、实时动态、智能自动的绿色管理监测和动态优化。

（4）再评价。绿色管理的迭代优化不是通过一次优化就能达到最佳效果的，要经过评价、检验和再评价等反复的检查论证，通过再评价查找差距与不足，在反馈与矫正中逐步优化。根据绿色管理评价、分析和优化的结果等方面，借助大数据、云计算、人工智能、5G 等数智化技术对上一轮评价结果进行深入验证和优化措施的落实效果。企业可以视情况选择部分 ESG 报告面向社会公开，接受社会公众的监督和建议。对绿色管理的再评价包括定期再评价、实时再评价和年度再评价等方式。再评价的标准可以对标原有绿色管理目标，也可以对标更高的绿色管理目标。

绿色管理的迭代优化流程如图 11-2 所示。

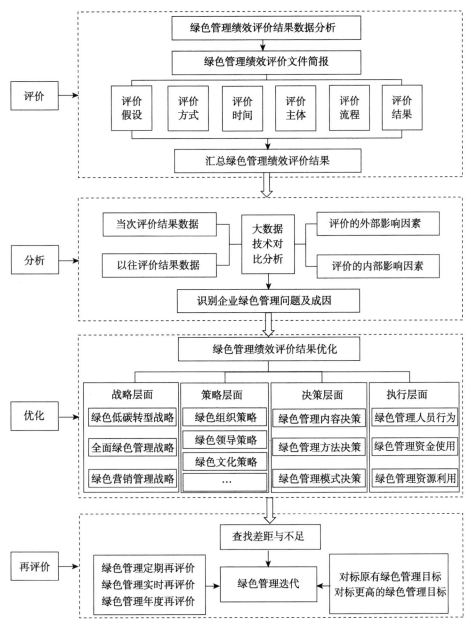

图 11-2　绿色管理的迭代优化流程

二、绿色管理的迭代优化举措

对不同行业的企业而言，由于其区域特点、行业特色、企业绿色管理绩效及其存在问题和成因不同，绿色管理迭代优化举措也会存在差异。这里我们主要分析绿色管理迭代优化的一般措施。

（1）优化绿色战略规划，提高绿色管理站位。企业需紧随绿色高质量发展战略、共同富裕、"双碳"目标等国家战略，并结合绿色管理的内外部环境变化，及时调整优化企业绿色管理战略规划，重点部署降碳减污、节能减排，大力推进全方位、全过程、全领域、全层次的绿色管理，以可持续发展为原则优化绿色管理的全局统筹规划，以转型升级为主线优化绿色管理的顶层设计。从社会、国家甚至全球长远发展的角度，重新思考制订更高的绿色管理目标。以资源节约、环境保护、降碳减污的经营管理为核心，将绿色管理目标与企业、人类、自然与社会的协调发展相互联系。还要顺应数字化时代发展潮流，将企业的绿色管理战略与数字化转型战略相互统一和融合，更好地适应未来发展的需要。因而，企业要根据自己的绿色管理战略、有关部门的环境法规以及环保部门或行业主管部门下达的指标，制订更高层次的绿色管理目标和数字化绿色管理目标。具体而言，就是根据企业的物力、人力、技术力量等情况，在实施绿色组织、绿色文化建设、绿色领导、绿色生产、绿色运作、绿色创新、绿色数智管理等方面优化调整企业绿色管理远期规划、中期规划和近期规划，为企业的绿色管理谋篇布局。

（2）优化绿色管理组织，完善绿色管理保障。绿色管理的迭代优化以更加高效和有序的绿色管理组织为重要基础。企业绿色管理对资源节约利用、对运作管理中间环节简化、对生产设备效率保障等都处于较高的要求水准，因此需要从科学的绿色管理组织机构设计出发进行组织优化，防止高耗能、高污染、高排放生产造成的环境破坏。也就是在进一步明确和优化绿色管理组织职能的基础上，完善绿色组织架构设置，设立专门的绿色管理机构，依托数智化技术对企业绿色管理进行实时动态监管；完善绿色管理机构职能，包括：做好绿色资源和产品开发管理，绿色产品质量管理、企业绿色信息管理，企业治理"三废"及其他绿色指标的制定与管理等；厘清绿色角色定位。吸收借鉴国内外企业绿色管理的先进做法，明确分工与职责，便于管理者对职责范围内的工作保持生态响应的敏锐触觉，及时发现企业运作管理中的污染问题并予以妥善解决或改善。此外，还需要优化绿色管理专业人员的配备与使用，加大对绿色管理人员的守法引导和正向激励，积极开展有针对性的绿色管理宣传教育，强化企业人员的环保动力。还需要加强云计算、人工智能、信息化、大数据、物联网等前沿科技的技术保障，赋能绿色管理降碳节能应用场景。

（3）优化绿色管理协调，完善绿色管理路径。从协同一致、相互配合、高效环保的角度进行绿色管理协调的优化，除了为企业提供能确保其绿色管理顺利实施的有形资源（例如绿色管理办公场所、机器设备等），还需优化包括企业绿色文化、绿色理念、绿色声誉、绿色形象等在内的无形资产，提升企业绿色竞争的"软实力"。围绕资源节约、节能减排、降碳减污管理，优化绿色组织文化制度，培育浓厚的绿色组织文化氛围，增强企业主体的绿色管理理念，广泛吸收组织内外有助于企业开展与环境保护有关的经济活动的绿色思想。充分协调利用绿色资源，尤其是对绿色生产数智技术、绿色管理数智技术、环保设备投入、人才引进、环保项目建设等资金、人才、技术资源的协调。具体来说，就是协调利用数字化技术为企业绿色管理提供丰富的落地场景，将科技创新与绿色管理信息获取深度结合，挖掘绿色科技信息、绿色资源和产品开发信息、绿色法规信息、绿色组织信息、绿色竞争信息等绿色管理大数据资源，为绿色管理迭代优化提供基础。

（4）优化绿色管理控制，提升绿色管理成效。企业需要从环境、社会与治理多个维度出发评估企业绿色管理效果。进一步优化绿色管理绩效评价指标体系，加大对环境保护和污染防治的审计核算与监督考核力度，将降碳、减排、节能指标作为企业经济责任制考核的否决性指标。吸收国际 ESG 评价体系构建的先进经验，并注意结合中国文化情境和企业自身绿色管理状况，进一步完善绿色管理绩效评价指标体系，编制真实完整的 ESG 报告，及时向社会进行 ESG 信息披露。利用大数据技术对绿色管理绩效进行横向和纵向的对比分析，并基于绿色管理的不同层面进行差异化调整，形成全方面、立体化、动态化的绿色管理绩效评价优化方案。进一步充分利用大数据技术对绿色管理绩效评价和管理优化的支持作用，加大企业绿色管理的数字化监测平台建设，充分考虑环保数据统计上报、企业内部管理、节能减排合规要求、绿色能效提升及智能管控目的，将数字化平台划分为管理、能效、统计、考核等方面，明确绿色管理绩效等级，并建立相应的评价方法，促进绿色管理控制的数智化迭代升级。

扩展阅读 11-3 政策解读：绿色绩效评价助力绿色管理迭代优化

> **思维拓展：** 数字化时代，你认为还有哪些绿色管理迭代优化措施？

本章小结

在国家绿色高质量发展和"双碳"目标背景下，绿色管理的推行实施从政府、企业、社会等不同层面有序、全面地展开，并在绿色管理审计核算和绩效评价中不断推动国家战略有效落地。首先，本章阐述了企业作为重要的绿色管理实施主体，其绿色管理的推行实施受到来自企业内部动力因素和外部压力因素的影响与推动，要从全方面、全过程、全领域、全层次深入展开绿色管理。其次，阐述了绿色管理的审计核算内涵、内容和方法，为衡量绿色管理实施成效评价提供基础。再次，论述了绿色管理绩效（包括 ESG 评价体系）评价的原则、程序、指标和评价体系，重点阐述了 ESG 评价体系（环境绩效、经济绩效、社会绩效三个维度）的内容，为绿色管理迭代优化提供重要基础。最后，阐述了绿色管理实施的评价、分析、优化的持续改善过程。

核心概念

1. 绿色管理实施（green management implementation）
2. 绿色管理目标（green management target）
3. 绿色管理绩效评价（green management performance evaluation）
4. 绿色审计核算（green audit accounting）

5. 环境、社会和公司治理（environmental, social and governance）

6. 绿色管理迭代优化（green management iterative optimization）

本章思考题

1. 绿色管理推行实施的重点主要包含哪些方面？
2. 比较各种绿色管理绩效评价方法的优劣。
3. 大数据、人工智能等数字化技术对绿色管理绩效评价有什么影响？
4. 如何构建中国文化情境下的 ESG 评价体系？
5. 结合实际谈谈你对绿色管理迭代优化流程的理解。

本章实训指南

本章综合案例

数字化赋能徐工绿色管理迭代升级

徐工集团工程机械股份有限公司（以下简称"徐工"），为徐州工程机械集团有限公司核心成员企业，是国企改革"双百企业"，江苏省首批混合所有制改革试点企业，是我国工程机械行业规模宏大，产品品种与系列齐全，极具竞争力、影响力和国家战略地位的千亿级企业。徐工溯源于 1943 年创建的八路军鲁南第八兵工厂，是中国工程机械产业的奠基者和开创者，引领行业开启国际化先河，源源不断地为全球重大工程建设贡献力量。截至 2023 年，徐工居全球工程机械行业第 3 位、中国机械工业百强第 4 位、世界品牌 500 强第 395 位，是中国装备制造业的一张响亮名片。2022 年，徐工成功入选首批中国工业碳达峰"领跑者"企业。

徐工产品囊括了土方机械、起重机械、桩工机械、混凝土机械、路面机械等五大支柱产业，以及矿业机械、高空作业平台、环境产业、农业机械、港口机械、救援保障装备等战略新产业，下辖主机、贸易服务和新业态企业 60 余家。徐工将技术创新融入发展血脉，诞生了一批代表中国乃至全球先进水平的产品：2 000 吨级全地面起重机，4 000 吨级履带式起重机，700 吨级液压挖掘机，12 吨级中国最大的大吨位装载机，百米级亚洲最高的高空消防车，第四代智能路面施工设备等，在全球工程机械行业产生了颠覆式影响。

一、顶层规划绿色低碳发展战略

大国有担当，企业亦应"闻鼓向前"。在国家碳达峰碳中和"3060"战略目标的引领下，徐工于 2022 年 1 月 29 日正式发布中国工程机械行业首个"双碳"规划纲要——《徐工碳达峰碳中和行动规划纲要》（以下简称《规划纲要》），旨在通过创新驱动、技术变革和管理变革，打造世界级的产品和品牌，引领行业绿色可持续发展，为构建人类命运共同体作出应有贡献，同时标志着徐工坚定瞄准"双碳"目标，向高端化、智能化、绿色化、服务化、国际化发展又迈出了重要一步。

《规划纲要》中明确了徐工"2027年碳达峰"和"2049年碳中和"的战略目标，制定了"绿色徐工，让世界更低碳"的"双碳"愿景，指明了徐工将致力于"探索工程科技，为全球建设和全球客户创造净零碳价值"，持续引领和带动上下游企业走高质量与可持续的绿色低碳发展道路。为了实现"双碳"目标，徐工不仅在技术创新上发力，而且携手同盟军，加强顶层设计和系统化布局，提出了"双环三新四赋能，十大行动共支撑"的"双碳"模式，明确了未来数十年的绿色低碳发展路径。

二、有序实施用能结构低碳转型

徐工深入挖掘光伏发电等可再生能源应用潜力并初步取得实效，截至2021年累计利用屋顶面积约52.8万平方米，装机容量近50兆瓦，实现光伏自发自用余电上网。近三年来光伏自发自用电量累计9910万度，实现二氧化碳减排7.9万吨。同时，积极探索风电、高效热泵、地源热泵等多元用能方式，计划到2025年，新增光伏、风电装机容量超过200兆瓦。

三、智能制造助力企业高质量发展

作为中国工程机械产业的奠基者、开拓者和引领者，徐工高度重视数字化、智能化的建设，坚持数字技术与制造业的深度融合应用，契合企业高质量发展的需求，形成一个独具徐工特色的智造4.0模型。在徐工重型5G智慧工业园，截至2023年已打造了10条智能生产线、4个智能车间，通过人工改机器，实现了工件自动周转、自动焊接、自动检测，同时把各种设备接入工业互联网，系统可实时监控生产参数，保证了质量的可控、精度的提升，生产效率提高了50%，产品一次交验不合格率降至10%以下，达到世界领先水平。

四、持续推进制造过程绿色化

公司推进绿色工厂建设，近五年获评国家级绿色工厂3家、省级绿色工厂5家。在生产工艺方面，开展焊接工艺低碳、节能优化工作，建立焊接工艺能效动态优化模型，逐步实施高速激光焊接等技术应用，优化保护气配方，减少焊接过程碳排放，效率提升3～5倍，能耗降低70%～80%，焊材减少50%；研究应用低碳、环保涂料的涂装工艺，开发低温固化等低能耗、低排放涂装技术；推行燃气红外加热工艺替代燃气直燃工艺，烘干效率提升20%～25%，能耗降低25%～30%。同时，建设覆盖全部焊接区域的烟尘集中收集治理设施；近三年投入超过3亿元强化涂装VOCs排放治理；投资建设危废处置项目。

五、大力开发新能源工程机械产品

徐工全面布局新能源产品研发及产业化，涵盖纯电、混动、氢燃料电池三大技术路线，同时自主研发新能源电池包及BMS（电池管理系统）、电机及电机控制器、整车控制器等核心部件，截至2021年底，徐工累计发布108款新能源产品，产品类型覆盖汽车起重机、装载机、高空作业平台、环卫车辆、正面吊、压路机、摊铺机等多个领域，打造了无人智矿、道路机械无人化施工等示范场景，逐步形成行业领先的新能源、低碳产品集群。

六、再制造助力产品生命周期降碳

徐工作为工业和信息化部第一批再制造试点单位，深化工程机械再制造技术研发及推广，先后突破了绿色清洗、无损拆解与装配、检测与评估、表面修复等再制造全流程关键技术，形成了完善的工程机械再制造技术体系及装备，开发工程机械退役产品逆向物流信息平台，实现再制造产品全生命周期信息高效追溯与管理。徐工已将再制造技术推广用于起重机、旋挖钻机、液压油缸、泵、马达等整机及零部件再制造，并于2016年通过工业和信息化部再制造试点单位验收。2016—2018年，28种吨位汽车起重机整机及480种型号零部件被纳入工业和信息化部《再制造产品目录》（第六批、第八批）。通过工程机械再制造，节约电能、钢材使用的同时减少温室气体排放，有效缓解了资源短缺、能源匮乏、环境危害压力，经济生态双赢成效初显，有效支撑徐州"无废城市"试点建设工作。

七、供应链同盟军协同减碳

徐工一直是绿色供应链的先行者，秉承"绿色、智慧、创新、共赢"的发展理念，徐工供应链以"原料无害化、生产洁净化、废物资源化、能源低碳化"为目标，将绿色发展理念融入供应链的日常管理，制定《绿色供应链管理制度》，开发全球数字化供应链系统。作为链条上的核心企业，公司将绿色管理在整个链条上纵向延伸，通过绿色引领、绿色采购，拉动上游企业进行绿色改造，全面优化供应商及其绩效管理体系，严把供应商的绿色关卡，倒逼上游供方开展绿色工艺及绿色精益制造，最大限度提高资源利用率，减少资源消耗，优化成本，提高效率，实现可持续发展，2019年公司获得工业和信息化部绿色供应链管理示范企业称号。

八、数字化赋能绿色低碳发展

徐工建设了覆盖主流程的数字化支撑平台，通过数字化赋能企业低碳转型。截至2023年，徐工全球数字化备件服务信息系统（X-GSS）平台已向客户提供数字化图册50万册，横跨4 000种产品，与实物产品一致性达到99.99%，融入AR技术建设远程服务场景，帮助中下游企业客户提升备件服务满意度，通过数字化产品深挖价值，打造营销服务新模式。作为我国第一个自主研发的工业互联网平台，徐工汉云工业互联网平台实现多个应用场景、多个测试环境的数重检验，截至2023年已成功赋能装备制造、建筑施工、有色金属、工程机械、新能源、教育等80多个行业，构建20个产业链平台，服务企业超7万家，连接"一带一路"沿线80个国家和地区，服务多个国际化项目，为客户提供设备画像、设备预测维护、数字孪生、数字化备件协同、智能仓储、无人化集群协作等解决方案，无论是平台能力还是产品技术应用实力，均得到业内专家和市场的广泛认可。

任重道远，行则将至。徐工将在国家"双碳"目标的引领下，在产品服务的全生命周期内，聚力攻关绿色低碳核心技术，建立完善的绿色供应链和绿色制造体系，推进工程机械绿色产品、绿色装备、绿色制造、绿色施工、绿色服务全面发展，做企业绿色高质量发展的先行者，做行业可持续发展的引领者，做国家"双碳"目标的践行者，做世界美好家园的守护者。

资料来源：中国工业经济联合会. 争做工程机械行业可持续发展引领者：徐工集团工程机械股份有限公司——"工业碳达峰"优秀企业系列报道十九[EB/OL]. (2023-02-16). https://mp.weixin.qq.com/s/7fvDDEKt3rl0yhOjo_SaLA.

案例思考

1. 徐工推行实施绿色管理的重点主要包含哪些方面？

2. 如何评价徐工推行实施绿色管理的成效？

3. 数字化如何赋能徐工绿色转型升级？

第十二章

绿色管理的拓展和未来

◆ **本章导语**

绿色化和数字化的双向奔赴，推动着数字化时代绿色管理的不断迭代升级。

◆ **本章引例**

联通 5G 如何助力碳基工厂挑战"极致减碳"？

5G 推动极致减碳，智能智造绿色高效。中国联通助力宝武碳业打造了 5G 全连接工厂，满足其"一总部多基地"的管理诉求，并通过"5G+工业互联网"的深度融合，成功实现了十大示范应用场景，有效提高生产经营效率，大幅减少生产运营成本，提高安全生产保障能力，进而加速宝武碳业从传统化工制造业向高科技数字化工厂转型。

一、精确到每一克

根据国家《碳排放权交易管理办法（试行）》中关于"双碳"目标的要求，重点排放单位应当控制温室气体排放，报告碳排放数据，清缴碳排放配额，若有超排额度，则需要额外购买。宝武碳业为上海市重点控排企业，之前没有统一的碳核算平台，各装置分布在全国各地，短期内难以测算碳排放分布数据。

宝武碳业宝山基地的工作人员介绍道："由于我们在过往生产中没有对碳排放的结构和数据实现精准掌控，每年都需要花费数百万元来购买超排额度。但实际情况是，装置区用的煤气在进入管线及工艺生产后，还会剩余一部分回馈到管路中，而在计算碳结构的时候并没有排除掉这部分，导致碳排放量的数据远高于实际。"

中国联通助力宝武碳业打造了碳资产管理平台，依托 5G 专网，利用 5G 的广连接和易用性，灵活加装碳排查装置，实现对能耗情况的精确感知和管理。同时，通过碳足迹核查，识别高排放装置，通过工艺改进，每年可创造减排效益近千万元。"运用 5G 终端部署碳核查仪表全面掌握碳结构后，我们更加清晰了各装置的碳排放情况，对于提升绿色制造和提前达成'双碳'目标作出了巨大贡献。"工作人员对 5G 在碳排放场景下的应用表示肯定。

二、管理到每一处

安全高效也是化工新材料发展的生命线。宝武碳业面临从传统煤化工企业向新材料企业转型发展，同时，业务扩展和不断兼并，也催生了公司组织变革。5G等新技术为环保安全、人员管理、智慧运营发展提供了新机遇。

中国联通助力宝武碳业打造了5G全连接工厂，通过CUII（中国联通工业互联网）云网融合技术将其全国的15大生产基地、21家分/子公司打通，满足其"一总部多基地"的管理诉求。相关项目负责人介绍道："在中国联通千兆光网5G虚拟专网的助力下，我们形成了'一总部多基地'的管控模式，为公司管理体系的智慧化、扁平化、高效化提供了手段，在此基础上形成了一批5G应用场景并快速复制到全国各基地，进一步推动形成新材料行业和流程型工业企业5G典型应用场景的建设模式。"

三、迈向"智能"制造

创新驱动发展。基于5G专网，中国联通与宝武碳业共同实践探索，成功实现了十大智能制造示范应用场景，推动形成新材料行业5G典型应用和流程型工业企业5G典型应用场景的建设模式。在"5G＋数字孪生"场景中，基于5G大带宽、低时延的特性，利用三维数字孪生工厂、人员安全定位、智能点巡检、安全作业管理，结合专家诊断功能系统，大幅提升安全管理效率，保障现场数据采集和信息传递效率，实现操检合一。

在"5G＋智能巡检"场景中，以巡检机器人取代巡检人员，对槽罐区域重大危险源进行巡检，减少了现场工作人员，有效消除了有毒有害气体和环境危险因素对巡检人员的伤害风险。在"5G＋VR生产安全流程培训"场景中，利用5G大带宽特点，结合VR的特点，通过制作工厂生产安全的模型，使新员工无须到现场即可进行沉浸式的工厂环境体验，实现对新员工的安全生产培训。

随着数字化、网络化、智能化发展和应用场景增多，以5G为引领的数字技术将在不久的将来孕育出更多新产业、新模式、新生态。中国联通将牢记"国家队、主力军、排头兵"央企责任，践行"人民邮电为人民"初心使命，携手合作伙伴继续不断探索更多实践场景，为推进"中国制造"向"中国智造"转型升级、助力制造业由大谋强贡献力量。

资料来源：迈向中国"智造"！联通5G助力碳基工厂挑战"极致减碳"[EB/OL]. (2022-10-28). https://m.thepaper.cn/baijiahao_20493062.

引例思考：联通5G助力碳基工厂如何从"极致减碳"走向"极智减碳"？

本章知识结构图

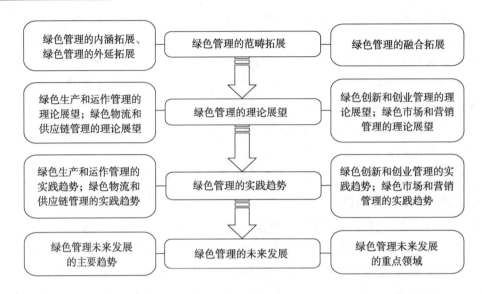

党的二十大指出，"中国式现代化是人与自然和谐共生的现代化"，绿色管理已经成为助推中国式现代化进程的一个重要方面。站在时代发展的前沿，紧紧抓住新一轮科技革命和产业变革的机遇，推动数字化与绿色管理的深度融合，以数字化赋能绿色管理不断向纵深拓展，从而加快发展方式的绿色转型，是当前和今后一个时期的重要任务。对当前绿色管理发展过程中所呈现的规律、特征和趋势进行分析总结，展望绿色管理的理论和实践趋势，预测绿色管理的未来发展方向，把握未来绿色管理的重点和进一步突破空间，可以有效助推绿色管理实现更高质量和更高水平的升级，实现绿色管理的版本更迭。本章从拓展和未来的角度，主要介绍绿色管理的范畴拓展、绿色管理的理论展望、绿色管理的实践趋势和绿色管理的未来发展。

第一节　绿色管理的范畴拓展

一、绿色管理的内涵拓展

从内涵上看，绿色管理的"绿色"内涵不断拓展。其主要体现在：①从环境保护向自我和谐拓展。"绿色"的直接含义是"环保"，更深一层含义是"和谐"。其本质是企业与各要素之间和谐共生的关系。这一点应成为企业未来绿色管理的根本追求之一。因此，绿色管理从环境保护走向自我和谐是一种必然的发展趋势。企业走向自我和谐，即企业内部绿色管理融洽、协调地推进，成为一个有机的绿色管理主体。②从环境保护向生态和谐拓展。在我国不断走向人与自然和谐共生的中国式现代化大局下，绿色管理也将不断从环境保护走向生态和谐，不仅包括企业内部各要素之间处于一种相互协调、绿色和谐发展的状态，也包括企业与自然、与环境的和谐；既要创造更多物质财富和精神财富以满足人民日益增长的美好生活需要，也要提供更多优质生态产品以满足人民日益增长的优美生态环境需要，从而实现企业管理与生态发展的和谐共赢。③从环境保护向人态和谐拓展，即转向人与人之间的生态和谐（这里的人指的是生态人，即与自然环境协调的自然人和法人）。在绿色管理过程中，企业员工、顾客、利益相关者等各方的参与程度不断加深。为了进一步拓展绿色管理，需要从企业关系的角度入手，通过协调企业内部之间、企业与企业之间、企业与市场之间、企业与政府之间、企业与社会及公众之间等各方面关系，实现企业资源的合理优化和充分利用，最终实现人态和谐的目标追求。

二、绿色管理的外延拓展

从外延上看，未来的绿色管理趋向全面化和全员化，将会面向更多样化的管理对象，同时也将吸纳更多主体参与绿色管理实践。

（一）绿色管理主体多维化拓展

绿色管理日趋成为主流，吸引着越来越多的主体实施绿色管理。互联网为绿色管理提供了线上渠道，为更多主体加入绿色管理的队伍创造条件。因此，未来绿色管理的主体将会多维化拓展。进一步说，除企业这一重要的市场主体外，政府、非营利组织（绿色环保组织等）也会更多地参与绿色管理的全过程。政府、非营利组织等已在推动与绿色管理相关的节能降耗、资源节约等方面发挥了不可替代的作用，且未来仍有极大的绿色管理潜力，具体体现在以下两点。

> **思维拓展：** 线上环保社群平台在绿色管理中可以发挥哪些作用？

（1）政府绿色管理的拓展。目前，政府绿色管理的主要手段是给予绿色财政补贴、绿色监管规制等。例如，很多地方政府在其管理和服务中不仅重视对生态环境的保护，而且关注"人"的生态需求和社会需求，还注重对"经济人"行为的生态边界与社会边界的监管。"双碳"目标下，兼顾生态保护和公民的美好生活需要，政府的绿色管理向数字化和绿色化协同的方向拓展，从"双化"政策协同联动、地方政府部门信息共享、搭建数字化碳管理公共服务平台、对碳源分布与碳排放进行实时监测、健全碳普惠体系顶层设计及评估优化等方面着力提高政府的绿色管理水平，朝着构建集约节约、循环高效、普惠共享的绿色低碳发展格局方向不断探索努力。例如，深圳市政府围绕打造"双化"标杆、强化统筹管理、增强需求牵引、完善金融体系等激发数字化对城市、企业等绿色管理的引领作用，推动政府绿色管理的创新实践。

（2）非营利组织绿色管理的拓展。世界贸易组织、国内外环保组织、行业协会等非营利组织在激励企业减少污染物排放和实施绿色创新方面逐渐开始扮演至关重要的角色。非营利组织在普及生态环境保护、提升企业环境保护意识方面给绿色管理带来独特视角和有益经验，对绿色管理发挥着实质性的引领和推动作用。例如，世界自然基金会（瑞士）北京代表处、深圳市一个地球自然基金会（OPF）、北京市民间组织国际交流促进会（京促会）和北京民合国际交流基金会主办 WWF 地球一小时活动，开启前所未有的线上互动仪式，以线上直播的形式联结知名企业家、艺人、音乐人等，引发人们礼赞自然和生物多样性并展开互动交流。线上绿色社群在近年来异军突起，其不受时间、场所的限制，通过互联网构建起无形的绿色管理推动力量，也激发碰撞出绿色管理的新理念、新方式和新途径。

（二）绿色管理对象多维化拓展

与绿色管理主体不断拓展相对应的是绿色管理对象群体不断壮大。伴随绿色管理覆盖面扩大和渗透度加深，绿色管理触及的领域和环节越来越多。绿色管理不再仅仅面向企业内部的层级、环节、部门和岗位，而是延伸至整个绿色产业链。绿色产业链涵盖了"生产—流通—消费"全过程所涉及的各个相关环节和组织载体，连接不同地区、不同产业和相关联行业绿色管理的需要。在这个巨大的绿色链状网络结构中，绿色管理渗透至原材料的采购、运输、加工制造、分销、消费、使用、回收、分享等各个纵向业务流程，每个节点的绿色管理环环相扣。比如，绿色管理不仅存在于相邻节点的供应商和客户之间，也延伸至不同链条之间，如在供应商和供应商之间、客户和客户之间产生横向关联。具体而言，绿色管理的对象将拓展至绿色产业链上的供应商、投资者、竞争者、物流方、分销商、消费者、媒体等。

（1）面向供应商的绿色管理。供应商处于绿色产业链的上游，可以视为绿色管理的开端。供应商向企业及其竞争对手供应原材料、设备、能源、劳务等所需资源，供应情况直接关系到下游企业的绿色运作管理。因此，在绿色管理中要求供应商始终关注环保和可持续发展目标，从源头上实现绿色原材料的选取、品控，比如选用既能满足设计和加工制造需求又可回收或能自然降解的原材料、可再生能源等。数字化时代下，企业可借助数字化技术对绿色生产物料供应数据进行系统自动报备，对供应商的绿色供应情况进行数字化监督管理，更好地从源头上防控污染、降低排放、节约资源。

（2）面向投资者的绿色管理。当投资者为环境保护相关的经济活动注入资本时，能够对绿色管理的发展起到一定程度的引导和支持作用，并在争取经济回报的同时带来可持续发展的社会价值。因此，绿色管理需要扩展至投资者，增强投资者的环保价值观念、社会责任感和自我道德约束，引导其以经济、社会和环境作为商业投资的选择标准（如绿色产品创新、绿色市场开拓等）。地方政府作为城市发展的"投资者"，在绿色企业、绿色产业、绿色园区、绿色技术、绿色城市的建设发展上扮演着不可替代的角色。加强对地方政府投资的绿色管理，也是不可忽视的重要方面。

（3）面向竞争者的绿色管理。企业与其竞争对手都希望通过不断扩大市场占有额来争取利益最大化。顺应可持续发展趋势的企业在市场竞争中具备较强的可持续竞争优势，对于扩大市场占有额大有裨益。然而，良性的绿色竞争建立在有效的绿色管理基础上，尤其是面向竞争者的绿色管理。因此，二者之间的竞争应当是建立在经济、环境和社会三重底线基础上的有序竞争，即在保护环境的问题上达成共识，共同建立起行业环境保护的生态格局。

（4）面向物流方的绿色管理。物流方是绿色产业链上的重要一环，也是绿色管理的重点对象之一。物流运输中交通工具会造成大气污染、土壤污染和噪声污染等，包装材料选择不当和过度包装会造成资源浪费与废弃物污染，仓储保管不当也会加剧环境污染等。因此，面向物流方的绿色管理应当充分利用交通工具、包装材料、场地空间等物流资源，结合先进的物流技术以及数字化技术，对产品的运输、储存、装卸、搬运、包装、流通加工、配送、信息处理等进行合理规划和布局，构建数智化绿色管理系统，降低物流方对环境资源的消耗和对环境的污染。

（5）面向分销商的绿色管理。分销商是绿色产业链的中间参与者，也是产业链发展过程中环境风险的分担者之一。互联网带来了电商行业的快速发展，电商平台成为重要的分销商。缺少社会责任感的分销商可能存在鼓励过度消费、制造产能过剩、无限扩张在线销售业务、滥用"环保"概念误导消费等造成环境污染的不合理分销方式。因此，面向分销商的绿色管理应帮助分销商妥善处理好运营成本控制与环境保护的关系，借助数字化技术优化分销渠道，传播科学的绿色环保理念，降低分销过程中的资源浪费，简化分销环节，减少资源消耗。

（6）面向消费者的绿色管理。消费者组成了绿色产业链中对环境保护有很大推动作用的群体。尤其是 90 后和 00 后消费群体迅速崛起，这些新兴年轻消费群体的绿色认知水平更高，对绿色产品的接受程度更高，通过社交媒体对绿色产品口碑的传播更快。尤其是从小接受环保教育的"后千禧世代"00 后消费群体，他们的个性特征更加突出，主动甄别和获取绿色信息的意识更强，是未来绿色消费的主力。面向消费者的绿色管理应从这些新兴群体切入，积极引导他们培养绿色消费习惯、带动他们共同创造绿色消费环境。同时中年群体仍是不容忽视的绿色消费潜在人群，改变他们的传统消费观，使其在价格与绿色两方面进行有效权衡从而作出可持续购买决策，是促使消费者绿色管理进一步发展的有效举措。

（7）面向媒体的绿色管理。在数字化时代，越来越多的媒体参与绿色管理，为绿色管理发声、传播绿色管理理念、报道绿色管理活动。除了主流媒体的新闻宣传以外，在各类社会化媒体上，如微信、小红书、微博、豆瓣、抖音等，出现越来越多的自媒体者加入环境保护的队伍，分享其绿色价值观念、传播环境保护知识、讨论环境保护的方式。媒体对绿色理念和行为的影响是潜移默化的，也是影响深远的。面向媒体的绿色管理应有效借助数字化手段，对媒体进行精细化的绿色管理。

绿色管理内涵和外延的拓展将为绿色管理实践提供导向，也为资源节约、环境保护、降碳减污创造更多可能。尤其是在"双碳"目标下，绿色管理内涵和外延必然在推动实现碳达峰、碳中和目标的实践过程中拓展与深化，成为进一步加快形成绿色发展方式和生活方式的有效支撑。绿色管理的内涵拓展和外延拓展如图 12-1 所示。

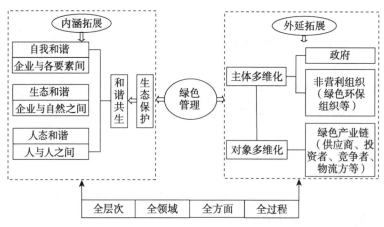

图 12-1　绿色管理的内涵拓展和外延拓展

三、绿色管理的融合拓展

绿色管理正经历着数字化时代的变革，相应地，绿色管理新趋势也在孕育与成长。在坚持资源节约、环境保护、降碳减污理念的基础上，更加融合化、有序化地推动各层次、各领域、各方面和各过程的绿色管理进阶，形成一个有机统一的融合拓展框架，具体包含纵向、横向和发展三个维度。

（一）纵向维度上绿色管理不断纳入"持续"元素

其一，未来的绿色管理应当是驱逐"漂绿"现象，实行货真价实的绿色管理，创造货真价实的绿色价值，从"浅绿"持续走向"深绿"的绿色管理，强调绿色管理效果的长期性和延展性。进一步说，绿色管理除了要注重"形式"和"形象"外，还要注重"内容"和"实质"。其二，未来的绿色管理应当是以现实或向往的绿色需求为追求，持续地保有或增加绿色价值，持续地践行资源节约、环境保护和降碳减污。并且，对于先前较为老旧的绿色管理方法，应采取"优化"而不是"舍弃"的方法来推动绿色管理措施由"从前"迈向"未来"。

"持续"主要体现在：①"绿色＋节约"管理。倡导节约型管理是企业基于生存和发展的理性思考。二者的融合是以更深层次的能源、资源节约为基础，在管理过程中将企业利益、消费者利益和资源节约统一起来，对产品和服务进行新的升级，提高企业对资源可持续利用管理的站位。②"绿色＋低碳"管理。在中国"双碳"目标背景下，减碳降耗是未来绿色管理的重点。将绿色管理与低碳管理相互融合，从产品的绿色特征出发考虑简化包装、简化分销环节，减少碳足迹。将环境和碳管理延伸至更加高耗能和高排放的产业链环节，有效促进产业链在环境合规的基础上协同降碳减污，是企业未来持续经营管理的关键。③"绿色＋生态"管理。绿色管理和生态管理的融合进一步强调了管理过程中的生态环境利益，既包括关注自然环境保护的自然生态管理，也包括关注社会环境和谐可持续发展的社会生态管理。④"绿色＋文明"管理。绿色和文明相结合的管理强调在管理中实施文明行为、塑造文明形象，传递绿色管理的可持续文明理念。

（二）横向维度上绿色管理不断纳入"创新"元素

数字化时代的绿色管理竞争将日趋激烈，这意味着绿色管理面临更强的考验，需更加注重绿色管理的创新性和个性化。一方面，汇聚政府、企业、非营利组织、消费者合力的绿色管理者应利用一切可利用的资源，深度挖掘绿色管理的价值。另一方面，顺应未来更高要求的绿色管理将融合线上与线下、传统与现代管理模式，这同时也对各个利益相关者管理、信息等渠道种类的通畅度与互通性提出了更高的要求。在数字技术支持下，绿色管理与绿色需求精准匹配，传统与现代管理模式有效衔接，可以更好地获得绿色收益。因此，未来的绿色管理会朝向创新化的绿色管理演变。

"创新"主要体现在：①"绿色＋精益"管理。区别于以往较为泛化和粗化的绿色管理模式，"绿色＋精益"管理是一种更加精细、精准、精美的管理模式。这种创新型模式能够帮助企业深入绿色经营管理的细节，促使企业在资源节约、环境保护、降碳减污等方面做得更加细化、量化、标准化、及时化、准确化、持续化和美化。在此基础上不断进行精益求精的绿色管理创新。②"绿色＋协同"管理。"绿色＋协同"管理打破现有的绿色管理边界，聚焦绿色管理共同目标，创新性地以跨部门、跨企业、跨行业、跨区域等方式将绿色经营活动关联与协调，推动绿色管理的不同参与者、不同环节的相互沟通和有机融合，以协同联动的形式创新绿色资源组合方式，既关注绿色管理协作的过程，也注重绿色管理共同的目标和结果。③"绿色＋柔性"管理。传统的绿色管理往往依靠权威式的绿色领导推动，"绿色＋柔性"管理主张激发组织成员、公众个体内心深处的环保主动性、内在潜力和环保创造精神，强调绿色情感管理、塑造企业绿色文化、推行绿色民主管理，通过潜在的说服力和更加"人性化"的方式将绿色管理理念和规范转化为可持续发展的意识及自发的环保行为。④"绿色＋场景"管理。为了更深入地渗透拓展至各个领域，绿色管理将与更多创新性的工作或生活场景结合，创造出更多的"绿色＋"管理场景拉近与组织或个体之间的距离，将各种特定或者不特定场合转化为拓展绿色管理的新阵地。比如打造更新颖的"绿色＋"办公场景，营造沉浸式的绿色办公氛围，轮播环保案例视频宣传标语，倡导纸张双面打印，将"环保礼盒"作为"绿色福利"发放给员工，推广远程视频智慧会议室，使用电纸本做会议记录（无纸化办公）等。

（三）发展维度上绿色管理不断纳入"数智"元素

数字化浪潮下，移动互联网、大数据、5G、人工智能等技术支撑的绿色管理意味着管理活动中绿色化与信息化、智慧化的衔接。进一步说，绿色管理围绕资源节约、环境保护和降碳减污进行认知变革与技术变革，通过数字化技术将流量价值转化为经济价值和绿色价值，绿色管理也更具精准性和高效性。2023年7月召开的全国生态环境保护大会上，习近平总书记强调"深化人工智能等数字技术应用，构建美丽中国数字化治理体系，建设绿色智慧的数字生态文明"。以准确、实时和关联的数据为基础的绿色管理，能更有效地把握绿色市场，精准分析绿色需求和制定绿色管理策略，充分发现和高效创造绿色价值，也能实现更加合理的绿色战略规划、绿色组织设计、绿色管理协调和绿色管理控制。所以，未来的绿色管理会向数智化的方向演变。

"数智"主要体现在：①"绿色＋互联网"管理。互联网拓宽了绿色管理的渠道，信息传递量和传递精准度远超其他平台。互联网助力的绿色管理利用数字化的信息和网络媒体的交互来实现绿色管理目标。在互联网平台的支持下，企业可以根据绿色需求变化及时更新领导、组织、生产、创新、营销等管理形式，有效满足绿色管理的需求，降低环境保护成本。②"绿色＋新媒体"管理。当前已经进入新媒体传播时代。移动音频、微电影、短视频等新媒体形式与绿色管理的融合能大大促进绿色管理的变革，如企业通过微信、抖音等官网账号发布有关企业绿色组织文化、绿色产品创新、绿色品牌形象等相关内容的短视频，借助大数据分析精准推送至公众的移动端，或者通过直播与网民进行有关环保话题的互动等，也通过新媒体的方式获取更多、更前沿的绿色管理经验。③"绿色＋数字"管理、"绿色＋大数据"管理。将绿色与数字结合起来的管理就是基于绿色管理数据平台系统，汇聚绿色管理主体和客体参与资源保护和环境治理活动的大数据，并对其进行大数据采集分析、数据跟踪、实时反馈和趋势预测，量化绿色管理活动。如建立企业环境健康电子账户，动态反映企业环境管理水平和企业环境安全风险状况，并生成"红、黄、绿"三色二维码，分别反映相应的环境管理状况。④"绿色＋人工智能"管理、"绿色＋5G"管理。人工智能技术支持下的绿色管理能够连接智慧社区、智慧园区中的传感器、机器人、新能源充电桩、数字垃圾桶等。组织可以通过传感器和大数据平台管理水、电、气、冷、热等能源数据，了解各类绿色管理设备的最佳运行状态，通过 AI 中台、应用软件开发平台降低技改成本和人工工时。5G 将带来绿色管理相关的数据资料高速下载体验、海量机器通信和高性能、高可靠、低时延通信，帮助企业实现更加精确的绿色管理联网远程操控，大大提升绿色管理信息的传递效率。绿色和人工智能管理的结合、绿色和 5G 管理的结合都是实现更全方位和立体化管理组合的有效方式。

绿色管理的融合拓展框架如表 12-1 所示。

表 12-1　绿色管理的融合拓展框架

维　　度	融合拓展的主要方向	融合拓展的主要表现
纵向维度	持续、长期	"绿色＋节约"管理
		"绿色＋低碳"管理
		"绿色＋生态"管理
		"绿色＋文明"管理
横向维度	创新、变革	"绿色＋精益"管理
		"绿色＋协同"管理
		"绿色＋柔性"管理
		"绿色＋场景"管理
发展维度	智慧、便捷	"绿色＋互联网"管理
		"绿色＋新媒体"管理
		"绿色＋数字"管理、"绿色＋大数据"管理
		"绿色＋人工智能"管理、"绿色＋5G"管理

延伸阅读

市场动向：数字化解决方案推动办公加速迈向低碳节能

互联网、云计算、大数据、人工智能等新一代信息技术的广泛运用，不仅改变了与日常生活息息相关的衣、食、住、行、用等领域，也更新着人们习以为常的办公模式。智慧会议室里，跨语言沟通实时翻译，会议简报自动生成；用上电纸本，工作笔记方便保存，手写体也能高效识别，从此告别纸张浪费；在线办公软件帮人们对低碳行为进行量化，还能转换成碳普惠公益……种种数字化办公解决方案不仅提升"办公室幸福"，也推动办公朝着低碳节能方向加速迈进。

一、智慧会议室让开会不再复杂

与以往不同的是，在智慧会议室里，参会人员的发言将转化为双语字幕条，呈现在共享屏幕上，这就让会议讨论内容更加清晰，也解决了跨国会议中语言不互通的难题。这种转写、翻译的形式可以进行全文展示，即便是语速较快、内容较多的会议，各位参会者也能跟得上节奏，不漏掉重点内容。另外，与本地化会议类似，远程会议中多方的发言内容，也可逐字生成双语的会议记录，在会议结束后生成一个二维码。参会人员扫描二维码，就可看到全程的会议音频、文字记录等。"无论是远程会议还是本地会议，智慧会议室中配备的升降屏、麦克风、讯飞听见智慧屏等智能硬件，都可以通过智慧会议室系统进行联动，会议信息内容能够快速流转，也实现了无纸化办公、低碳办公。"李艳萍说，截至2022年，讯飞听见智慧会议室智能化办公解决方案在北京、安徽、重庆、云南等区域落地使用。

二、无纸化办公进一步推广

无纸化，是办公领域向低碳环保迈进的重要方向。记者了解到，数字中国建设峰会上的电纸本是汉王科技的产品。汉王科技副总裁王杰接受本报采访时表示，在"双碳"目标大背景下，汉王手写电纸本符合环境友善和环境永续的设计理念，已逐渐成为商务、政务等多领域推行无纸化办公的新举措。以汉王手写电纸本N10为例，10.3英寸的大尺寸电子纸墨水屏，就像一个中等大小的笔记本。N10的墨水屏创新性地去掉了电容屏和导光板，屏幕具备极强的透光性，从而给予使用者真实的纸感。配备的一支无线无源压感电磁笔，不需要充电，还可以实现钢笔、毛笔、铅笔等不同笔型的书写体验，无论是移动轻量办公还是数字阅读批注等各类需求都可以满足。"我是第一次使用这种电纸本，感觉非常惊喜，真的就像在纸张上阅读、书写一样，完全满足了我的办公需求。机身纤薄，携带起来也非常方便。"福州市民林先生在现场体验N10后说。考虑到办公领域的节能降碳需求，电纸本的优势非常明显。王杰给记者算了一笔账，平板电脑一般使用五六个小时，电池就会耗尽，而电纸书在显示时不耗电，只在翻页时耗电，能耗非常低，充满电后可持续使用1周以上。随着电纸书、电子合同、电子签章、数字政务等的进一步推广，无纸化办公的应用场景将更加广泛，有力促进绿色低碳发展。

三、绿色办公转化为碳普惠公益

为了进一步倡导绿色办公、践行节能减排，钉钉联合北京绿色交易所对钉钉上减碳数字化场景进行权威认证，推出碳普惠公益产品"钉钉碳减排"，用户可查看自己每天、每月在钉钉上办公实现的碳减排量。"这些碳减排量来自线上发起日志、线上发起审批、视频会议、电话会议等11种低碳办公行为。"钉钉总裁叶军向本报介绍，比如用户使用钉钉的日志功能，可以替代线下写日志，减少汇报过程中带来的纸张消耗，通过科学测算，用户每次提交周报、日志等在线记录的行为，可减少6.4克碳排放。与之类似，使用移动审批功能，也可替代传统线下审批带来的纸张消耗，每次提交审批，同样可以减少6.4 克碳排放。

此外，在钉钉上办公，使用视频会议功能可替代城市交通带来的油耗，每个人参加1 个小时视频会议，最高可减少 2.23 千克碳排放；使用线上考勤打卡功能，替代了原本纸质文档处理的考勤表单，组织每日使用考勤功能，可减少 29.1 克碳排放……"虽然每个低碳办公行为带来的碳减排量是微不足道的，但长期坚持下来，看到个人和组织的碳减排量不断累积增长，真的很有成就感。"江姗介绍，"钉钉碳减排"功能上线以来，她所在的科技公司已在钉钉平台成功减排 2.57 吨。用户在钉钉平台通过绿色办公行为获得的"低碳能量"不仅是一个数字，还可以用于兑换一些优惠券或进行公益捐赠等。低碳能量还可以在钉钉平台兑换奶茶、快餐或天猫超市的优惠券。"在低碳办公的同时还能获得一些'小福利'，大家都觉得在线办公给我们的生活和环境带来了积极改变。"

第三方机构最新数据显示，作为数字化协同办公平台的钉钉，7 月的月活跃用户数达到1.91 亿。大量用户的在线办公实践，带来实实在在的碳减排效果。叶军表示，钉钉倡导利用数字技术助力节能减排，就是希望让每个企业和组织都能更便捷、更低门槛地加入减碳行列，让其通过日常的绿色办公行为，减少自然资源的消耗，同时加速进入数字化时代。在数字办公领域，钉钉还将为实现"双碳"目标继续贡献力量。

资料来源：叶子. 智慧办公低碳又便捷[N]. 人民日报海外版，2022-08-23.

第二节　绿色管理的理论展望

一、绿色生产和运作管理的理论展望

绿色生产和运作管理主要从企业生产与运营的各个环节入手控制污染物排放与节约资源能源，达到企业经营效益和环境效益的最大化。其理论展望主要包括如下方面。

（一）绿色生产和运作管理的智慧化、定制化转型

数字化技术的快速发展促使绿色生产和运作管理走上转型道路，在绿色管理与数字技术的双重推动下，企业绿色生产和运作管理的智慧化、定制化转型已是大势所趋。因此，这也成为当前绿色生产和运作管理领域的前沿之一。其主要体现在：①绿色生产和运作管理的智慧化转型。智慧化转型牵引着企业不断加快绿色生产和运作管理体系升级和技术路径创新，但在如何进行生产和运作流程中的碳减排等追踪、核算和交易管理，提高绿色生产和运作管理的自动化和精准性方面还未系统深入地研究，未来可以从智慧化转型的模式、策略、机制、路径等角度进一步展开，让企业可以更快掌握全局数据，更准确、更灵活地开展绿色生产与运作管理的决策分析。②绿色生产和运作管理的定制化转型。不同于以往批量生产"得天下"的市场形势，随着新技术、新商业和新模式的发展与绿色领域多样化需求的不断涌现，企业生产与运作管理的焦点将转向客户的多样化和个性化绿色需求。未来的研究可以重点关注如何以绿色、集约、高效、灵活的生产运作方式满足市场对个性化绿色产品的需求，或者如何快速、节能、柔性地从生产一种绿色产品转为生产另一种绿色产品，并且用大批量生产的效率和成本满足顾客的定制化

或个性化需求。

（二）绿色生产和运作的全周期全要素管理

全周期全要素管理作为更加宏观、全局和系统的绿色生产与运作管理方式，成为当前研究的前沿之一。其主要体现在：①绿色生产和运作的全生命周期管理。在绿色发展理念指导下，企业逐渐从绿色产品管理向生产和运作多个环节的绿色管理拓展。但当前对从产品设计、工艺规划、材料选择、生产制造、包装运输、使用到报废的全生命周期管理研究还不够深入。未来研究可以从每一环节的绿色跟踪切入，分析如何将数据归集、数据共享和数据运用等嵌入生产运作全过程，以保证绿色产品生产质量和节能减排效率，形成从供应端到消费端的绿色闭环，进而提升企业的绿色竞争力。②绿色生产和运作的全要素精细化管理。土地、劳动力、资本、技术、数据等要素越来越不能满足高质量发展视域下企业未来的可持续发展需求，企业还需考虑到生产和运作过程中的能源损耗与污染排放等因素，将资源、环境因素作为一种要素列入管理范围之内，这契合新时代经济增长和环境保护"双赢"的绿色管理理念。理论界已开始关注数字化对绿色全要素生产率的影响效应和影响机制，但这一领域的研究还不够深入，未来还可以从生产和运作的系统要素、管理模型、管理机制、管理策略等层面展开，深入研究如何有效改善企业生产过程中的要素比例，推动生产和运作环节的"数字减碳"，从而实现更加规范化、精准化和高效化的绿色管理。

（三）绿色生产和运作管理绩效影响及其评价优化

绿色生产和运作管理归根结底是优化管理效能，提升企业的绿色生产水平和运维效率，因此，这也成为当前绿色管理领域的研究热点之一。其主要体现在：①绿色生产和运作管理对绿色绩效的影响。虽然理论界关注到了绿色生产和运作管理对绿色绩效影响的重要性，但现有研究局限于制度环境等视角，对企业的异质性和其他调节因素的研究尚存不足。因此，企业绿色生产和运作管理对绿色绩效的具体影响、影响因素及其影响程度的理论研究还有欠缺，这成为理论界关注的一个焦点。②绿色生产和运作管理绩效的量化评价。绩效量表测量可以较为准确地反映企业绿色生产和运作管理的绩效水平，目前已受到理论界的广泛关注。但不同国情和文化情境下的绩效量表测量存在一定差异，目前理论界对这一领域的研究还不完善，未来需要进一步基于中国情境设计企业绿色生产和运作绩效量表并进行验证研究，为企业及时、精准地调节绿色生产和运作管理方式提供理论支撑。③绿色生产和运作管理的效能优化。绿色生产和运作管理的目的是提高企业管理效能，但理论界对绿色生产和运作管理究竟如何提高企业效能还未得出明确的研究结论。未来可以从企业对绿色需求压力、绿色竞争压力、环保政策机会、绿色需求机会以及绿色竞争机会的感知等角度展开效能优化研究，为优化绿色生产和运作管理效能提供理论借鉴。

二、绿色物流和供应链管理的理论展望

绿色物流和供应链管理的理论前沿关注策划、采购、制造、消费和逆向物流等不同

环节，在每个环节中注意环境管理与风险控制，把整个供应链作为一个绿色系统进行管理的研究探索。其理论展望主要包括如下方面。

（一）数字技术和"双碳"政策双元驱动下的绿色物流和供应链管理创新

数字技术和"双碳"政策是驱动企业绿色物流和供应链管理创新的两个关键因素，因此，这成为企业绿色管理领域的前沿之一。其主要体现在：①数字技术驱动下的绿色物流和供应链管理创新。数字技术驱动下的绿色物流和供应链管理创新在理论界尚属于较新的研究领域。最新的研究基于互联网、物联网、大数据、人工智能等新一代信息技术，结合现代化管理理念方法，提出一种以价值创造为导向、以数据为驱动的绿色管理模式，并对物流和供应链活动进行整体规划设计与运作。但对以客户绿色需求为导向的相关研究还未充分关注，未来的研究可以从此切入展开，探讨如何提升绿色供应链数字化水平，以加强生产企业的绿色供应链灵活性和降低绿色物流成本，更快速地响应客户绿色需求。②"双碳"目标视角下的绿色物流和供应链管理机制探索。理论研究已关注到企业对绿色物流和供应链低碳运作的重视，但管理机制研究还不够系统和完善。未来的研究可以从降碳减排机制、降碳协调机制、低碳审查与激励机制、减碳绩效评价机制等角度探索构建提升绿色物流和供应链管理减碳成效的有效机制。另外，未来理论界还应重点关注"双碳"目标下如何充分发挥科技对物流业低碳管理的促进作用。例如借助信息化手段推进多式联运的衔接，激发多式联运的低碳优势，从而大幅提升能源利用率和减少碳排放，这值得进一步地深入研究。

（二）绿色物流和供应链管理的协同创新与交叉融合

绿色物流和供应链管理的内在关系影响企业流通环节的绿色管理成效，因此，这也成为绿色管理领域的研究前沿之一。其主要体现在：①绿色物流和供应链管理协同创新。在大数据和人工智能技术等数字化技术的支持下，合理利用这些技术来推动绿色物流和供应链协同发展是企业绿色管理中的一种探索性创新模式。以数字化技术赋能物流企业重塑绿色物流中的运维服务和组织管理全过程，加强数据洞察和数据驱动决策，可以有效支撑绿色物流更精细化地发挥运营职能。然而，如何在绿色供应链的各个环节和端口更有效地对接不同参与主体，提升端到端的生产和管理效率，实现各环节的节能减排，值得理论界深入研究。②绿色物流和供应链管理的交叉融合。绿色物流和供应链管理不断由企业级向行业级融合发展，具体体现为绿色物流和供应链服务向产业链、供应链全过程交叉融合发展，绿色物流和供应链体系正在向绿色化、数智化创新融合发展，旨在实现产业链、供应链、创新链、资金链、人才链与价值链的融合。但企业层面的内外交叉融合机制研究尚属新的领域，值得理论界研究关注。未来可以从对内提升企业绿色管理的支撑力，提高管理的物资保障、质量管控和价值创造能力，对外提升行业的带动力，提高链上企业数字赋能和绿色低碳发展水平角度展开研究。

（三）绿色物流和供应链管理的优化升级策略

绿色物流和供应链管理的优化升级是企业改善绿色管理的重要体现，相应地这也成为绿色管理领域的研究前沿之一。其主要体现在：①绿色物流和供应链管理的现代化升级策略。企业围绕"绿色、数字、智能"现代化发展方向并利用大数据的技术红利，可以推动包含绿色包装、绿色配送、绿色回收等在内的全链路绿色物流管理体系数智化升级。对于升级路径的研究，未来还可以从物流基础设施绿色化、物流包装绿色化、物流作业绿色化、货物运输绿色化等方面着手，探求形成高效率、低能耗、低库存、高周转和集中配送的创新升级模式。另外，"优惠力度大—刺激消费—退货比例大"这一普遍存在于电商直播带货平台的情况与逆向物流的服务模式和发展速度尚不匹配，即合理有效的逆向物流服务路径尚未充分形成。由此，在关注正向绿色物流的同时，未来研究会更关注电子商务环境下的逆向物流。②走向立体化的绿色价值链管理策略升级。全过程化的绿色供应链路并不完全等同于绿色价值的提升。理论研究关注绿色供应链管理从原料采购、绿色设计、绿色制造、绿色营销和循环回收的全过程，为社会提供绿色、低碳、健康、可持续的产品与服务，但从绿色价值角度的研究还不够深入，因此立体化的绿色价值链管理是绿色价值链管理研究的新方向，未来的研究可以据此进一步展开。也就是从绿色价值提升的角度研究如何将与绿色管理相关的一切活动及其参与者纳入价值链，对价值链的不同环节进行绿色化创新和动态闭环连接，构建立体化的绿色价值链管理网络，实现资源最大化利用。当然，立体化管理体系离不开数智化技术的支持，这也是未来研究值得关注的一个焦点。

三、绿色创新和创业管理的理论展望

绿色创新和创业管理的理论展望关注企业绿色产品创新、品牌创新、技术创新、模式创新、管理创新、组织创新、服务创新、市场创新、渠道创新等方面的某一环节或多环节进行的绿色创新创业活动，其理论展望主要包括如下方面。

（一）数字化时代绿色创新管理过程和绿色创业商业逻辑的重塑

数字化时代推动绿色创新和创业管理过程与逻辑重塑，这对实现绿色管理的全新变革意义重大，因此这也成为绿色管理领域的前沿之一。其主要体现在：①数字化时代绿色创新管理过程重塑。理论界关注云计算和大数据人工智能等数字技术变革所掀起的新一波绿色创新浪潮，并针对数字技术赋能丰富绿色创新管理的内涵展开了研究。然而结合不同主体对绿色创新管理的参与，以及数字化时代绿色信息互通进一步加强的现实，面向更多元化需求的绿色创新资源数字化获取和利用过程重塑非常值得深入研究，以此促进企业减少不必要或非绿色的中间环节，使绿色创新管理流程更加顺畅。②数字化时代绿色创业的商业逻辑重塑。理论热点关注数字技术发展带来的新的绿色商业机会，并展开了数字化时代绿色创业趋势、影响等方面的研究。但未来数字商业的发展不只限于计算机和智能终端，而是向基于传感技术联通更广泛物体的方向发展。这意味未来绿色创业者需要重塑商业逻辑以制胜新的绿色竞争。当然，不同行业的竞争要素不同，未来需要根据行业特点和企业的数字化能力对绿色创业管理模式进行研究。

（二）绿色创新和创业管理的数字化场景重塑及变革路径

绿色创新和创业管理的场景重塑及变革路径为企业适应数字化时代的绿色需求与变

革提供方向，成为当前绿色管理领域的重要理论焦点之一。其主要体现在：①绿色创新和创业管理的数字化场景重塑。相比传统的场景研究，理论界已关注到数字化时代的绿色创新和创业管理场景在"有时间的空间""有方法的内容""有温度的数据"及"有应用的技术"等方面的体现，并对绿色场景进行了数字化定义、管理和运营重塑等研究。但如何更加精准把控绿色创新和创业活动场景的实时变化情况是一个值得关注的议题。这对未来理论界的一个启发是可以进一步关注绿色创新和创业管理的数字化场景构建，从如何依托数字化手段转向以用户为中心、以绿色战略创新为导向，强调"企业听员工的，员工听用户的"，并利用更丰富的数字化场景满足客户不同阶段的不同绿色需求，灵活适应新的商业环境等。②绿色创新和创业管理的数字化变革路径。利用大数据、人工智能、云计算等技术赋能绿色价值创新、绿色技术创新、绿色产品和工艺创新，提升企业绿色创新和创业管理的数字化价值，已成为企业探索数字化和绿色化结合的重要方向。追求绿色创新和创业的数字化场景变革与追求其他传统商业管理模式变革并没有太大偏离，其核心本质仍是逐利性，但是绿色创新和创业管理的数字化场景变革应当是在高效追求经济利润最大化的同时，也高效追求环境利益和社会效应最大化，体现多方共赢的理念初衷。因此，未来研究的重点需要转向如何构建更加多元化和综合化的数字化绿色变革路径，提升数字化价值赋能能力。

（三）绿色创新和创业管理的多维拓展和管理优化

绿色创新和创业管理是一个不断进行绿色管理维度扩展和优化的过程，企业的绿色管理将更加立体和丰富。因此，这也成为当前绿色管理领域的前沿理论之一。其主要体现在：①绿色创新与创业管理的多维化扩展。未来研究需基于可持续发展理论，从经济、社会和生态三个维度展开绿色创新与创业管理研究，将企业绿色创新与创业研究的视野和站位进一步扩大与提升，从理论上为企业走向可持续性的经济增长、社会发展和生态发展提供研究支撑。这与以往从单一视角开展绿色创新和创业管理相比，是一种显然的进步。此外，绿色创新和创业管理的维度可以进一步向可持续性维度（承担社会责任和投身环境保护）和发展性维度（开展自主研发和拥有成长空间）扩展。②绿色创新和创业管理的系统性优化。理论研究认为，绿色创新和创业具有较高的复杂度、创新成本和创新风险，加上受到企业、市场、社会及所处环境等多元因素影响，企业难以单独完成绿色创新和创业。因此，绿色创新和创业管理具有较强的生态系统性。绿色创新主体之间及其与创新环境间的协同演化成为新的发展趋势，企业绿色创新和创业管理生态系统还不健全，而这一领域的研究还相对欠缺。未来可以进一步从绿色创新和创业管理生态系统不同主体、系统关键成员作用等角度展开绿色创新和创业管理的系统性优化研究。

四、绿色市场和营销管理的理论展望

绿色市场和营销管理主要关注以数字化技术为支撑的绿色市场洞察、绿色目标市场战略、绿色产品和渠道策略以及绿色广告和促销策略，涵盖绿色消费特征、绿色消费行为、绿色消费影响因素及其作用机理、绿色价值创造主体、绿色价值评估等内容。其理论展望主要包括如下方面。

（一）数字化时代绿色消费行为洞察及其内在机理

数字化技术赋能下，企业可以更加精准地洞察绿色消费行为特征，从而更有效地把握绿色消费需求和预测未来绿色市场趋势。因此，绿色消费行为特征洞察成为当前绿色市场和营销管理领域的前沿。其主要体现在：①绿色消费社交互动行为特征洞察。大数据时代社交平台聚集了大量的中青年群体，社交互动为绿色消费行为提供了平台。如何构建企业商家与消费者互动的有效机制以获取更加真实精准的绿色需求信息成为行为洞察研究的一个热点。②绿色消费沉浸体验行为特征洞察。随着消费需求升级，绿色消费者的线下场景体验诉求愈加强烈，针对这一重要的行为特征演变趋势，企业借助 AI、VR 等数字化技术打造消费者沉浸式体验以调动消费者感官并激发他们对环境保护和资源节约的共情，这值得理论界的关注研究。③绿色消费分享拼团行为特征洞察。绿色消费逐渐走向个性化，绿色消费者的爱分享、爱"种草"、爱"拔草"、爱"薅羊毛"、爱拼团的特征随之凸显，甚至很多 00 后绿色消费群体更乐于也更易于接受游戏化的绿色消费分享拼团。因此，未来可以基于年轻群体的分享拼团行为特征展开深入的绿色消费行为研究。

绿色消费行为机理探索是深入理解和洞察绿色价值的基础，由此也成为绿色营销关注的前沿热点。绿色消费行为机理的前沿探索主要体现在：①绿色消费行为的内在影响因素及其作用机理。当前研究已由外部层面转向内部层面的绿色消费行为机理研究。如顾客自我决定、自我需求、能力需求、关系需求、顾客创新性等内部层面。②绿色消费行为的外部影响因素及其作用机理。数字化时代变革带来的新技术、新模式、新文化、新管理、新商业都会深刻影响绿色消费行为。然而绿色消费者面对个人自我的数字化呈现以及呈现方式的多元化、碎片化、情境化会带来新问题和新挑战，未来研究可以将这些外部影响因素及其潜在问题作为切入点，为消费者如何定位自己和作出何种绿色消费行为提供理论指导。

（二）数字化时代绿色价值创造的逻辑及机制

绿色价值创造意味着绿色市场的参与主体、市场选择、价格形成等需要不断地更新和延伸，以充分凸显绿色产品的价值和优势，其中的过程、逻辑和机制成为绿色管理领域研究的前沿之一。其主要体现在：①消费者参与绿色价值创造的过程和逻辑。未来的企业不再把消费者当作绿色价值创造的被动接受者，而是开始考虑消费者在这一过程中的主动作用，更关注消费者与企业的有效衔接互动（尤其是数字化营销中消费者与企业的智能交互），以及消费者作为创造主体之一，通过绿色回购、绿色推荐、绿色拼购、绿色反馈、绿色宣传、环保知识共享、自主绿色创新、顾企互动、环保情感投入等行为过程整合消费者的资源，帮助企业改善和提高现有的绿色产品与服务效率。而且数字化体验环境带来的高速、透明、简单及有趣等特征会促使消费者参与企业绿色价值共创，给企业绿色价值创造带来积极影响。但值得关注的是，不同受教育程度以及不同网购频率的消费群体对参与绿色价值创造的意愿存在显著差异，这一领域的研究还未引起足够的重视，未来可以针对数字化时代的不同情境展开更加细化、深入的研究，帮助企业更好地选择绿色价值共创方式。同时，消费者参与绿色价值共创是绿色市场和营销管理的一种新视角，未来的研究可以进一步从企业与消费者新合作关系的角度探讨如何激发消费者参与下绿色价值创造的叠加效应。②绿色价值评估和绿色价格形成机制。理论界根据不同类型的绿色产品属性对所创造的绿色价值展开了核算与评估，并研究了如何基于绿色市场供需关系确立绿色价格，延伸绿色价值创造。未来数字赋能绿色价值创造的趋势愈加凸显，对于数字赋能绿色价值评估和绿色价格形成的机制值得理论界深入研究。

（三）数字化时代绿色广告的传播策略及其影响效应

绿色广告传播策略关系到绿色价值沟通的方式，也成为当前研究的前沿领域之一。其主要体现在：①借助热门社会议题、环境诉求和生态文化的绿色广告传播策略。热门社会议题可以给绿色广告带来很大的热度，在理论界备受关注。如何借助与环境相关的社会议题，适时适量安排绿色公益广告，构建绿色广告的传播框架和传播生态，以促使绿色营销和绿色广告紧密相扣，还值得理论界进一步展开研究。②趋向细分化的绿色广告传播策略。绿色广告诉求与信息框架以及两者的匹配效应影响消费者行为，是绿色广告投放的重要参考。不同形式、不同观点的绿色广告会传递出不同的绿色情感和影响效应。例如，以保护地球和节省消费者自身资源为目的的广告，或者短视频形式和报纸杂志形式的广告所传达的绿色内涵是不同的。绿色广告传播的效应关系到绿色价值沟通的成效，也成为当前研究的前沿领域之一。③定制化绿色广告对绿色营销传播和绿色消费行为的影响。由于传统的大众化、一般化的绿色广告越来越不能适应和满足数字化时代的需求，定制化绿色广告（定制化绿色反馈、定制化绿色获得、定制化绿色损失和定制化绿色贴士等形式的绿色广告）更能有效推进绿色消费行为的转变。由此，定制化绿色广告对绿色营销传播和绿色消费行为产生怎样的影响、如何产生影响，这成为一个重要前沿课题。④大数据时代的绿色广告投放。由于大数据技术打破了绿色广告的信息壁垒，因此数字化的绿色广告成为连接企业和消费者的载体，未来何种数字化绿色广告形式最有助于绿色传播，值得关注。

扩展阅读 12-1　实践前沿：饿了么数字化绿色营销巧妙破圈

思维拓展：你认为绿色管理的理论前沿还有哪些？

第三节　绿色管理的实践趋势

一、绿色生产和运作管理的实践趋势

数字化时代赋予绿色生产和运作管理新理念、新机遇和新动能。在数字化技术的推动下，具有战略性和前瞻性的组织面向国家绿色高质量发展战略需求、多元化市场供给需求和绿色管理升级需求，不断开辟绿色生产和运作管理实践发展的新路径。

（一）绿色生产和运作管理的数智化转型升级

数智技术全方位影响和改变着企业绿色生产与运作管理模式，成为当下企业绿色管理实践的前沿热点之一。其主要体现在：①绿色生产和运作管理中的数智技术应用。实践表明，企业绿色生产和运作管理借助大数据、工业互联网、人工智能、元宇宙等新一代信息技术，通过互联互通、自动智能、个性化服务催化绿色制造、绿色运营提高科技含量、减少资源消耗，实现提质增效。在此基础上，未来的企业可以在绿色生产和运作管理的数字化发展上提高站位、加大投入、自主研发，打造数字化的系统集成绿色生产和运作管理模式，实现便捷化和效率最大化，达到经济效益、社会效益与环境效益三者的高效协同优化等。②"绿色＋智能"生产和运作管理模式创新。企业的绿色智能创新聚焦于企业围绕立标准、建机制等方面，全力构建"绿色＋智能"协同的制造和运作集成系统，加快产业链高端化的"绿色＋智能"标准体系化进程。前沿技术企业通过重点加大关键核心技术与产品的科研攻关力度，运用智能手段创新环保工艺和材料、研制绿色新品、打造绿色体验、建造高度智能化的清洁生产产品线，以提升企业的"绿色＋智能"生产运作能力，实现智能绿色低碳增长，树立业内的标杆与典范。相关实践表明，在绿色生产和运作管理的数智化转型升级的带动下，企业管理的其他环节也不断向绿色数智的方向发展，这也是未来企业探索的一个重要方向。

（二）绿色生产和运作管理的全产业领域创新应用

产业领域的创新应用是绿色生产和运作管理更具活力的源泉，推动企业在清洁生产、绿色运营中更好地将绿色理念落地，成为当下企业的探索前沿之一。其主要体现在：①传统产业领域绿色生产和运作管理的创新应用。冶金、建材、石化化工等传统产业企业往往能耗和碳排放较高，这些企业也通常是当前和未来节能减排的重点。一些勇于探索的前沿性企业不断尝试加强工业窑炉、锅炉、电机等设备系统的绿色节能改造，并且不断推进企业生产和运作终端用能的电气化升级，改善终端用能环节效率。这些举措在企业的实践中至关重要。未来应全面考量企业生产和运作管理对环境污染控制、碳减排效率提升、资源利用率提高、生产效率提升、劳动条件改善等因素的影响，加大绿色制造技术等在生产和运作管理这一重点环节的创新应用。②新兴产业领域绿色生产和运作管理的创新应用。一批新兴绿色产业龙头企业不断崛起，新能源汽车、太阳能发电、森林生态旅游、森林康养、绿色农业等产业企业聚焦科技创新前沿，采用节能环保技术、清洁生产技术等高新技术，在生产和运作管理领域扩大企业的创新应用。未来可以进一步结合人工智能、大数据、云计算等前沿技术，全方位地推动战略性新兴绿色产业跨界融合发展，打造绿色应用场景，提升战略性新兴产业领域绿色生产和运作管理的智能化和绿色化水平。

（三）绿色生产和运作管理的"零碳化"探索

绿色生产和运作管理的核心是降低生产运营项目的能耗，从源头上降碳节能，以达到绿色管理的目的。为此，企业的前沿探索实践主要体现在：①智慧零碳的绿色生产和运作管理平台建立。企业通过此类平台进行多样化的绿色生产和运作数据采集，获取最新的碳核算标准和碳排放因子数据对企业探索零碳管理至关重要，这也成为未来企业实践的重要指向。未来可以进一步通过自动化数据质量控制和碳数据管理，持续追踪生产和运作过程中的碳减排项目进展并进行集成监控，实施企业生产运作节能诊断和优化控制，进一步挖掘企业生产和运作的节能减碳空间。②"零碳化"的绿色生产和运作管理体系构建。依照国家碳管理政策要求、企业资源实力构建企业自身碳排放管理体系、碳资产管理体系、碳交易管理体系、碳中和管理体系等组成的零碳生产和运作管理体系已成为企业的前瞻性选择和实践，未来企业探索的重点应进一步聚焦于推进绿色生产和运作系统集成建设，整体上推动企业自身节能减排、减污降碳。例如，伊利集团成为行业内第一家通过《碳管理体系要求及使用指南》认证的企业，集团高度重视实现碳达峰、碳中和目标，不断完善碳管理体系，取得了全国首张电碳市场双认证的"绿电交易凭证"，推出了 5 款"零碳产品"和 5 个"零碳工厂"，建立了行业首个"零碳联盟"，用实际行动引领全产业链的减碳工作。

绿色生产和运作管理的代表性前沿实践如表 12-2 所示。

表 12-2　绿色生产和运作管理的代表性前沿实践

企业名称	所属行业	主要的前沿实践
蒙牛乳业	乳制品行业	通过质量管理体系、环境管理体系、职业健康安全管理体系、能源管理体系认证及清洁生产审核，形成了企业自有的"绿色运营管理模式"
好想你	食品行业	基于全生命周期管理理念，持续加大节能环保资金投入，不断引进先进设备、提升生产工艺，在产品设计、生产过程、环保排放、回收利用等多个层面开展绿色经营
冀中新材	制造业	深刻把握科技革命和产业变革趋势，聚焦延链补链，不断加快核心技术攻关步伐，实施废气排放在线数据管理，采用国内最先进的环保治理工艺，以绿色智造推动"换道超车"
格兰仕	电器行业	投入使用格兰仕智能制造"灯塔工厂"，单线每 6.7 秒就能生产出一个微波炉腔体的超高生产效率，全线生产过程都是通过云端数字化管控，以数字化升级降低生产损耗
联想	IT 行业	在数字化、智能化推进零碳转型的过程中，联想集团合理运用碳减排工艺、绿色制造技术等，探索出了一条生产环节减碳，供应链协同降碳，最终惠及制造行业的减碳路径

二、绿色物流和供应链管理的实践趋势

绿色物流和供应链管理是一个不断创新的过程，在经济结构调整、科技创新和数字化改革等多引擎驱动下，势必出现更多创新型的绿色物流和供应链管理实践模式。

（一）绿色物流和供应链管理的数智化转型探索

在信息化时代，企业更加注重绿色物流和供应链的智慧化管理问题。其主要体现在：①绿色物流和供应链管理的智慧联通与交互。最新实践表明，货物装载、能效管理、人员定位等原本相互孤立的物流业务在数字化技术的支持下可以相互融合，实现绿色供应链各环节、各系统应用的互联互通，实时完成各业务间的数据交互、远程沟通协作、协同指挥调度，企业的绿色管理能效得以提升，未来企业还可以进一步探索更加高效的智慧融合模式。②绿色物流和供应链管理数字化点线带动圈面。当前实践聚焦探索建设高效的信息化平台，最大限度整合行业企业资源，从能耗角度推动物流全流程降本增效，

由解决物流作业环节的能源消耗"大户"到串点成线带动整个供应链环节的智慧化绿色管理，再到形成带动更多相关利益者共建共享绿色物流和供应链管理的生态。例如，美团配送利用人工智能、5G应用、物联网、云计算等物流科技，结合配送行业数智化升级的痛点和需求，对配送行业的降本提效起到重要促进作用，共同助力配送行业数字化转型升级。然而，由点到面的绿色物流和供应链数字化管理还未全面形成。因此，未来企业可以进一步探索构建以客户为中心，以需求为驱动，协同、智能、可预测、可持续发展的网状绿色物流和供应链管理发展模式，促进整个绿色供应链管理升级。

（二）绿色物流和供应链管理的多元开放体系构建

绿色物流和供应链管理推动我国各行各业的绿色高质量发展，倒逼或吸纳了众多理念和技术先进的企业加入，促进多元开放体系加速构建，成为绿色管理实践领域的一个突出亮点。其主要体现在：①龙头企业引领带动下的绿色物流和供应链管理多元开放体系建立。国家对于绿色物流和绿色供应链发展的支持力度持续加大，率先打造绿色供应链的企业已从中受益，这些企业往往是资金雄厚、技术先进的龙头企业。这些企业将绿色物流和供应链管理的触角伸向全球供应链市场，并引领带动国内越来越多企业关注并参与绿色物流和供应链的多元发展，扩大绿色物流和供应链管理的开放格局。未来借力数字化技术，以道、车、人、场、货的互联互动加强绿色物流和供应链管理的多元开放，通过数据统筹整合形成最优化的资源配置，将是未来企业实践的一个新的方向。②中小微企业参与下的绿色物流和供应链管理多元开放体系建立。最新的实践表明，绿色物流和供应链管理探索在降低供应链上众多相关企业环境违规风险的同时，也推动着绿色转型过程中的中小微企业开启绿色物流和供应链管理。当下多式联运、共同配送的兴起也给中小微企业的绿色物流和供应链管理发展创造了机遇。未来还需解决前期环保设备投资成本高昂、融资难、投资短期回报低、回报周期长、市场不明朗等问题，解决这些问题将成为推动中小企业绿色物流和供应链管理探索的重点。

（三）绿色物流和供应链的全生命周期管理优化

绿色物流和供应链的全生命周期管理优化就是提升企业的绿色产品或服务竞争力，这成为当下众多企业追逐的热点之一。其主要体现在：①绿色物流和供应链全生命周期管理的合理化响应。最新的实践表明，依托大数据技术，绿色物流和供应链管理可以将全生命周期管理系统部署于云端，企业可以通过网络采集供应链各环节的能耗、减排等环境信息，主动推送环境污染超标预警信息，及时作出流通方案的合理化调整。因此，未来企业可以从全生命周期管理角度为客户提供更具针对性的绿色物流和供应链服务响应展开实践。②绿色物流和供应链全生命周期管理的纵深化拓展。在传统的计划、实施和评估三阶段的绿色物流和供应链管理基础上，最新的企业实践已经在开始绿色物流服务之前，就利用大数据收集和分析技术深入评估客户需求，制订更加节能高效的运输方案；在货物包装、运输和仓储管理等环节，根据系统统计分析的数据和可视化的手段进行远程动态监控，确保运输效率；通过供应链的数据平台统计分析评估整个绿色物流服务成效。未来，企业可以从人工智能、元宇宙等技术角度进一步拓展企业绿色物流和供应链管理的精细化管理实践。

绿色物流和供应链管理的代表性前沿实践如表 12-3 所示。

表 12-3　绿色物流和供应链管理的代表性前沿实践

企业名称	所属行业	主要的前沿实践
云快充/顺丰速运	物联网行业/物流行业	以数字化赋力绿色物流，双方基于产品技术联动共建新能源物流车智能充电场景新生态：云快充超 19 万充电终端构建的一站式充电网络，为顺丰的新能源物流车提供高效的数字化充电服务
百度智能云/一汽物流	互联网/物流行业	共同打造汽车商品车发运优选算法，探索多式联运解决方案，助力一汽物流加速数字化、智能化、低碳化转型升级，打造物流行业数智转型新标杆
京东	零售行业	将绿色基础设施与数字技术深度融合，推进仓储、包装、运输、运算、回收及办公等多个环节协同共建绿色供应链，并将其面向全社会开放共享，与全产业链共同推进绿色管理
恒安	个护用品行业	积极倡导"一带一路"绿色供应链合作，并与阿里云达成战略合作，通过数智化技术赋能延伸产业链布局
施耐德	电器行业	着力供应链碳足迹管控，推进产品碳足迹核算及核查认证，构建"端到端绿色供应链"与数字化形成"合力"

三、绿色创新和创业管理的实践趋势

随着绿色管理理念不断普及，创新和创业领域也出现了很多以环保作为主题的创新想法和创业项目，绿色创新和创业管理实践正朝着新的方向加速发展。

扩展阅读 12-2　市场动向：食品行业的零碳实践

（一）绿色创新和创业管理的线上线下融合

数字化时代的绿色创新和创业管理方式更加灵活、自由的一个重要体现就是线上线下渠道的有机融合。企业的前沿探索实践主要体现在：①绿色创新和创业管理线上线下交叉融合。探索"互联网＋管理"新模式，实施"线上＋线下"融合的绿色创新和创业管理模式已成为未来前沿实践的一个重要方向。未来企业可以从如下方面拓展实践：以智慧信息平台为纽带，通过信息平台收集、统计和分析绿色创新与创业管理的需求等数据信息，并结合线下创新创业管理的痛点、难点等进行分析和优化，充分结合二者的优势，全方位、立体化地获取绿色创新和创业的机会和条件。②绿色创新和创业管理线上线下协同发展。新的前沿实践表明，企业在融合绿色创新和创业管理线上线下渠道的同时，也越来越注重二者之间的差异化协同发展。因此，未来企业可以进一步分别放大线上更易触发绿色创新创业对象、更加智能高效节能的优势，放大线下更能满足绿色创新创业管理体验感和真实感的优势，助力绿色创新和创业差异化、协同化发展。

（二）市场导向的绿色创新和创业管理体系构建

市场导向的绿色创新和创业管理体系构建能够不断激发绿色创新创业的动力与活力，协同推进经济高质量发展和生态环境高水平保护，这成为绿色创新和创业管理的新实践热点之一。其主要体现在：①市场导向的绿色创新管理体系构建。新时代，顺应数字化时代趋势的绿色创新管理正成为全球新一轮绿色竞争的重要领域。利用市场化手段和数字化技术推进绿色创新管理的企业，不断引发着现有绿色创新管理体系的变革与挑战。市场化和数字化是企业绿色创新管理的风向标，未来还需要进一步深化绿色管理理念、绿色需求导向、数字技术支持、绿色技术引领、绿色要素市场配置，不断构建基于市场导向的绿色创新管理主体培育、绿色需求有效回应、数字技术创新协同、绿色技术创新支撑和绿色创新制度保障管理体系。其中，还应重视将市场绿色需求和数字化转型升级作为整个绿色创新管理体系的导向，在市场和数字双轮驱动整个创新管理体系的运作方面进一步深入拓展，把握绿色创新管理制高点。②市场导向的绿色创业管理体系构建。伴随企业绿色创业管理的成长演进，绿色创业管理的重心逐步转向市场导向，以不断适应日益变化的市场环境。而借助数字技术可以更加精准、有效地把握绿色市场导向，识别绿色市场需求。因此，将市场导向作为贯穿企业绿色创业管理的核心动力，并在数字技术的支持下构建市场导向的绿色创业管理体系将成为未来企业的关注焦点和探索方向。

（三）绿色创新和创业管理生态系统的构建

绿色创新和创业管理不仅关乎企业个体的行动和利益，也关注行业、产业甚至经济社会的绿色创新发展。其主要体现在：①绿色创新管理生态系统的构建。走在发展潮头的企业已经开始不断加大环保资金、绿色人才、绿色技术等方面的投入，也越来越注重与提供环保法规的政府，提供绿色人才培养、绿色技术研发支持的高等院校和科研机构等主体的联合，但实践探索还显得远远不够，未来可以多方相互借力、整合资源、相互协作，从绿色科技创新、绿色文化创新、绿色制度创新等多个层面的绿色创新管理生态系统构建与完善展开持续探索。②绿色创业管理生态系统的构建。从企业最新实践来看，企业将创业生态系统的创业主体与所处外部环境共同构成统一的整体作为探索绿色创业生态系统的实践出发点。然而创业者在与内外环境的交互中将绿色管理机会转化为绿色经济价值和绿色社会价值的探索还不充分。未来，绿色创业者可以借力云计算、互联网、大数据等数字通信技术带来的绿色创业机会，为自身提供网络平台进行数字信息优势整合，降低绿色创业资源的匹配成本和资源浪费，也让更多元化、多层次的主体加入绿色创业队伍。对绿色创业企业而言，未来可以在创业过程中使用低成本的数据信息资源，将其作为新的绿色创业要素，从而减少沟通成本，实现绿色创业管理生态系统的突破与创新。

绿色创新和创业管理的代表性前沿实践如表 12-4 所示。

表 12-4　绿色创新和创业管理的代表性前沿实践

企业名称	所属行业	主要的前沿实践
玉禾田集团/环境云	环境治理行业	通过智慧环卫平台"一个中心，四个平台"的精细化作业、科学化管理的环卫作业模式，覆盖辖区内的环境服务工作，以云计算及大数据推动环境产业的持续升级和环境运营管理的智慧创新变革
湖北交投智能检测公司/富朗世水务	污水处理行业	采用创新且低能耗污水处理 MABR 技术，满足服务区高浓污水处理需求，实现对污水处理系统的"无人值守"。以创新工艺和针对性的设计，探索出高速公路污水处理新方式
瀚蓝环境/阿里云	垃圾处理行业	将 AI 算法与人的经验结合，解决炉内燃烧稳定的问题。AI 辅助实时计算与分析，预判垃圾燃烧后蒸气变化曲线，推荐最佳进料操作
新希望	乳制品行业	借市场需求变化变革产品供应管理方式，借助数字化工具以实现上下游应用场景的配合，识别、开发和利用绿色管理机会
格林森	环保行业	从甲醛污染痛点发现绿色环保行业商机，成立环保材料公司。以互联网＋合伙人模式创新商业路，推出"藻钙云"合伙人计划扩大绿色商业版图

四、绿色市场和营销管理的实践趋势

绿色市场和营销管理是适应新时期消费需求而产生的一种新型营销理念。树立绿色营销观念，开发绿色产品，开拓绿色市场，给企业创造了新的机遇，已成为绿色市场和营销发展的新趋势。

（一）线上绿色市场和营销管理的升级路径

互联网不断推动绿色市场和营销管理迭代升级，线下零售企业及品牌商通过自建平台、入驻或加盟第三方知名电商平台及混合式发展向线上延伸。其主要体现在：①线上绿色市场和营销管理升级的互动"种草"玩法。实践表明，企业通过互联网平台、社交平台等媒介，以"种草"营销方式刺激绿色消费意愿：一是 KOL（关键意见领袖）、商家或视频博主分享、推荐绿色产品或服务的环保品质，将绿色产品与"必入/买""吐血推荐""好用到飞起"等字眼关联（打造消费者"种草"局面），激发消费者对绿色产品的购买欲望；二是消费者把绿色产品或服务通过社交媒体等分享推荐给他人（类似于网络用语"安利"的用法），让他人在提升绿色产品或服务认知的过程中产生绿色消费的意愿和行为；三是让消费者自己从内心由衷地认同绿色理念，喜欢和购买绿色产品。一些成功企业的线上绿色市场和营销前沿实践可总结为"专业渠道种树、广域渠道种草"。针对绿色产品的环保特性，企业通过多触点的用户互动，不断巩固品牌的绿色专业属性，纵向拓展品牌力。同时采取多维度发力的广泛"种草"，横向拓展品牌营销传播广度，最终形成"横纵结合"的品牌网状竞争力，快速打开绿色市场。未来企业可以在这三种实践方式基础上结合数字化技术手段，进一步展开探索。②线上绿色市场和营销管理升级的"绿色＋内容"融合解法。不少企业探索通过新奇、有趣、搞笑的创意脚本内容与绿色内容的自然融合吸引消费者以轻松愉悦的方式认识和接受绿色产品，一改往日一味单向输出绿色价值观的营销方式，触发消费者的绿色情感，增加消费者消费过程的愉悦感和认同感，从"吃瓜看客"变为真正的绿色消费者。引发情感认同和共鸣已成为该领域新的关注方向，未来企业可以在这一领域加以深入探索。

（二）绿色市场和营销管理的场景多元化创新

数字化的发展丰富了绿色市场和营销场景的创新形式，也改变着传统绿色营销对消费者需求了解不够到位等问题，帮助企业更好地了解和接触绿色消费者。其主要体现在：①个性化的绿色市场和营销管理场景创新。企业的前沿做法可以概括为借力大数据分析和人工智能技术构建用户画像，满足高度个性化的绿色消费场景需求。进一步而言，在大数据分析技术的帮助下，企业营销人员更高效地挖掘绿色消费者的瞬间兴趣内容并为此构建动态标签，建立更加接近消费者处于"当时"场景中实时状态的画像，以动态化的用户画像确保绿色营销过程呈现的信息富有感情。未来实践中，企业可以进一步结合消费者的兴趣，使用人工智能技术创建针对性的线上绿色营销/消费场景，增加场景的粒度，呈现动态的场景，实现自动化的绿色场景营销，甚至将线上消费场景定义为"元宇宙场景"，采用 VR 虚拟场景/VR 实景复刻沉浸式绿色消费空间体验，引导消费者绿色消费。②社群化的绿色市场和营销管理场景创新。社交媒体的快速发展为绿色市场和营销管理开辟新的空间。企业探索创新社群传播场景，通过微信、小红书、微博、豆瓣、知乎等社交媒体转发信息招募消费者进行免费的绿色产品体验，聚拢庞大的绿色消费粉丝群体，让消费者对于绿色产品产生最直接的了解，进入消费者购买决策心智。未来企业可以进一步探索如何构建消费群体聚集—消费引导—终端动销—传播再次聚拢的绿色营销场景闭环，更有效地创新绿色市场和营销管理的场景。③具象化的绿色市场和营销管理场景创新。绿色消费的概念对大多数人而言是抽象的、不确定的、难以预测的，这导致不能很好地满足消费者的绿色需求。数字化时代的线上绿色营销通过丰富的视觉沟通和语言沟通高效地传达环境问题对人类的影响，并模拟绿色解决方案，缩小消费者与绿色生活的心理距离。例如，数字孪生技术基于传感器和实时数据支持的动态描绘提供虚拟复制品，通过实时监测和分析生产过程中的能源消耗情况，对能源使用进行优化和节约，形成具象化的绿色市场和营销管理场景。因此，未来的绿色市场和营销管理实践应转向开发与使用能够使抽象思维具体化的营销工具和场景。

（三）绿色市场和营销管理的合作模式创新探索

企业或品牌之间的绿色合作为绿色市场和营销管理探索提供了新的前沿思路。其主要体现在：①同品类产品或品牌的绿色市场和营销管理合作模式创新。最新实践表明，同品类产品或品牌企业往往从共同的利益诉求点出发，寻找绿色营销合作创新的灵感，共同创造环境友好新产品，并完成新产品的碳足迹认证，不仅有效降低生产过程中的间接碳排放，也收获了大批粉丝的关注和购买。②跨品类产品或品牌的绿色市场和营销管理合作模式创新。跨品类产品或品牌的绿色营销合作将绿色低碳环保这个宏大的社会议题聚焦到消费者的生活层面，从微小的社会现实需求切入引导消费者参与绿色消费与环境保护。未来实践中，不同行业、不同类型的企业可以进一步基于绿色环保的理念共识开发新的绿色产品，或基于现有产品进行创新合作，碰撞出新的绿色消费关注点。例如，晨光文具与发起"青山计划"的外卖平台美团合作，在"环保记"部分产品中使用美团外卖餐盒的可回收循环材料，为消费者创造了新的绿色消费印象。③用户生成内容（UGC）下绿色市场和绿色营销管理的创新合作。新媒体不断带来绿色市场流量的趋势下，绿色市场和营销管理正推动顾客"宣传"向顾客"参与"转变，绿色市场和营销管理的参与形式不断创新，每位消费者都有可能成为绿色营销的传播者、推动者和赋能者。由此，未来可以从消费者群体创新合作展开探索实践。

绿色市场和营销管理的代表性前沿实践如表 12-5 所示。

表 12-5　绿色市场和营销管理的代表性前沿实践

企业名称	所属行业	主要的前沿实践
盒马	零售行业	成立"不碳气"联盟，上线首批环境友好产品，成为国内首次零售商主动核算并披露产品的碳足迹
海南电网	电力行业	通过骑发电单车点亮"全球可持续消费倡议"的品牌墙；播放短视频《鸟叔》，以幽默而温情的方式讲述海南电网爱鸟护巢的故事；邀请观众亲身体验人工鸟巢制作，亲自体验学习高压电塔筑巢护鸟行动的意义，通过以上活动方式扩大绿色营销市场
中宝新材	塑料制品行业	站在"禁塑令"政策风口，以消费者用餐习惯改变并使用大量连卷外卖塑料袋为市场契机，开拓生物降解塑料袋的生产与销售市场
麦当劳	餐饮行业	麦当劳中国携手九大供应商宣布启动"麦当劳中国再生农业计划"，开启首个由餐饮产业链联合推动的农业绿色管理探索，以土地保护性利用为理念推动绿色市场和营销
雅迪	电动车行业	作为低碳出行的倡导者，始终坚持绿色管理观，倡导绿色出行，依托创新与科技，推出"高颜值""科技感十足"的绿色电动车

思维拓展： 你认为绿色管理的实践趋势还有哪些？

第四节　绿色管理的未来发展

一、绿色管理未来发展的主要趋势

党的二十大指出，"积极稳妥推进碳达峰碳中和。实现碳达峰碳中和是一场广泛而深刻的经济社会系统性变革"。在党的二十大精神指引下，绿色管理未来发展必然以国家"双碳"战略为目标，以解决绿色管理存在的"痛点""难点"问题为导向，全方位、全过程、全领域和全层次地推进组织绿色管理。在融合 ESG 理念的基础上，向绿色战略定位前瞻化和清晰化、绿色管理组织创新化和差异化、绿色管理协调有序化和高效化、绿色管理控制智能化和精准化转变升级。因此，未来的绿色管理将围绕这些战略方向或问题的解决而持续深入地推进。具体而言，绿色管理的未来发展趋势有以下几点。

（1）从短期绿色管理向长期绿色管理升级。从短期式、运动式、阶段式、突击式的绿色管理转向长期稳定的绿色管理。要深刻领会"绿水青山就是金山银山"的发展理念，并以这一理念作为指引进行高瞻远瞩的布局。相较于眼前利益，更要着眼于长远稳定的发展，制定绿色管理战略规划，将经济效益、环境效益和社会效益的统一视为发展的目标，追求可持续发展的本质。

（2）从事后绿色管理向全程绿色管理升级。从事后补救式绿色管理转向事前、事中、事后的全程绿色管理。越来越多的企业意识到"防大于治"的重要性，不仅从源头加强污染防控，还注重从管理过程降碳减排、节约资源，并从管理的末端完善废弃物回收再利用。从对资源浪费和环境污染的补救式治理走向前瞻性的预防和过程性监督以及负责任的末端治理，实现全过程的绿色管理。

（3）从点绿色管理向面绿色管理升级。从某一方面、某一环节的绿色管理（如仅仅做到绿色包装）转向全面的绿色管理（如绿色产品、绿色包装、绿色物流等全环节）。各种内外部驱动因素（尤其是数智化技术）激活了绿色管理的各个孤立、静止的节点，点与点之间交叉互动、相互连接，由绿色点连成绿色线，由绿色线发展成绿色面，不同绿色面逐渐优化，呈现出一个完整的绿色管理整体。

（4）从浅层绿色管理向深层绿色管理升级。从表面、浅层绿色管理转向内在、深层绿色管理，其转化关键在于行为和意识的双效统一，要求绿色实干与绿色理念的协同进化。越来越多的组织和个体不仅走上绿色管理的道路，而且深耕在绿色管理的沃土上，随着数字化时代新机遇和新挑战的出现，这些组织和个体对绿色管理的认识与实践逐渐由表面化走向立体化及深层化，并将继续深化发展。

（5）从独立绿色管理向联合绿色管理升级。从单个企业绿色管理转向整个产业链共同绿色管理。企业要想走长远的可持续发展道路，就要在绿色管理合作中互惠互利，有效地统一各个利益相关者的绿色利益诉求，寻找绿色利益的最大公约数。从企业内部各个环节的碎片化绿色走向各个环节的联合绿色，从企业之间的独立绿色走向企业之间、企业与利益相关者之间的绿色合作共赢，在优势互补中提高自身在绿色市场中的竞争力。

（6）从被动绿色管理向主动绿色管理升级。从消极被动地实行绿色管理转向积极主动地实施绿色管理。依托不断完善的环境法规制度和绿色高质量发展、"双碳"等国家战略，顺应可持续发展的趋势，转变管理思维与理念，从被动适应绿色管理环境，到积极主动探索适合自身发展的绿色管理模式，在实践中反思和总结，走向更加全面深化的绿色管理。

（7）从简单绿色管理向成熟绿色管理升级。从简单使用某项绿色技术转向更加多元、丰富、完善的绿色管理。也就是从探索初期的绿色技术管理到战略、组织、领导、文化、生产、创新、营销、物流、评价等全方位、全过程、全领域和全层次的绿色管理发展，管理理念、模式、方法、机制等不断深化和丰富，逐渐形成绿色管理的有机整体，全面激发组织绿色管理的潜力。

（8）从低标准绿色管理向高标准绿色管理升级。对绿色管理的战略、组织、协调、控制等各方面采取高要求和高标准，主要体现在健全的绿色管理制度、灵活的绿色要素配置、高水平的绿色领导、完善的绿色供给链条、高效率的绿色合作、协同有效的绿色监管等，不断提高绿色管理的底线，提升绿色管理的追求，形成严格规范、竞争有序的管理格局。同时，接轨国际化绿色管理高标准以提升组织绿色管理水平，提高企业、政府等多方利益相关者的绿色管控能力。

（9）从传统绿色管理向数智绿色管理升级。数智科技在突破传统绿色管理技术的基础上创造出了丰富的绿色管理应用场景和便捷的绿色管理渠道，推动着绿色管理方式发生深刻变革。未来绿色管理与传统绿色管理的最大区别是，绿色管理将更加智能化、场景化、个性化。例如，社会化媒体、移动终端、搜索引擎等数据平台汇集的大数据为绿色管理提供更加明确的需求指向和准确的效果预测。

上述九个方面的升级从根本上体现为时间、空间和发展三个维度（表12-6），这与未来绿色管理的融合拓展相契合。其中，时间维度体现为从短期绿色管理向长期绿色管理升级、从事后绿色管理向全程绿色管理升级两个方面；空间维度体现为从点绿色管理向面绿色管理升级、从浅层绿色管理向深层绿色管理升级、从独立绿色管理向联合绿色管理升级三个方面；发展维度体现为从被动绿色管理向主动绿色管理升级、从简单绿色管理向复杂绿色管理升级、从低标准绿色管理向高标准绿色管理升级、从传统绿色管理向数智绿色管理升级四个方面。

表 12-6　绿色管理的趋势演变

维度	传统绿色管理	未来绿色管理	绿色管理趋势的演变阐述
时间	短期绿色	长期绿色	从利益追求角度，从短期式、运动式、阶段式、突击式地追求绿色管理转向长期稳定实现绿色管理，由只重眼前经济利益走向高瞻远瞩地将经济效益、环境效益和社会效益相统一
	事后绿色	全程绿色	从管理链条角度，由事后补救式绿色管理走向前瞻性预防、过程性监控和及时性评估
空间	点绿色	面绿色	从管理覆盖面角度，由单一绿色管理走向点连成线，线发展成面，面逐渐优化
	浅层绿色	深层绿色	从管理深度的角度，由浅层化、表面化绿色管理走向立体化和深层化绿色管理
	独立绿色	联合绿色	从管理合作角度，由单个企业绿色管理转向整个供应链企业共同合作的绿色管理
发展	被动绿色	主动绿色	从管理自主性角度，由消极适应绿色市场竞争走向积极主动探索适合绿色管理
	简单绿色	复杂绿色	从管理程度的角度，由简单地运用绿色技术转向复杂系统的绿色管理
	低标准绿色	高标准绿色	从管理规格角度，由初期低标准、低质量绿色管理走向高标准、高质量绿色管理
	传统绿色	数智绿色	从数智技术角度，绿色管理更加智能化、场景化、个性化，创造出更丰富的绿色管理应用场景和便捷的绿色管理渠道

思维拓展：你认为未来的绿色管理还存在哪些主要发展趋势？

延伸阅读

实践前沿：厦门航空联合数藏中国用未来式讲述"碳中和"

厦门航空将于 2022 年 6 月 28 日以环保可持续为主题，联合中国领先的数字藏品电商平台数藏中国，发行"Fly for a Better World"系列数字藏品。作为中国民航业首发飞机模型数字藏品的航空公司，厦门航空提取了海洋、森林、冰川、水资源、鱼类资源等元素发布五款概念版飞机三维模型，表达了"飞向更可持续的未来"。与厦门航空倡导的"碳减排"相贯穿，在让旅客感受到空中文化的同时，将文创的实物体验转化为数字体验。据悉，该系列数字藏品每款将限量发售 3 000 份，售价 29.9 元/份。

一、"碳中和"的数字化玩法，开启绿色营销新场景

数字艺术打破实物与虚拟的界限，改变了传统的实体艺术体验形式，使得品牌传播内容被永久记录。现阶段，消费品牌纷纷在数字藏品领域有所动作，如可口可乐推出的多感官数字藏品、安踏"冰雪灵境"数字空间、小鹏发布 P7 NFT 天猫数字藏品等。品牌借助数字藏品的热度、所带来的时尚感受和天然社交属性，向消费者自然传递产品的特点。

作为首个与联合国签约，支持联合国可持续发展目标的航司，厦门航空始终践行碳中和飞行，致力于实现企业与自然、社会的和谐统一发展。以"品牌＋数字藏品"的形式，厦门航空将数字藏品与实体文创相补充，是品牌年轻化、数字化的表达。厦门航空也力图通过环保主题机模呈现"自然的生命力"，唤起人们共同守护自然及和谐生态，践行飞行和运行中的"绿色减碳"。

数字藏品作为将实物体验转化为虚拟内容体验的形式，通过生动的 IP 形象或创意内容，让一般消费者可感知、可拥有、可体验。"数字藏品＋"以此逐渐成为品牌数字化营销的新形式，也是引导文化消费新路径的契机。

二、科技赋能文创，数字化是否为打开营销新世界的钥匙

统计数据显示，2021 年国内发售数字藏品约 456 万个，总发行市值约 1.5 亿元。全球数字藏品市场规模，也从 2020 年的仅 3.17 亿美元增长到 2021 年的超过 200 亿美元。

此次为厦门航空数字环保系列飞模的发行提供平台技术支持的数藏中国，将区块链技术优势延展至品牌营销领域，打通文化与消费产业链，以多元形态将品牌文化内涵链接至消费端，实现"文化价值落地"。顺应文化产业数字化大趋势，坚持数字赋能实体经济的高质量发展，以"数字藏品"真切地带动品牌营销。

科技赋能文创只是一个缩影，数字藏品的想象空间是巨大的，当实体文创被更多维地解构时，创意空间也是没有边界的。在业内人士看来，厦门航空飞模数字藏品的发布，除了是对可持续发展理念的践行，也是对元宇宙的初步布局。期待未来通过数字赋能实体文创的形式，积累品牌数字资产，提升数字化营销能力。

三、融合数字艺术与创新技术，风口上仍需避坑

"元宇宙"概念出现以后，越来越多的品牌尝试用相关的概念和技术进行品牌传播。实际上，我国数字藏品的发展仍处于初级阶段。火爆现象使得数字藏品的外延不断扩展，一些问题也不断出现，如原创归属权混乱、内容价值的不确定性、金融化炒作风险等。对于文创产业而言，借助区块链技术，探索并建立健全的数字作品版权保护体系，数字藏品完全可以成为推动数字文化产业发展的动力。

数字藏品平台的存在，并不是为了去表达品牌、产品或者服务的优势，品牌型数字藏品的价值仍然来源于品牌内核。未来，品牌是否能真正抓住元宇宙的机遇，利用好数字藏品营销，通过更多的场景落地，成为对年轻消费群体的吸引力，最终取决于产品和

品牌本身。如同厦门航空数字环保飞模搭载的美好愿景，让我们一起"Fly for a Better World"。

资料来源：用未来式讲述"碳中和"，厦门航空联合数藏中国首发飞模数字藏品[EB/OL]. (2022-06-24). https://www.sohu.com/a/560667431_120094531.

二、绿色管理未来发展的重点领域

（一）搭建前瞻性的绿色管理战略框架

伴随全球多地极端天气事件频发，国际社会进行了激烈的气候变化讨论，未来可持续发展领域的降碳减污目标任务尤为趋紧。在国外，欧盟颁布 ESRS（环境和社会报告准则）、G20 平台下的金融稳定理事会（FSB）发布 TCFD（气候相关的财务信息披露）及国际可持续发展准则理事会（ISSB）发布 ISDS（国际可持续披露准则）等将对未来企业绿色管理产生深刻的导向性影响。中国明确提出了"碳达峰碳中和"的战略，提出了构建绿色低碳循环经济体系、提升能源利用效率、提高非化石能源消费比重、减少二氧化碳排放、提升生态系统碳汇能力的目标方向。因此，未来的绿色管理战略将紧密围绕与气候治理（降碳）相关战略目标，以降碳减排为重点内容之一，搭建更具前瞻性的绿色管理战略框架。将低碳、减碳、零碳、脱碳、固碳、负碳等纳入绿色战略规划，开展绿色碳政治管理、绿色碳经济管理、绿色碳文化管理、绿色碳社会管理等。将政府、企业、非营利组织、社会公众等每一个组织单元或公众个体都吸纳进绿色管理战略框架的搭建和战略实施的共同行动。例如，将建立生态账本纳入绿色管理战略，为解决碳源碳汇的监测核算问题提供战略指引。

（二）培养卓越的绿色管理领导人才

绿色管理的持续发展离不开高素质人才的设计和牵引。应面向未来发展需求，培养具有深厚的可持续发展价值理念、充足的环境保护知识储备的高素质综合型领导人才。发挥绿色管理领导者的理性引导能力，从绿色管理的策略、方法、技术等工具理性的角度带领组织和社会公众寻求解决二氧化碳等温室气体排放问题、处理好环境保护成本与经济效益创收的关系、节能减排技术瓶颈等问题。也要从理念、价值观、思想、情感、道德等感性领导的角度带领组织和社会公众理解绿色管理与自身、社会的利益关系，认同和配合绿色管理领导对可持续发展的助推作用。因此，理性绿色领导能力和感性绿色领导能力是未来绿色管理领导人才所应具备的核心素质。其中，以绿色品德为代表的感性领导能力是理性绿色领导能力的基础，是发挥绿色管理领导人才作用的重心。

（三）建立人本化的绿色组织文化环境

绿色管理本质是对人与自然和谐共生的中国式现代化的探索追求，围绕更好地满足人的生态需要、保障人的生态权利，维护人的生态安全，追求人的生态幸福展开，这必然需要深厚的绿色组织文化作为基石。因此，未来的绿色组织文化应当包含尊重人、保护人、解放人的文化思想，充分激发人在绿色管理战略制定、绿色管理职能设计、绿色管理领导协调等管理过程中的主观能动性。从人性化的角度关怀企业等组织成员的健康、安全等权益，保障人在参与绿色管理活动中的物质追求和精神满足。进一步说，这就是从人本化的绿色组织文化理念和共识、人本化的绿色组织文化制度、人本化的绿色组织文化行为（培训教育、工会活动等）角度构建既符合人性又符合生态保护需求的绿色组织文化氛围。

（四）开发先进的绿色管理前沿技术

以往的绿色管理技术通常指的是绿色生产制造技术。遵循绿色管理从"低需求"向"高需求"发展的内在逻辑，面向未来多元化的发展需求，绿色管理前沿技术也将成为未来的一个重要发展趋向。绿色管理前沿技术以绿色生产制造技术为重点，覆盖绿色管理的各层面、各领域、各方面和各过程。其包括突破降碳固碳技术，攻克减排增汇的工艺和装备技术、能源节约技术、节能减污材料技术、智能化清洁生产技术、污染治理技术、数智化环境监测技术、绿色信息共享技术以及资源回收、废物处置技术等深层次绿色管理前沿技术。前沿技术不仅体现在对原有技术的突破，也体现在与数智化技术的深度结合，并且结合的前提是数据中心、通信基站等数字基础设施的节能化设计或改造。

（五）发掘丰富的绿色管理价值

在绿色价值洞察方面，打造绿色管理的大数据信息服务平台。构建绿色管理的宏观数据和微观数据两个层级架构，提供绿色用户数量、绿色舆情、绿色公益等宏观数据，以及绿色产品流通、绿色用户行为等微观数据，更加精准地捕捉绿色管理需求和挖掘绿色管理价值。在绿色价值创造方面，构建数字化引领的绿色产品创新策略。引导绿色价值创造的多方主体合作互动，形成"绿色价值共创"。在绿色价值传递方面，拓宽数字化的价值传递通道。通过大数据平台高效连接政府、企业、利益相关者、非营利组织等并进行梯次传递。在绿色价值传播方面，由传统媒体、互联网传播转向云平台赋能，根据实际需求向匹配的目标管理群体推送精准的绿色信息。利用数字技术打破绿色管理主体与客体之间的信息不对称局面，推动未来绿色管理信息的智慧传播。

（六）建立科学的绿色管理评价体系

在融合 ESG 理念的基础上建立大数据赋能的绿色管理评价体系也是绿色管理未来发展的一大重点领域。ESG 理念与可持续发展理论和实践高度契合。据统计，当前 ESG 投资已经占据全球资产管理的 1/5～1/3 的份额，全球主要行业领域的头部企业都会发布单独的 ESG 报告，构建专门的 ESG 评价体系。因此，未来的绿色管理评价应在充分结合 ESG 理念的基础上，借助大数据赋能绿色管理的 ESG 评价，突出大数据在 ESG 信息披露、ESG 投资能力、绿色管理水平、环境风险预测以及绿色成本收益等指标考核中的作用。并将更多文本、音频、视频等非结构化的大数据纳入绿色管理评价体系，为绿色管理提供更可靠的评价依据和评价结果，推动绿色管理持续向前发展。

扩展阅读 12-3　实践前沿：蚂蚁集团解码数字新引擎制胜绿色新未来

本章小结

在高质量发展、"双碳"目标、数字化转型等背景下，绿色管理存在怎样的发展空间？未来的绿色管理将何去何从？未来绿色管理的重点领域主要有哪些？这些问题都值得深入地思考与讨论。本章在总结与归纳全书内容的基础之上，对上述未来发展问题进行了探索性的回答。首先，阐述了绿色管理内涵和外延的拓展及绿色管理的融合拓展，尤其是结合数字化时代特点与趋势的绿色管理拓展。其次，聚焦绿色生产和运作管理、绿色物流和供应链管理、绿色创新和创业管理、绿色市场和营销管理四大方面，分别阐述了绿色管理的理论展望和实践趋势。最后，探讨了未来绿色管理的主要趋势和重点领域。面对未来更加多元的绿色管理需求，政府、企业、非营利组织等更应深入预见绿色管理的发展方向，顺应时代发展趋势，推进绿色管理迭代升级。

核心概念

1. "绿色＋柔性"管理（green flexible management）
2. "绿色＋协同"管理（green collaborative management）
3. "绿色＋场景"管理（green scene management）
4. "绿色＋节约"管理（green conservation management）
5. "绿色＋低碳"管理（green low-carbon management）
6. "绿色＋新媒体"管理（green new media management）
7. "绿色＋数字"管理（green digital management）
8. "绿色＋人工智能"管理（green artificial intelligence management）

本章思考题

1. 简述传统时代和数字化时代绿色管理概念的异同点。
2. 谈谈政府、非营利组织在未来绿色管理中如何更好地发挥作用。
3. 绿色管理前沿领域对未来绿色管理发展有哪些启示？
4. 绿色管理未来发展的动因主要有哪些？
5. 论述数字技术在绿色管理未来发展中所起的作用。

本章实训指南

本章综合案例

吉利以数字化工具赋能"碳中和"

当 ESG 标准逐渐上升为汽车企业发展的衡量标准之一时，行业中 ESG 的认识也开始出现不同。一方面，近些年气候变化问题越来越受到重视，"碳中和"和"碳达峰"在生活中出现得越来越频繁。很多人用溢美之词去赞扬 ESG 的相关工作，甚至也出现了"企业不讲碳，档次降一半"的说法。另一方面，企业虽然纷纷入局新能源，年报中也陆续出现了 ESG 板块，但更多企业的 ESG 工作目前尚且处于起步阶段，短时间内很难察觉出企业的改变，也无法清楚地了解企业面临的相关挑战。这导致了当前大多数企业的 ESG 报告相对片面，对于衡量企业的运营发展没有意义。

虽然两种观点有所对立，但从事物的变化发展来看，企业的 ESG 工作也是从量变开始的，只有经过一定的量变才会实现最终的质变。换句话说，一家企业只有在 ESG 上做得足够多、足够全，才能最终清楚、有效地体现在企业的发展经营中。站在当下回头看，在 ESG 上的成绩已经不是仅仅几个数字那么简单，从技术到战略，从产品到全链路，从业务部分到整个集团……吉利前行道路上的每一步，都与环境、社会、企业有着莫大的关系。

一、一场自上而下、从左到右的体系化"战役"

ESG 不是简单的一个部门或者少数部门的事情。基于目前普遍的 ESG 实践，它需要全体系通盘考量。

为了能够自上而下地进行绿色低碳经济发展模式，吉利控股集团搭建了体系健全、职责明确的可持续发展管理架构，在董事会层面设立 ESG 委员会，并下设由指导协同小组、ESG 工作组及碳中和工作组共同构成的 ESG 联合工作组，统筹推进全集团的可持续发展工作。同时还积极加强跨业务集团、板块之间的交流合作，统筹推进全集团碳中和目标的实现。

这是一套极其有效的 ESG 管理范式。一方面从顶层建设层面规划 ESG 的整体目标和路径，确立全体系 ESG 共识；另一方面则通过纵向的联系，使整个目标能够在全体系内得到全方位的认同。聚焦到战略目标上，按照吉利控股集团制订的碳中和领域的短、中、长期规划，预计到 2025 年，吉利将实现乘用车单车全生命周期碳排放降低 25%；2030 年实现全集团运营层面碳中和；2040 年实现自身运营层面的零碳就绪；2045 年实现全链路碳中和。

在全集团碳中和目标下，各个品牌也设定了不同的阶段性目标，具体来看：

（1）吉利汽车在 2025 年实现单车全生命周期碳排放减少 25% 以上，2045 年实现碳中和。

（2）科技在 2027 年实现 100% 纯电动车产品矩阵，2038 年实现全价值链碳中和。

（3）远程汽车将在 2025 年实现运营层面碳中和，2030 年实现全生命周期碳中和。

（4）汽车将在 2025 年实现生产制造的全球气候零负荷运营；2030 年成为纯电豪华车企，2040 年实现全球气候零负荷标杆企业。

（5）在 2030 年实现每辆汽车温室气体排放量减半；2040 年实现温室气体的气候中和。

（6）曹操出行将在 2023 年实现运营碳中和，将在 2035 年实现全部订单净零排放。

吉利汽车作为吉利控股的核心业务品牌，也是减碳过程中的重点业务板块。吉利品牌碳足迹削减对整个吉利的 ESG 表现至关重要。此前吉利品牌曾对外表示，基于吉利品牌的主流消费群体，吉利品牌的电气化转型将首先从插电式混动入手，继而拓展到不同的动力类型。2022 年，吉利汽车进行了包括混动、纯电在内的多能源路线布局调整，尤其是在混动领域推进持续的碳减排。

2022 年评价周期内，吉利汽车集团纯电动汽车及插电混动汽车销量分别达到 26.22 万辆及 6.64 万辆。对比 2021 年数据，2022 年吉利汽车集团新能源汽车销量同比大幅上升 300%，占总销量 22.9%，相较 2021 年提升 16 个百分点。

作为主攻高端智能电动市场的品牌，截至 2023 年，吉利已经形成了对高端智能市场的初步布局。在碳足迹削减层面，极氪推出了 Z-Green 碳普惠平台，用户可直观看到自己通过使用新能源汽车为碳中和作出的贡献。截至 2023 年 3 月 12 日，已有 85 000 多位极氪用户参与碳减排行动。其中，用户驾驶减排 25 748 吨，步行减碳 40 吨，累计碳减排 25 788 吨。

高端品牌路特斯推出了纯电 SUV Eletre，贯彻循环经济原则，整车可再利用率超过 89%；纯电动版也在 2022 年亮相推出，同时沃尔沃还开展生物多样性影响评估，以此更全面地考虑自身业务对自然的影响，从而制订相关目标和计划。

除了推进旗下品牌的电动化转型，吉利控股还在电池、换电补能、甲醇技术等领域进行了广泛的探索。其中在绿色甲醇领域，2022 年吉利推出全球首款甲醇混动轿车——第 4 代醇电混动轿车。2023 年 2 月，由吉利控股集团和河南省顺成集团共同投资的全球首个 10 万吨级绿色甲醇工厂在安阳投产。

进行可持续发展，实现碳中和是一项长期且艰难的任务。在这个过程中，吉利以系统性、体系化的 ESG 可持续发展治理体系为基础，同时在各个品牌中完成了自上而下的统一理解、全周期的统一行动。或许，这就是吉利控股如今能够拿出一份值得称赞的可持续发展报告的重要所在。

二、低碳绿色向未来，每一步都算数

在 ESG 维度之中，E（环境）是涉及最为广泛、内容相对较多的一部分，相比社会与公司治理，它也是最容易被衡量、被车企关注的焦点所在。

在汽车预言家跟踪报道的企业 ESG 实践中，企业的绿色低碳可持续经营转型，并不是瞬间切换。尤其是对于像吉利控股这样从传统制造业逐步向智能化电动化转型的企业而言，秉持一个环保、可持续的发展理念，扎扎实实在平衡企业经营和环境保护之间，切实稳妥地走好每一步才是关键中的关键。

在《吉利控股集团 2022 年可持续发展报告》中，吉利首次发布了全球 ESG 战略。聚焦的六大领域中，至少有气候行动、资源保护、交通出行三大领域与环境相关。

在前文中，我们已经阐述了吉利控股集团在旗下不同品牌上都在框架内制定了详细且可行的碳中和时间表。不过相对于较为清晰和明确的品牌碳中和时间表，如何在点滴之中扎扎实实实现全体系、全链路的减排更为重要。

在能源层面。为了实现绿色低碳与能源安全，吉利控股长期探索化石燃料替代新方案，以绿色电力、绿色甲醇两大能源为核心驱动，2022 年，吉利汽车光伏装机容量约 307 兆瓦，较 2021 年提升 168.7%，沃尔沃汽车台州工厂更是实现 100% 电能碳中和，远程新能源商用车光伏发电累计使用量 3 064 兆瓦时。在能源端努力的结果显而易见。数据显示，2022 年吉利汽车全生命周期碳排放为 35.2 吨二氧化碳当量，较 2020 年基准年下降 8.1%，较 2021 年下降 5.6%，符合 2025 年减碳 25% 目标的进度。

在制造层面。2022 年整车基地单辆车能耗及整车基地温室气体总排放较 2020 年分别降低 12.10% 和 24.78%。特别在吉利西安工厂中，这也是吉利包括中国自主品牌中首个实现碳中和的"零碳工厂"，其配备了 52 兆瓦超级光伏电站，预计年均发电量可达 4 750 万千瓦时，减少二氧化碳排放约 27 000 吨；同时，依托吉碳云建立能源及双碳管理系统，显著提升智能制造水平并降低能源成本，2022 年上半年单辆车生产能耗相比 2021 年下半年下降 12.6%。

不过，对于整个汽车产业链而言，单纯地依靠企业内部的碳足迹削减还不够，必须推进上下游产业链的整体协同，尤其是在目前环保浪费极其严重的外包装材料上。在最新发布的可持续报告中，吉利控股明确提出要将可持续理念融入原材料选用与设计、生产制造、包装物流和资源回收的全价值链条，并通过运用可再生材料，开展零件再制造和循环利用等方式，有效提升能源及资源利用效率。

据了解，吉利控股已经将"减量化、再利用、再循环"的循环经济原则应用于物流包装中。数据显示，截至 2022 年底，吉利使用循环包装材料的供应商占比约为 82.71%，且各基地所有包装材料全部委托第三方进行回收再利用，包装材料回收率实现 100%。在绿色物流方面，吉利控股集团持续优化整车物流运输结构，不断拓展铁路、水路运输线路，全面推广新能源运输车在吉利物流体系中的使用。2020—2022 年，铁水联运的发运占比趋势总体稳定，2022 年因采用铁水联运共计减少碳排放 278 411 吨。

如今实现碳中和或许已经成为每个汽车企业的重要目标，但不难看出吉利控股对这一概念的理解深刻而独到，且将践行落实到了各个环节当中。从这个层面上来看，吉利控股看中顶层目标，更将 ESG 理念贯穿在企业各个产业链之中，实实在在的每一步背后都蕴藏着吉利的努力。

三、以数字化工具赋能低碳绿色新发展

绿色可持续发展，不仅需要理念的创新，也需要衡量工具的全面更新。在吉利前行的道路上，数字化技术的应用与管理也被赋予了更强的意义。通过管理进一步降低碳排放，这在行业中并不常见。行业分析人士指出，碳中和实现目标实际上是一个数学问题，这背后需要各种准确数据模型的计算。如果还依赖手工填报排放数据，不仅效率低、标准不统一，对减排规划的制定也和现实偏离较大。行业分析权威人士指出，数字化碳管理可以支持大型企业集团快速落地一系列完整的规划和战略，也可以赋能碳普惠打通 C 端用户参与进来，这也是企业坚持开发数字化碳管理解决方案的动力所在。

为了更好地对吉利控股碳排放进行有效把控，吉利控股集团通过碳管理体系建设、碳管理信息化平台建设、碳管理能力建设、碳文化建设，实现碳管理提升。吉利不仅在国内率先实践自主研发的碳管理体系，实现了从吉利控股集团到基地工厂的碳管理全覆盖，并在国内首次将"范围三"排放列入监测计划。吉利内部自主开发的一站式碳管理

平台"吉碳云"，能够持续推进碳管理信息化建设，以数字科技在 B 端和 C 端落地更多碳相关解决方案。当所有企业的减碳意识还停留在日常生产、制造等环节时，吉利控股已经走向了大众，以推广者的身份积极在更多企业、用户中推行减碳行动。

例如在 2022 年 10 月时，锦鲤吉碳平台正式上线。通过该平台，大众可以深入了解"双碳"、环保减排等知识，并能通过平台深度参与低碳活动，形成个人绿色碳账户。更为重要的是，用户还可以在平台上将碳积分进行转化，满足衣、食、住、行等实际需求。截至 2023 年，锦鲤吉碳已在扬州开展试点。据了解，吉利控股旗下的曹操出行已为用户设立碳资产账户，并逐笔登记订单产生自愿碳减排量的出行平台。用户通过使用曹操出行，每千米能够获得约 142 克碳减排量，并全部计入曹操出行个人 App 端的碳资产账户。换句话说，吉利的绿色出行不仅聚焦在汽车上，而且普惠至每一位消费者。

此外，吉利此前还与湖北碳排放权交易中心达成战略合作，双方将共同探索碳普惠场景的建设与落地，并联合向个人用户发放碳中和证书，创新实践绿色低碳消费。加入《基于互联网平台的个人碳减排激励管理规范》团体标准的参编组，希望通过参与标准的设定，为互联网平台开展碳普惠服务提供指引。

为提升各业务单位所属各制造基地碳管理岗位人员的能力，完善人才梯队建设，助力吉利 2045 年全链路碳中和目标的达成，碳中和工作组发起专注于员工碳管理能力提升的"碳路者计划"，并已在 2022 年 9 月初正式开展了第一期基础培训。

依托数字化工具，吉利能够进行供应链碳足迹核算工作以及减排实施方案规划，已覆盖"100＋车型"和"1 500＋供应商"，涉及电池、钢铁、铝材、塑料和涂料等领域；支持福建常青新能源有限公司开展电池三元前驱体碳足迹核算，开展多场景/技术路线的核算，编制产品 LCA 碳足迹报告，并支持认证。随着能源革命与碳管理技术的发展，可以预见的是，数字科技将在 B 端与 C 端落地方面给出更多碳相关解决方案，支持吉利控股旗下各个业务板块实现高效碳中和。

资料来源：祎依. 【吉利"飘"绿③】：全链路低碳减排背后的"秘密"[EB/OL]. (2023-06-13). https://www.sohu.com/a/684860257_183181.

案例思考

1. 结合综合案例，谈谈数字化如何赋能吉利实现绿色转型升级。

2. 在数字化绿色化与全链路低碳减排的背景下，吉利如何开展数字化绿色化协同转型发展？

3. 结合绿色管理未来的发展趋势和重点，谈谈吉利如何在绿色管理中更好地拥抱未来。

参 考 文 献

[1]   洛文斯 A B，洛文斯 L H，霍肯. 企业与环境[M]. 思铭，译. 北京：中国人民大学出版社，2004.

[2]   蔡舒恒，刘书博. 绿海商机：化社会责任为竞争力[M]. 上海：复旦大学出版社，2013.

[3]   陈诗一，许璐. "双碳"目标下全球绿色价值链发展的路径研究[J]. 北京大学学报（哲学社会科学版），2022，59（2）：5-12.

[4]   陈晓红，唐立新，李勇建，等. 数字经济时代下的企业运营与服务创新管理的理论与实证[J]. 中国科学基金，2019，33（3）：301-307.

[5]   埃斯蒂，温斯顿. 从绿到金——打造企业增长与生态发展的共生模式[M]. 张天鸽，梁雪梅，译. 北京：中信出版集团，2020.

[6]   董媛香，张国珍. 数字基础设施建设能否带动企业降碳绿色转型？——基于生产要素链式网状体系[J]. 经济问题，2023（6）：50-56.

[7]   房志敏，猴一鸣. 绿色文化形成的历史源泉与构建[J]. 西南林业大学学报（社会科学），2020，4（2）：36-41.

[8]   冯苑，聂长飞. 经济增长目标、融资约束与污染企业绿色技术创新[J]. 中国环境管理，2023，15（3）：72-83.

[9]   亨特布尔格，路克斯，史蒂文. 生态经济政策：在生态专制和环境灾难之间[M]. 葛竟天，丛明才，姚力，等译. 大连：东北财经大学出版社，2005.

[10] 傅晓明，郭浩楠. 基于企业社会责任的绿色生态发展理念对企业财务管理模式的影响研究——以东风汽车为例[J]. 湖北经济学院学报（人文社会科学版），2022，19（9）：56-60.

[11] 高嘉勇，何勇. 国外绿色创业研究现状评介[J]. 外国经济与管理，2011，33（2）：10-16.

[12] 耿世刚，孟卫东，孙少晨. 以"强化环境管理"为核心的中国环境管理思想的形成过程与启示[J]. 中国环境管理干部学院学报，2018，28（1）：3-6，93.

[13] 韩晶，陈曦，冯晓虎. 数字经济赋能绿色发展的现实挑战与路径选择[J]. 改革，2022（9）：11-23.

[14] 郝祖涛，严良，谢雄标，等. 集群内资源型企业绿色行为决策关键影响因素的识别研究[J]. 中国人口·资源与环境，2014，24（10）：170-176.

[15] 何德贵，范冬萍. 实现企业绿色管理价值观的软系统方法论[J]. 系统科学学报，2017，25（4）：45-49.

[16] 胡美琴，李元旭. 西方企业绿色管理研究述评及启示[J]. 管理评论，2007（12）：41-48，64.

[17] 黄志斌，朱孝忠，李祖永. 绿色管理内涵拓展及其目标设计[J]. 软科学，2004，18（5）：71-74.

[18] 霍夫曼. 绿色战略中的商机[M]. 吴振阳，译. 北京：机械工业出版社，2008.

[19] 卡尔森. 绿色战略——超越红海竞争，实现持续经营[M]. 王华，译. 北京：电子工业出版社，2009.

[20] 江怡洒，冯泰文. 绿色供应链整合：研究述评与展望[J]. 外国经济与管理，2022，44（6）：135-152.

[21] 金摇光. 绿色人力资源管理对企业环保创新绩效的影响机制研究[J]. 现代管理科学，2022（4）：88-97.

[22] 靳乐山，朱凯宁. 从生态环境损害赔偿到生态补偿再到生态产品价值实现[J]. 环境保护，2020，48（17）：15-18.

[23] 蓝海林. 企业战略管理[M]. 北京：中国人民大学出版社，2021.

[24] 李鸿雁，何斌，范红岗，等. 国内外绿色管理研究的知识结构与动态演化[J]. 技术经济与管理研究，2019（3）：50-56.

[25] 李宁娟，来爽. 企业如何从绿色管理中获利：战略更新视角[J]. 科技进步与对策，2022，39（17）：83-92.

[26] 李小聪，王惠，孙爱军. 我国资源型企业绿色行为驱动因素研究——基于扎根理论的探索性研究[J]. 管理现代化，2016，36（2）：68-70.

[27] 刘娟，赵晴晴. 逆向物流研究综述与未来展望[J]. 商业经济研究，2020（1）：66-70.

[28] 刘宗华，李燕萍. 绿色人力资源管理对员工绿色创新行为的影响：绿色正念与绿色自我效能感的作用[J]. 中国人力资源开发，2020，37（11）：75-88.

[29] 柳荻，胡振通，靳乐山. 美国湿地缓解银行实践与中国启示：市场创建和市场运行[J]. 中国土地科学，2018，32（1）：65-72.

[30] 吕利平，马占峰. 基于绿色供应链管理的农产品流通模式优化[J]. 商业经济研究，2020（5）：116-119.

[31] 波隆斯基，明图-威蒙萨特. 环境营销[M]. 王嗣俊，高红岩，等译. 北京：机械工业出版社，2000.

[32] 麦诗郁，许展. 论可持续发展理念下的企业绿色管理——评《绿色企业管理指南》[J]. 商业经济研究，2022（14）：193.

[33] 毛涛. 绿色供应链管理实践进展、困境及破解对策[J]. 环境保护，2021，49（2）：61-65.

[34] 麦科沃. 绿色经济策略：新世纪企业的机遇和挑战[M]. 姜冬梅，王彬，译. 大连：东北财经大学出版社，2012.

[35] 山本良一. 战略环境经营生态设计——范例100[M]. 王天民，译. 北京：化学工业出版社，2003.

[36] 沈灏，魏泽龙，苏中锋. 绿色管理研究前沿探析与未来展望[J]. 外国经济与管理，2010，32（11）：18-25.

[37] 石建忠. 绿色领导力：社会和环境可持续的正能量[J]. 领导科学，2013（11）：32-33.

[38] 宋华. 电子商务环境下的逆向物流发展[J]. 商业经济与管理，2005（6）：3-9.

[39] 孙敬水. 全新的企业管理理念——绿色管理[J]. 科学学与科学技术管理，2002（8）：100-102.

[40] 覃朝晖. 企业绿色采购行为动态演化博弈研究——基于利益相关者的视角：以制药企业为例[J]. 中国矿业大学学报，2020，49（3）：609-614.

[41] 汤长安，高鹏，薛佳. 不同产品创新模式下的制造企业绿色供应链信息分享策略[J]. 中南大学学报（社会科学版），2023，29（2）：96-108.

[42] 田红娜，孙美玲，王莉静. 数字化领导力如何促进企业绿色创新——SEM与fsQCA方法[J]. 科技进步与对策，2023，40（8）：54-65.

[43] 仝允桓，贾峰. 绿色管理[M]. 北京：经济管理出版社，2016.

[44] 王建明，赵婧. "两山"转化机制的企业逻辑和整合框架——基于浙江企业绿色管理的多案例研究[J]. 财经论丛，2021（2）：78-91.

[45] 王建明. 绿色营销：价值视角[M]. 北京：清华大学出版社，2023.

[46] 王建明. 新时代浙商绿色管理经验[M]. 北京：经济管理出版社，2020.

[47] 王璟珉，李晓婷，窦晓铭. 低碳经济研究前沿——基于企业低碳管理的微观视角[J]. 山东大学学报（哲学社会科学版），2018（2）：169-176.

[48] 王娟茹，张渝. 环境规制、绿色技术创新意愿与绿色技术创新行为[J]. 科学学研究，2018，36（2）：352-360.

[49] 王克强. 略论绿色技术创新理论对传统技术创新的革命性发展[J]. 武汉理工大学学报（信息与管理工程版），2007（1）：98-100.

[50] 王舒扬，朱强，王兴元. 中小企业绿色创新多元导向实证研究：基于创新生态系统视角[J]. 企业经济，2023，42（6）：12-21.

[51] 王永贵，李霞. 促进还是抑制：政府研发补助对企业绿色创新绩效的影响[J]. 中国工业经济，2023

（2）：131-149.

[52] 王长琼. 国外逆向物流的经济价值及管理策略初探[J]. 外国经济与管理，2003（8）：18-21.

[53] 魏江，刘洋，等. 数字创新[M]. 北京：机械工业出版社，2020.

[54] 吴承建，胡军. 绿色采购管理[M]. 北京：中国物资出版社，2011.

[55] 武春友，朱庆华，耿勇. 绿色供应链管理与企业可持续发展[J]. 中国软科学，2001（3）：67-70.

[56] 徐建中，吴彦艳. 绿色管理的理论研究[J]. 商业研究，2004（6）：48-50.

[57] 许士春，何正霞，龙如银. 环境规制对企业绿色技术创新的影响[J]. 科研管理，2012，33（6）：67-74.

[58] 闫彩凤，郭淑娟. 数字化转型赋能企业绿色创新战略[J]. 财会月刊，2023，44（19）：38-45.

[59] 杨光勇，计国君. 构建基于三重底线的绿色供应链：欧盟与美国的环境规制比较[J]. 中国工业经济，2011（2）：120-130.

[60] 叶文虎，张勇. 环境管理学[M]. 2 版. 北京：高等教育出版社，2006.

[61] 张芳，汤吉军. 美日绿色产业发展经验及其对中国产业政策的启示[J]. 当代经济管理，2021，43（5）：57-65.

[62] 张璇，马志军，田东红，等. 企业绿色供应链管理实践的影响因素研究——基于元分析方法的探索[J]. 中国人口·资源与环境，2017，27（12）：183-195.

[63] 张长江，张玥，施宇宁，等. 绿色文化、环境经营与企业可持续发展绩效——基于文化与行为的交互视角[J]. 科技管理研究，2020，40（20）：232-240.

[64] 张智光. 可再生资源型企业绿色战略的演进规律研究——以林业企业为例[J]. 南京林业大学学报（自然科学版），2021，45（6）：1-11.

[65] 赵月枝，范松楠. 环境传播理论、实践与反思——全球视角下的环境正义、公众参与和生态文明理念[J]. 厦门大学学报（哲学社会科学版），2020（2）：28-40.

[66] 钟榴，郑建国. 绿色管理研究进展与展望[J]. 科技管理研究，2014，34（5）：245-250.

[67] 周垂日，梁樑，许传永，等. 逆向物流研究的新进展：文献综述[J]. 科研管理，2007（3）：123-132.

[68] 朱庆华，窦一杰. 基于政府补贴分析的绿色供应链管理博弈模型[J]. 管理科学学报，2011，14（6）：86-95.

[69] BANERJEE S B. Corporate environmental strategies and actions[J]. Management decision, 2013, 39(1): 36-44.

[70] BANERJEE S B. Corporate environmentalism: the construct and its measurement[J]. Journal of business research, 2002, 55(3): 177-191.

[71] BELTRAN L S. Reverse logistics: current trends and practices in the commercial world[J]. Logistics spectrum, 2002, 36(3): 4-8.

[72] CARTER C R, KALE R, GRIMN C M. Environmental purchasing and firm performance: an empirical investigation[J]. Transportation research part E: logistics and transportation review, 2000, 36(3): 219-228.

[73] CHANG T W, YEH Y L, LI H X. How to shape an organization's sustainable green management performance: the mediation effect of environmental corporate social responsibility[J]. Sustainability, 2020, 12(21): 9198.

[74] CHRISTMANN P G, TAYLOR T G. Globalization and the environment: strategies for international voluntary environmental initiatives[J]. Academy of management executive, 2002, 16(3): 121-135.

[75] COX R. Environmental communication and the public sphere[M]. 6th ed. Los Angeles: Sage Publications, Inc, 2021.

[76] GUIDER JR D R. The reverse supply chain[J]. Harvard business review, 2002, 80(2): 25-26.

[77] DWYER R, PANE HADEN S S, OYLER J D, et al. Historical, practical and theoretical perspectives on green management: an exploratory analysis[J]. Management decision, 2009, 47(7): 1041- 1055.

[78] ELSHAER I A, AZAZZ A M S, FAYYAD S. Green management and sustainable performance of small-and medium-sized hospitality businesses: moderating the role of an employee's pro-environmental behaviour[J]. International journal of environmental research and public health, 2023, 20(3): 2244.

[79] FAISAL S. Green human resource management—a synthesis[J]. Sustainability, 2023, 15(3): 2259.

[80] HART S L. A natural-resource-based view of the firm[J]. Academy of management review, 1995, 20(4): 986-1014.

[81] HART S L. Beyond greening: strategies for a sustainable world[J]. Harvard business review, 1997, 75(1): 66-77.

[82] HASSEN S, GEBREHIWOT T, AREGA T. Determinants of enterprises use of energy efficient technologies: evidence from urban ethiopia[J]. Energy policy, 2018, 119: 388-395.

[83] HOU P, LI Y, TAN Y, et al. Energy price and energy efficiency in China: a linear and nonlinear empirical investigation[J]. Energies, 2020, 13(16): 4068.

[84] JACQUELYN O. The new rules of green marketing: strategies, tools, and inspiration for sustainable branding[M]. Oxford: Taylor and Francis, 2017.

[85] KAR S K, MISHRA S K, BANSAL R. Drivers of green economy: an Indian perspective[J]. Environmental sustainability, 2015, 1(1): 283-309.

[86] KHARE V K, RAGHUWANSHI S, VASHISHT A, et al. The importance of green management and its implication in creating sustainability performance on the small-scale industries in India[J]. Journal of law and sustainable development, 2023, 11(5): e699.

[87] LAMZIN R M, MOSOLOVA D A, KNYAZHECHENKO O A. Evaluations of successful practices in the implementation of green management[J]. IOP Conference Series: Earth and Environmental Science, 2021, 848(1): 012188.

[88] LING H Y. Examining green policy and sustainable development from the perspective of differentiation and strategic alignment[J]. Business strategy and the environment, 2019, 28(6): 1096-1106.

[89] LIU F. On the employment management of colleges and universities based on the concept of green management[J]. International journal of new developments in education, 2020, 2(6): 1-3.

[90] LIU S, KASTURIRATEN D, MOIZER J. A hub-and-spoke model for multi-dimensional integration of green marketing and sustainable supply chain management[J]. Industrial marketing management, 2012, 41(4): 581-588.

[91] LIU Y. Relationship between industrial firms, high-carbon and low-carbon energy: an agent-based simulation approach[J]. Applied mathematics and computation, 2013, 219(14): 7472-7479.

[92] LOKNATH Y, AZEEM B A. Green management–concept and strategies[C]//National Conference on Marketing and Sustainable Development, 2017, 13(14).

[93] LUO S, YIMAMU N, LI Y, et al. Digitalization and sustainable development: how could digital economy development improve green innovation in China?[J]. Business strategy and the environment, 2023, 32(4): 1847-1871.

[94] MIN H, GALLE P W. Green purchasing practices of US firms[J]. International journal of operations & production management, 2001, 21(9): 1222-1238.

[95] NARUETHARADHOL P, SRISATHAN W A, GEBSOMBUT N, et al. Towards the open eco-innovation mode: a model of open innovation and green management practices[J]. Cogent

business & management, 2021, 8(1): 1945425.

[96] PAL B, SARKAR A, SARKAR B. Optimal decisions in a dual-channel competitive green supply chain management under promotional effort[J]. Expert systems with applications, 2023, 211: 118315.

[97] PAPANEK V. Design for human scale[M]. New York: Van Nostrand Reinhold Company, 1983.

[98] PENG Y S, LIN S S. Local responsiveness pressure, subsidiary resources, green management adoption and subsidiary's performance: evidence from taiwanese manufactures[J]. Journal of business ethics, 2008, 79(1-2): 199-212.

[99] PORTER M E, LINDE C V D. Green and competitive: ending the stalemate[J]. Harvard business review, 1995, 28(6): 128-129.

[100] ROGERS D S, TIBBEN-LEMBKE R S. Going backwards: reverse logistics trends and practices[M]. Nevada: Reverse Logistics Executive Council, 1999.

[101] SHAHRIARI M, TAJMIR RIAHI M, AZIZAN O, et al. The effect of green organizational culture on organizational commitment: the mediating role of job satisfaction[J]. Journal of human behavior in the social environment, 2023, 33(2): 180-197.

[102] SHAHZAD M, QU Y, UR REHMAN S, et al. Impact of stakeholders' pressure on green management practices of manufacturing organizations under the mediation of organizational motives[J]. Journal of environmental planning and management, 2023, 66(10): 2171-2194.

[103] SHARMA M, LUTHRA S, JOSHI S, et al. Green logistics driven circular practices adoption in industry 4.0 Era: a moderating effect of institution pressure and supply chain flexibility[J]. Journal of cleaner production, 2023, 383: 135284.

[104] SHARMA R R. Green management and circular economy for sustainable development[J]. Vision: the journal of business perspective, 2020, 24(1): 7-8.

[105] SHENG X, CHEN L, YUAN X, et al. Green supply chain management for a more sustainable manufacturing industry in China: a critical review[J]. Environment, development and sustainability, 2023, 25(2): 1151-1183.

[106] STEPHEN O F, MOYINOLA F A. The influence of sustainability and green management concepts on educational facility performance in Nigeria[J]. Real estate management and valuation, 2019, 27(2): 77-96.

[107] STEWART G. Creating a sustainable and desirable future: insights from 45 global thought leaders[J]. Australian journal of environmental management, 2015, 22(1): 80-81.

[108] TIAN G, LU W, ZHANG X, et al. A survey of multi-criteria decision-making techniques for green logistics and low-carbon transportation systems[J]. Environmental science and pollution research, 2023, 30(20): 57279-57301.

[109] WHITE K, HABIB R, HARDISTY D J. How to SHIFT consumer behaviors to be more sustainable: a literature review and guiding framework[J]. Journal of marketing, 2019, 83(3): 22-49.

[110] WU S I, WU Y C. The influence of enterprisers' green management awareness on green management strategy and organizational performance[J]. The international journal of quality & reliability management, 2014, 31(4): 455-476.

[111] WUNDER S. Revisiting the concept of payments for environmental services[J]. Ecological economics, 2015, 117: 234-243.

教师服务

感谢您选用清华大学出版社的教材！为了更好地服务教学，我们为授课教师提供本书的教学辅助资源，以及本学科重点教材信息。请您扫码获取。

≫ 教辅获取

本书教辅资源，授课教师扫码获取

≫ 样书赠送

企业管理类重点教材，教师扫码获取样书

 清华大学出版社

E-mail: tupfuwu@163.com
电话：010-83470332 / 83470142
地址：北京市海淀区双清路学研大厦 B 座 509

网址：http://www.tup.com.cn/
传真：8610-83470107
邮编：100084